Philosophische Geschlechtertheorien

Philosophische Geschlechtertheorien

Ausgewählte Texte von der Antike bis zur Gegenwart

Herausgegeben und
eingeleitet von
Sabine Doyé
Marion Heinz
Friederike Kuster

Reclam

RECLAMS UNIVERSAL-BIBLIOTHEK Nr. 18190
2002 Philipp Reclam jun. GmbH & Co. KG,
Siemensstraße 32, 71254 Ditzingen
Druck und Bindung: Eberl & Koesel GmbH & Co. KG,
Am Buchweg 1, 87452Altusried-Krugzell
Printed in Germany 2021
RECLAM, UNIVERSAL-BIBLIOTHEK und
RECLAMS UNIVERSAL-BIBLIOTHEK sind eingetragene Marken
der Philipp Reclam jun. GmbH & Co. KG, Stuttgart
ISBN 978-3-15-018190-4
www.reclam.de

Inhalt

Einleitung

Das Vorhaben, im Durchgang durch die Geschichte der europäischen Philosophie ein Themenfeld zu rekonstruieren, das sich unter dem Titel »Geschlechtertheorie« rubrizieren läßt, bewegt sich außerhalb der etablierten fachphilosophischen Diskussionslinien. Intendiert ist jedoch nicht, die Reihe bewährter philosophischer Grundbegriffe durch den des Geschlechts zu bereichern, handelt es sich doch um einen Begriff von durchaus fragwürdiger Valenz. Die neueren im Umkreis der feministischen Philosophie geführten Debatten haben darüber aufgeklärt, was es bedeutet, diesen Begriff so zu gebrauchen, als eigne ihm ein veritabler Gegenstandsbezug: die Kategorie vermeintlich ontologischen Zuschnittes fungiert in Wahrheit als ideologisches Konstrukt.

Die Entstehungsbedingungen dieses Ideologems ebenso wie seine variierenden konkreten Ausgestaltungen in der Geschichte der europäischen Philosophie exemplarisch nachzuweisen ist die Absicht der hier vorgestellten Arbeit. In dieser ideologiekritischen Perspektive zeigen sich markante Unterschiede in Ansatz und Zuschnitt der philosophischen Geschlechterdiskurse: In der vorneuzeitlichen, antiken und mittelalterlichen Philosophie ist von Männern und Frauen als Mitgliedern von institutionalisierten Gemeinschaften, der kleinen des Hauses oder der größeren des Staates, die Rede. Von ihren gesellschaftlichen Positionen losgelöste, maßgeblich durch ihren Geschlechtscharakter definierte Subjekte werden erst im Zuge der Entstehung der bürgerlichen Gesellschaft konzeptualisiert. Im vorneuzeitlichen Geschlechterdiskurs aber geht es darum, die in den Grenzen von Haus und Staat zu etablierende Geschlechterordnung zu bestimmen und zu begründen. Diese Problematik ist systematisch gesehen im Rahmen von Ethik und Politik ange-

siedelt, und d. h., die für diese Disziplinen grundlegenden
Fragen nach dem geglückten, guten Leben und den richtigen
Formen von Herrschaft markieren die Leitlinien für diese
Erörterung.

Als in der Aufklärung die überlieferten Grundlagen
menschlichen Zusammenlebens der Kritik verfallen und
mit der Idee der individuellen Freiheit neue, dem Prinzip
der Rechtsgleichheit entsprechende Ordnungsvorstellungen
entstehen, erhält der Geschlechterdiskurs die für das bürgerliche Denken charakteristische ideologische Dimension:
die aus den vormals bindenden gesellschaftspolitischen Lebensformen entlassenen Individuen werden nun als Männer
und Frauen, d. h. mit Bezug auf ihren Geschlechtscharakter
definiert. Dieser erhält die Funktion eines neuen Ord-
nungsprinzips, das die Differenz der Geschlechter als hierarchisch strukturiertes Naturverhältnis festschreibt. Die Fixierung des weiblichen Geschlechtscharakters als defizitär
geht einher mit dem Einschluß der Frauen in die Welt fami-
liärer Innerlichkeit – eine Welt, die in Gegenstellung zu der
gemäß rein rechtlichen Prinzipien organisierten bürgerlichen Gesellschaft als Biotop des wahrhaft Humanen rekla-
miert wird.

So gelingt es dem bürgerlichen Geschlechterdiskurs, die
konsequente Umsetzung des Postulats der Gleichheit zu
umgehen, d. h., dieses als für den männlichen Teil der
Menschheit exklusives Prinzip zu reservieren und diese In-
konsequenz zugleich unkenntlich zu machen.

Spätestens seit der von Beauvoir in ihrem Buch *Le deuxième Sexe* eingeführten Unterscheidung von biologischem
und sozial konstruiertem Geschlecht läßt sich der ideologische Kern bürgerlicher Geschlechtertheorien als Naturalisierung durchschauen, d. h. als Ausstattung eines sozio-
ökonomisch und kulturell Entstandenen mit den Attributen des Natürlichen und damit au fond der Veränderbarkeit
Entzogenen. Die Überzeugung, daß in solcher Naturalisierung eine der effektivsten Begründungsstrategien von

Macht- und Herrschaftsansprüchen liegt, eint die feministischen Theoriekonzeptionen unterschiedlichster Provenienz bis heute.

Welche Konsequenzen aus diesen ideologiekritischen Einsichten zu ziehen sind, bleibt freilich offen. In der Frage, ob eine neu konzeptualisierte Geschlechtertheorie theoretisch grundsätzlich desavouiert ist oder ob sie nicht im Gegenteil emanzipatorisches Potential zur Überwindung des gerade auch im Bezug auf das Geschlechterverhältnis fragwürdig gewordenen Projekts der bürgerlichen Gesellschaft entfalten könnte, ist der Fokus feministischer Kontroversen am Ausgang des 20. Jahrhunderts zu sehen.

Die Einleitung soll die wichtigsten Stationen dieser philosophiegeschichtlichen Wegstrecke rekonstruieren und damit die historische und systematische Einordnung der in die ausgewählten Quellentexte[1] einführenden Beiträge erleichtern.

Die Thematisierung der Geschlechterordnung im Kontext der praktisch-politischen Philosophie schließt die Berücksichtigung von Schriften aus, die das Geschlechterverhältnis einseitig unter dem Blickwinkel von Eros und Sexualität erfassen. Auch mußten einschlägige polemisch-misogyne Traktate wie z. B. der Schopenhauers *Über die Frauen* im Rahmen dieses Projekts als deplaziert erscheinen.

In formaler Hinsicht sollten die Texte dem Anspruch genügen, auf überschaubarem Raum einen argumentativ relativ geschlossenen Begründungszusammenhang vorzuführen. Aus diesem Grunde mußten ausgreifende Reflexionen zum Geschlechterverhältnis, wie sie etwa in Kierkegaards Schriften zu finden sind, unberücksichtigt bleiben. Ein in

---

1 Die vom Autor bzw. Herausgeber beigefügten Anmerkungen in den Quellentexten wurden nur abgedruckt, soweit sie für das Verständnis des Textes unerläßlich sind. Die gelegentlich von den Herausgebern eingefügten Termini, Zwischenüberschriften und Gliederungsziffern bzw. -buchstaben wurden teilweise übernommen.

anderer Hinsicht von der hier vorgestellten Textauswahl unterschiedener Theorietypus wird durch die Texte der wenigen Autoren repräsentiert, deren programmatisches Interesse an der politischen Emanzipation der Frauen den Duktus ihrer Argumentation bestimmt; diese den ideologischen Charakter bürgerlicher Geschlechtertheorien auf ihre Weise bezeugenden Exempel progressiven Denkens empfehlen sich als Ergänzung des hier gebotenen Spektrums.

Die Gründe für die Aufnahme des im Sinne der Schultradition nicht philosophisch zu nennenden Textes Freuds gelten cum grano salis auch für die Texte der marxistischen Autoren. Für die Konzeption einer kritischen Gesellschaftstheorie, die das Erbe der klassischen praktisch-politischen Philosophie antritt, ist der Rekurs auf die der Psychoanalyse Freuds geschuldeten Einsichten unverzichtbar. Die Verbindung beider Reflexionsstränge bestimmt die weitere Theorieentwicklung auf wichtigen Gebieten und prägt vor allem die von den Protagonistinnen feministischer Philosophie geführten Kontroversen um die Zukunft der Geschlechtertheorie.

I

Am Beginn einer jeden auf die Frage der Geschlechterordnung fokussierten philosophischen Untersuchung steht die Auseinandersetzung mit der politischen Philosophie von Platon und Aristoteles: Diese haben zuerst die für die weitere Theoriebildung grundlegenden konträren Standpunkte zum Thema Geschlechterdifferenz und Geschlechterordnung philosophisch ausformuliert und begründet. In expliziter Gegenwendung zu zeitgenössischen Auffassungen und zur historischen Realität liefert Platon im fünften Buch des *Staates* eine raffinierte Begründung für die These der Gleichheit der Naturen von Mann und Frau; Aristoteles behauptet im Gegenteil die Inferiorität der weiblichen

Lebewesen allgemein und der Frau im besonderen. Während Platons Entwurf des Idealstaates die Auflösung des Hauses (*oikos*) zugunsten staatlicher Institutionen generativer Reproduktion und tagtäglicher Lebenserhaltung zumindest für den Wächterstand vorsieht, ist der *oikos* in der praktischen Philosophie des Aristoteles als Ort der Reproduktion von Individuen und Gattung angesetzt und als in sich differenziertes Herrschaftsgebilde sui generis definiert, das sich durch seine Zweckbestimmung, die Erhaltung des Lebens, von der auf das gute und d. h. tugendhafte Leben bezogenen politischen Gemeinschaft, der *polis,* unterscheidet. Nicht nur wird damit zuerst die Trennung von Staat und Haus, von gemeinsamer öffentlicher und privater Sphäre philosophisch legitimiert, zugleich vollzieht sich der Ausschluß von Frauen aus der Sphäre der *polis* und ihre Verortung in der Sphäre des Hauses.

Abgesehen von diesen Differenzen sind die Positionen Platons und Aristoteles' als Ausprägungen eines Paradigmas politischen Denkens zu begreifen, welches das Problem der politischen Ordnung, d. i. die Rechtfertigung der sozialen und politischen Ungleichheit unter den Menschen in der Orientierung an der Idee des guten Lebens, d. i. der Vervollkommnung und Verwirklichung der eigenen Natur, löst. Das neuzeitliche Denken setzt dagegen die am Prinzip der Gleichheit orientierte Idee der Gerechtigkeit als verbindliche Grundlage an.[2]

Für die Politische Philosophie der Antike gilt: Grundlage der menschlichen Satzung ist die vernünftig verfaßte Ordnung des Kosmos. Die Gesetze der menschlichen Welt sind mithin legitim, wenn sie dieser natürlichen Ordnung entsprechen. Die Natur ist durchgängig teleologisch verfaßt, d. h., jedes Seiende hat eine ihm spezifisch zukommende Funktion zu erfüllen, ein eigentümliches Werk (*er-*

---

2 Vgl. Seyla Benhabib / Linda Nicholson, »Politische Philosophie und die Frauenfrage«, in: *Pipers Handbuch der Politischen Ideen,* hrsg. von I. Fetscher und H. Münkler, Bd. 5, München 1986, S. 513–562 [Kap. XII].

gon) zu verrichten. Und das gilt auch für den Menschen, dessen Auszeichnung darin besteht, das *zoon logon echon*, d. h. das vernünftige Lebewesen zu sein. Aufgabe des Politischen ist es, die den Menschen auszeichnende Zweckbestimmung, die *eudaimonia* oder das gelungene, geglückte Leben, das eo ipso ein tugendhaftes Leben ist, ins Werk zu setzen. Gemäß dem fundamentalen ontologischen Prinzip, demzufolge das Höherwertige oder Bessere über das Geringerwertige herrscht, das sowohl hinsichtlich des Verhältnisses von Leib und Seele als auch hinsichtlich der innerseelischen Verhältnisse Gültigkeit beansprucht, ist auch die Ordnung des Politischen zu gestalten. Daraus folgt, daß diejenige Ordnung gut genannt zu werden verdient, die die Herrschaft der Besten vorsieht und garantiert. Durch dieses ontologisch begründete aristokratische Paradigma politischer Ordnung unterscheidet sich das antike Denken grundsätzlich von dem auf der Idee der Gleichheit fußenden politischen Denken der Neuzeit, das Herrschaft nicht länger im Rekurs auf die Natur rechtfertigen kann.

Für Platon ist das richtige Verhältnis der Geschlechter ein politisches Problem, das unter Zugrundelegung der für die politische Ordnung allgemein maßgeblichen Prinzipien zu lösen ist. Fundamental in diesem Sinne ist das der teleologischen Seinsordnung entsprechende Prinzip der Gerechtigkeit, demzufolge jeder das Seinige, das ihm eigene *ergon* zu verrichten hat und jeder gemäß der Qualität seines *ergon* einem der Stände der *polis* zugewiesen wird. Die entscheidende Frage bezüglich des Verhältnisses der Geschlechter lautet daher, ob es eine spezifische Natur der Frau bzw. des Mannes und dementsprechende geschlechtsspezifische Fähigkeiten und Tätigkeiten gibt oder nicht. Die platonische Antwort, derzufolge die Geschlechterdifferenz allein in Hinsicht auf die Fortpflanzung, nicht aber in Hinsicht auf die Verfaßtheit der Seele, d.h. die spezifisch menschliche Natur relevant ist, impliziert die Zulassung von Frauen zu allen Ständen je nach Beschaffenheit ihrer individuellen Natur.

Das platonische Modell einer hierarchisch gegliederten *polis*, in der der Rang der individuellen Natur den Stand eines Menschen definiert, wird von Aristoteles zugunsten einer egalitär verfaßten politischen Gemeinschaft aufgegeben. Die *polis* ist nach Aristoteles die politische Gemeinschaft freier und gleicher Bürger, die sich prinzipiell in der Funktion des Herrschens abwechseln können und sollten. Das Prinzip der Herrschaft der Besten wird im Raum der *polis* als Folge der Absenz von Rangunterschieden irrelevant. In der politischen Philosophie des Aristoteles entscheidet dieses Prinzip nicht über die Positionierung von Menschen in der *polis*, sondern über die Zulassung von Menschen zur *polis*. Denn zum Bürger taugen nur diejenigen, deren Seele von so exzellenter Verfassung ist, daß sie zum Vorstand eines Hauses qualifiziert und d. h. zugleich ökonomisch unabhängig sind. Die in der platonischen *polis* ungeschiedenen Sphären des Ökonomischen und Politischen werden von Aristoteles strikt getrennt: Das Haus ist die Gemeinschaft, deren Zweck die Lebenserhaltung ist, und nur wer von Produktion und Arbeit freigestellt ist, eben der Haushaltsvorstand, kann an dem auf Realisierung des guten und d. h. tugendhaften Leben ausgerichteten Bereich des Politischen partizipieren.

Von der *polis* unterscheidet sich das Haus nicht nur durch die andersartige Zwecksetzung dieser Gemeinschaft, sondern auch durch seine hierarchische Verfaßtheit. Das Haus ist ein in sich differenzierter Herrschaftsverband von Ungleichen, wozu Freie und Unfreie gehören. Gemäß dem Prinzip der Herrschaft des Besseren über das Minderwertige entscheidet sich, welche Position ein Mensch im Herrschaftsverband des Hauses einnimmt. Ist die Seele eines Menschen in der Weise defizient, daß er weder in der Lage ist, die für das häusliche Leben relevanten Zwecke zu setzen, noch die für die Realisierung der Zwecke geeigneten

Mittel zu beschaffen, ist er Sklave von Natur, also unfrei, bloß belebtes Werkzeug des Oikodespoten. Die noch nicht entwickelte Vernunft des Kindes begründet die Herrschaft des Vaters. Daß Frauen im ehelichen Verhältnis der Herrschaft des Mannes untergeordnet sind, erklärt sich nach Aristoteles aus der Defizienz ihrer praktischen Vernunft, derzufolge deren Herrschaft über den begehrenden Seelenteil unzuverlässig ist. Aus der Unterordnung der Frau unter die Herrschaft des Mannes im Haus folgt eo ipso ihr Ausschluß aus der *polis* als Gemeinschaft der Freien und Gleichen. Ob Aristoteles wenigstens eine immanent konsistente Begründung für den Nachweis der Inferiorität der Frau als Frau gelungen ist oder nicht, mag hier dahingestellt bleiben. Festzuhalten ist: Aristoteles liefert das von nachfolgenden Theoretikern in vielfacher Weise abgewandelte Paradigma patriarchaler Ordnung, dessen Grundstruktur, männliche Herrschaft im Haus als Voraussetzung des Bürgerstatus, bis zu Kants Rechtsphilosophie in Geltung bleibt.

Die Ablösung des aristokratischen Herrschaftsprinzips der Antike durch das universalistische Paradigma der neuzeitlichen politischen Philosophie ist vermittelt durch die Sozialphilosophie der Scholastik. Deren Vordenker Thomas von Aquin, der als Bewahrer des aristotelischen Erbes in die Philosophiegeschichte eingegangen ist, reformuliert das Kernstück der politischen Philosophie, die Trennung von *oikos* und *polis*, in einer Weise, die dem Paradigmenwechsel der Neuzeit den Boden bereitet.

II

Thomas von Aquin rezipiert die aristotelische Philosophie unter der Prämisse, die der scholastischen Philosophie insgesamt das Gepräge gibt, der Prämisse nämlich, daß sich die Vereinbarkeit von christlicher Heilsbotschaft und kirchlichen Dogmen mit der philosophischen Tradition der

Antike auf vernünftige Weise demonstrieren lasse. Daß im Zuge eines solchen Vereinbarkeitsnachweises Umdeutungen vorgenommen werden, in denen sich der epochale Abstand zwischen Antike und christlichem Mittelalter indirekt zu erkennen gibt, kann nicht verwundern; dies trifft vor allem auf das für die Frage der Geschlechterordnung entscheidende Lehrstück der politischen Philosophie über die Trennung von *oikos* und *polis* zu.

Die entscheidende Umdeutung liegt in der Wiedergabe der aristotelischen Bestimmung des Menschen als eines *zoon politikon* durch den lateinischen Terminus *animal socialis* bei Thomas; für ihn ist das »Politische« offenbar bedeutungsgleich mit dem »Sozialen«. Die unterstellte Synonymität von Staat und Gesellschaft entspricht freilich dem Geist der aristotelischen politischen Philosophie in keiner Weise.[3] Was die Menschen nämlich wie die Tiere zu gesellschaftlichen Lebewesen macht, ist der Notwendigkeit geschuldet, den biologischen Lebensprozeß zu bewältigen; damit entsteht der Bereich, in dem die Menschen ihrer spezifisch menschlichen Möglichkeiten gerade beraubt sind, der Bereich des Privaten also, der sein Zentrum im *oikos* hat, der ausschließlichen Lebenssphäre derjenigen, die für den Lebenserhalt des Einzelnen durch Arbeit und der Gattung durch Gebären Sorge tragen, der Sklaven und der Frauen. Nur wer von der demütigenden Knechtung unter den biologischen Lebensprozeß unabhängig ist, kann nach griechischem Denken im Raum des dem Menschen ausschließlich Zugehörigen, der öffentlichen Sphäre der *polis*, ein gutes, weil nach Maßgabe des Menschlichen im eminenten Sinne auch gelungenes Leben führen.

Wenn Thomas nun die Differenz zwischen *oikos* und *polis* ignoriert, nivelliert er die den beiden Bereichen zugehö-

---

3 Zum Folgenden vgl. vor allem die Ausführungen im zweiten Kapitel (»Der Raum des Öffentlichen und der Bereich des Privaten«) von Hannah Arendt, *Vita activa oder vom tätigen Leben*, Stuttgart 1960, S. 27–75.

rigen Wertungen: er nimmt der Sphäre des Politischen die Wesensauszeichnung des eigentlich Menschlichen und hebt die negative Qualifikation des *oikos* als Sphäre des Prä-Humanen auf. Der kategoriale Bezugsrahmen einer solchen Nivellierung ergibt sich aus den Prämissen der von Thomas ausgebildeten theologisch fundierten teleologischen Ontologie: ein jedes Seiende ist gut (»omne ens est bonum«), und zwar in dem Maß, in dem es teilhat am höchsten Gut, dem *summum bonum*, dem ein jedes Seiende sein Gutsein verdankt, in dem Maße also, in dem es die seinem Rang in der Schöpferordnung entsprechende Wesensbestimmung erfüllt. Daß ein Leben unter der Knechtschaft des schieren Überlebens als m e n s c h l i c h e s von vornherein verfehlt ist und die von Sklaven und Frauen im Dienste der bloßen Lebenserhaltung verrichteten Tätigkeiten verachtenswert sind, ist unter dieser Prämisse nicht nachzuvollziehen. Vielmehr wird nun gerade die *societas domestica,* deren Funktionsgefüge sich der ökonomischen Verfügungsgewalt des Familienoberhaupts verdankt, zum Muster für die in der Herrschaft des Fürsten fundierte öffentliche Ordnung, d. i. der nach Ständen gegliederten Ordnung der Feudalgesellschaft, die ihrerseits wiederum dem in der göttlichen Schöpferordnung vorgesehenen Stufenbau des Seienden insgesamt entspricht. Die zum *ordo societatis* erweiterte patriarchalische Familienordnung tritt also an die Stelle der aristotelischen Differenz zwischen der Herrschaft über Freie und Gleiche in der *polis* und der Alleinherrschaft des Oikodespoten. Dem entspricht eine dem Geist der politischen Philosophie fremde Festlegung auf die Bestandsbedingungen der Gesellschaft; war für Aristoteles Zweck der *polis* das gute, d. h. tugendhafte und glückliche Leben der Bürger, so kennzeichnet Thomas Ruhe und Frieden als Kriterien einer gelungenen Ordnung des Sozialen.[4]

---

4 Vgl. Jürgen Habermas, »Die klassische Lehre von der Politik in ihrem Verhältnis zur Sozialphilosophie«, in: J. H., *Theorie und Praxis. Sozialphilosophische Studien*, Frankfurt a. M. 1971, S. 48–88. Habermas sieht in Tho-

Dennoch bleibt das Erbteil des griechischen Denkens beträchtlich. In diesem griechisch-christlichen Doppelcharakter hat die für den Thomismus charakteristische widersprüchliche Bestimmung des Status der Frau ihren Ursprung. Zunächst ist festzuhalten, daß die Modellfunktion der dem bloßen Leben dienenden Organisation des Hauses für das Ordnungsgefüge der Gesellschaft insgesamt nicht zur Aufwertung der dem *oikos* zugehörigen reproduktiven Tätigkeiten selbst führt. Der die praktische Philosophie der griechischen Antike kennzeichnende Primat des Handelns (*praxis*) vor der Arbeit (*poiesis*) gilt auch für Thomas: die höchste Wertschätzung verdient nicht die Tätigkeit, die sich auf einen von außen gegebenen Stoff bezieht, an den die Form sich verliert, die Tätigkeit also, die ihren Zweck im hervorgebrachten Werk hat, sondern diejenige, deren Zweck in der Betätigung selber liegt und die reiner Tätigkeitsvollzug (*energeia*) ist. Vor dem Hintergrund dieser Normierung kann es nicht verwundern, daß der Thomismus den inferioren Status, den Aristoteles der Frau zuweist, mit Hilfe biblischer Argumente (Eva ist zwar von Gott geschaffen, aber nur aus der Rippe Adams) zu zementieren sucht. Im Lichte des christlichen Elements des thomasischen Denkens verlieren nun freilich diese Statusdifferenzen ihr Gewicht. Der für das Frühchristentum charakteristische, vor allem von Augustinus ausgeführte Gedanke von der doppelten Bürgerschaft des Menschen in der *civitas dei* und der *civitas terrena* behält auch für Thomas seine Verbindlichkeit: die Gemeinschaft der Christen in Gott transzendiert die *communitas civilis* und ihre hierarchische Ordnung. Danach gilt, daß auch die Frau der *communitas divina* zugehört, nach dem Bild Gottes geschaffen und damit dem Manne gleichgestellt ist.

mas den Vermittler zwischen der politischen Philosophie des Aristoteles und Thomas Hobbes; dieser ist für Habermas der Begründer einer am Modell des neuzeitlichen Wissenschaftsverständnisses orientierten Sozialphilosophie.

Angesichts des Gewichts, das der christlichen Vorstellung von der Gemeinschaft der Gläubigen in Gott zukommt, verliert nun die weltliche *vita activa* insgesamt ihre Bedeutung. Nicht das tätige Leben wird der im Glauben bezeugten Unsterblichkeit gerecht, sondern allein die *vita contemplativa*. Diese scheinbar genuin christliche Norm entspringt griechischem Denken, der aristotelischen Lehre nämlich vom Vorrang des *bios theoretikos* vor dem *bios politikos*. Auf diesem Vorrang beruht die erst aus der Perspektive des neuzeitlichen Wissenschaftsverständnisses erkennbare Nähe zwischen Thomismus und antiker Philosophie. Trotz ihrer Differenz sind Poiesis und Praxis, technische Kunstfertigkeit und Klugheit des Handelns einander in einer entscheidenden Hinsicht ähnlich: beide Tätigkeiten haben das Zufällige und Veränderliche zum Gegenstand, solches also, von dem es ein Wissen im Sinne der *episteme* nicht geben kann. Die ontologische Auszeichnung des notwendig und immer Seienden kommt allein den Gegenständen der Metaphysik zu, deren höchster Gegenstand das *summum bonum* der thomasischen Theologie ist.

Die strikte Unabhängigkeit der Theorie von den Problemen der technischen und sozio-politischen Lebenspraxis verbinden griechisches und mittelalterliches Denken. Es wird zu fragen sein, welche Änderungen in der politischen Philosophie bzw. Sozialphilosophie zu verzeichnen sind und welche Auswirkungen diese Änderungen für die Konzeption der Geschlechterordnung haben, wenn der griechisch-christliche Primat der *vita contemplativa* fällt und die Wissenschaftskonzeption der Neuzeit sich durchsetzt.

III

Im scholastischen Denken hat das onto-theologisch gesicherte Fundament des *ordo societatis* jenen Vorgang noch aufgehalten, der sich bei Thomas anbahnt: das Eindringen ökonomischer, d. i. dem materiellen Lebenszusammenhang zugehöriger Kategorien in die Sphäre des Politischen. Der Bruch des neuzeitlichen Denkens mit den metaphysischen Grundlagen der aristotelisch-scholastischen Philosophie entschränkt diesen Vorgang und macht seine Bedeutung kenntlich: der ontologische und sittliche Vorrang der politischen Gemeinschaft vor dem Einzelnen und dessen partikularen Interessen schwindet. Damit bahnt sich jener Paradigmenwechsel an, mit dem der ethischen Fundierung des Politischen der Boden entzogen wird: die praktische Frage nach der politischen Verfassung, die der normativen Auszeichnung der menschlichen Natur gerecht wird und zum guten Leben ermächtigt, wird ersetzt durch die technische Frage nach der Organisation des Sozialen, die den Individuen die Reproduktion des bloßen Lebens sichert. Mit Hobbes wird die Sozialphilosophie zur Theorie, die nach dem Muster der empirischen Wissenschaften durch den Bezug auf technische Machbarkeit bestimmt ist.

Dieser mit Hobbes einsetzende Paradigmenwechsel in der politischen Philosophie, demgemäß Herrschaftsverhältnisse nicht länger im Rekurs auf eine teleologisch und hierarchisch verfaßte Natur zu begründen sind, erstreckt sich in seiner Konsequenz auch auf die traditionelle Herrschaftsbeziehung zwischen Mann und Frau. Herrschaft stellt sich nach Hobbes nicht mehr als die natürliche Konsequenz naturwüchsiger Unterschiede zwischen Individuen dar. Die die natürliche Ausstattung der Menschen betreffenden Differenzen erweisen sich als irrelevant in Anbetracht der allen Individuen gleichermaßen zukommenden, unhintergehbaren Befähigung zum freien Selbsterhalt. Dies vorausgesetzt, muß jede politische Ordnung, sofern sie als Herrschaftsordnung rechtmäßig sein soll, im Ausgang von der frei zu leistenden Zustimmung des Einzelnen konzipiert werden.

Aus diesen Prämissen resultiert zum einen das auf der Figur des Vertrags basierende Legitimitätsmodell des neuzeitlichen Staates, wie zum anderen der Sachverhalt, daß im Rahmen von Hobbes' politischer Philosophie das Verhältnis von Mann und Frau offensichtlich keinerlei theoretische Relevanz besitzt. Vor dem Hintergrund seiner egalitären Voraussetzungen ist für Hobbes weder die platonische Frage nach der Eignung der Frau für politische Führungspositionen zu diskutieren, noch gilt es, der herrschaftsrelevanten Hierarchisierung unterschiedlicher menschlicher Naturen durch eine entsprechende politische Anordnung von Mann und Frau Rechnung zu tragen, wie es bei Aristoteles geschieht.

Damit ergibt sich aber der auf den ersten Blick paradox anmutende Befund, daß, obgleich Geschlechtertheorien, wie noch ausführlicher zu zeigen sein wird, als ein Produkt neuzeitlichen Denkens betrachtet werden müssen, in den Anfängen des bürgerlichen Denkens das Verhältnis von Mann und Frau keine Erwähnung findet. Für Hobbes ist das Geschlechterverhältnis in einem ebenso wörtlichen wie bedeutsamen Sinne kein Thema: es findet im Kontext seiner politischen Philosophie keine Beachtung. Durch den Umstand jedoch, daß Hobbes, sofern er in Hinblick auf die Validierung seines neuen legitimationstheoretischen Paradigmas die Reformulierung des klassischen *oikos*-Modells anstrengt, die kritische Erörterung des ehelichen Herrschaftsverhältnisses schlichtweg übergeht, bekommt das Geschlechterverhältnis jenen »obskuren Status«, der sich als signifikant in Hinblick auf die weitere problemgeschichtliche Entwicklung erweisen wird.

Gegen das herrschende politische Paradigma der Zeit, in dessen Rahmen die patriarchale Herrschaft des Monarchen auf der einen Seite in der natürlichen Institution des leiblichen Vaters fundiert ist, wie sie auf der anderen Seite in der übernatürlichen des göttlichen legitimiert wird, behauptet Hobbes die »Künstlichkeit« der menschlichen Ordnung. Auf die Ordnung der Natur kann ebensowenig wie auf die übernatürliche der Gnade in legitimatorischer Absicht zurückgegriffen werden, wenn es darum geht, das Problem menschlicher Freiheit und politischer Herrschaft zu lösen; allein freie Zustimmung und vertragsförmige Einigung können als rechtsbegründende Akte anerkannt werden. Hobbes' theoretische Offensive gegen das patriarchale Legitimationsmodell und dessen Aufkündigung zugunsten seines radikalen Modells der universellen Vertragsförmigkeit aller menschlicher Vereinigungen hat zur Konsequenz, daß allem voran der traditionell natürliche Herrschaftsverband Familie mit den neuen Prämissen rekonstruiert werden muß. Hobbes sieht sich vor die Aufgabe gestellt, auch die Familie als eine vertragsförmige Vergemeinschaftung von ursprünglich freien und gleichen Mitgliedern zu bestimmen. Das aber bedeutet, die Herrschaftsgewalt des männlichen Hausvorstandes, spezifiziert nach Eherecht, Elternrecht und Herrenrecht, nunmehr entsprechend vertragsrechtlicher Parameter zu reformulieren. In diesem Zusammenhang ist die Neuinterpretation des sogenannten Herrenrechts als ein vertragliches Dienstverhältnis unproblematisch. Eher gezwungen hingegen erscheint es, die elterliche Gewalt, die sich nicht ausschließlich einem ideologisch befangenen Blick als natürlich darstellt, als ein Resultat der freien Zustimmung des Kindes verstehen zu wollen. Aber trotz dieser offenkundigen theoretischen Radikalität, die auch vor extremen Konsequenzen des eigenen Ansatzes nicht zurückschreckt, unterläßt Hobbes die Diskussion des ehelichen Verhältnisses.

Diese offenkundige Leerstelle bei Hobbes kann mit einiger Plausibilität als eine theoretische Vermeidung interpretiert werden. Welche generelle Schwierigkeit bezüglich der theoretischen Aufarbeitung des Geschlechterverhältnisses hier umgangen wird, läßt sich mit Blick auf den klassischen Autor des Frühliberalismus, John Locke, pointierter benennen. Abgesehen von den systematisch weitreichenden Differenzen in den philosophisch-politischen Positionen von Hobbes und Locke ist für den vorliegenden Problemzusammenhang entscheidend, daß Locke wie Hobbes die

Herrschaftsverhältnisse innerhalb des Hauses gemäß liberaler, d. h. vertragsrechtlicher Prämissen neu definiert. Dabei wird aber nun, anders als bei Hobbes, das eheliche Verhältnis von Mann und Frau ausdrücklich thematisch behandelt: Locke konzipiert es als ein Vertragsverhältnis; da er andererseits aber an der traditionellen Geschlechtsvormundschaft festhält, bleibt auch bei ihm die Frau letztlich dem Willen des Mannes unterworfen. Zur Begründung dieser nicht revidierten, rechtlichen Unterwerfung der Ehefrau knüpft Locke mit knappen zwei Worten an das *common sense*-Argument der natürlichen Inferiorität der Frau an. In Hinblick auf das auch im häuslichen Bereich zu lösende Problem der letztinstanzlichen Entscheidungsgewalt wird dem Mann zugestanden, insgesamt für die Ausübung der familiären Herrschaft »abler and stronger« zu sein.

Mit dieser Heranziehung naturwüchsiger Vorgaben zur Legitimierung einer rechtlichen Vormachtstellung setzt Locke sich jedoch in Widerspruch zur fundamentalen Prämisse des liberalen Denkens, die besagt, daß auf der Basis von natürlichen Differenzen keine Herrschaft begründet werden kann. Entsprechend der Voraussetzungen des Liberalismus und gemäß seiner generell anti-paternalistischen Stoßrichtung kann die eheliche Geschlechtsvormundschaft im Grunde nur als eine Form unrechtmäßiger Herrschaft verstanden werden.

Am Beispiel der Positionen von Hobbes und Locke, an der signifikanten Auslassung des Verhältnisses von Mann und Frau bei Hobbes ebenso wie an der theoretisch widersprüchlichen Behandlung des Geschlechterverhältnisses bei Locke, kann eine den Konzeptionen des aufgeklärten Naturrechts inhärente, sich im geschichtlichen Verlauf verschärfende Problemlage erhellt werden. In dem Maße, wie sich der Vertragsgedanke als das Legitimationsparadigma des neuzeitlichen Staates durchsetzen kann, etabliert sich die individualistische Deutung jeder Art von gesellschaftlichem Verband, ein Sachverhalt, der auf das traditionelle

Verständnis der Binnenstruktur der häuslichen Gemeinschaft durchschlägt. Wird aber auch die Familie als ein
komplexes Vertragsgebilde gedacht, so bedeutet dies bezüglich des Instituts der Ehe, daß es die Vertragschließen-
den selbst sind, die frei über die Bedingungen des Ehe-
schlusses, über Ehezweck und Eheform entscheiden. Das
aber besagt schließlich, daß das Individuum die Form des
ehelich-familiären Zusammenlebens unter der Geltung des
Naturrechts zumindest dem theoretischen Anspruch nach
weitestgehend selbst bestimmt.[5]

Vor diesem Hintergrund lassen sich an Lockes Ehekonzeption durchaus fortschrittlich liberale Aspekte feststellen:
Die eheliche Verbindung von Mann und Frau ist ein bei-
derseits prinzipiell kündbares Verhältnis und allein in Hinblick auf den Zweck der Reproduktion, d. h. die gemeinsame Sorge für die Nachkommenschaft, definiert. Aber
gleichwohl bleibt im Fall der Frau die privatrechtliche Autonomie im Sinne der Verfügungsgewalt über die eigene
Person und privates Eigentum – gemäß liberalem Verständnis der Inhalt des Begriffs der persönlichen Freiheit – durch
das familiäre Entscheidungsmonopol des Mannes maßgeblich eingeschränkt, und zwar bezeichnenderweise auf der
Basis einer wenig stichhaltigen und überdies nicht ernsthaft
ausgeführten Argumentation.

In dieser theoretisch unzureichenden Konzeption tritt
das Geschlechterverhältnis im Rahmen der politischen Philosophie thematisch wieder in Erscheinung. Wie bereits gezeigt, hatte es von jeher im Kontext politischen Denkens
seinen Platz gefunden, und zwar als Bestandteil eines inte-
gralen Entwurfs, hingegen nicht, wie nun im Rahmen des
neuzeitlichen Paradigmas, als ein innerhalb des theoretischen Ansatzes nicht konsequent zu bewältigendes Pro-

---

5 Vgl. Dieter Schwab, »Die Familie als Vertragsgesellschaft im Naturrecht der
  Aufklärung«, in: D. Sch., *Geschichtliches Recht und moderne Zeiten. Ausge-
  wählte rechtshistorische Aufsätze*, mit einem Vorw. von Diethelm Klippel,
  Heidelberg 1995, S. 179–195.

blem. Anders gesagt: das Verhältnis der Geschlechter stellt als eine »Enklave ungleichen Rechts«[6] für das liberalistische Denken eine theorieimmanente Beunruhigung dar, da der zwar argumentativ ausgedünnte, aber grundsätzlich ungebrochene Rückgriff auf das aristotelische Begründungsmuster im Falle des rechtlichen Verhältnisses von Mann und Frau die fundamental anti-aristotelische Stoßrichtung des aufgeklärten Naturrechts konterkariert.

Diesen Widerspruch folgerichtig aufzulösen, bedeutete, daß die patriarchale Herrschaftsstruktur auch im Binnenbereich von Ehe und Familie ihrer Legitimation verlustig ginge. Eine konsequent durchgehaltene »naturrechtliche Minimalisierung«[7], d. h. die Reduktion der Familien- und Eheverhältnisse auf den Vertrag als der Grundfigur des Privatrechts, eröffnete indes im Gegenzug ein neu zu gestaltendes Feld von Spielarten sozialer und generativer Koexistenz. Von den nachgerade freizügigen Überlegungen, die vor diesem Hintergrund in Hinblick auf das Verhältnis der Geschlechter angestellt werden können, zeugen die einschlägigen und nur wenig beachteten Schriften des deutschen Naturrechtlers Christian Thomasius. Überlegungen solcher Art sind jedoch angesichts des ganz offenkundigen allgemeinen Mangels an Initiative in der Umsetzung der emanzipatorischen Gehalte des rationalen Naturrechts auf der Ebene der Familien- und Geschlechterordnung nur als Ausnahmeerscheinung zu werten.

Die Entstehungsbedingungen eines eigenständigen bürgerlichen Geschlechterdiskurses lassen sich also folgendermaßen umreißen: Zum einen drängt der universelle emanzipatorische Anspruch, der den Ideen von individueller Freiheit und Gleichheit inhärent ist, auf seine vollständige Einlösung; erreicht wurde aber zunächst nur eine in sich widersprüchliche Konzeptualisierung des Verhältnisses von

---

6 Vgl. Dieter Grimm, *Recht und Staat der bürgerlichen Gesellschaft*, Frankfurt a. M. 1987, S. 33.
7 Vgl. Dieter Schwab (s. Anm. 5), S. 193.

Mann und Frau, was eine bleibende Irritation und Herausforderung auf theoretischer Ebene darstellt. Zum anderen verlangt im Hinblick auf die sich etablierende bürgerliche Gesellschaft auch der Bereich von Ehe und Familie nach einer den naturrechtlich normativen Fundamenten dieser Gesellschaft korrespondierenden Ausgestaltung. Somit wird angesichts des ordnungspolitischen Vakuums, wie es der Legitimationsschwund der patriarchalen Familienordnung hinterläßt,[8] die Schaffung von positivem Familienrecht zu einer legislatorischen Notwendigkeit. Im revolutionären Selbstverständnis der bürgerlichen Gesellschaft, die sich zu ihrer Legitimation im Gegensatz zu den Prinzipien des Feudalsystems auf ein rational begründetes Rechtsprinzip stützt, liegt der Grund dafür, daß mit der Übernahme der Forderungen des Naturrechts die Erfüllung der damit gesetzten Konsistenzansprüche einhergeht. Die offenkundige Lücke, die bezüglich des Ehe- und Familienrechts zu konstatieren ist, kann demnach rechtmäßig nur in Erfüllung der selbstgesetzten Legitimitätsbedingungen geschlossen werden. Das bedeutet, daß das Ehe- und Familienrecht zu seiner konkreten Ausformulierung der Vorgaben bedarf, die den Rationalitäts- und Konsistenzansprüchen des Naturrechts genügen.

Vor diesem Hintergrund nun stellt sich der programmatische Charakter der bürgerlichen Geschlechtertheorien, wie sie prototypisch im Entwurf Rousseaus begründet oder auch später bei Fichte neuerlich ausformuliert werden, als die Reaktion auf dieses nur mittels theoretischer Anstrengungen zu bewältigende spezifische Legitimationsdefizit innerhalb der bürgerlichen Gesellschaftsordnung dar. Anders als in den spätbürgerlichen Varianten, welche die effektiv institutionalisierten Geschlechterverhältnisse nurmehr ideologisch spiegeln, manifestiert sich in den philoso-

---

8 Vgl. hierzu auch: Reinhart Koselleck, »Die Auflösung des Hauses als ständischer Herrschaftseinheit«, in: *Familie zwischen Tradition und Moderne*, hrsg. von N. Bulst [u. a.], Göttingen 1981, S. 109–124.

phischen Geschlechtertheorien des 18. und frühen 19. Jahrhunderts ein mit Erfolg auf die gesellschaftliche Realität ausgreifender fundamentaler, in seiner Intention und seinen Resultaten unbezweifelbar restaurativer Gestaltungswille. Dieser wird in Hegels spekulativem System auf unüberbietbare Weise philosophisch legitimiert; es ist dies ein Höhepunkt und Abschluß bürgerlichen Denkens, das mit dem Aufkommen des Marxismus jenen Paradigmenwechsel provoziert, der schließlich auch dem Denken über die Ordnung der Geschlechter neue Perspektiven eröffnen wird.

Mit R o u s s e a u s Reformulierung des Geschlechterverhältnisses ist eine reaktionäre Lösung für die vom Liberalismus ererbte Problemlage gefunden. Sein für die Moderne klassisch zu nennendes Geschlechterparadigma konnte sich nicht zuletzt deshalb in seiner Grundstruktur unverändert bis in die jüngste Gegenwart erhalten, weil es Brüche vermeidend erlaubt, an die faktisch zu keinem Zeitpunkt außer Geltung gesetzte Tradition der aristotelischen *oikos*-Lehre anzuknüpfen. Erklärungsbedürftig ist allerdings, wie dies vor dem Hintergrund der von Rousseau demokratisch radikalisierten emanzipatorischen Ansprüche des rationalen Naturrechts ohne Plausibilitätsverlust möglich sein konnte. Die Antwort liegt in der Zweideutigkeit des Naturbegriffs, wie Rousseau ihn in bezug auf die Verfassung des Mann-Frau-Verhältnisses in Anschlag bringt. Mit einem rhetorischen Kunstgriff versteht es Rousseau, im Begriff der Natur einerseits an den naturrechtlichen Diskurs der Aufklärung anzuknüpfen; sofern er andererseits jedoch in seinem Geschlechterentwurf die »Wirkungsmacht der ›Natur‹ über die Zuständigkeit des Rechts«[9] stellt, wendet er sich im Grunde gegen den aufklärerischen Rationalismus und dessen Konzeption einer Rechtsnatur als universaler Beru-

---

9 Ursula Vogel, »Gleichheit und Herrschaft in der ehelichen Vertragsgesellschaft – Widersprüche der Aufklärung«, in: *Frauen in der Geschichte des Rechts*, hrsg. von U. Gerhard, München 1997, S. 265–293, hier S. 286.

fungsinstanz des Vernunftrechts und der revolutionären Menschenrechte.

Für Rousseau liegt der normative Bezugspunkt der Geschlechterordnung in einer Natur, die das Verhältnis von Mann und Frau als eine Komplementarität von naturwüchsig männlichen und weiblichen Anlagen zu erkennen gibt. Weil diese geschlechtsdifferenzierte, »naturalisierte« Natur das normative Fundament des Eheverhältnisses liefert, kann die Ungleichheit der Rechtslagen von Mann und Frau in dem Maße als legitim erachtet werden, als sie ihren ungleichen Geschlechtsnaturen korrespondiert und sich nicht länger als illegitime Verletzung ursprünglich gleicher Rechtsansprüche darstellt.

Es entbehrt indes nicht der Ironie, daß bei näherem Hinsehen diese an einer als präskriptiv veranschlagten Natur abgelesene Komplementarität der Geschlechtscharaktere für Rousseau keineswegs ein naturwüchsiges Faktum, sondern vielmehr eine in Hinblick auf den Staat geforderte sittliche Notwendigkeit und eine durch den Zweck gerechtfertigte soziale Konstruktion darstellt: Nur eine institutionalisierte Geschlechterkomplementarität hierarchischen Zuschnitts liefert die Basis für die Form der Familie, die auch tatsächlich ihrer Aufgabe, nämlich als »Pflanzgarten des gemeinen Wesens« (Pufendorf) zu fungieren, genügen kann. Im Rahmen von Rousseaus Staatstheorie erweist sich die bürgerliche Familie in ihrer spezifisch modernen Form von liebender Intimität und geschlechtlicher Arbeitsteilung als unerläßlich für die emotionale und moralische Durchbildung des männlichen Individuums, mithin als Möglichkeitsbedingung für die Entwicklung des Mannes zum Citoyen, eine Entwicklung, die ihrerseits für den Bestand der Rousseauschen Republik unverzichtbar ist.

Mit der beschriebenen Entkoppelung von Natur und Recht und der damit einhergehenden Aufkündigung der Ansprüche der aufklärerischen Rechtsnatur in Hinblick auf das Geschlechterverhältnis bilden sich zwei Argumentationsstränge heraus, die, bei Rousseau noch im Medium eines äquivoken Naturbegriffs verschmolzen, sich in der weiteren historischen Entwicklung in differenzierter Form voneinander abheben werden. Dabei zeigt sich mit zunehmender Deutlichkeit, daß die Restituierung der klassisch geschlechtskonnotierten Sphärentrennung von *oikos* und *polis*, d. i. die neuerliche Verbannung der Frau in die familiäre Privatsphäre und die Beschränkung der Ausübung bürgerlicher Rechte auf das männliche Geschlecht, nur möglich war im Ausgriff auf außerrechtliche bzw. rechtstranszendente Prinzipien.[10]

So beginnt mit dem 18. Jahrhundert, sekundiert von ethnologischen und medizinischen Untersuchungen, einerseits die philosophisch-anthropologische Festschreibung einer natürlichen asymmetrischen Geschlechterkomplementarität. Im Zuge dieser Fixierung bekommt das Geschlechterverhältnis, die »Enklave ungleichen Rechts«, den Charakter eines naturwüchsigen, der Veränderbarkeit entzogenen Binnenbereichs der bürgerlichen Gesellschaft. Zum anderen wird die Rechtsebene in Hinblick auf die sittliche Natur von Ehe und Familie als Liebesgemeinschaften transzendiert. So kann z. B. Liebe als eine sittliche, dem formalen Recht übergeordnete Macht als Legitimierungsgrund für die eheliche Gütergemeinschaft fungieren, nicht aber für die herrschaftliche Verfassung der ehelichen Gemeinschaft, eine Legitimationslücke, die wiederum im Rückgriff auf die quasi-aristotelische Hierarchie der männlichen und weiblichen Geschlechtscharaktere geschlossen werden kann.

Kurzum: Die reine Rechtsebene, in deren Rahmen die Gleichheit der Geschlechter in Familie und Staat ursprünglich angelegt war, konnte schließlich im wissenschaftlich erzeugten Faktum der naturwüchsigen Komplementarität der Geschlechtscharaktere unterschritten und auf der anderen

---

10 Vgl. Ursula Vogel, »Patriarchale Herrschaft, bürgerliches Recht, bürgerliche Utopie«, in: *Bürgertum im 19. Jahrhundert*, hrsg. von J. Kocka, München 1988, S. 406–412.

Seite in den theoretischen Konzeptualisierungen von Ehe und Familie als sittlicher Liebesgemeinschaften überschritten werden.

Der vorkritische Kant setzt die von Rousseau eröffnete Linie der bürgerlichen Geschlechtertheorien fort. Dies gilt nicht nur in Hinsicht auf die Übernahme grundlegender Inhalte, wie z. B. die Bestimmung des männlichen und weiblichen Geschlechtscharakters oder die sentimentale Eheauffassung, sondern vor allem in Hinsicht darauf, daß dieser Theorietyp als solcher fortgeschrieben wird. D. h., entgegen dem ersten Anschein einer bloßen ästhetischen Beschreibung geht es Kant auch um die Entwicklung einer programmatischen Theorie, deren Zweck die Begründung der bürgerlichen Geschlechterordnung ist. Und auch bei ihm wird die Ablehnung des naturrechtlichen Paradigmas kompensiert durch eine neue Strategie der Inanspruchnahme von Natur als legitimatorischer Grundlage. Kant geht es darum, auch das historisch Entstandene als im normativen Sinne Natürliches ausweisen zu können. So sind für ihn die im Anschluß an Rousseau beschriebenen Geschlechtscharaktere Produkt eines Kultivierungsprozesses, der nicht als Entfremdung vom »guten« Naturzustand zu begreifen ist, nicht als Degeneration, sondern als positive Auflösung der für das Zwitterwesen Mensch eigentümlichen Spannung zwischen seiner kruden geschlechtlichen Natur und der Möglichkeit der Moralität. Da der Mensch unhintergehbar verortet ist im Zustand der Kultur, bleibt nur, nach Kriterien der Konformität mit der Natur Ausschau zu halten. Als solche fungieren für Kant offensichtlich die übereinstimmende Beurteilung und Wahrnehmung kultureller Phänomene, d.h. im Falle der Geschlechtscharaktere: wenn jedermann die Eigenschaft des Edlen mit dem Männlichen und die des Schönen mit dem Weiblichen in Verbindung bringt, ist diese Zuordnung der Sphäre des bloß Kontingenten entzogen.

Für die der weitere Entwicklung der bürgerlichen Geschlechtertheorien in der Philosophie des deutschen Idealismus ist eine andere Verschiebung der Vorgaben Rousseaus
durch den vorkritischen Kant bedeutsam geworden: Die
Geschlechterthematik wird von der Sphäre der Rechts- und
Staatsphilosophie getrennt und im Feld der Sittlichkeit und
des Gefühls verortet. Rousseaus Geschlechtertheorie hatte
die Begründung der Geschlechterordnung von den Grundlagen der Rechtsordnung abgekoppelt, aber doch keinen
Zweifel daran gelassen, daß jene als Mittel der Realisierung
und Bestandssicherung dieser unverzichtbar ist, und zwar in
zweifacher Hinsicht: zum einen geht es um die Formierung
des männlichen Bourgeois zum bürgerlichen Subjekt (*citoyen*), zum anderen um die Bildung einer dem gemeinen
Wesen zuträglichen öffentlichen Meinungskultur. Dieser Bezug wird in der vorkritischen Philosophie Kants gelöst. Statt
dessen demonstriert Kant die zentrale Bedeutung des Geschlechterverhältnisses für die Moralisierung der Menschheit, die ihrerseits unabhängig von jedweder Rechtsordnung
realisierbar erscheint. Nicht nur wird durch die Kultivierung des Geschlechtstriebs und die Geschlechtscharaktere
das der Moralisierung des Menschen entgegenwirkende
Hindernis in Gestalt des kruden Geschlechtstriebs beseitigt;
die moralisch-ästhetische Differenz der Geschlechter ist
auch Voraussetzung dafür, daß sich die Menschheit insgesamt als unter den Bedingungen der Eingeschränktheit der
menschlichen Natur optimales Ganzes realisieren kann.
Und was für die Menschheit im ganzen gilt, exemplifiziert
sich in der Ehe gewissermaßen in nuce: die Vereinigung der
dem Menschen insgesamt möglichen tugendhaften Anlagen
zum Ganzen einer moralischen Person, so daß die in der
Ehe wirksam werdende und durch sie geförderte moralische
Differenzierung der Geschlechter nicht nur das Ganze im
Teil repräsentiert, sondern auch als Teil zur Erhaltung des
größeren Ganzen der Menschheit beiträgt.

Auf den ersten Blick stellt sich Humboldts Geschlechtertheorie als Paradigma liberalen Denkens dar: Zweck des Staates ist es, die innere und äußere Sicherheit der Bürger zu gewährleisten, darüber hinaus hat er keine Befugnis, etwa zur Beförderung des Wohls der Bürger. Die Ehe ist eine privatrechtliche Vertragsgemeinschaft, die entsprechend dem Willen der Partner jederzeit kündbar ist. Erst auf den zweiten Blick zeigt sich der weiterreichende Anspruch von Humboldts Geschlechtertheorie als einer Art ontologischer Fundamentaltheorie: In der Geschlechterdifferenz erkennt Humboldt die das Sein der natürlichen und der geistig-moralischen Welt gleichermaßen fundierenden Prinzipien, postuliert werden dementsprechend einheitliche Gesetze in beiden Sphären. In seiner Leibnizianischen Ontologie der Kraft deutet Humboldt die Geschlechterdifferenz als Differenz von Kräften: Männliche Kraft ist vorwiegend aktiv, auf Separierung ausgerichtet; weibliche Kraft ist vorwiegend passiv, rezeptiv und auf Verbindung ausgerichtet. Die Einheit der unendlichen Natur beruht ebenso auf dem Gegenspiel dieser sich wechselseitig beschränkenden Kräfte wie die Totalität der Menschenwelt insgesamt und die des einzelnen Menschen im Sinne der Individualität. Der männlichen Kraft verdankt sich das Bestehen einzelner Gestalten, der weiblichen ihre Bereicherung bewirkende Verbindung untereinander. Genauer besehen ist jede Kraft aktiv und passiv zugleich, also in gewissem Sinne auch männlich und weiblich zu nennen. Daß gleichwohl noch zwischen weiblicher und männlicher Kraft zu unterscheiden ist, begründet Humboldt damit, daß jeweils der eine oder der andere Zustand (aktiv, passiv) vorherrscht.

Wenn es sich nun so verhält, daß das Ideal der Menschheit ebenso wie das des Individuums darin besteht, das Maximum an Vollkommenheiten in harmonischer Ganzheit zu entfalten, und wenn es sich weiterhin so verhält, daß jede Kraft für sich als Folge ihrer Endlichkeit nur durch Wechselwirkung mit anderen zur Ausbildung des Ideals gelangen kann, kommt es in Humboldts Ansatz zwangsläufig zu einer Umwertung der traditionellen Hierarchie von Männlichem und Weiblichem. Nicht nur entspricht das durch seine Rezeptivität bereits auf Verbindung hin angelegte Weibliche dem Ideal von vornherein mehr als das auf Trennung orientierte, also tendenziell vereinseitigende, reduzierende Männliche; indem das Weibliche seiner wesensgemäßen Wirksamkeit entsprechend sich selbst zur Fülle menschlicher Möglichkeit bildet, fungiert es außerdem in der menschlichen Gemeinschaft als das Einheit und Fülle zugleich bewirkende Ferment. Die Verbindung der Geschlechter ist daher die die Menschheit bildende Gemeinschaft par excellence.

Zieht man das weiteren in Betracht, daß Humboldt den Staat bloß als Mittel im Dienst der Realisierung des menschlichen Endzwecks im Sinne möglichst umfassenden, eigenbestimmten Tätigseins versteht, wird klar, daß nicht der Staat, sondern die Gesellschaft der Ort der Selbstverwirklichung und des Selbstseins des Menschen ist. Die Restriktion des Staates auf ein instrumentelles Institut zur Gewährleistung innerer und äußerer Sicherheit folgt für Humboldt aus der anthropologischen Bestimmung des Endzwecks des Menschen als Individuum und als Kollektiv, der Herstellung harmonischer Totalität. Diese Konzeption des Staates impliziert nicht nur die Separierung von Staat und Gesellschaft und dementsprechend die von Bürger und Mensch, sondern auch die Abwertung des einen zugunsten des anderen. Zu fragen ist daher, welches die notwendigen Bedingungen des gesellschaftlichen Zusammenhaltes der Menschen sind. Wie nach dem Vorhergehenden nicht anders zu erwarten, ist die Kohäsionskraft des Weiblichen hier von eminenter Bedeutung. Entscheidend für die Humboldtsche Geschlechtertheorie ist nun allerdings der im Vergleich zur generellen Aufwertung des Weiblichen weniger progressive Gedanke, daß die weibliche Kraft ihrer eigenen passiven Natur zufolge tendenziell gefährdet oder prinzipiell irritierbar ist. Um sich optimal entfalten zu können, bedarf das Weibliche daher günstiger Bedingungen, wie sie in der nicht auf Kampf und Durchsetzung gerichteten häuslichen Sphäre gegeben sind.

Das Haus – nunmehr verstanden als bürgerliche Kleinfamilie – wird somit in seiner Funktion von Grund auf neu definiert: es ist nicht mehr der unter der Herrschaft des Hausherrn stehende Bereich des Wirtschaftens, sondern Schonraum und primäre Wirkungsstätte des Weiblichen. Humboldts Geschlechtertheorie ist konservativ, insoweit die traditionellen Attribuierungen des Weiblichen und Männlichen erhalten bleiben. Neu und revolutionär aber ist nicht nur die Umkehrung der Bewertungshierarchie der Geschlechter, sondern auch die konzipierte Alternative zur traditionellen aristotelischen Sozialordnung, in der der Mann als Oikodespot die Exzellenz seines paradigmatischen Menschseins in der *polis* verwirklicht. Diese Ordnung des männlich dominierten Gefüges von Haus und Staat wird abgelöst: die Gesellschaft und nicht der Staat ist Ort der Realisierung des Menschseins im Sinne der Bildung harmonischer Totalität. Damit sich die zur Verwirklichung dieses Zwecks vorzüglich beitragende weibliche Kraft in der Gesellschaft zur Geltung bringen kann, bedarf es der häuslichen Sphäre, in deren Schutz sich die gefährdete Kraft des Weiblichen optimal entwickeln kann. Mit der Idealisierung des Weiblichen geht demnach eine »Verweiblichung« der Sozialordnung einher, derart, daß diese weiblich dominierte Ordnung zugleich entpolitisiert wird. Das alte Muster der Geschlechter schlägt also noch darin durch, daß die Stilisierung des Weiblichen zum Paradigma des Humanen erkauft ist durch die Marginalisierung des Politischen.

Für Humboldts Geschlechtertheorie insgesamt ergibt sich der paradoxe Befund, daß sich seine liberale Eheauffassung dem Resultat nach als konsequente Ausarbeitung des neuzeitlichen vertragstheoretischen Legitimationsmusters lesen läßt; in Wahrheit aber resultiert weder die liberale

Staats- noch die liberale Ehetheorie aus dem vertragstheoretischen Paradigma des Naturrechts, noch ist die Kanti-
sche Fundierung des Staates in der Idee des Rechts für
Humboldt gültig. Zugespitzt ließe sich sagen: Humboldts
Liberalismus hinsichtlich Staats- und Ehekonzeption gründet vielmehr in einer Ontologie der Kraft Leibnizscher
Provenienz, die anthropologisch gewendet wird. Die progressiven Resultate verdanken sich mithin einem vorneuzeitlichen Typus von Begründung: dem Rekurs auf eine re-
duzierte Metaphysik.

Fichtes Geschlechtertheorie weist mehr Gemeinsam-
keiten mit den Auffassungen des vorkritischen Kant auf als
mit der etwa gleichzeitigen Ehetheorie des späten Kant.
Dies gilt vor allem für die mit Rousseau beginnende, vom
vorkritischen Kant weitergeführte Tendenz der Entpoliti-
sierung und Entrechtlichung des Geschlechterverhältnisses
durch Moralisierung und Ästhetisierung. Zentrales Lehrstück in diesem Ansatz der bürgerlichen Geschlechtertheorien ist die Bestimmung der Ehe als Liebesgemeinschaft, die
Fichte bis zur Verklärung der Ehe als vollkommene Vereinigung, die ihr eigener Zweck ist, steigert, in der die Bestimmung der Ehe als Vereinigung zweier Menschen zu
einer Person im Sinne des vorkritischen Kant gleichsam
aufgehoben ist.

Die exzeptionelle Position Fichtes innerhalb der bürger-
lichen Geschlechtertheorien ergibt sich dadurch, daß die
Beweisnot der modernen, auf der allgemeinen Natur des
Menschen qua freiem und gleichem Vernunftwesen fußen-
den Rechtsphilosophie gegenüber zeitgenössischen Eman-
zipationsbestrebungen unumwunden zugestanden wird.
Erstaunlich ist, daß es Fichte versteht, aus dieser Not eine
Tugend zu machen und gerade diese zur Begründung hier-
archischer Geschlechterordnung anscheinend untauglichen
Prinzipien zur Waffe im Kampf gegen die »aufbegehrenden

Weiber« zu schmieden. Dieses argumentative Bravourstück gelingt Fichte dadurch, daß er die Frau als Antagonismus zwischen ihrer durch Passivität bestimmten Geschlechtsnatur und ihrer als Aktivität bestimmten Vernunftnatur definiert. Die Lösung dieses den Subjektstatus der Frau fundamental bedrohenden Widerspruchs verlangt freiwilligen Verzicht auf Realisierung eigener Triebziele und Preisgabe ihrer selbst als Rechtsperson in der ehelichen Gemeinschaft. Um sich gegen die in ihrer eigenen Natur begründete Gefahr des Verlusts von Autonomie in ihrer Würde behaupten zu können, muß sich die Frau selbst entsexualisieren und entrechten, sich als Natur- und Vernunftwesen selbst Restriktionen auferlegen.

Die Fichtesche Strategie ist offensiv und subversiv zugleich: offensiv, sofern alle äußeren Gründe für die inferiore Stellung der Frau beseitigt werden und die Frau selbst zum Grund ihrer eingeschränkten Autonomie in doppelter Hinsicht gemacht wird. Eine Theorie, die die Natur der Frau zum Grund des Übels macht und Verzicht zum selbstgewollten Heilmittel erklärt, entfaltet in der Formierung bürgerlicher Mentalität eine fatale unterschwellige Wirksamkeit: Gelingt es nämlich, diese demonstrativ geleistete Verschiebung weiblicher Unterdrückung in das Innere der Frau zur prägenden Struktur ihres Selbstverständnisses werden zu lassen, ist allen Emanzipationsversuchen der Boden entzogen. Emanzipation wird für die Frauen selbst zum irrationalen, das eigene Selbst gefährdenden Projekt, Selbsthingabe und Selbsteinschränkung aber werden zur rationalen, moralisch geforderten Tat. Indem Fichtes Konzeption der Frau das traditionelle Muster von Weiblichkeit zur einzigen Form der Realisierung ihres Subjektstatus erklärt, eskaliert das schon von Rousseau und dem vorkritischen Kant gegen emanzipationswillige Frauen entwickelte Szenario der Angst vor Identitätsverlust geradezu ins Unerträgliche: Waren die gelehrten Frauen etwa nach Rousseau und Kant »bloß« keine Frauen mehr, d. h., gingen sie ihres typischen weiblichen Geschlechtscharakters verlustig, so kann nach Fichte die Frau, welche die ihr abverlangte Sublimierung von Weiblichkeit verweigert, sich überhaupt nicht als vernünftiges Subjekt konstituieren. Der Verlust betrifft also nicht mehr oder weniger periphere psychische Attribute, gefährdet ist die Subjektivität selbst im Kern. Fichtes Konzeption der Frau richtet das weibliche Subjekt so zu, daß es qua Subjekt seine eigene Depraviertheit wollen und herstellen muß, um überhaupt als Subjekt gelten zu können. Die Gunst des Ehemannes allein kann die selbstgewählten Verluste kompensieren. Autonomie im vollen Sinne erfüllten Menschseins ist für den weiblichen Teil der Menschheit nur durch Unterwerfung unter den Willen des Mannes zu erreichen. Die Apotheose der ehelichen Gemeinschaft ist das von Fichte angebotene Surrogat ihrer notwendigen Selbsterniedrigung.

Anders als die Geschlechtertheorien Rousseaus und des vorkritischen Kant blendet die Fichtes die rechtlichen Konsequenzen nicht aus, sondern entfaltet sie mit aller Klarheit und Rigorosität: Die Ehe ist keine Vertragsgemeinschaft, sondern eine Liebesgemeinschaft, die sich als Enklave der Rechtsfreiheit erweist; Ehefrauen sind auch in äußeren Angelegenheiten keine Rechtssubjekte, Frauen generell sind von politischer Partizipation und öffentlichen Ämtern ausgeschlossen.

Kant behandelt die Stellung der Frau in seiner Rechtslehre auf irritierend widersprüchliche Weise: Während die Reduktion der ehelichen Beziehung auf das durch natürliche Wechselseitigkeit charakterisierte *commercium sexuale* im Eherecht zur strikten rechtlichen Gleichheit von Mann und Frau führt, geht das Staatsrecht von der Ungleichheit der Geschlechter aus: den Frauen wird die Qualifikation zur aktiven Staatsbürgerschaft abgesprochen. Als Grund führt Kant jene Naturtatsache an, die im Eherecht als normativ irrelevant erklärt wird: das Faktum nämlich, biologisch als Frau geboren zu sein. Frauen sind zwar – so definiert er – als Menschen f r e i im Sinne der Unabhängigkeit von fremder Willkür und sie sind g l e i c h als Untertanen, aber ihnen fehlt eine entscheidende Qualität, die Kant im Einklang mit der Tradition zur Voraussetzung aktiver Staatsbürgerschaft macht, die nämlich der ökonomischen Selbständigkeit. Ökonomisch unselbständig ist jeder, der genötigt ist, seine Existenz »nach der Verfügung anderer« zu erhalten.[11] Während diese Nötigung für die nicht-selbständigen Männer freilich nicht den Charakter eines unabänderlichen Geschicks trägt, bleibt den Frauen aufgrund ihres biologischen Geschlechts die Möglichkeit verwehrt, sich aus dem Zustand bloß passiver Staatsbürgerschaft zu befreien: Frauen entbehren von Natur der bürgerlichen Persönlichkeit, ihre »Existenz ist gleichsam nur Inhärenz«[12].

Die Substanz, der Frauen gemeinsam mit den übrigen Unselbständigen (Kindern und Gesinde) »inhärieren«, ist die häusliche Gesellschaft, deren Substantialität sich nach aristotelischem Muster in der Position des Oikodespoten personifiziert. Kant ist der letzte Klassiker neuzeitlicher Rechtsphilosophie, der die normative Geltung der Familie als *societas domestica* unterstellt, die Familie mithin in der Form des g a n z e n, d. i. vollkommenen Hauses, also unter Einschluß der dritten Gliedgemeinschaft, der *societas herilis* (d. i. der hausherrlichen Gesellschaft), thematisiert. Freilich stellt schon das vorkantische Naturrecht der Neuzeit das Herrschaftsgefüge des *oikos* auf eine gegenüber Aristoteles grundlegend veränderte Legitimationsbasis. Während die

---

11 *Die Metaphysik der Sitten, Rechtslehre*, § 46, in: Imannuel Kant, *Gesammelte Schriften*, hrsg. von der Königlich Preußischen Akademie der Wissenschaften, Abt. 1, Bd. 6, Berlin 1914.
12 Ebd.

naturteleologischen Prämissen des aristotelischen Denkens
den Status einer von Natur zur Knechtschaft bestimmten
Existenz zulassen, ist die Annahme eines solchen Status mit
der Vorstellung von der unterschiedslosen Freiheit aller
Menschen im Naturzustand unvereinbar. Das rationale Naturrecht kennt Herrschaftsverhältnisse nur als Resultat ver-
traglicher Vereinbarungen; danach gilt, daß die Unterwerfung einer Person unter die Verfügungsmacht einer anderen
selber als Ausdruck der ihr als Mensch, d. h. im Naturzustand zukommenden Freiheit zu verstehen ist.[13] An diese
naturrechtliche Tradition knüpft Kant an, wenn er konsta-
tiert, daß eine Gesellschaft wie die häusliche bereits im Naturzustand eine rechtmäßige Gesellschaft ist.[14] Für die Bestimmung der Verhältnisse von Haus und Staat bei Kant
bedeutet dies nun zum einen: An der Rechtmäßigkeit der
Befehlsgewalt des Hausherrn gegenüber den übrigen unselbständigen Mitgliedern des Hauses ändert sich durch
den Übergang vom Naturzustand in den *status civilis*, den
bürgerlich-rechtlichen Zustand, nichts; an diesem Übergang, an der Bildung jenes allgemeinen, sich im Gesellschaftsvertrag versammelnden Willens, sind nur die
selbständigen Hausherren beteiligt. Das Gebot der Rechtsvernunft, den Naturzustand zu verlassen, hat seine ökonomische Grundlage allein im externen Verhältnis der Hausherren, die bezüglich ihres Eigentums in provisorischen
Rechtsverhältnissen zueinander stehen.[15] Zum anderen
aber: der Status der Selbständigkeit und somit auch die
Qualität des aktiven Staatsbürgers lassen sich nicht mehr
ständisch-korporativ festlegen. Jeder erwachsene Mann hat

13 Analog zum *pactum subiectionis* des älteren deutschen Naturrechts wird die
   Ungleichheit der Geschlechter in der Ehe als Resultat eines stillschweigen-
   den Unterwerfungsvertrags verstanden; vgl. dazu Dieter Schwab, »Frauen-
   rechte und Naturrecht«, in: D. Sch., *Geschichtliches Recht und moderne
   Zeiten* (s. Anm. 5), S. 101–119.
14 *Rechtslehre* (s. Anm. 11), § 41.
15 Vgl. Reinhard Brandt, *Eigentumstheorien von Grotius bis Kant*, Stuttgart-
   Bad Cannstatt 1974, S. 198.

die Chance, durch eigene Leistung ökonomisch selbständig zu werden und sich so aus dem Status bloßer Schutzgenossenschaft zu befreien.[16] Damit verliert das Rechtsmerkmal der Selbständigkeit seine Grundlage im ökonomischen Herrschaftsgefüge des Hauses. Bei Kant sind es denn auch nicht mehr – wie noch im älteren Naturrecht – die Familienväter, die sich zum Zwecke der Staatsgründung zusammenschließen.[17] Die als Bedingung für die Teilnahme am Gesellschaftsvertrag vorausgesetzte Selbständigkeit ist nicht mehr die des Oikodespoten, sondern die des Protagonisten der neuen bürgerlichen Gesellschaft.[18] Von daher wird die Vehemenz plausibel, mit der Kant die Modellfunktion der häuslichen Gesellschaft für die Verfassung des Staates ablehnt: der staatliche Souverän, der seine Untertanen wie unmündige Kinder zwingen wollte, »auf seine Art (wie er sich das Wohlsein anderer Menschen denkt) glückselig zu sein«,[19] würde die Freiheit als Grundbedingung des bürgerlich-rechtlichen Zustands aufheben. Weil die Kompatibilität der individuellen Freiheitssphären durch das R e c h t gesichert wird, verwirft Kant das Modell des eudämonistischen Wohlfahrtsstaats absolutistischer Prägung als »schlimmste denkbare Despotie«.[20]

Obwohl Kant also mit der Entfeudalisierung des Selbständigkeitsbegriffs der Erosion der ständisch verfaßten häuslichen Gesellschaft Rechnung trägt, hält er am traditio-

---

16 *Rechtslehre* (s. Anm. 11), § 46. Vgl. Ursula Vogel (s. Anm. 10, S. 142 f.) zur totalen Ausgrenzung der (Ehe-)Frauen im Unterschied zur Benachteiligung der sozialen Unterschichten, was den Erwerb des Staatsbürgerstatus anlangt.

17 Vgl. Wolfgang Kersting, [Art.] »Vertrag, Gesellschaftsvertrag, Herrschaftsvertrag«, in: *Geschichtliche Grundbegriffe. Historisches Lexikon zur politisch-sozialen Sprache in Deutschland*, hrsg. von O. Brunner [u. a.], Bd. 6, Stuttgart 1990, S. 901–945.

18 So Wolfgang Kersting, *Wohlgeordnete Freiheit. Immanuel Kants Rechts- und Staatsphilosophie*, Frankfurt a. M. 1993, S. 389 f.

19 Immanuel Kant, *Über den Gemeinspruch: Das mag in der Theorie richtig sein, taugt aber nicht für die Praxis*, in: I. K., *Gesammelte Schriften* (s. Anm. 11), Bd. 8, Berlin 1912, S. 290.

20 Ebd.

nellen Muster der *societas domestica* als einer durch drei
Gliedgemeinschaften bestimmten vorstaatlichen Gesellschaft fest und entwickelt für diese als dritte Privatrechtsart
(nach dem Sachen- und dem persönlichen Recht) das »auf
dingliche Art persönliche Recht«.

Die Grundfrage lautet hier: Wie läßt sich von einer Person Gebrauch machen, ohne sie im Gebrauch wie eine Sache zu verdinglichen? Die Möglichkeit eines solchen nicht
verdinglichenden Gebrauchs sieht Kant nun für das Eherecht dann gegeben, wenn auf einen Gebrauch besonderer
Art geachtet wird: den nämlich, den Mann und Frau wechselseitig von ihren Geschlechtsorganen machen. Im Hinblick auf diesen Gebrauch und die zugrundeliegende sexuelle Bedürfnisstruktur, so Kant in krassem Gegensatz zu
Fichte, unterscheiden sich Mann und Frau nicht; weil das
Problem der Verdinglichung für beide in gleicher Weise besteht, wahrt auch die Lösung dieses Problems die strikte
Gleichheit der Geschlechter: Wenn Mann und Frau ohne
Vernichtung ihrer Persönlichkeit von ihren Geschlechtsorganen Gebrauch machen wollen, so haben sie sich zuvor wechselseitig als ganze Person rechtlich zu erwerben,
d. h. die Ehe zu schließen.

Damit ist die Reichweite der rechtlichen Gleichheit von
Mann und Frau in der Ehe bestimmt: diese hat ihre Grenze
dort, wo die Ehe anderes als pure Geschlechtsgemeinschaft
ist; geht es um die gemeinsamen Zwecke des Hauswesens,
so Kant, gilt die auf der natürlichen Überlegenheit des
Mannes gegründete Befehlsgewalt des *pater familias,* und
zwar nicht nur gegenüber Kindern und Gesinde, sondern
auch gegenüber der Ehefrau.[21] Es ist deutlich, daß Kants
Rekurs auf die traditionelle Geschlechterhierarchie gebunden ist an den institutionellen Rahmen des Hauses in seiner

---

21 *Rechtslehre* (s. Anm. 11), § 26. Vgl. Ute Frevert, »Bürgerliche Meisterden-
ker und das Geschlechterverhältnis. Konzepte, Erfahrungen, Visionen an
der Wende vom 18. zum 19. Jahrhundert«, in: *Bürgerinnen und Bürger,*
hrsg. von U. F., Göttingen 1988, S. 22.

überlieferten dreigliedrigen Gestalt: ein Herrschaftsgefüge, dessen Geltungskraft er im Staatsrecht für den männlichen Teil der nicht-selbständigen Bevölkerung bereits weitgehend außer Kraft gesetzt hatte. Offensichtlich überwiegt bei Kant die Tradition dort, wo es um die Suche nach einer Legitimationsgrundlage für das Geschlechterstereotyp männlicher Überlegenheit geht. Es versteht sich, daß diese Suche andere Wege zu beschreiten hat, wenn das Modell der *societas domestica* endgültig aufgegeben und an seine Stelle die Schrumpfform der modernen Kleinfamilie tritt.

Hegel bestimmt das Geschlechterverhältnis im Bezugsrahmen der Sittlichkeit, d.i. jener Sphäre des objektiven Geistes, in der die abstrakten Stufen von Recht und Moralität überwunden sind und die konkrete Beziehung von Einzelnem und Allgemeinem, individueller Willkür und vernünftigem Willen entfaltet wird. Als höchste Bildungsstufe des Sittlichen entwickelt die *Rechtsphilosophie* bekanntlich den Staat, dessen Dasein als sittliches Ganzes bestimmt wird, d. h. als Einheit, in der die subjektiven Einzelwillen sich im Wollen des wahrhaft Allgemeinen vereinen. Dem Staat liegen als seinen Bildungselementen die sittlichen Sphären der Familie und der bürgerlichen Gesellschaft voraus und zugrunde; jene enthält, was der Staat in der Form der selbstbewußten Einheit ist, in der Form der Unmittelbarkeit oder des Ansich, während die bürgerliche Gesellschaft den Zerfall dieser Einheit in die bloß partikularen Einzelwillen markiert.

Hegel ordnet nun die Geschlechtercharaktere bestimmten Sphären des Sittlichen zu: die sittliche Bestimmung des Mannes liegt im Staat, die der Frau in der Familie. Mit Bezug auf die politische Philosophie des Aristoteles lassen sich traditionelle und moderne Elemente dieser Zuordnung festmachen; neben der Nähe zur aristotelischen Bestimmung des Staates als Ort männlicher Tugend (und der entsprechenden Distanz zum liberalistischen Staatsbegriff eines Humboldt) steht die Abkehr von der *oikos*-Lehre: Die Wahrung der Familiensittlichkeit als Bestimmung der Frau setzt die von der Sphäre der materiellen Reproduktion unabhängige Form der modernen bürgerlichen Kleinfamilie voraus; diese hat mit der aristotelischen Definition des *oikos* als dem von der politisch-ethischen Sphäre des Öffentlichen strikt separierten Bereich des Privaten nichts gemein. Als Privatsphäre definiert Hegel vielmehr die bürgerliche Gesellschaft, jene Erscheinung der modernen Welt, die sich zwischen Familie und Staat schiebt und als Kampfplatz der individuellen Privatinteressen, als System der Atomistik die unmittelbare Form der Familiensittlichkeit aufhebt.

Weil die bürgerliche Gesellschaft im dialektischen Gesamtzusammenhang der Sittlichkeit die Stufe der Negation markiert, findet die sittliche Bestimmung der Frau in dieser kein Betätigungsfeld (in diesen Bereich nach dem Vorbild Humboldts die weiblichen Kohäsionskräfte kompensatorisch einsetzen zu wollen, hieße für Hegel, die dialektische Macht des Negativen zu verkennen); für die des Mannes dagegen ist sie von eminenter Bedeutung: weil der Mann seiner sittlichen Bestimmung nach in die Sphäre des wahrhaft Allgemeinen – des Staates – gehört, dieser sich aber erst im Durchgang durch das System der Vereinzelung als Träger des vernünftigen Willens begreift, gehört die Freiheit in der einseitigen Form der individuellen Willkür für den Mann zur Bedingung seiner sittlichen Bestimmung (es ist dies eine mit dem politischen Tugendbegriff des Aristoteles unvereinbare Voraussetzung).

Die Frau dagegen würde ihre sittliche Bestimmung verfehlen, wollte sie die Stufe der Familiensittlichkeit verlassen. Sie garantiert jene unmittelbare Einheit der Individuen, die sich noch nicht dem vernünftigen Willen, sondern der Bindungskraft des liebenden Gemüts verdankt. Die Liebe, eines der Grundworte der spekulativen Philosophie, hat ihren natürlichen Ort zwar im empfindenden Gemüt, ist aber weit mehr als nur Garant natürlicher Familiensittlichkeit. Sie hat in der Familie zunächst ihre Naturseite: hier ist es die Blutsverwandtschaft, die die Liebe zwischen Eltern und Kindern und der Geschwister untereinander prägt. Die Liebe zwischen Mann und Frau dagegen ist mehr als bloße Naturempfindung: als wechselseitige Hingabe zweier gegeneinander selbständiger Individuen ist sie selbstbewußte Liebe. Weil es freie Individuen sind, die ihre Selbständigkeit im jeweils Anderen aufgeben, um sich in dieser Hingabe erst eigentlich zu gewinnen, entdeckt Hegel in dieser Beziehung jene Strukturmomente, die den Begriff des Absoluten selbst als Liebe, d. i. als versöhnte Rückkehr aus seinem Anderen zu sich selbst charakterisieren. In der Liebesbeziehung zwischen den Geschlechtern sind freilich die beiden dialektischen Strukturmomente unterschiedlich gewichtet; dank der subjektiven Innigkeit ihrer Empfindung dominiert bei der Frau eher das Moment der Hingabe des Selbst, während für den Mann das Moment der Wiederaneignung bestimmend ist. Die Frau vertritt also für Hegel in der ihrer formalen Struktur nach auf strikte Reziprozität angelegten Beziehung wiederum das Naturmoment, der Mann hingegen das des Selbstbewußtseins; dieser Verschiedenheit entsprechen die unterschiedlichen sittlichen Bestimmungen der Geschlechter.

Trotz dieser Asymmetrie gehört die strikte Wechselseitigkeit für Hegel zur immanenten Struktur der Liebesbeziehung. Die exklusive Bindung des Moments der Hingabe an die Frau, die für Fichtes Ehekonzeption entscheidend ist, wäre im Verständnis Hegels dieser immanenten Reziprozität schlechthin zuwider. In noch größerer Distanz freilich steht Hegel zum Kantischen Eherecht: Für Kant ist zwar die Gleichheit der Ehepartner zentral, aber er fundiert sie nicht in der Liebesbeziehung, sondern in dem durch Eheschließung sanktionierten wechselseitigen Gebrauch der Geschlechtsorgane. Die Schändlichkeit dieser Auffassung[22] liegt für Hegel weniger in der Reduktion der Ehe auf eine Geschlechtsgemeinschaft, als vielmehr im Vertragscharakter der Ehe: Vertragsverhältnisse haben in der Systematik der Rechtsphilosophie ihren Ort auf dem Gebiet des abstrakten Rechts, d. h. diesseits der Sphäre der Sittlichkeit. Sie können daher weder der Familiensittlichkeit noch der sittlichen Substanz des Staates gerecht werden.

Nicht zuletzt in der Abkehr von den kontraktualistischen Prämissen des Naturrechts liegt Hegels Bedeutung für das bürgerliche Denken: den im 19. Jahrhundert virulenten Auffassungen über die Familie als der den vereinzelten Individuen vorgeordneter natürlicher und sittlicher Organismus[23] gibt die Rechtsphilosophie ihre klassische philosophische Legitimation.

Die Hegel eigene konservative Prägung der in der *Rechtsphilosophie* entwickelten Geschlechterordnung zeigt sich freilich erst in aller Deutlichkeit vor dem Hintergrund der Version, die er in der *Phänomenologie des Geistes* vorgelegt hat. Dieser Version, der der junge Hegel die Form der philosophischen Aneignung der *Antigone* des Sophokles gibt, liegt eine gegenüber der offiziösen Fassung anders angelegte Systematik zugrunde: Während Hegel in der *Rechtsphilosophie* die sittlichen Sphären von Familie und Staat dadurch als ihrem Rang nach differente Bildungsstufen kennzeichnet, daß er die Sphäre der Negation, d.i. die bürgerliche Gesellschaft, das System der gegeneinander agierenden Privatwillküren, als zweite Stufe einschiebt, begreift der junge Hegel beide Sphären des Sittlichen als einander gleichrangige Mächte, die unmittelbar aus der Entzweiung der sittlichen Substanz hervorgehen. Beide sittlichen Mächte, Familie und Staat, werden als Geltungs-

22 G. W. F. Hegel, *Grundlinien der Philosophie des Rechts*, in: G. W. H., *Werke in zwanzig Bänden*, Bd. 7, Frankfurt a. M. 1970, § 75.

23 Vgl. Dieter Schwab, [Art.] »Familie«, in: *Geschichtliche Grundbegriffe. Historisches Lexikon zur politisch-sozialen Sprache in Deutschland* (s. Anm. 17), Bd. 2, ebd. 1992, S. 298.

bereiche zweier Rechtstypen begriffen: des unterirdischen, göttlichen und des menschlichen, offenbaren Rechts, die den beiden Geschlechtern als deren Machtsphären zugeordnet werden. Dabei kommt dem göttlichen als dem nicht gesetzten, der Sphäre menschlicher Willkür vorausliegenden und seiner Geltung nach ewigen Recht gegenüber dem oberen und offenbaren, dem Gesetz des Tages, nicht nur die höhere Dignität zu. Die Frau als Protagonistin des göttlichen Rechts gewinnt darüber hinaus in der Figur der sophokleischen Antigone die exemplarische Gestalt tätiger Subjektivität. Antigone gehorcht dem göttlichen Recht, indem sie das Gesetz der Familienpietät exekutiert, d.h. den toten Bruder begräbt und sich damit gegenüber dem menschlichen Recht, der Staatsmacht und seinem männlichen Protagonisten Kreon schuldig macht. Gemäß dieser Version hat die weibliche Machtsphäre ihr Dasein also nicht nur in jenem subjektlosen Gefühl unbedingter Familieneinheit, das die tätige Konfrontation mit der männlichen Machtsphäre ausschließt. In der Figur der Schwester, die sich als freies Individuum aus der Natureinheit der Familie hervorhebt, transzendiert die Frau die Ebene der passiven Innerlichkeit und wird selber zum tätigen Subjekt.

Die *Rechtsphilosophie*, deren Systematik die unmittelbare Kollision der beiden Machtsphären nicht vorsieht, hat für diese subversive Version weiblicher Sittlichkeit keine Verwendung: herabgesetzt auf die Stufe der Unmittelbarkeit, hat diese ihr Dasein ausschließlich im empfindenden Gemüt der Frau; das Tätigsein hingegen wird der Sphäre männlicher Sittlichkeit zugesprochen.

IV

Das Bewegungsgesetz idealistischer Dialektik geht auf die spekulative Grundannahme zurück, daß der Geist sein Zusichkommen und damit die seinem Wesen gemäße Wirk-

lichkeit ausschließlich sich selbst verdankt: daß mithin
dasjenige, das diesem als scheinbar Unabhängiges entgegensteht, in Wahrheit selber Geist ist – in der Form des
Außersichseins. Im Bruch mit dieser Annahme bilden sich
die Grundlinien materialistischer Dialektik. Weil der Geist
menschlicher Geist ist und sein Tätigsein in zweifacher
Form auf Natur als das ihm gegenüber Unabhängige verwiesen ist – auf die subjektive, d. i. die Bedürfnisnatur des
Menschen, wie auf die ihn umgebende objektive Natur –
hat das Denken nach den Bewegungsgesetzen der *menschlichen Geschichte* selbst zu fragen und diese nicht als transitorische Existenzform des Absoluten zu mediatisieren.
Nach materialistischer Geschichtsauffassung bilden die gesellschaftlichen Verhältnisse, die die Menschen in der Bearbeitung der äußeren Natur zueinander eingehen, die in
letzter Instanz bestimmende Antriebskraft der Geschichte.
Die Gestalten der geschichtlich-gesellschaftlichen Welt, die
der Idealismus als Manifestationen des objektiven Geistes
begreifen will, haben in der ökonomischen Struktur der
Gesellschaft ihre objektive Grundlage.

Die Ideologiekritik, deren Instrumentarium sich der Historische Materialismus auf der Basis dieser Einsicht erarbeitet, findet nun auf dem Gebiet der Geschlechtertheorie
ein ausgezeichnetes Anwendungsfeld: In der Rede von der
den natürlichen Geschlechtscharakteren immanenten sittlichen Bestimmung wird das Natürliche mit der Dignität des
Vernünftigen ausgestattet und im Vernünftigen wiederum
der Naturcharakter des Ursprünglichen, Begründungsunbedürftigen und zeitlos Gültigen ausgezeichnet. In dieser
Fusion von Natur und Vernunft läßt sich die Grundfigur
aller ideologischen Verkehrungen erkennen.

Die an praktisch-politischer Emanzipation interessierte
Frauenbewegung der 1970er Jahre hat die Kritik bürgerlicher Geschlechterideologien mit den begrifflichen Mitteln
der Klassentheorie leisten wollen. Wie die politische Ökonomie den Antagonismus der bürgerlichen Gesellschaft als

Verhältnis von Lohnarbeit und Kapital analysierte, so sollte das Herrschaftsverhältnis zwischen Mann und Frau auf den Leitbegriff des Geschlechterantagonismus gebracht werden. Dieser Ansatz barg freilich ein Problem, das zur Fraktionierung der politischen Frauenbewegung führte: Wie nämlich sollte das Fundierungsverhältnis zwischen dem Begriff des Geschlechts und dem der Klasse gedacht werden? Die »marxistische« Fraktion sprach dem politisch-ökonomischen Begriff der Klasse den Status der Ursprungskategorie zu; sie bestritt damit der Geschlechtertheorie einen eigenen Gegenstandsbereich und erklärte den Antagonismus von Mann und Frau zum bloßen »Nebenwiderspruch«. Demgegenüber setzte die »feministische« Fraktion umgekehrt das Herrschaftsverhältnis zwischen den Geschlechtern als ursprünglich an und sprach dem Klassenverhältnis den Charakter eines bloßen Derivats zu.[24]

An Engels' historisch-materialistischer Untersuchung über den *Ursprung der Familie, des Privateigentums und des Staats* von 1884 läßt sich studieren, wie das Verhältnis von Geschlecht und Klasse zu exponieren ist, ohne in Verkürzungen der genannten Art zu geraten. Entscheidend ist die im Vorwort systematisch entfaltete Differenz zwischen zwei Arten der Arbeit: Durch Arbeit wird zum einen die äußere Natur zum Zwecke der individuellen Reproduktion angeeignet, zum anderen dient sie – in den Formen, die mit der Aufzucht der Nachkommen verknüpft sind – der Reproduktion der Gattung. Der erste Teil der Untersuchung nun zeichnet die Entwicklung von der ursprünglichen Gleichwertigkeit beider Formen der Arbeit hin zum alleinigen Primat der materiellen Produktion nach: als Motor des geschichtlichen Fortschritts wirkt ausschließlich die Aneignung der äußeren Natur, während die zweite Form der Ar-

---

24 Zur Diskussion der oben in starker Verkürzung skizzierten Ausgangslage vgl u. a. Ursula Beer, *Geschlecht, Struktur, Geschichte. Soziale Konstituierung des Geschlechterverhältnisses*, Frankfurt a. M. / New York 1990.

beit nur noch als Annex der materiellen Produktion zählt.
Als Wendepunkt dieser Entwicklung bezeichnet Engels
den Umsturz des Mutterrechts, den er als weltgeschichtliche Niederlage des weiblichen Geschlechts beklagt. Der
Gleichwertigkeit beider Formen der Arbeit, d. i. der natürlichen Arbeitsteilung zwischen den Geschlechtern korrespondiert nämlich die matriarchale Struktur der gesellschaftlichen Lebensformen. Der Untergang dieser matri-
archalisch strukturierten Verwandtschaftsordnung bringt
schließlich – so Engels – die Institution der Einzelfamilie
mit patriarchaler Herrschaftsstruktur hervor: es ist dies
eine Entwicklung, die das Institut des Privateigentums als
männlicher Errungenschaft nach sich zieht. Mit diesem Sieg
freilich verliert das männliche Geschlecht zugleich den
Charakter eines homogenen Gesamtsubjekts, führt doch
die Privatisierung des Eigentums zur Klassenspaltung der
Gesellschaft. Fortan ist es das Herrschaftsverhältnis zwischen den Klassen, das den geschichtlichen Fortschritt bestimmt, während die Domäne patriarchaler Herrschaft auf
das geschichtslose Schattenreich der Familie verwiesen
wird.

Für Engels steht fest, daß die Geschichtslosigkeit des
weiblichen Daseins der Verhaftung der Frauen in der reproduktiven Sphäre der »Privathaushaltung« geschuldet ist.
Frauenemanzipation bedeutet also Aufkündigung der geschlechtlichen Arbeitsteilung und selbstbewußte Teilnahme
an der Sphäre der materiellen Produktion. Im Horizont einer sozialistischen Transformation der Gesellschaft führt
dieser Schritt zur Überführung der Privathaushaltung in
die – wie Engels sagt – »öffentliche« Industrie: es ist dies
ein Schritt, der an die Überführung der Produktionsmittel
in das Gemeineigentum der Produzenten gebunden ist. In
dieser Perspektive ist die Emanzipation der Frauen gekop-
pelt an die Befreiung der Gesellschaft vom Joch der Klassenspaltung.

Engels rekonstruiert die Entstehungsbedingungen der bürgerlich patriarchalen Familie auf der Folie des nahenden Untergangs der bürgerlichen Gesellschaft. Diese Hoffnung teilen die Autoren der ein Menschenalter nach Engels' Schrift 1936 im Exil publizierten Untersuchung *Studien über Autorität und Familie* nicht mehr. Für die Gründergeneration der Kritischen Theorie wird daher die Reformulierung der Marxschen Grundtheoreme unter den Bedingungen des sich reproduzierenden Kapitalismus zum zentralen Anliegen. Horkheimers Beitrag thematisiert die bürgerliche Familie zunächst als unverzichtbaren Stabilitätsfaktor der klassischen bürgerlichen Gesellschaft. In einem zweiten Schritt faßt er jene Strukturveränderungen ins Auge, die die Transformation des Liberalkapitalismus in die terminologisch als »Spätkapitalismus« gekennzeichnete Gesellschaftsformation markieren und die zu dem für die gegenwärtige Gesellschaft charakteristischen Funktionsverlust der bürgerlichen Familie führen.

Mit der für die Ära des Liberalismus konstitutiven Emanzipation der bürgerlichen Gesellschaft vom Staat entsteht im Funktionsbereich der Warenproduktion und des Austauschs jene Sphäre des »Privaten«, die für die frühe Moderne prägend wird; an die Stelle der für vorbürgerlich-traditionale Gesellschaften charakteristischen persönlichen Abhängigkeitsverhältnisse tritt eine Abhängigkeit neuer Art: die nämlich von Marktgesetzen, deren anonyme Sachlichkeit sich der dem Markt eigenen ökonomischen Rationalität verdankt. Befreit von ständischen und staatlichen Direktiven begegnen sich die Produzenten im Austausch ihrer Waren als Gleiche und Freie. Die für den Verkehr der Privatleute konstitutive Abstraktion von der konkreten Individualität der Marktteilnehmer führt zu jener Form der Vergesellschaftung, die für die Sphäre des Ökonomischen charakteristisch ist: die wechselseitige Reduktion der Individuen nämlich auf ihre Eigenschaft als Funktionsträger ökonomischer Rationalität.

Mit der Frage nun, wie die individuelle Disposition zu solch verdinglichter Interaktion ontogenetisch zu erklären ist, erschließt sich der Kritischen Theorie das ihr eigene Aufgabenfeld. Die Analyse der Reproduktionsfähigkeit der bürgerlichen Gesellschaft mit dem begrifflichen Instrumentarium der Politischen Ökonomie bleibt unvollständig, so lautet die These, wenn sie nicht auf eine Dimension rekurriert, die mit den Mitteln der durch Freud belehrten Sozialpsychologie zu erfassen ist: Ihre Aufgabe ist es, jene Formierungsprozesse aufzuklären, denen die innere Natur des Menschen unterworfen ist und die dem erwachsenen Individuum die motivationale Grundlage für die Befähigung verschafft, als Funktionsträger der bürgerlichen Gesellschaft zu agieren. Die Stätte dieser Formierungsprozesse ist die Familie, jene Institution der bürgerlichen Gesellschaft, die den Bereich des »Privaten« im engeren, d. h. im Sinne der »Intimsphäre« bezeichnet und die sich gerade in der Entgegensetzung zum Privatrechtsverkehr der Warenbesitzer als Ort der ausschließlich durch die Intensität der Gefühlsbindungen bestimmten zweckfreien Interaktion konstituiert.[25] In der Familie entstehen jene emotionalen Ressourcen, die für den auf seine strategische Rationalität reduzierten Privatmann mit dem Versprechen auf transitorische Aufhebung der Verdinglichung, d. h. die Wiederherstellung seiner konkreten Individualität verbunden sind. Garantin der Regenerationsfunktion der familialen Intimsphäre ist die Ehefrau und Mutter, die gegenüber dem Leistungsprinzip der bürgerlichen Gesellschaft für das Prinzip der Sorge um den unvertretbaren Einzelnen steht. Dem Familienvater dagegen obliegt es, die kindlichen Individuen zu sozialisieren, d. h. zu leistungsstarken Mitgliedern der bürgerlichen Gesellschaft heranzubilden.

Der Doppelfunktion der Familie als Agentur der Gesell-

---

25 Vgl. Jürgen Habermas, *Strukturwandel der Öffentlichkeit. Untersuchungen zu einer Kategorie der bürgerlichen Gesellschaft*, Neuwied/Berlin 1971, S. 43 f.

schaft und intime Schutzzone, welche die Verdinglichung des *homo oeconomicus* kompensiert, entspricht die auf die tradierten Geschlechtsbestimmungen zugeschnittene innerfamiliale Rollenverteilung. Für die bürgerliche Gesellschaft in der klassischen Form der frei konkurrierenden Privatunternehmen ist diese Korrespondenz unverzichtbar. Die strukturellen Änderungen, die die Ära des Konkurrenzkapitalismus beenden, führen zu jenem Funktionsverlust der Familie, die der innerfamilialen Fundierung der Geschlechtscharaktere den Boden entzieht. Auf die spätkapitalistische Gesellschaft trifft dasjenige Strukturmerkmal nicht mehr zu, das für die klassische bürgerliche Gesellschaft konstitutiv ist, die Trennung nämlich von ökonomischer und politischer Sphäre: Die Konzentration des Kapitals in wenigen Großunternehmen setzt die Steuerungsmechanismen des Markts zunehmend außer Kraft und macht von seiten des Staates jene kompensierenden Interventionen erforderlich, die zu der für den Spätkapitalismus typischen Rückkoppelung des ökonomischen Systems an das politische führen.[26] Im Zuge dieser Entwicklung verliert der Familienvater den für seine sozialisatorische Funktion unverzichtbaren Status des selbständigen Unternehmers. Der klassischen Fundierung des väterlichen Autoritätsprinzips in ökonomischer Selbständigkeit korrespondierte innerpsychisch Ich-Stärke, also die Fähigkeit, die Identität des eigenen Selbst im Wechsel von Triebansprüchen und Über-Ich-Anforderungen zu behaupten. Der Verlust von ökonomischer Selbständigkeit und innerfamilialer Autorität entzieht also der zentralen Kompetenz des bürgerlichmännlichen Sozialcharakters, der in Ich-Stärke verankerten individuellen Handlungsautonomie den Boden;[27] gleichursprünglich verliert die im weiblichen Gegenprinzip der lie-

---

26 Vgl. Jürgen Habermas, *Legitimationsprobleme im Spätkapitalismus*, Frankfurt a. M. 1973, S. 54.
27 Zum Funktionsverlust der väterlichen Autorität vgl. *Soziologische Exkurse*, hrsg. vom Institut für Sozialforschung, Frankfurt a. M. 1956, S. 126 f.

benden Sorge fundierte Rolle der familialen Intimsphäre ihre Funktion.

Mit der Konsolidierung spätkapitalistischer Herrschaft wird die Organisationsform der patriarchalen bürgerlichen Familie als Folie für die Explikation der Geschlechtercharaktere zunehmend bedeutungslos.

Wie sich die Analyse spätkapitalistischer Strukturen mit dem Ansatz einer neuartigen Geschlechtertheorie verbindet, läßt sich am Werk H e r b e r t M a r c u s e s zeigen. Seine Gesellschaftstheorie weist einen fundamentalen Sachverhalt als Konstitutionsprinzip des Spätkapitalismus nach: die technologische Rationalität ist selber zur Organisationsform von Herrschaft geworden. Legitimationsgrundlage dieses Herrschaftssystems ist die an den technisch-wissenschaftlichen Fortschritt gekoppelte Steigerung der Produktivkräfte. Das aber heißt: der repressive Charakter der Herrschaft wird unkenntlich; der technisch rationalisierte und sozial anonymisierte Apparat erstickt das Bewußtsein der Knechtschaft und macht die Individuen zu Komplizen ihrer eigenen Unterdrückung.

Soll die Theorie gleichwohl in der Lage sein, Repression als solche namhaft zu machen und den Horizont einer möglichen Befreiung aufzuweisen, so genügt es nicht mehr, die Kritik der politischen Ökonomie durch Grundeinsichten der Sozialpsychologie Freuds nur zu ergänzen: Für Marcuse bildet die Freudsche Theorie in der Version der späten Trieblehre selber das Fundament einer in radikal emanzipatorischer Absicht entworfenen Gesellschaftstheorie. Die Reproduktion von Herrschaft vollzieht sich nämlich in den Tiefenschichten der Triebstruktur, und auf diese Dimension ist die Suche nach möglichen emanzipatorischen Gegenkräften verwiesen. Damit ist zugleich der Boden für eine neuartige, nämlich triebtheoretisch fundierte Geschlechtertheorie bereitet.

Marcuse erklärt den männlichen Geschlechtscharakter

als Produkt einer dem Wirken des Realitätsprinzips geschuldeten repressiven Umformung, der die ursprünglich
durch das Lustprinzip bestimmte menschliche Triebnatur
unterzogen wird. Der Sieg des Realitätsprinzips terminiert
in der Unterordnung der sexuellen Partialtriebe unter den
Primat der Genitalität und ihrer Unterwerfung unter die
Fortpflanzungsfunktion. Diese repressive Sexualorganisa-
tion befähigt den Organismus, zweckorientiert zu handeln
und legt den Grund zu jener aggressiven Naturbeziehung,
die im Erkenntnisideal technisch-wissenschaftlicher Rationalität schließlich ihren ideellen Ausdruck findet.

Marcuses Versuch, die existenzielle Bedeutung der präge-
nital-polymorphen, als umfassende libidinöse Energie verstandenen Sexualität ins Licht zu rücken, liegt die Überzeugung zugrunde, daß angesichts des materiellen Reichtums
der gegenwärtigen Gesellschaft das geltende Realitätsprinzip historisch überholt sei: allein die Idee einer nicht-repressiven Triebsublimierung und damit einer Kultur, deren
Quelle das Lustprinzip ist, kann – so Marcuse – die Akzep-
tanz des herrschenden Leistungsprinzips erschüttern. Die
Vorstellung einer anderen, »libidinösen« Vernunft, die als
Gegenmacht die Herrschaft der kognitiv-instrumentell deformierten Vernunft in ihre historische Grenzen verweist,
verknüpft Marcuse nun mit dem »anderen« Geschlecht:
potentieller Träger des alternativen Realitätsprinzips sind
die Frauen.

Auf den ersten Blick scheint Marcuses Geschlechtertheorie jenem traditionellen Modell zu folgen, das die Polarität
von Vernunft und Sinnlichkeit auf die Geschlechterdifferenz umlegt. Auch die mit der Rationalitätskritik der Ro-
mantik sich durchsetzende Aufwertung der Sinnlichkeit
und die im Zuge dieser Aufwertung einsetzende Idealisierung des Weiblichen bleibt diesem Schema verhaftet. Marcuses Idee eines »ethisch-ästhetischen Universums«, das
durch die im Weiblichen repräsentierte vereinigende Kraft
des Eros ins Werk gesetzt werden soll, steht ohne Zwei-

fel auch in dieser Tradition.[28] Was seine Position gleichwohl fundamental von philosophischen Geschlechtertheorien etwa des Humboldtschen Typs unterscheidet, ist der
gesellschaftspolitische Kontext, den er als Legitimationsbasis seiner Vorstellungen geltend macht: diente letzteren das
imaginierte Bild des Weiblichen bloß als passive Projek-
tionsfläche für die männlichen Wunschvorstellungen un-
versehrter Menschlichkeit, so bindet Marcuse seine Ideen
an die als politische Kraft sich formierende und artikulie-
rende Frauenbewegung. Erst die Diskussionsprozesse, in
denen die Frauen sich selbst über Rolle und Funktion ihres
Geschlechts verständigen, beenden jenen exklusiven philosophischen Männerdiskurs, der Frauen immer nur aus der
Perspektive männlicher Selbstverständigung die Position
des »anderen« Geschlechts zuweist.

V

Der sogenannte Zusammenbruch des idealistischen Sy-
stemdenkens zieht das Ende der Schulphilosophie alten
Stils nach sich. Die Theorien jenen Typs, deren Protagonisten Marx und Freud sind, lassen sich vor dem Hintergrund der Grenzmarkierungen, die Philosophie und Ein-
zelwissenschaften gegeneinander abgrenzen, nicht mehr
adäquat erfassen. Die Intention, die Marxismus und Psychoanalyse verbindet, ist das Interesse an der Entlarvung
jener Mystifizierungen, die als Natur erscheinen lassen, was
sich in letzter Instanz menschlicher Tätigkeit, bewußter
wie unbewußter, verdankt. Auf unterschiedlichste Weise
wird das Instrumentarium einer so verstandenen Kritik
auch für die Konstituierung des Gegenstandsbereichs einer
Geschlechtertheorie nutzbar gemacht.

28 Zum Vorwurf der Traditionsverhaftung, den Silvia Bovenschen und Mari-
   anne Schuller gegenüber Marcuse erheben, vgl. »Weiblichkeitsbilder«, in:
   Gespräche mit Herbert Marcuse, Frankfurt a. M. 1978, S. 65–87.

In F r e u d s berühmter Frage »Wie wird man eine Frau?«
könnte man gewissermaßen den Beginn der mittlerweile interdisziplinär geführten Debatte um *sex* und *gender* markiert sehen. Mit dieser Freudschen Fragestellung ist vorderhand zwar die Aufmerksamkeit auf die psychosexuelle Entwicklung des Mädchens zur Frau gerichtet, jedoch wird
dabei unweigerlich und in grundlegender Weise das Problem
der Geschlechtsidentität überhaupt, sei sie männlicher oder
weiblicher Natur, aufgeworfen.

Mit der Frage »Wie wird man eine Frau?« und mit der
Dynamisierung des Geschlechtscharakters, wie sie in dieser
entwicklungsgeschichtlichen Perspektive angezeigt ist, beginnt sich ein Riß im für die bürgerlichen Geschlechtertheorien fundamentalen und tragenden Zusammenhang
von Natur und Kultur abzuzeichnen. Mit der Feststellung,
daß sich zwischen die biologische Veranlagung einerseits
und das Faktum, als eine Frau oder ein Mann zu existieren,
andererseits eine Geschichte schiebt, ist die Möglichkeit eröffnet, die Geschichtlichkeit der Geschlechtscharaktere als
solche in den Blick zu bekommen. Die Naturseite und die
Kulturseite der geschlechtlichen Existenzweise lösen sich
aus ihrem starren, bis dato unproblematisierten Zusammenhang, der darin bestanden hatte, die gesellschaftlichen
Formationen, in welche sich männliche und weibliche Lebensentwürfe kleiden, ausschließlich als den natürlichen
Ausdruck einer naturwüchsig determinierten, biologisch
fundierten Geschlechtsidentität zu verstehen. Die aktuellen
Debatten um *sex* und *gender* sind genau in diesem Spannungsfeld angesiedelt, das sich eröffnet, wenn der Ursa-
che-Wirkung-Zusammenhang zwischen Geschlechtskörper
(*sex*) auf der einen Seite und sozialer geschlechtlicher Existenzweise (*gender*) fraglich wird.

Für Freud allerdings mußte, damit der Natur-Kultur-Zu-
sammenhang in Hinblick auf die Geschlechtscharaktere
brüchig werden konnte, zunächst ein anderer Gegensatz
fragwürdig werden. Die Originalität von Freuds Beitrag

zum Studium der Sexualität liegt in dem Punkt, daß sich
für ihn im Zuge seiner Forschungen der Gegensatz von
Perversion und Normalität nicht länger in reiner Scheidung
aufrechterhalten ließ. Im Ausgang von dieser Einsicht entwickelt Freud ein alternatives Verständnismodell, wonach
Devianz und Normalität im Rahmen der sexuellen Entwicklung nun gleichermaßen mögliche Varianten im Kontext einer Entwicklungsgeschichte darstellen. Das bedeutet,
daß, ebensowenig wie die Perversion als eine Aberration
der Natur zu begreifen ist, gleichermaßen auch die normale
Sexualität nicht als eine schlichte Gegebenheit der Natur zu
verstehen ist: das eine erweist sich wie das andere als Resultat einer persönlichen Geschichte, eines je individuellen
Triebschicksals.

Mit dieser Freudschen Einsicht ist der Kausalnexus zwischen biologischem Geschlechtskörper und kulturellem
Geschlechtscharakter, der bislang in den bürgerlichen Geschlechtertheorien völlig unproblematisiert zugrunde gelegt
worden war, durchtrennt, zumindest jedenfalls in seiner
Selbstverständlichkeit grundlegend in Frage gestellt.

15 Jahre nach dem Erscheinen von Freuds Text *Die Weiblichkeit* formuliert Simone de Beauvoir eine »konstruktivi-
stische« Antwort auf die Frage, wie man eine Frau wird. Sie
lautet: Zur Frau wird man gemacht. Zur Frau, und an dieser
Stelle ließe sich aus heutiger Perspektive immer auch ergänzen: zum Mann zu werden, ist nach Beauvoir das Ergebnis
eines gesellschaftlichen Normierungsprozesses. An dieser
Stelle allerdings, das gilt es der Klarheit halber festzuhalten,
endet die Ahnherrschaft Freuds für die Vertreterinnen des
Geschlechterkonstruktivismus, sei es erster, wie Beauvoir,
oder zweiter Generation wie Judith Butler. Denn für Freud
folgt aus der Einsicht in die Variabilität der Geschlechtsidentität nicht schon, daß man es bei der Fixierung einer
normalen Sexualität und den entsprechenden als normal
konzipierten männlichen und weiblichen Geschlechtscharakteren mit Resultaten eines auf sozialer Übereinkunft ba-

sierenden Normalisierungsprozesses zu tun hätte. Die als normal angesehene, von Freud als »reif« bezeichnete Heterosexualität und ihre Verkörperung in Mann und Frau sind nach Freud, wiewohl Resultate einer jeweils individuellen Entwicklungsgeschichte, dennoch nicht in dem radikalen Sinne geschichtlich zu nennen, wie es kontingente, also historisch variable Sozialisationsmuster sind.

Aus dieser theoretisch nicht ganz eindeutigen Lage, in welcher die naturwüchsige Grundlage der psychosexuellen Identität aufgekündigt wird, ohne daß diese allerdings schon als reines gesellschaftliches Konstrukt verstanden wird, mag sich erklären lassen, warum Freuds Aussagen zur normalen Weiblichkeit ebenso wie in analoger Weise auch den lebensphilosophischen Überlegungen seines Zeitgenossen Georg Simmel zum Wesen von Mann und Frau ein unklarer ontologischer Status eignet. Nicht allein das Anschauungsmaterial, das sie ihren Ausführungen zugrunde legen, auch die spekulativ ausgreifenden Thesen wurzeln im aktuellen lebensweltlichen Kontext der Autoren; unerachtet dessen wird jedoch in den Texten Freuds wie Simmels die deskriptive Ebene hin auf eine Dimension normativ akzentuierter Wesensaussagen überschritten.

Am Beispiel Simmels läßt sich deutlich erkennen, wie im Ausgang von emanzipativen gesellschaftspolitischen Impulsen – er reagiert als Philosoph und Soziologe auf Anstöße der zeitgenössischen Frauenbewegung – der Versuch einer angemessenen theoretischen Bewältigung dieser Herausforderung in einer großangelegten, jede konkrete Vermittlungsebene übersteigenden, metaphysisch aufgeladenen Geschlechtsdichotomie endet. Simmel zieht sich auf die Position einer vermeintlich neutralen weltgeschichtlichen Überschau zurück und entfaltet seine Sicht von männlichem Kulturprinzip und weiblichem Lebensprinzip, zweier metaphysischer »Protagonisten«, die auf der großen Bühne der Menschheitsgeschichte interagierend die je konkrete hi-

storische Gegenwart in ihrer kulturellen Variabilität und
nicht zuletzt die dichotome Realität des Geschlechterverhältnisses hervorbringen.

Als der letztlich entscheidende Bestimmungsgrund für
die Differenz der Geschlechter erweist sich für Simmel
nicht anders als für Freud das Phänomen der Mutterschaft.
Die Mutterschaft ist teleologische Vorgabe für die Frau,
markiert die Vollendung ihres Wesens und bildet somit
auch den Grund für ihre konstitutive Kulturunfähigkeit:
Im Gegensatz zur Frau vollendet sich der Mann gerade
nicht, sondern er realisiert sich in der souveränen Durchbildung seines Sublimationsvermögens als produktiv tätiges
Individuum im Rahmen der kollektiv-männlichen Fortschreibung von in geschichtliche Unendlichkeit weisenden
Kulturaufgaben.

Sieht man von den im jeweiligen begrifflichen Instrumentarium liegenden Diskrepanzen ab, so sind Simmels,
und mit Einschränkung auch Freuds, Ausführungen jedoch
nicht allzu weit entfernt von Beauvoirs Einsicht, daß der
Mann in der »Transzendenz« des sich verobjektivierenden
Geistes existiert, die Frau hingegen in der »Immanenz« des
zyklisch sich reproduzierenden Lebenszusammenhangs.
Bemerkenswert ist ohnehin, daß, was die Inventarisierung
der Geschlechterrealität angeht, bei den einschlägigen
Theoretikern und Theoretikerinnen des 20. Jahrhunderts
eine weitgehende Übereinstimmung zu verzeichnen ist.
Dieser Umstand bietet jedoch keinen Grund zur Überraschung – sofern alle Positionen dadurch gekennzeichnet
sind, sich weniger um programmatische Entwürfe, als vielmehr zunächst und vorrangig um eine reflexive Aufarbeitung der etablierten Geschlechterrealität zu bemühen. Diese Aufarbeitung legt, wenngleich in unterschiedlicher
Nuancierung, in beredter Weise davon Zeugnis ab, daß die
in der Geschichte beharrlich reaktualisierte Verteilung der
Geschlechter entlang der paradigmatischen Existenzsphä-
ren von *oikos* und *polis*, modern gewendet: von Natur und

Kultur, nunmehr sich als unhintergehbare Faktizität, nachgerade als Substanz und Wahrheit des Verhältnisses von Mann und Frau präsentiert. Die Sphären von Öffentlichkeit, Kultur und Wissenschaft erscheinen ebenso fusioniert mit dem männlichen Geschlechtscharakter wie diejenigen von Privatheit, Natur und Alltagswelt mit dem weiblichen.

Die in dieser Weise geschlechtlich dichotomisierte Wirklichkeit bildet auch den Ausgangspunkt für die Theorien Beauvoirs und Irigarays. Was diese Ansätze jedoch darüber hinaus als feministisch qualifiziert, liegt in der kritischen Distanz begründet, welche die Autorinnen gegenüber der Realität einnehmen. Es wäre indes ein Mißverständnis anzunehmen, daß die feministische Motivation im Rahmen der philosophischen Reflexion des Geschlechterverhältnisses ausschließlich auf die Propagierung eines alternativen, anti-patriarchalen Weiblichkeitskonzeptes hinausliefe: sie zielen in einer grundsätzlicheren Weise auf die prinzipielle Infragestellung der Geschlechterrealität als ganzer. So unterschiedlich die theoretischen Bezugspunkte sich im Fall von Beauvoir, Irigaray, schließlich auch Butler bei näherem Hinsehen erweisen, Übereinstimmung herrscht bei allen Autorinnen bezüglich der Einschätzung, daß es sich mit der etablierten Geschlechterordnung um eine gesellschaftlich institutionalisierte Deformation menschlicher Existenzmöglichkeiten handelt. Die emanzipatorische Stoßkraft der feministischen Ansätze resultiert aus der kritischen Analyse der genetischen und strukturellen Bedingungen der herrschenden Geschlechterordnung als ganzer und aus der Einsicht in die mit dieser Ordnung einhergehenden Beschneidung allgemein menschlicher Potentiale und ist somit nicht geschlechtsspezifisch adressiert. Sich zunächst in dieser generellen Form der gemeinsamen Basis der sogenannten feministischen Ansätze zu versichern, ist hilfreich angesichts der bei näherer Betrachtung sich zeigenden, nicht unerheblichen Divergenzen der Ansätze.

In Beauvoirs existenzialistischer Ethik wird der Mensch als Selbstentwurf, als sich selbst realisierende Freiheit konzipiert. In dem für den Existenzialismus programmatischen Vorrang der Existenz gegenüber der Essenz, dem Wesen, liegt das Befreiende des existenzphilosophischen Ansatzes, insofern mit dieser Umkehrung des traditionellen ontologischen Verhältnisses das Subjekt aus jeder essentialistischen Festschreibung herausgelöst wird. So stellt zwar die Leiblichkeit ein für das Subjekt nicht transzendierbares Faktum dar, doch durch die Art und Weise, wie es seine Leiblichkeit lebt, entwirft sich das Subjekt als geschlechtliches. Wird so die Geschlechtlichkeit in den Horizont existenzieller Wahlmöglichkeiten gestellt, können die Manifestationen seiner Sexualität als Äußerungen eines substanziell freien Subjekts verstanden werden.

In analoger Weise, ohne jedoch den existenzphilosophischen Kontext zu teilen, wird auch in den 90er Jahren Judith Butler die Geschlechtlichkeit als eine experimentell und im besten Fall spielerisch handzuhabende Weise, leiblich zu existieren, konzipieren. Für die beiden feministischen Autorinnen liefert die Tatsache der menschlichen Sexualität an sich noch keine ausreichende Basis für die Annahme einer geschlechtlich fundierten personalen Identität, geschweige denn, daß auf diese Weise eine entlang von Geschlechtsidentitäten vorgenommene soziale Positionierung begründet werden könnte.

Beauvoirs reflexive Aufarbeitung der etablierten Geschlechterrealität legt die geschichtlich wirksam gewordenen Formationen des Geschlechterverhältnisses als Varianten des einen und selben Paradigmas aus: der Mann existiert als Transzendenz des sich die Natur unterwerfenden Geistes, die Frau ist gebannt in die Immanenz ihrer Natürlichkeit. Das ist nach Beauvoir die traurige und beschämende Wahrheit über das bislang wirklich gewordene Verhältnis von Mann und Frau: es ist eine Geschichte der Verfehlung. Ontologisch gleich verfaßt als freie Subjekte sind Mann und

Frau aufeinander verwiesen, um sich in einem Verhältnis wechselseitiger Anerkennung als autonome Subjekte realisieren zu können; das faktisch verwirklichte Geschlechterverhältnis indessen ist Manifestation der Verfehlung und Grund der Verhinderung gelingenden Menschseins: die Entfremdung der Frau in Gestalt ihrer Verdinglichung, ihres Gebanntseins in die Immanenz, entzieht auch dem Mann die Möglichkeit, sich als autonomes Subjekt im reziproken Verhältnis zu ihr als seinem *alter ego* zu gewinnen. Prekär ist die historisch realisierte Fehlform des Verhältnisses von Mann und Frau aber vor allem deshalb, weil sie einer in der Struktur der Subjektivität selbst begründeten Tendenz zur Flucht vor der eigenen Freiheit in fataler Weise entgegenkommt; indem die Aufrechterhaltung des *status quo* in je unterschiedlicher Weise Entlastung von Freiheit und Verantwortung bedeutet, ist jedes Geschlecht auf seine Weise Opfer und Komplize dieser Situation.

Mit dieser Diagnose der etablierten Geschlechterrealität auf der Grundlage existenzialistischer Ethik ist eine Radikalisierung des theoretischen und politischen Anspruchs philosophischer Geschlechtertheorie erreicht, der auch für die nachfolgenden feministischen Theoretikerinnen in Geltung bleibt. Wenn das gesellschaftlich wirklich gewordene, deformierte Verhältnis der Geschlechter als entscheidender Grund von Entfremdung und Mißlingen des Menschseins überhaupt erkannt wird, kann eine Theorie dieses Zuschnitts auch Kategorien für eine Frau und Mann gleichermaßen befreiende politische Praxis entwickeln.

Auch für Luce Irigaray, die ähnlich wie Beauvoir in einem holistischen Gestus die Totalität der abendländischen Geschlechtergeschichte zu begreifen versucht, stellt sich das Geschlechterverhältnis als das Scheitern eines wechselseitigen Anerkennungsverhältnisses dar. Im Gegensatz zu Beauvoir indessen teilt Irigaray nicht die cartesianischen Voraussetzungen der neuzeitlichen Subjekt- und Bewußt-

seinstheorie, sondern stellt im Anschluß an Freud das
geschlechtliche Subjekt als das im Kreuzungspunkt von
Geschlecht und Generation unhintergehbar sexuierte Individuum an den Anfang ihrer Theorie. Die eigentliche Radikalität Irigarays liegt aber darin, daß sie mit der theoretischen Aufarbeitung des Geschlechterverhältnisses nicht
nur, wie Beauvoir, einen gesellschaftstheoretischen Pro-
blembereich sui generis abgrenzt, sondern daß sie das Faktum der sexuellen Differenz, und zwar in der Form einer
verfehlten und somit deformierten Zweigeschlechtlichkeit,
weitergehend zur Matrix der abendländischen Kultur insgesamt erklärt. Die fundamentale Verzerrung menschlicher
Verhältnisse, die in der asymmetrischen Positionierung der
Geschlechter ihre Ursache hat, wirkt konkret formgebend
auch noch in den sublimsten Bereichen menschlicher Tätigkeit wie Kunst, Religion und Wissenschaft.

    Es zeigt sich eine gewisse Nähe zu den geschlechtsmeta-
physischen Spekulationen von Simmel, und zwar zu seiner
Konzeption der Geschichte als dem Zusammenspiel von
männlichem Kulturprinzip und weiblichem Lebensprinzip,
wenn Irigaray feststellt, daß die Frau, durch den Mann zum
Objekt verdinglicht und in die Natur expatriiert, sich im
Lauf der Geschichte gleichsam als Substrat für die symboli-
schen Repräsentationen des männlichen »Subjekts« hat gebrauchen und verbrauchen lassen. Die Frau ist, ohne eigenen autonomen Zugang zu den wirklichkeitskonstituieren-
den Dimensionen von Wort, Schrift und Bild, im Rahmen
der gemäß männlicher Parameter strukturierten symboli-
schen Ordnung ausschließlich als Frau-für-den-Mann: als
objekthafte Geliebte oder als mütterlicher Urgrund, als
»Mutter des Sohnes« repräsentiert. Für Irigaray errichtet
sich die abendländische Kultur »phallomorph« auf der in
Permanenz aufrechterhaltenen Verleugnung sexueller Alterität, d. h. auf der fehlenden Anerkennung und dem man-
gelnden Ausdruck der sexuellen Differenz als der Grund-
differenz des Menschlichen. Die Verwirklichung einer im

Gegensatz zur herrschenden männlich-monosexuellen, tatsächlich hetero-sexuellen Kultur, in ihrer konkreten Gestalt von Irigaray nur umrißhaft antizipiert, oft utopisierend beschworen, kann nur über die entsprechenden Verschiebungen im Verhältnis von Mann und Frau stattfinden. Hier ist Irigarays Ansatz als der Versuch zu verstehen, wirksam auf der Ebene des gesellschaftlich Unbewußten zu intervenieren, um im klassisch psychoanalytischen Sinne die dort gelagerten Regenerations-, Integrations- und Innovationspotentiale hin auf eine Recodierung der Geschlechterordnung als ganzer zu aktivieren. Die Möglichkeitsbedingungen für eine solcherart fundamentale »Umschrift« der Geschlechtergeschichte liegen somit nur sekundär im Bereich konkret politisch-rechtlicher Normierung; vorrangig sind sie auf der Ebene der gesellschaftlichen Produktion imaginärer und symbolischer Deutungs- und Ordnungsmuster zu suchen. In diesen Zusammenhang gehören Irigarays methodisch komplexe Bemühungen um eigenständige Repräsentationsformen des Weiblichen, die, ebenso wie die apotheotische Beschwörung des zweigeschlechtlichen Paares, mitunter den Vorwurf der Essentialisierung provoziert haben, nämlich in neuerliche Festschreibungen von als männlich oder weiblich definierten Geschlechtscharakteren zu münden.

Diese Art der Kritik gewann vor dem Hintergrund der aktuellen Theorieentwicklung verstärkt an Relevanz. Ins Zentrum auch allgemeiner Aufmerksamkeit rückten in der jüngsten Vergangenheit die erklärtermaßen anti-essentialistische Strategien verfolgenden »konstruktivistischen« Ansätze in der Geschlechtertheorie. Die theoretische Schubkraft, die von diesen Positionen ausging, rührt in erster Linie aus der Tatsache, daß sich die Kategorie »Geschlecht« in der Form eines leitenden Forschungsparadigmas als in fruchtbarer Weise interdisziplinär anschlußfähig herausstellte. Mit der Hypothese von Geschlecht als einer gesellschaftlichen Konstruktion war ein Leitfaden gefunden, der

es nicht zuletzt auf institutioneller Ebene ermöglichte, En-
klaven fachspezifischer Frauenforschung in einen koopera-
tiven und innovativen Forschungszusammenhang zu ver-
netzen. Vor diesem Hintergrund avancierten Judith
Butlers Schriften in ihrer provokanten Radikalität im
Lauf der 90er Jahre zu Referenztexten der sich in zuneh-
mendem Maße etablierenden sogenannten *gender-studies*.

Butler knüpft, ohne selbst ihren Ansatz noch als feministisch zu bezeichnen, in kritischer Rezeption u. a. an die
Positionen Beauvoirs und Irigarays an. Butlers eigene Position gibt sich in mehrfacher Hinsicht als Radikalisierung:
Sie radikalisiert Beauvoirs Kritik an einer biologisch determinierten Geschlechtsidentität bis hin zur Auflösung
des Zusammenhangs von Geschlecht und personaler Identität überhaupt, sie radikalisiert Irigarays Kritik einer
deformierten Heterosexualität, indem sie den inhärenten
Zwangscharakter der Heterosexualität als solcher entlarvt,
und sie radikalisiert nicht zuletzt die Unterscheidung von
sex und *gender* bis zu dem Punkt, wo sich *sex* in *gender*
auflöst, d. h. auch der Geschlechtskörper selbst noch als ein
Produkt der Interferenz von Wissen und Macht, als eine
soziale Konstruktion, verstanden werden muß.

Diese Argumentationslinien lassen sich zur zentralen
These Butlers zusammenführen, die besagt, daß Heterosexualität aus einer mit massivem sozialem Zwang verbundenen gesellschaftlichen Normierungspraxis heraus allererst
entsteht. Körper, Person-Sein und Begehren sind unter dem
Zugriff von gleichermaßen ideologisch großflächig wie mi-
krologisch konkret operierenden Normalisierungsstrate-
gien eines gesellschaftlichen Machtapparats nur im Rahmen
der mit empfindlichem Sanktionsdruck ausgestatteten heterosexuellen Ordnung erfahrbar. Durch eine Normierungs-
trias mit den wechselseitig sich bedingenden Einheiten von
Geschlechtskörper (*sex*), Geschlechtsidentität (*gender*) und
gegengeschlechtlichem Begehren (*desire*) werden Männer
und Frauen als einander begehrende Personen mit männli-

chen und weiblichen Körpern, wird, kurz gesagt, das Faktum der Heterosexualität erzeugt.

Diese heterosexuelle Anordnung gewinnt ihre innere Stabilität aus der nachhaltigen Verwurzelung in allen Bereichen von sozialer Interaktion, vor allem aber durch ihre beständige, notwendig undurchschaut bleibende Reaktualisierung auf allen Ebenen von Alltagshandeln. Heterosexualität wird, so Butler, unablässig neu inszeniert, und aus der nahtlosen Dichte der Reinszenierungen entsteht der hartnäckig erzeugte Schein von Natur, die effektivste Maskierung der Macht.

Ungeachtet der heftigen und, wie zu vermuten steht, der Sache nach unabschließbaren Kontroverse um Butlers Ansatz ist mit dieser Position in Hinblick auf den historischen Zusammenhang der nachbürgerlichen Geschlechtertheorien gleichermaßen ein Endpunkt wie ein Anfangspunkt markiert. Die Problematisierung des natürlichen, biologischen Geschlechtskörpers als des Fundaments männlicher und weiblicher Geschlechtsidentität ist mit Butlers These von der Künstlichkeit auch des scheinbar Naturwüchsigsten in ihr Extrem getrieben. Damit ist der für die Geschlechtertheorien zentral relevante Fundierungszusammenhang von Natur und Kultur nicht nur in Frage, sondern in herausfordernder Weise auf den Kopf gestellt. Der Horizont der Möglichkeiten, innerhalb dessen das Verhältnis von Natur und Kultur in Hinblick auf die Geschlechter konzeptualisiert werden kann, ist so in seinen Grenzen abgeschritten, zugleich aber auch in ganzem Umfang eröffnet. Eröffnet ist damit aber auch – wobei es eine unzulässige Verkürzung wäre, das theoretische Verdienst allein Butler zuzusprechen – die Perspektive auf das Faktum der Geschlechtlichkeit als einer gesellschaftsstrukturierenden Kategorie. Diese Blickrichtung liegt bereits in der Konsequenz aller geschlechtertheoretischen Ansätze, die das Verhältnis von Mann und Frau nicht allein als einen zu ordnenden Bestandteil der sozialen Wirklichkeit, sondern vielmehr das Verhältnis der Geschlechter als einen umfassenden und grundlegenden gesellschaftlichen Ordnungsfaktor sui generis begreifen.

Im Rückblick auf die Geschlechtertheorien bürgerlicher Provenienz zeigt sich der gewaltige Abstand, der diese von den avancierten Formen feministischer Theoriebildung trennt. Indem die Naturalisierung des sozio-kulturell Entstandenen durchschaut und damit die herrschaftslegitimierende Funktion bürgerlicher Geschlechtertheorien unwirksam wird, eröffnet sich die Kontroverse um die Frage nach der Valenz von Geschlechtertheorie im Kontext kritischer Gesellschaftstheorie: Kann über ihren Wert als Instrument der Analyse hinaus ein normativer Anspruch behauptet und begründet werden, der zur Orientierung politischer Praxis unverzichtbar ist? Abgesehen von dieser offenen Frage bleibt freilich zu konstatieren, daß, was auf theoretischer Ebene als Fortschritt zu bilanzieren wäre, von der gesellschaftlichen Realität immer noch dementiert wird. Zu hoffen bleibt immerhin, daß die Distanz des Alltagsbewußtseins gegenüber den gesellschaftskritischen Einsichten feministischer Geschlechtertheorie durch den Aufweis ihrer historischen und systematischen Entstehungsbedingungen ein Stück weit zu überwinden ist.

———

Das vorliegende Projekt entwickelte sich aus langjähriger Zusammenarbeit der Autorinnen in Forschung und Lehre an den Universitäten-Gesamthochschulen Wuppertal, Duisburg und Siegen. Zu danken haben wir insbesonders Silja Fleißner und Meike Nordmeyer für die engagierte Mithilfe bei der Fertigstellung des Manuskripts. Petra Krüger gebührt Dank für die Abfassung des Kommentars zu Thomas von Aquin.

Sabine Doyé / Marion Heinz / Friederike Kuster

Gleichheit der Natur von Mann und Frau:
Platon

Der *locus classicus* von Platons Theorie der Geschlechter ist das fünfte Buch des *Staates*. Bevor die wesentlichen Elemente dieser Theorie hier vorgestellt werden, ist kurz ihr systematischer Ort im Ganzen dieser Schrift anzuzeigen. Mit dem vierten Buch ist das erste wichtige Ziel der *Politeia*, nämlich die Bestimmung des Wesens der Gerechtigkeit erreicht. Die Analogie zwischen Einzelseele und Staat zugrundelegend, wurde im Ausgang von dem Größeren, dem Staat, zunächst die Gerechtigkeit der *polis*, dann die der Einzelseele aufgewiesen. Das Wesen der Gerechtigkeit wird wie folgt definiert: Gerechtigkeit (*dikaiosyne*) im Staat besteht darin, »daß jeder sich nur eines befleißigen müsse von dem, was zum Staate gehört, wozu nämlich seine Natur sich am geschicktesten eignet«[1] (433 a).

Staat und Seele sind dreifach gegliedert: den Ständen der *polis*, Handwerker- und Arbeiterstand, Wächterstand und Herrscherstand, korrespondieren die Teile der Seele, *epithymetikon, thymoeides, logistikon*, d. i. Begierdehaftes, Mutartiges und Vernünftiges. Die Tugend der Gerechtigkeit kommt der *polis* und der Einzelseele dann zu, wenn jeder Teil das ihm Entsprechende leistet, sein ihm eigentümliches *ergon* verrichtet. Vorausgesetzt ist mithin, daß die Teile über spezifische, ihnen eigentümliche Tugenden verfügen, d. h. zu bestimmten Verrichtungen tauglich sind. Dem Wächterstand wird die Tapferkeit, dem Herrscher-

---

1 Soweit der im folgenden abgedruckte Quellentext die in der Einleitung zitierten Textstellen nicht enthält, werden diese nach folgender Ausgabe zitiert: Platon, *Werke in acht Bänden*, griech./dt., hrsg. von Gunther Eigler, Bd. 4: *Der Staat*, bearb. von Dietrich Kurz, griech. Text von Émile Chambry, dt. Übers. von Friedrich Schleiermacher, Darmstadt 1971. Die Seitenangaben, die sich auf im vorliegenden Band abgedruckte Textausschnitte beziehen, sind kursiv gesetzt.

stand die Weisheit als ihnen eigentümliche *arete* zugesprochen. Die *sophrosyne* (Besonnenheit oder Mäßigkeit) als die dritte Tugend betrifft wie die Gerechtigkeit nicht einen Teil für sich: sie ist definiert als Harmonie und Symphonie aller Teile unter der Direktive des vernünftigen Teils.

Im Ausgang von der gefundenen Definition der Gerechtigkeit und der übrigen Tugenden soll das Wesen der Ungerechtigkeit in *polis* und Einzelseele bestimmt werden (vgl. 445 b). Dieser Intention des Sokrates stellt sich jedoch die Einrede der Gesprächspartner entgegen; gefordert wird, zunächst das Wesen des gerechten Staates weiter zu klären, und zwar hinsichtlich des richtigen Verhältnisses der Geschlechter und der Regelungen bezüglich der Nachkommenschaft. Denn, so heißt es zur Begründung: »Wir denken, daß dies gar vieles, ja wohl alles ausmache für den Staat, je nachdem es richtig oder nicht richtig geschieht« (74).

Schon damit ist klar, daß die Ordnung der Geschlechter keineswegs als Privatsache des einzelnen, sondern als Angelegenheit der Politik betrachtet wird. Zögernd, weil den Zuhörern Unglaubliches (*apistias*, 75) zumutend, stellt sich Sokrates dieser Forderung, indem er zunächst die Frage der Gleichheit bzw. Ungleichheit von Mann und Frau erörtert. In einem zweiten Schritt wird die Frauen- und Kindergemeinschaft als die dem Ergebnis der vorangegangenen Untersuchung gemäße Form der Institutionalisierung der Beziehungen von Mann und Frau, von Eltern und Kindern eingeführt (vgl. 76–83).

Platon argumentiert für die uneingeschränkte Gleichstellung von Mann und Frau. Die Möglichkeit strikter Gleichstellung der Geschlechter wird unter Rekurs auf das Gerechtigkeitsprinzip demonstriert: »Denn ihr selbst habt ja am Anfang der Gründung eurer Stadt eingestanden, daß nach seiner Natur jeder einzelne auch nur ein Geschäft, das ihm eigentümliche, verrichten müsse« (74). Dieses Prinzip kann für sich auch das Gegenteil, die ungleiche Stellung von Mann und Frau begründen, dann nämlich, wenn der Frau als Frau eine besondere von dem Mann als solchem differente Natur zukäme. Also ist die alles entscheidende Frage, ob es einen spezifischen Geschlechtscharakter der Frau gibt oder nicht. Wird diese Frage bejaht, so folgt daraus die bis heute nicht überwundene, von Aristoteles zuerst explizit philosophisch begründete Arbeits- und Funktionenteilung der Geschlechter, die sich an der Unterscheidung von Haus und Staat, Privatsphäre und öffentlicher Sphäre festgemacht hat. Ist jedoch das Menschsein nicht gruppenweise in die Geschlechtscharaktere der spezifisch weiblichen oder männlichen Natur differenziert, sondern nur individuell unterschieden, so folgt aus dem staatsbildenden Prinzip der Gerechtigkeit, daß die individuelle Natur darüber entscheidet, welche Position im Staat einem Menschen zukommt. Sokrates' Plädoyer für gleiche Erziehung und Aufgabenverteilung muß sich also mit dem möglichen und hypothetisch erhobenen Einwand der besonderen Natur der Frau auseinandersetzen (vgl. *74*). Die Widerlegung demonstriert platonische Ironie: aus der Schwäche der Frau wird ihre Gleichberechtigung gefolgert.

Zunächst ist das Prinzip »Gleichheit der Natur begründet Gleichheit des Geschäfts« zu präzisieren: nur solche Eigenschaften sind in Betracht zu ziehen, die für die Beschäftigung selbst relevant sind. Um zu entscheiden, ob eine in Hinsicht auf Beschäftigung maßgebliche Differenz der Natur vorliegt, bedarf es eines Kriteriums. Dieses besteht in dem Verhältnis von aufgewendeter Mühe und Zeit zum Erwerb einer Fähigkeit und erworbenem Grad an Kompetenz. Gemessen an diesem Kriterium erscheinen Frauen im Vergleich zu Männern allgemein, d.h. in bezug auf alle Beschäftigungen als schwächer. Aus dem Faktum der generellen Schwäche der Frau kann jetzt auf das Fehlen eines relevanten Geschlechtsunterschiedes geschlossen werden: Wenn Frauen in allen Verrichtungen von Männern übertroffen werden, dann gibt es keine in bezug auf bestimmte

Handlungen relevante Verschiedenheit der Frau als Frau. Wenn gilt: in bezug auf alle Verrichtungen sind Männer besser als Frauen, dann gibt es keine Verrichtung, für die eine spezifische Eignung des Mannes oder der Frau erkennbar ist. Die allgemeine graduelle Überlegenheit des Mannes schließt eine qualitative Differenzierung der Geschlechter aus. Das bedeutet umgekehrt: der zweifellos feststellbare Unterschied von Mann und Frau in Hinsicht auf ihren Beitrag zur Generativität, daß die Frau gebärt und der Mann erzeugt, ist in Hinsicht auf die Zuweisung von Ämtern und Funktionen im Staat so gleichgültig wie das Vorhandensein oder Fehlen von Haupthaar für das Schuhmachen. Fazit: »Also, o Freund, gibt es gar kein Geschäft von allen, durch die der Staat besteht, welches dem Weibe als Weib oder dem Manne als Mann angehörte, sondern die natürlichen Anlagen sind auf ähnliche Weise in beiden verteilt und an allen Geschäften kann das Weib teilnehmen ihrer Natur nach, wie der Mann an allen [...].« *(81)*

Nachdem die Möglichkeit der Gleichberechtigung von Mann und Frau hinsichtlich der Erziehung und Übernahme von Ämtern im Rahmen des platonischen Staatsideals aus den Prämissen des Gerechtigkeitsprinzips und des Faktums der gleichen Natur erwiesen ist, ist zu zeigen, daß die Beteiligung von Frauen auch das Beste für den Staat ist. Die Überlegenheit des Mannes schließt nicht aus, daß einzelne Frauen einzelne Männer übertreffen. Die Beteiligung der Besten an den Staatsgeschäften ist aber das Beste für den Staat.

Auf dieser Basis entwickelt Sokrates die Leitlinien für die Einrichtung des Zusammenlebens der Geschlechter und Generationen im Wächterstand. Die Lebensweise der Wächter ist nicht nur hinsichtlich der materiellen Verhältnisse, sondern auch hinsichtlich der Geschlechterordnung durch das Verbot von Privatbesitz gekennzeichnet: »Daß diese Weiber alle allen diesen Männern gemein seien, keine aber irgendeinem eigentümlich beiwohne und so auch die

Kinder gemein [seien], so daß weder ein Vater sein Kind kenne, noch auch ein Kind seinen Vater« (*84*). Diese aus patriarchaler Perspektive gegebene Darstellung sowie die Bezeichnung »Frauen- und Kindergemeinschaft« verführen zu dem Mißverständnis, es handele sich um ein einseitiges Besitzverhältnis zugunsten des Mannes, tatsächlich sind die Verhältnisse zwischen den Geschlechtern jedoch reziprok (vgl. Vlastos). Weder Ehe noch Familie sind für den Wächterstand vorgesehen: Das Leben von Mann und Frau vollzieht sich nicht im Haus, sondern in der Sphäre des Öffentlichen; die Nachkommen werden in Säugehäusern großgezogen.

Unter den besonderen Voraussetzungen des Wächterstandes als Inhaber des Gewaltmonopols und als primär durch den Seelenteil des Mutartigen bestimmter Stand ist das entwickelte Modell der Frauen- und Kindergemeinschaft als adäquate Form des Zusammenlebens der Geschlechter zwingend zu erweisen. Für die anderen Stände sind alternative Formen denkbar, die freilich unabdingbar dem Prinzip der Geschlechterordnung, der Gleichheit der Naturen von Mann und Frau, zu entsprechen haben.

Marion Heinz

Literaturhinweise[*]

Allen, Prudence: The concept of Women. The Aristotelian Revolution 750 BC – AD 1250. Montreal 1985.

Bluestone, Natalie Harris: Why Women Cannot Rule: Sexism in Plato Scholarship. In: Feminist Interpretations of Plato. Hrsg. von N. Tuana. University Park (Pa.) 1994. S. 109–130.

Heinz, Marion: Das metaphysische Fundament der Geschlechterordnung in den Staatsidealen von Platon und Aristoteles. In: Sie und Er. Frauenmacht und Männerherrschaft im Kulturenvergleich. Hrsg. von G. Völger. Bd. 1. Köln 1997. S. 99–108.

Tuana, Nancy (Hrsg.): Feminist Interpretations of Plato. University Park (Pa.) 1994.

Vlastos, Gregory: Was Plato a Feminist? In: Feminist Interpretations of Plato. Hrsg. von N. Tuana. University Park (Pa.) 1994. S. 11–23.

[*] Im Anschluß an die Einleitungstexte findet sich jeweils ausgewählte Forschungsliteratur. Weitere Hinweise zur feministischen Diskussionslage siehe in: Marion Heinz / Sabine Doyé (Hrsg.), *Feministische Philosophie. Bibliographie 1970–1995*, Bielefeld 1996, sowie im gleichlautenden Band für die Jahre 1996–1997, hrsg. von Marion Heinz und Meike Nordmeyer, Bielefeld 1999. Der darauffolgende Band ist in Vorbereitung.

Der Staat

[entst. nach 387 v. Chr.]

Fünftes Buch

1. Die Frauen- und Kindergemeinschaft

[...] wir haben schon lange darauf gewartet, in der Meinung, du werdest irgendwo die Kindererzeugung erwähnen, wie sie soll betrieben und wie die Erzeugten aufgezogen werden, und diese gesamte Gemeinschaft, die du erwähntest, der Weiber und Kinder. Denn wir denken, daß dies gar vieles, ja wohl alles ausmache für den Staat, je nachdem es richtig oder nicht richtig geschieht. Nun du aber schon zu einer anderen Verfassung übergehen willst, ehe du dieses hinreichend auseinandergesetzt hast, haben wir dieses beschlossen, was du gehört hast, dich nicht loszulassen, bis du auch dieses alles wie das übrige durchgegangen bist. [...]

1.1 Aufgaben und Erziehung der Frau

1.11 *Sind sie die gleichen wie bei den Männern?*

[...] für Menschen, welche so geboren und erzogen sind, wie wir es beschrieben haben, gibt es meiner Meinung nach keine andere richtige Art, zu Weibern und Kindern zu gelangen und mit ihnen umzugehen, als indem sie in der Bahn fortschreiten, welche wir zuerst betreten haben. Wir haben aber doch versucht, die Männer als Hüter der Herde in unserer Rede darzustellen?

Ja.

Laß uns also weitergehen, auch bei ihnen die gleiche Erzeugung und Erziehung anwendend, und zusehen, ob es sich so ziemt oder nicht.

Wie doch? fragte er.

So. Die weiblichen Schäferhunde betreffend, sollen wir der Meinung sein, sie müßten eben dasselbe mit hüten, was die männlichen hüten, und auch mit jagen und alles andere gemeinsam verrichten? Oder lassen wir sie nur drinnen das Haus hüten, als untüchtig wegen des Gebärens und Ernährens der Jungen, und jene allein sich mühen und sie Sorge für die Herde allein haben?

Gemeinsam, antwortete er, alles; nur daß wir sie als die schwächeren gebrauchen und jene als die stärkeren.

Ist es nun wohl möglich, ein Lebendiges zu demselben zu gebrauchen, wenn du ihm nicht auch dieselbe Erziehung und Unterweisung angedeihen läßt?

Nicht möglich.

Wenn wir also die Weiber zu demselben gebrauchen wollen wie die Männer, so müssen wir sie auch dasselbe lehren?

Ja.

Und jenen haben wir doch Musik und Gymnastik angewiesen?

Ja.

Auch den Weibern müssen wir also diese beiden Künste und die Kriegsübungen zuteilen und ebenso mit ihnen verfahren?

Natürlich, dem zufolge, was du sagst, antwortete er.

Es wird aber wohl, sprach ich, gar vieles Ungewohnte lächerlich erscheinen in dem jetzt Behandelten, wenn es ausgeführt worden sein wird, wie es vorgetragen wird.

Gar sehr, antwortete er.

Und welches siehst du wohl als das Lächerlichste darunter an? Oder offenbar wohl die nackten Weiber, die sich auf den Übungsplätzen unter den Männern üben, und zwar nicht nur die jungen, sondern gar erst die schon älteren, wie ja auch ältere Männer, wenn sie schon runzlig sind und gar nicht mehr erfreulichen Anblicks, doch noch die Übungen lieben?

Beim Zeus! sagte er, lächerlich würde das freilich erscheinen unter den jetzigen Verhältnissen. [...]

Seitdem es sich aber, denke ich, durch die Erfahrung als besser bewährt hat, sich zu entkleiden, als alles dieses zu verhüllen, so ist auch das für den Anblick Lächerliche verschwunden vor dem durch Gründe angezeigten Besseren; und dieses hat gezeigt, daß derjenige albern ist, der etwas anderes für lächerlich hält als das Schlechte, und wenn er Lachen erregen will, nach irgendeiner anderen Gestalt des Lächerlichen wegen hinsieht als nach der des Unverständigen und Schlechten oder der sich um etwas ernsthaft bemüht, dabei aber irgendein anderes Ziel vor sich hinstellt als das Gute.

Auf alle Weise freilich, sagte er.

1.12 *Möglicher Einwand aus der anderen Natur der Frau*

Müssen wir uns also nicht in bezug auf das Vorliegende zuerst darüber verständigen, ob es möglich ist oder nicht, und den Streit gestatten, mag nun ein Scherzlustiger oder ein Ernsthafter streiten wollen, ob die weibliche menschliche Natur imstande ist, sich der des männlichen Geschlechtes zuzugesellen in allen Geschäften oder in gar keinem oder in einigen wohl, in anderen aber nicht, und zu welchen von beiden dann die kriegerischen gehören? Würde nicht einer so am besten anfangen und dann auch wahrscheinlich am besten zu Ende kommen?

Bei weitem, sagte er.

Sollen wir nun, sprach ich, gegen uns selbst für die anderen streiten, damit die entgegengesetzte Meinung nicht belagert werde, ohne daß eine Besatzung darin ist?

Nichts, sagte er, hindert ja.

So laß uns denn für sie so sprechen: O Sokrates und Glaukon, es ist gar nicht nötig, daß andere gegen euch streiten. Denn ihr selbst habt am Anfang der Gründung eurer Stadt eingestanden, daß nach seiner Natur jeder einzelne auch nur ein Geschäft, das ihm eigentümliche, verrichten müsse.

Das haben wir eingestanden, denke ich. Denn wie sollten wir nicht?

Unterscheidet sich nun nicht etwa gar sehr das Weib von dem Manne ihrer Natur nach?

Wie sollte sie sich nicht unterscheiden!

Ziemt sich also nicht, auch jedem von beiden ein anderes Geschäft aufzulegen, das seiner Natur gemäße?

Wie anders?

Wie solltet ihr also jetzt nicht fehlen und euch selbst Widersprechendes sagen, wenn ihr wiederum behauptet, Männer und Weiber müßten dasselbe verrichten, da sie doch eine so sehr voneinander verschiedene Natur haben? Wirst du dich hierauf zu verteidigen wissen, du Vortrefflicher?

So den Augenblick, sagte er, wohl nicht leicht, aber ich werde dich bitten und bitte dich, nun auch, was sich für uns sagen läßt, was es auch immer sei, uns mitzuteilen.

Das ist es eben, sprach ich, o Glaukon, und vieles dergleichen, was ich lange voraussah und deshalb Bedenken trug und mich fürchtete, mich mit diesem Gesetz zu befassen über die Art, Weiber und Kinder zu bekommen und aufzuziehen.

Freilich, sagte er, beim Zeus, leicht scheint es auch nicht zu sein.

Gewiß nicht, fuhr ich fort, aber so steht es. Es mag einer in die kleinste Pfütze fallen oder mitten in das größte Meer, so muß er doch um nichts weniger schwimmen.

Ganz gewiß.

Also müssen wir auch schwimmen und versuchen, uns aus dieser Geschichte zu retten, sei es in Hoffnung, daß ir-

gendein Delphin uns auffangen wird, oder auf irgendeine
andere wunderbare Rettung.

So scheint es, sagte er.

1.13 *Der Unterschied der Geschlechter bedingt keine*
Eignung zu verschiedenen Aufgaben

So laß uns denn sehen, sprach ich, ob wir irgendwie einen
Ausweg finden. Wir haben nämlich doch eingestanden, jede
andere Natur müsse auch ein anderes Geschäft treiben und
eine andere sei die Natur des Mannes und des Weibes, und
diese verschiedenen Naturen, sagen wir jetzt wieder, sollen
einerlei Geschäft treiben, und dies werft ihr uns vor?

Offenbar.

Es ist doch eine herrliche Sache, sprach ich, o Glaukon,
um die Kunst des Widerspruchs.

Wieso?

Weil wir, antwortete ich, viele auch unwillkürlich hinein
zu verfallen scheinen, so daß sie keineswegs glauben, Wort-
gefecht zu führen, sondern philosophisches Gespräch, weil
sie nicht imstande sind, nach Begriffen abteilend etwas Ge-
sagtes zu betrachten, sondern nur, an dem Wort hängen
bleibend, den Gegensatz gegen das Gesagte verfolgen und
so miteinander wirklich nur in Gezänk und Wortstreit begriffen sind und nicht in ordentlicher Unterredung und
Auseinandersetzung der Sache.

So, sagte er, begegnet es allerdings vielen, aber zielt das
etwa auch auf uns in dem gegenwärtigen Fall?

Allerdings, sprach ich. Denn wir scheinen auch unwillkürlich in einem Wortstreit befangen.

Wieso?

Daß, was nicht dieselbe Natur hat, auch nicht dieselben
Geschäfte betreiben soll, das suchen wir gar tapfer und
streitfertig dem Worte nach zu verfolgen; wir haben aber
auch nicht im mindesten untersucht, welche Art von Verschiedenheit und Gleichheit der Natur und in Beziehung

worauf wir damals bestimmt haben, als wir der verschiedenen Natur verschiedene Geschäfte, der gleichen aber die gleichen zuteilten.

Das haben wir freilich nicht untersucht, sagte er.

Also, fuhr ich fort, steht es uns wohl frei, wie es scheint, uns selbst zu fragen, ob einerlei Natur ist die der Kahlen und der Behaarten und nicht eine entgegengesetzte, und wenn wir gestehen, eine entgegengesetzte, dann dürfen wir wohl, wenn die Kahlen das Schuhmachen treiben, es die Behaarten nicht treiben lassen, und wenn die Behaarten, dann nicht die anderen.

Das wäre ja lächerlich, sagte er.

Etwa in anderer Hinsicht lächerlich, sagte ich weiter, als weil wir damals nicht im allgemeinen dieselbe und die verschiedene Natur bestimmt haben, sondern uns nur an jene Art der Verschiedenheit und Ähnlichkeit hielten, welche auf die Beschäftigungen selbst ihren Bezug hat? Wie ein Arzt und einer, der eine ärztliche Seele hat, diese, sagten wir, haben einerlei Natur. Oder meinst du nicht?

Ich gewiß.

Aber ein Arzt und ein Zimmermann eine verschiedene?

Auf alle Weise wohl.

Nicht auch, sprach ich, das Geschlecht der Männer und der Frauen, wenn sich in bezug auf eine Kunst oder ein anderes Geschäft eines vom anderen verschieden zeigt, werden wir sagen, daß man dies nur einem von beiden zuteilen müsse; wenn sich aber zeigt, daß sie dadurch allein verschieden sind, daß der Mann erzeugt und das Weib gebärt, so werden wir sagen, es sei dadurch um nichts mehr bewiesen, daß in bezug auf das, wovon wir reden, das Weib von dem Mann verschieden sei, sondern wir werden noch ferner glauben, daß unsere Hüter und ihre Frauen dasselbe betreiben müssen.

Und mit Recht, sagte er.

Und nicht wahr, nach diesem werden wir dem, der das Gegenteil behauptet, aufgeben, uns eben dieses zu lehren, in bezug auf welche Kunst oder welches Geschäft von denen, die zur Erhaltung des Staates gehörten, die Natur des Weibes und des Mannes nicht dieselbe sei, sondern eine verschiedene?

Das ist ganz billig.

Nun könnte aber, was du vor kurzem sagtest, auch wohl ein anderer sagen, daß dies auf der Stelle hinreichend zu bestimmen nicht leicht sei, nach gehöriger Überlegung aber nicht schwer.

Das könnte einer freilich.

Sollen wir also den, der uns dergleichen entgegenstellt, bitten, uns zu folgen, ob wir vielleicht ihm zeigen können, daß es gar kein besonderes Geschäft für das Weib gibt in dem, was den Staat betrifft?

Das will ich wohl.

So komm denn, wollen wir zu ihm sprechen, und antworte. Meintest du es etwa so, daß einer von Natur geschickt zu etwas ist und der andere ungeschickt, inwiefern der eine leicht etwas lernt und der andere schwer? Und der eine nach kurzem Unterricht schon sehr erfinderisch wird in dem, was er gelernt hat, der andere aber auch, wenn viel Unterweisung und Mühe an ihn gewendet ist, nicht einmal, was er gelernt hat, behalten kann? Und dem einen die körperliche Beschaffenheit zustatten kommt für seine Absicht, dem anderen aber entgegen ist? Gibt es wohl irgend etwas anderes als dieses, wodurch du in jeder Sache den, der von Natur dazu geschickt ist, und der nicht, unterscheiden kannst?

Keiner, sprach er, wird wohl etwas anderes anführen können.

Weißt du nun irgend etwas von Menschen Betriebenes, worin nicht dieses alles das Geschlecht der Männer vorzüglich hat vor dem der Weiber? Oder sollen wir erst weitläufig sein und die Weberei anführen und die Bereitung des Gebäcks und des Gekochten, worin ja das weibliche Geschlecht sich auszuzeichnen scheint, so daß es fast lächerlich herauskommt, daß es auch hierin übertroffen wird.

Ganz richtig, antwortete er, sagst du, daß, um es kurz zu sagen, in alledem gar sehr das eine Geschlecht von dem anderen übertroffen wird. Viele Frauen mögen zwar in vielem besser sein als viele Männer, im ganzen aber verhält es sich, wie du sagst.

Also, o Freund, gibt es gar kein Geschäft von allen, durch die der Staat besteht, welches dem Weibe als Weib oder dem Manne als Mann angehörte, sondern die natürlichen Anlagen sind auf ähnliche Weise in beiden verteilt, und an allen Geschäften kann das Weib teilnehmen ihrer Natur nach, wie der Mann an allen; in allen aber ist das Weib schwächer als der Mann.

Freilich.

1.14 *Gleiche Aufgaben und gleiche Erziehung für die Frau sind möglich und der Stadt nützlich*

Wollen wir also den Männern alles auftragen und dem Weibe nichts?

Woher doch?

Sondern wirklich ist, denke ich, wie wir behaupten werden, die eine Frau von Natur ärztlich und die andere nicht, und die eine tonkünstlerisch, die andere unkünstlerisch von Natur.

Wie anders?

Und auch wohl gymnastisch die eine und kriegerisch, die andere aber unkriegerisch und ohne Liebe zur Gymnastik?

So denke ich gewiß.

Und wie? Nicht auch die Weisheit liebend und verachtend? Und mutartig die eine wie die andere mutlos?

Auch das findet statt.

Also ist auch eine Frau zur Staatshut geschickt und die andere nicht? Oder haben wir nicht ebenso auch eine be-

sondere Natur der zur Staatshut tauglichen Männer angenommen?

Allerdings eine solche.

So haben also Mann und Weib dieselbe Natur, vermöge
deren sie geschickt sind zur Staatshut, außer inwiefern die
eine schwächer ist, die andere stärker?

So zeigt es sich.

Also müssen solchen Männern auch solche Weiber ausgewählt werden, um mit ihnen zu leben und mit ihnen die
Hut zu versehen, wenn sie doch dazu tauglich und ihnen
verwandt sind, ihrer Natur nach.

Freilich.

Und müssen nicht gleichen Naturen auch gleiche Übungen zugeteilt werden?

Gleiche.

So kommen wir also wiederum auf das Frühere zurück
und bekennen, es sei nicht gegen die Natur, den Weibern
der Hüter Musik und Gymnastik zuzuteilen.

Allerdings.

Wir haben also nicht Unmögliches oder leeren Wünschen Ähnliches als Gesetz aufgestellt, da wir ja der Natur
gemäß das Gesetz gefaßt haben; sondern was jetzt dem entgegen geschieht, scheint mehr gegen die Natur zu sein.

So scheint es.

Und unsere Untersuchung war doch, ob wir Mögliches
vorschlügen und Bestes.

Das war sie.

Daß es nun Mögliches war, ist eingestanden.

Ja.

Daß aber auch Bestes, darüber müssen wir uns nächstdem verständigen.

Offenbar.

Nicht wahr nun, daß eine Frau zur Staatshut geschickt
werde, dazu wird uns nicht eine andere Erziehung dienen
und wieder eine andere die Männer dazu machen, zumal sie
ja die gleiche Natur an beiden übernimmt?

Keine andere.

Wie denkst du aber hierüber?

Worüber?

Ob du bei dir selbst annimmst, daß ein Mann besser ist und der andere schlechter? Oder gelten sie dir alle gleich?

Keineswegs.

In der Stadt also, die wir gegründet haben, glaubst du, daß uns die Hüter zu besseren Männern ausgebildet worden sind, da ihnen ja die beschriebene Erziehung angediehen ist, oder die Schuster, die schusterhaft erzogen sind?

Das ist ja eine lächerliche Frage, antwortete er.

Ich verstehe, sagte ich. Aber wie? Sind diese nicht unter allen Bürgern die kräftigsten?

Bei weitem.

Und wie? Werden nun nicht dieselben Frauen auch unter den Frauen die besten sein?

Auch das, sagte er, bei weitem.

Und gibt es etwas Vorzüglicheres für den Staat, als daß er Männer und Frauen so treffliche als möglich besitze?

Das gibt es nicht.

Dieses also werden Musik und Gymnastik, angewendet, wie wir es beschrieben haben, bewirken.

Wie sollten sie nicht!

Nicht nur Mögliches also, sondern auch Bestes haben wir in unserer Stadt gesetzlich geordnet.

So ist es.

Mögen sich also immer die Frauen unserer Hüter entkleiden, da sie ja Tugend statt des Gewandes überwerfen werden, und mögen teilnehmen am Kriege und an der übrigen Obhut über die Stadt und mögen nichts anderes verrichten. Hiervon aber wollen wir das Leichtere den Weibern zuteilen vor den Männern wegen des Geschlechtes Schwäche. [...]

Das wäre also gleichsam eine Welle, über die wir uns rühmen können glücklich hinweggekommen zu sein in unserer Verteidigung des Gesetzes über die Weiber, so daß wir doch nicht ganz verschlungen worden sind, indem wir festsetzten, Hüter und Hüterinnen sollten uns gemeinsam dasselbe betreiben, sondern daß die Rede gewissermaßen für sich selbst Zeugnis abgelegt hat, daß sie Mögliches und Nützliches vorträgt.

Und gewiß, sagte er, über keine kleine Welle bist du da hinweggekommen.

Du wirst wohl gestehen, sagte ich, daß sie nicht groß ist, wenn du auf das Folgende siehst.

Rede nur, damit ich es sehe, sagte er.

Hiermit nun, sprach ich, und mit dem übrigen Vorhergegangenen hängt meiner Meinung nach zusammen folgende Einrichtung.

Welche?

Daß diese Weiber alle allen diesen Männern gemein seien, keine aber irgendeinem eigentümlich beiwohne und so auch die Kinder gemein, so daß weder ein Vater sein Kind kenne, noch auch ein Kind seinen Vater.

Allerdings, sagte er, übertrifft diese bei weitem noch jene an Unglaublichkeit, sowohl was das Mögliche betrifft als was das Nützliche.

Ich denke nicht, sprach ich, daß man über die Nützlichkeit streiten werde, daß es nicht ganz vorzüglich gut sein müßte, wenn die Frauen gemein wären und die Kinder gemein, wenn es nur möglich wäre; aber darüber denke ich, ob es möglich ist oder nicht, wird der meiste Streit entstehen.

Über beides, sprach er, ließe sich wohl tüchtig streiten.

Das ist ja eine Rotte von Reden, die du mir ankündigst! sprach ich. [...]

Nun bin auch ich jetzt schon etwas weichlich und möch-

te gern jenes aufschieben und erst später überlegen, ob es
möglich ist, jetzt aber, angenommen die Möglichkeit, betrachten, wenn du es mir gestatten willst, wie wohl die
Oberen es anordnen werden, und daß es dann dem Staat
und seinen Hütern, wenn es so ausgeführt wird, überaus
zuträglich sein muß. Dieses möchte ich zuerst mit dir versuchen durchzudenken, jenes aber hernach, wenn du es zufrieden bist.

Freilich bin ich es zufrieden, sagte er, tue es nur.

1.21 *Vorschriften zur Gestalt dieser Gemeinschaft*

1.211 Die Regelung der Hochzeiten

[...] Also du, sprach ich, als Gesetzgeber wirst, wie du die
Männer ausgewählt hast, so auch die Frauen auswählen und
sie, soweit wie möglich gleicher Natur, ihnen übergeben.
Sie aber, wie sie denn gemeinsame Wohnungen und Spei-
sungen haben und keiner etwas der Art für sich allein besitzt, werden also zusammen sein. Und wenn sie sich so
zusammenfinden auf den Übungsplätzen und im übrigen
Leben, werden sie, denke ich, durch die eingeborene Notwendigkeit getrieben werden, sich miteinander zu vermischen. Oder scheine ich dir nicht ganz Notwendiges zu sagen?

Nicht zwar, antwortete er, nach geometrischer Notwendigkeit, aber doch nach der des Geschlechtstriebes, welche
noch weit strenger als jene scheint, den großen Haufen zu
überreden und zu bewegen.

Gewiß, antwortete ich. Weiter aber, o Glaukon, ohne
Ordnung sich zu vermischen oder irgend sonst etwas auf
diese Art zu tun, kann wohl weder für fromm geachtet sein
in einer Stadt von Seligen, noch werden es die Oberen zulassen.

Das wäre freilich unrecht, sagte er.

Offenbar also haben wir nächstdem Hochzeiten auszurichten, und zwar so heilige wie möglich; heilig aber würden wohl die heilsamsten sein.

Auf alle Weise freilich.

Wie also werden sie am heilsamsten sein? Das sage mir, o Glaukon. Denn ich sehe ja in deinem Hause sowohl Jagdhunde als auch von dem edlen Geflügel gar mancherlei. Hast du also wohl auf etwas acht gegeben bei ihren Hochzeiten und Kindererzeugungen?

Worauf doch? fragte er.

Zuerst, wiewohl sie alle edel sind, sind nicht auch unter ihnen doch und werden immer einige die besten?

Gewiß.

Erzielst du nun aus allen ohne Unterschied Nachkommenschaft, oder strebst du nicht wenigstens danach, daß es soweit wie möglich nur aus den Besten geschehe?

Aus den Besten.

Und aus den Jüngsten oder Ältesten oder denen, die am meisten in der Blüte der Jahre sind?

Aus den Blühendsten.

Und wenn es nicht so geschieht, so glaubst du, daß sich dir der Schlag der Hunde sowohl als der Vögel gar sehr verschlechtern werde?

Ich gewiß, sagte er.

Und was meinst du, sprach ich, von den Pferden und den übrigen Tieren? Etwa, daß es sich anders mit ihnen verhalte?

Das wäre ja unerhört, sprach er.

O weh, sprach ich, lieber Freund, wie ausnehmend vollkommen werden dann unsere Oberen sein müssen, wenn es sich mit dem menschlichen Geschlecht ebenso verhält.

Das tut es freilich gewiß, sagte er. Aber was weiter?

Weil sie notwendig, sprach ich, viele Mittel werden anwenden müssen. Und das glauben wir doch, daß für Körper, die keiner Arzneien bedürfen, sondern nur einer guten Lebensordnung willig zu folgen, alsdann auch wohl ein schlechterer Arzt hinreichen könne, wenn aber Arzneien

müssen angewendet werden, dann wissen wir, bedarf es
eines tüchtigeren Arztes.

Richtig. Aber weshalb sagst du das?

Deshalb, sprach ich. Es scheint, daß unsere Herrscher
allerlei Täuschungen und Betrug werden anwenden müssen
zum Nutzen der Beherrschten. Und wir sagten ja, alles dergleichen sei nur nach Art der Arznei nützlich.

Und ganz richtig wohl, sagte er.

Bei den Hochzeiten nun und der Kindererzeugung
scheint dies Richtige gar nicht in geringem Maß vorzu-
kommen.

Wieso?

Nach dem Eingestandenen sollte jeder Trefflichste der
Trefflichen am meisten beiwohnen, die Schlechtesten aber
den ebensolchen umgekehrt; und die Sprößlinge jener sollten aufgezogen werden, dieser aber nicht, wenn uns die
Herde recht edel bleiben soll; und dies alles muß völlig unbekannt bleiben, außer den Oberen selbst, wenn die Gesamtheit der Hüter soweit wie möglich durch keine Zwietracht gestört werden soll.

Das ist ganz richtig, sagte er.

Also werden gewisse Feste gesetzlich eingeführt werden,
an welchen wir die neuen Ehegenossen beiderlei Geschlechts zusammenführen werden, und Opfer und Gesän-
ge sollen unsere Dichter dichten, wie sie sich für die zu fei-
ernden Hochzeiten schicken. Die Menge aber der Hochzeiten wollen wir den Oberen freistellen, damit diese, indem
sie Kriege und Krankheiten und alles dergleichen mit in
Anschlag bringen, uns möglichst dieselbe Anzahl von Männern erhalten, und so der Staat nach Möglichkeit weder
größer werde noch kleiner.

Richtig, sagte er.

Und dann, denke ich, müssen wir stattliche Lose machen, damit bei jeder Verbindung jener Schlechtere dem
Glück die Schuld beimesse und nicht den Oberen.

Ei freilich, sagte er.

Und den Jünglingen, die sich wacker im Kriege oder sonstwo gezeigt haben, sind auch andere Gaben zwar und Preise zuzuteilen, aber auch eine reichlichere Erlaubnis zur Beiwohnung der Frauen, damit zugleich auch unter gerechtem Vorwand die meisten Kinder von solchen erzeugt werden.

Richtig.

1.212 Die Prüfung und Aufzucht der Kinder

Weiter nun, die jedesmal geborenen Kinder nehmen die dazu bestellten Obrigkeiten an sich, bestehen sie nun aus Männern oder Frauen oder beiden, denn die Ämter sind ja auch Frauen und Männern gemeinsam.

Ja.

Die der guten nun, denke ich, tragen sie in das Säugehaus zu Wärterinnen, die in einem besonderen Teil der Stadt wohnen, die der schlechteren aber, und wenn eines von den anderen verstümmelt geboren ist, werden sie, wie es sich ziemt, in einem unzugänglichen und unbekannten Orte verbergen.

Wenn doch, sagte er, das Geschlecht unserer Hüter ganz rein sein soll.

Diese werden also auch für die Nahrung sorgen, indem sie die Mütter, wenn sie von Milch strotzen, in das Säugehaus führen, so jedoch, daß sie auf alle ersinnliche Weise verhüten, daß eine das Ihrige erkenne, und indem sie, wenn jene nicht hinreichen, noch andere Säugende herbeischaffen. Und auch dafür werden sie sogen, daß die Mütter nur angemessene Zeit lang stillen, die Nachtwachen aber und die übrige beschwerliche Pflege werden sie Wärterinnen und Kinderfrauen auftragen.

Gar große Bequemlichkeit des Gebärens, sagte er, bereitest du ja den Frauen der Hüter.

Das gebührt sich auch, sprach ich. [...]

1.22 *Der Nutzen dieser Gemeinschaft*

1.221 Einheit ist das höchste Gut eines Staates

Dieses also und von dieser Art, o Glaukon, ist die Gemeinschaft der Weiber und Kinder unter den Hütern deines Staats. Wie sie aber mit der übrigen Verfassung zusammenhängt und bei weitem die beste ist, dies müssen wir nun demnächst bestätigen lassen durch die Rede. Oder wie wollen wir es machen?

So, beim Zeus, sprach er.

Wird nun nicht dies der Anfang der Verständigung sein, daß wir uns selbst fragen, was wir wohl als das größte Gut anzuführen haben für das Bestehen eines Staates, auf welches zielend der Gesetzgeber alle Gesetze geben muß, und was als das größte Übel; und dann untersuchen, ob, was wir eben durchgegangen sind, uns in die Spur des Guten gleichsam paßt, von der des Bösen aber abweicht?

Der allerbeste gewiß, antwortete er.

Gibt es nun wohl ein größeres Übel für den Staat als das, welches ihn zerreißt und zu vielen macht anstatt zu einem? Oder ein größeres Gut als das, was ihn zusammenbindet und zu einem macht?

Keines.

Nun bindet doch die Gemeinschaft der Lust und Unlust zusammen, wenn soweit wie möglich alle Bürger, sooft etwas entsteht und vergeht, sich auf gleiche Weise freuen und betrüben?

Allerdings freilich, sagte er.

Dagegen die Sonderung in dergleichen löst auf, wenn einige tief betrübt und andere hoch erfreut werden über dieselben Ereignisse des Staats oder derer im Staat?

Wie könnte es anders sein.

Entsteht nun dergleichen nicht etwa daraus, wenn die im Staat solche Worte nicht zugleich aussprechen, wie mein und nicht mein? Und mit dem Fremden ist es wohl ebenso?

Offenbar freilich.

In welchem Staat also die meisten in bezug auf die nämlichen Dinge eben dieses auf dieselbe Weise anbringen, das Mein und nicht Mein, dieser ist am besten eingerichtet?

Bei weitem.

Und derjenige also, welcher dem einzelnen Menschen am allernächsten sich verhält. So wie, wenn einem unter uns der Finger verwundet ist, die gesamte, dem in der Seele Herrschenden als eins zu Gebote stehende, über den ganzen Leib sich erstreckende Gemeinschaft desselben mit der Seele es zu fühlen pflegt und insgesamt zugleich mitzuleiden mit einem einzelnen schmerzenden Teil, sie, die ganze, und wir sodann sagen, daß die Mensch Schmerzen hat am Finger. Und ebenso verhält es sich mit jeglichem anderen am Menschen, sowohl bei Unlust, wenn ein Teil leidet, als bei Lust, wenn einer sich wohlbefindet.

Ganz ebenso freilich, sagte er, und, wonach du fragst, einem solchen zu allernächst steht der am besten eingerichtete Staat.

Wenn nun, denke ich, einen unter den Bürgern irgend etwas bewegt, sei es nun Gutes oder Schlimmes, wird ein solcher Staat vorzüglich sagen, das Bewegte gehöre ihm zu, und wird sich also ganz mitfreuen oder mitbetrüben.

Notwendig, sagte er, ein wohlgeordneter.

1.222 Frauen- und Kindergemeinschaft und gemeinsamer Besitz sichern die Einheit des Staates

Nun also wäre es Zeit, sprach ich, auf unseren Staat zurückzukommen und uns nach dem jetzt in der Rede Zugestandenen umzusehen in ihm, ob er sich am meisten so verhält oder irgendein anderer mehr.

Das müssen wir, sagte er.

Wie also? Es gibt doch auch in anderen Staaten Obrigkeit und Volk und auch in unserem?

Wohl!

Und diese nennen sich doch alle untereinander Mitbürger.

Wie sollten sie nicht!

Aber außerdem, wie nennt doch in anderen Staaten das Volk die Oberen?

In den meisten Herren, in den demokratischen aber werden sie eben mit diesem Namen benannt, Obrigkeiten.

Wie aber das Volk in unserem Staat? Was sagt es, das außer Mitbürgern die Obrigkeiten noch sind?

Erhalter und Gehilfen, sagte er.

Und was diese das Volk?

Lohngeber und Ernährer.

Wie aber nennen in den übrigen die Obrigkeiten das Volk?

Knechte, sagte er.

Und sich untereinander?

Mitherrscher, sagte er.

Die unsrigen aber sich?

Mithüter.

Weißt du mir nun wohl von den Obrigkeiten in anderen Staaten anzuführen, ob einer den einen von seinen Mitherrschern als einen Verwandten, den anderen aber als einen Fremden ansehen wird?

Gar viele.

Und den Verwandten betrachtet er doch als den Seinigen und nennt ihn auch so, den Fremden aber nicht als den Seinigen.

So ist es.

Wie aber die Hüter bei dir? Kann wohl irgendeiner unter ihnen einen von seinen Mithütern als einen Fremden ansehen?

Keineswegs! sagte er. Denn an jedem, den er nur antrifft, wird er entweder einen Bruder oder eine Schwester oder einen Vater oder eine Mutter oder deren Nachkommen oder Voreltern anzutreffen glauben.

Vortrefflich geantwortet! sprach ich. Aber sage mir auch

noch dieses, willst du nur Namen der Verwandtschaft durch das Gesetz bestimmen oder auch, daß das ganze Betragen dem Namen gemäß sein soll, gegen die Väter, wie das Gesetz vorschreibt gegen Väter, was Scheu betrifft und Dienstbeflissenheit und Gehorsam gegen Eltern, wo nicht, so würden sie weder bei Göttern noch Menschen wohl angeschrieben sein, weil weder fromm noch recht handeln würde, wer anders handelte als so? Werden solche oder andere Stimmen aus aller Bürger Munde schon gleich der Kinder Ohren umtönen in bezug auf ihre Väter, die man ihnen als solche anweist, und auf ihre anderen Verwandten?

Solche, antwortete er; denn es wäre ja lächerlich, wenn sie, ohne sich irgend im Handeln daran zu kehren, Namen von Verwandtschaft nur so mit dem Munde aussprächen.

Am meisten also unter allen Staaten werden sie hier, wenn irgendeinem einzelnen etwas Gutes oder Schlimmes begegnet, jenes Wort, welches wir vorher anführten, einstimmig aussprechen: um das Meinige steht es gut oder um das Meinige schlecht.

Vollkommen richtig, sprach er.

Und dieser Vorstellung und Rede, sagten wir, folge denn auch Lust und Unlust gemeinsam?

Und ganz richtig sagten wir das.

Also am meisten unseren Bürgern wird als dasselbe gemeinsam sein das, was man das Meinige nennt, und ist ihnen dieses gemein, so werden sie dann auch am meisten in Gemeinschaft der Lust und Unlust stehen.

Bei weitem.

Und ist daran außer der übrigen Einrichtung nicht auch die Gemeinschaft der Weiber und Kinder unter den Wächtern Ursache?

Bei weitem am meisten, antwortete er.

Aber dies erkannten wir doch an als das größte Gut für den Staat, indem wir einen wohlgeordneten Staat einem Leibe verglichen, wie sich dieser gegen einen Teil von sich in bezug auf Lust und Unlust verhält.

Und richtig war wohl, sagte er, die Anerkennung.

Als Ursache also an dem größten Gute hat sich uns gezeigt die Gemeinschaft der Weiber und Kinder unter den
Helfern.

Gar sehr, sagte er.

Und auch mit dem vorigen sind wir in Übereinstimmung. Denn wir hatten gesagt, diese dürften weder Häuser
zu eigen haben noch Land noch sonst ein Besitztum, sondern müßten den von den übrigen als Lohn für ihre Hut
gereichten Lebensunterhalt gemeinsam verzehren, wenn sie
wahrhaft Hüter sein sollten.

Richtig, sagte er.

Macht nun nicht, wie ich sage, sowohl das vorher Bestimmte als das jetzt Gesagte sie noch mehr zu wahren Hütern und verursacht, daß sie den Staat nicht zerreißen dadurch, daß sie nicht alle dasselbe mein nennen, sondern jeder etwas anderes, indem der eine in sein Haus zieht, was
er nur kann, um es ausschließend vor den anderen zu besitzen, und ein anderer ebenso in das seine, welches ein anderes ist, und indem sie verschiedene Frauen und Kinder haben, daß nun jedem seine eigenen für sich auch eigene Lust
und Unlust verursachen; vielmehr daß sie vermöge einer
und derselben Festsetzung über das Angehörige auch nach
Vermögen alle auf dasselbe hinstreben und möglichst auf
gleiche Weise bewegt werden durch Lust und Unlust.

Offenbar freilich, sagte er.

Und wie? Wird nicht Rechtsstreit und Klage ganz verschwunden sein unter ihnen, um es kurz zusammenzufassen, weil keiner etwas Eigenes hat außer seinem Leibe, alles
andere aber gemeinsam ist? Woraus denn folgt, daß keine
Zwietracht unter diesen stattfindet, soweit aus Veranlas-
sung des Vermögens der Kinder und Verwandten den Menschen Zwietracht entsteht?

Ganz notwendig, sagte er, werden sie dessen ledig sein.

Und so wird es wohl auch keine Klagen über Gewalttä-
tigkeiten und Beschimpfungen weiter mit Recht unter ihnen geben können. Denn daß es recht und schön sei, daß
Altersgenossen sich untereinander wahrhaften Beistand lei-

sten, das werden wir ihnen schon sagen, indem wir ihnen die Übung und Besorgung des Leibes zur Pflicht machen.

Richtig, sagte er.

Und auch dies Richtige, sprach ich, hat noch dieses Gesetz, daß, wenn einer einem zürnt und unter diesen Umständen seinen Mut kühlen will, er nicht leicht zu größeren Unruhen fortschreiten wird.

Allerdings.

Denn jedem Älteren wird aufgetragen sein, allen Jüngeren vorzustehen und sie im Zaum zu halten.

Offenbar.

Auch wohl, daß ein Jüngerer niemals einem Älteren, wenn es nicht die Oberen befohlen, versuchen wird weder sonst Gewalt zu tun noch auch ihn zu schlagen, und auch anderswie, denke ich, wird er ihn nicht verunehren. Denn zwei tüchtige Wächter hindern ihn daran: Furcht und Scham; Scham, weil sie ihn zurückhält, sich an den Erzeugern zu vergreifen, und Furcht, weil dem Leidenden die anderen helfen würden, einige als Söhne, andere als Brüder.

So folgt es freilich, sagte er.

Von allen Seiten also werden vermöge der Gesetze die Männer Frieden untereinander haben.

Gar großen.

Und wenn diese untereinander nicht im Streit sind, so ist wohl nicht zu besorgen, daß je der übrige Staat unter sich oder gegen sie in Zwiespalt geraten sollte.

Wohl nicht. [...]

D: Platon: Werke in acht Bänden. Griech./Dt. Hrsg. von Gunther Eigler. Bd. 4: Der Staat. Bearb. von Dietrich Kurz. Griech. Text von Émile Chambry. Dt. Übers. von Friedrich Schleiermacher. Darmstadt: Wissenschaftliche Buchgesellschaft, 1971. S. 367–419. (Zweiter Hauptteil: Bedingungen für die Verwirklichung des gerechten Staates – Der Philosophenstaat / Fünftes Buch; 449 c– 465 b.)

Die Trennung von *oikos* und *polis*:
Aristoteles

Zu Recht hat man die aristotelische Geschlechtertheorie als revolutionär gekennzeichnet (vgl. Allen), insofern nämlich als Aristoteles die grundlegenden Elemente der platonischen Geschlechterordnung, die Gleichheit der Natur von Mann und Frau, die daraus folgende Zulassung der Frau zu den höchsten Ämtern im Staat (*polis*) sowie die Ersetzung des *oikos* (Haus) durch die Frauen- und Kindergemeinschaft für den Wächterstand, verwirft und durch die gegenteiligen Doktrinen ersetzt: Mann und Frau differieren ihrem Wesen nach, d. h. ihrer Natur nach und nicht nur graduell; die defizitäre Natur der Frau begründet ihre dem Mann untergeordnete Stellung im *oikos* und ihren Ausschluß aus der *polis*; der Ort der Frau ist das Haus; Haus und Staat werden getrennt. Bestimmend für die europäische Sozialordnung ist bis ins 20. Jahrhundert die aristotelische Konzeption geworden.

Im Kontext der *Politik*, eines vermutlich aus heterogenen Vorlesungen komponierten, insgesamt aus sieben Büchern bestehenden Werkes, sind das erste und das zweite Buch einschlägig für die aristotelische Geschlechtertheorie. Im ersten Buch entwickelt Aristoteles die für die politische Wissenschaft zentralen und für die Ordnung des Geschlechterverhältnisses basalen Begriffe von Staat und Haus; im zweiten Buch setzt er sich kritisch mit Platons Lehre von der Frauen- und Kindergemeinschaft auseinander. Aus Platzgründen kann hier nur das erste Buch präsentiert werden, das die unabhängig von Platon erarbeitete Doktrin des Aristoteles enthält; damit ist zugleich die philosophische Grundlage der Platonkritik im zweiten Buch entwickelt.

In den ersten beiden Kapiteln des ersten Buches der *Politik* geht es vor allem um die Definition der *polis*. Diese Definition gewinnt Aristoteles, indem er die Genese der *polis* als stufenweise Entwicklung von primitiven über komplexere Gemeinschaften bis zur vollendeten Gemeinschaft des Staates konstruiert. Klar ist damit bereits, daß die *polis* der Gattung nach eine Gemeinschaft (*koinonia*) darstellt, deren spezifische Differenz in Abgrenzung zu den Gemeinschaften, als deren Vollendung sie gedacht ist, zu bestimmen ist. Nun bestehen alle Gemeinschaften um eines Gutes willen; entsprechend der teleologischen und hierarchischen Anordnung der Gemeinschaftsformen folgt, daß die *polis* als höchste Gemeinschaftsform dadurch ausgezeichnet sein muß, daß ihr Zweck das höchste Gut ist, und dieses ist nach Aristoteles das vollkommene, gute und autarke Leben. Die *polis* ist einerseits die notwendige Bedingung für das gelungene Leben der Bürger; die politische Tätigkeit ist auch selbst intrinsisches Telos, d. h. konstitutiver Bestandteil des besten Lebens.

Von dieser höchsten Form der Gemeinschaft unterscheiden sich die niederen, die von Natur bestehenden Gemeinschaften des Männlichen und Weiblichen, sowie die des von Natur Herrschenden und des von Natur Beherrschten, von Herr und Sklave also, dadurch, daß ihr Zweck in der Erhaltung des Lebens als solches – der Gattung im ersten Fall, der Individuen im zweiten Fall – besteht. Aus diesen beiden Gemeinschaften entsteht die komplexere Gemeinschaft des *oikos*, zu der außer den genannten Verhältnissen das von Eltern und Kindern hinzukommt. Zweck des *oikos* ist die Befriedigung von Alltagsbedürfnissen und die Erhaltung des Lebens der Gattung.

Polis und *oikos* sind Herrschaftsverbände; während die *polis* als Gemeinschaft freier und gleicher Bürger definiert ist, sind die Herrschaftsbeziehungen im Haus grundsätzlich Beziehungen von Ungleichen verschiedener Art, die alle von dem überlegenen männlichen Haushaltsvorstand, dem Oikodespoten, dominiert und regiert werden. Die Art der Herrschaftsverhältnisse im Haus differiert in Hinsicht auf

seine Teilgesellschaften. Während die eheliche und die elterliche Gemeinschaft als Verhältnis von Freien so einzu-
richten ist, daß die Herrschaft um der Regierten willen ausgeübt wird, ist die Beziehung des Hausherrn zum Sklaven
ein Verhältnis von Freiem zu Unfreiem, das einseitig am
Interesse des Freien orientiert ist, der die Zwecke vorgibt,
denen der Sklave als belebtes Werkzeug zu dienen hat.
Herrschaft gründet für Aristoteles in der Natur, die das
normative Prinzip vorgibt, demzufolge grundsätzlich das
Bessere über das Schlechtere herrscht. Legitimiert sind
Herrschaftsbeziehungen, die diesem Prinzip entsprechen.
Der Maßstab zur Beurteilung des Besser- oder Schlechter-
seins eines Menschen ist die Beschaffenheit seiner Seele,
welche ihrerseits an der Qualität der einem Menschen möglichen Leistung erkennbar ist. Wenn also das Haus ein ge-
gliederter Herrschaftsverband von Ungleichen ist, muß seinen Mitgliedern im Verhältnis zum Oikodespoten eine je
verschiedene Form von Defizienz ihrer Seelen zukommen,
die Aristoteles wie folgt bestimmt: Der Sklave besitzt das
deliberative Vermögen, d. h. die Fähigkeit, Zwecke zu setzen und die für die Realisierung dieser Zwecke geeigneten
Mittel zu wählen, überhaupt nicht, die Frau besitzt sie
zwar, aber nicht in der erforderlichen Entschiedenheit, und
in dem Kind ist sie noch nicht voll entwickelt. Diese innerhalb der aristotelischen Philosophie und für die europäische Philosophiegeschichte äußerst folgenreiche Behauptung über die defizitäre Natur der Frau findet weder in der
Politik noch in den aristotelischen Schriften zur Ethik eine
zufriedenstellende Begründung. Der einzige Versuch hierzu
in Kapitel 5 des ersten Buches der *Politik* kann nicht über-
zeugen: Analog zu den Verhältnissen im Individuum sollen
die Verhältnisse zwischen den Individuen geregelt werden,
d. h., wie die Seele despotisch über den Körper herrscht, so
soll der Herr über den zu deliberativem Denken unfähigen
Sklaven herrschen und wie der rationale Seelenteil über den
affektiven herrscht, soll der Mann über die Frau herrschen.

Zur Begründung für dieses Verhältnis von Mann und Frau und für die defizitäre Natur der Frau verweist Aristoteles auf die lebendige Natur, in der das Männliche das Bessere und Herrschende, das Weibliche das Geringerwertige und Beherrschte ist.

Zweifelhaft ist jedoch, ob Aristoteles die hierarchische Ordnung von Männlichem und Weiblichem in der nicht-menschlichen lebendigen Natur als Prinzip menschlicher Ordnung rechtmäßig in Anspruch nimmt bzw. nehmen kann. Nachzuweisen wäre, daß der für den Menschen spezifische, vernünftige Seelenteil von dem Unterschied des Männlichen und Weiblichen in der behaupteten Weise betroffen ist. Eine Begründung für die Kopplung mangelnder Entschiedenheit oder Herrschaft des deliberativen Vermögens an die biologische Eigenschaft des weiblichen Geschlechts ist nicht durch den Hinweis auf die aristotelische Zeugungs- und Vererbungslehre zu kompensieren. Zwar wird hier argumentiert, das Männliche sei als Träger des Formprinzips in bezug auf den Zeugungsvorgang das Höherwertige im Vergleich zum lediglich den Stoff für die Entstehung neuer Lebewesen beisteuernden Weiblichen, aber damit ist die Relevanz dieser biologischen Differenz für die Anthropologie, genauer für die Begründung der Behauptung, die praktische Vernunft der Frau sei im Vergleich zum Mann minderwertig, keineswegs erwiesen.

Ob Aristoteles überhaupt ohne Widerspruch auf das genannte Prinzip der Natur rekurrieren kann, ist indessen aus folgendem Grund fraglich: Verhält es sich bei Menschen so, wie Aristoteles lehrt, daß einige Männer, Sklaven nämlich, über eine im Vergleich zu Frauen minderwertige Seele und einige über eine höherwertige Seele als Frauen verfügen, ist in bezug auf den Menschen das natürliche Prinzip der Überlegenheit des Männlichen ohnehin schon außer Kraft gesetzt. Ohne das Theorem von der psychischen Minderwertigkeit der Frau aber kann Aristoteles die Unterordnung der Frau unter die Herrschaft des Mannes im Haus nicht rechtfertigen.

Daß es Aristoteles freilich in erster Linie gar nicht um das anthropologische Thema des Vergleiches von Mensch und Tier, sondern um die sozialphilosophische und politische Bestimmung des Verhältnisses von Mann und Frau geht, zeigt vor allem die *Nikomachische Ethik.* Hier (Buch 8, Kap. 8) vergleicht Aristoteles die verschiedenen Teilbereiche der Herrschaft im Haus mit unterschiedlichen Regierungsformen im Staat. Die Herrschaft des Mannes über die Frau ist eine aristokratische, denn sie beruht auf der *arete,* der spezifischen Tugend oder dem Vorzug der männlichen Seele. Entsprechend ist der Bereich seiner Herrschaft über die Frau nicht uneingeschränkt, sondern gebunden an die ihm als Folge der Überlegenheit seiner praktischen Vernunft spezifisch zukommenden Tätigkeitsfelder.

Weil die eheliche Beziehung auf die *arete* der praktischen Vernunft gegründet ist, geht sie über die biologische Einheit des Männlichen und Weiblichen zum Zweck der Zeugung von Nachkommen hinaus: Zwischen Mann und Frau besteht ein Freundschaftsverhältnis, dessen Zweck das gemeinsam geführte menschliche Leben ist.

Die mit zweifelhaften Mitteln begründete These von der Defizienz der Seele der Frau hat für Aristoteles auch zur Konsequenz, daß Frauen aus der politischen Gemeinschaft der Bürger auszuschließen sind. Aus der Verfassung dieser Gemeinschaft als eines Verhältnisses von Freien und Gleichen folgt für Aristoteles, daß prinzipiell jedes Mitglied dieser Gemeinschaft zum Regieren qualifiziert ist und eben dies ist durch das Theorem von der Defizienz der weiblichen Seele für Frauen als unmöglich erwiesen. Die *polis* als egalitär verfaßte Gemeinschaft zu denken, heißt zugleich, die Ungleichen, weil Geringerwertigen aus der *polis* auszuschließen.

Marion Heinz

Literaturhinweise

Allen, Prudence: The concept of Women. The Aristotelian Revolution 750 BC – AD 1250. Montreal 1985.

Bien, Günther: [Art.] Haus. In: Historisches Wörterbuch der Philosophie. Hrsg. von J. Ritter. Bd. 3. Basel/Darmstadt 1974, Sp. 1007–17.

Detel, Wolfgang: Macht, Moral, Wissen. Foucault und die klassische Antike. Frankfurt a. M. 1998.

Föllinger, Sabine: Differenz und Gleichheit. Stuttgart 1996.

Freeland, Cynthia A.: Feminist Interpretations of Aristotle. University Park (Pa.) 1998.

Lesky, Erna: Die Zeugungs- und Vererbungslehre der Antike und ihr Nachwirken. Wiesbaden 1950.

Politik

[entst. zw. 345 und 325 v. Chr.]

Erstes Buch

1. Gemeinschaft (*koinonía*) und Staat (*polis*)

1. (*a*) Alles, was Staat (*polis*) heißt, ist ersichtlich eine
Art von Gemeinschaft (*koinonía*), und jede Gemeinschaft
bildet sich und besteht zu dem Zweck, irgendein Gut (*agathón*) zu erlangen. Denn um dessentwillen, was ihnen ein
Gut zu sein scheint, tun überhaupt alle alles, was sie tun.
(*b*) Wenn nun aber sonach eine jede Gemeinschaft irgendein
Gut zu erreichen strebt, so tut dies offenbar ganz vorzugsweise und trachtet nach dem vornehmsten aller Güter diejenige Gemeinschaft, welche die vornehmste von allen ist und
alle anderen in sich schließt. Dies ist aber der sogenannte
Staat und die staatliche Gemeinschaft (*politiké koinonía*).
2. Diejenigen nun aber, die da meinen, daß die Aufgabe
des Staatsmanns (*politikós*), des Königs (*basilikós*), des
Hausverwalters (*oikonomikós*) und des Herrn (*despotikós*)
eine und dieselbe sei, haben unrecht. Sie gehen nämlich von
der Ansicht aus, daß nur die größere oder geringere Zahl
der Beherrschten und nicht die Art der Gemeinschaft hier
den Unterschied mache, so daß hiernach, wenn einer nur
wenigen zu gebieten hat, er Herr, wenn mehreren, Haus-
verwalter, und wenn noch mehreren, Staatsmann oder König sein würde, indem nach ihrer Meinung ein großes Haus
(*oikía*) und ein kleiner Staat in nichts verschieden sind. Und
auch zwischen dem Staatsmann und dem König machen sie
keinen Unterschied der Art, sondern nur den, daß, wenn
einer für sich allein an der Spitze steht, er König, wenn er

aber nach den Grundsätzen der nämlichen Wissenschaft den Staat leitet und dabei im Regieren (*archein*) und Regiertwerden (*árchesthai*) mit anderen abwechselt, er Staatsmann sei.

3. Daß dies falsch ist, wird klar, wenn wir die Untersuchung nach unserer gewohnten Methode führen. Wie man nämlich auch sonst überall das Zusammengesetzte bis zum Einfachen hin teilen muß – denn dies ergibt eben die kleinsten Teile des Ganzen –, so muß man auch beim Staat verfahren; und wenn wir seine Bestandteile untersuchen, so werden wir auch in bezug auf die in Rede stehenden Begriffe wohl zu klarer Einsicht darüber gelangen, wodurch sie sich voneinander unterscheiden und ob es möglich ist, jeden derselben wissenschaftlich festzulegen.

2. Ursprung und Werden des Staates

1. (*a*) Die beste Methode dürfte hier wie bei anderen Problemen sein, daß man die Dinge in ihrem fortschreitenden Wachstum ins Auge faßt. Vor allem ist es eine Notwendigkeit, daß, was nicht ohne einander bestehen kann, sich paarweise miteinander vereint, einerseits das Weibliche und Männliche um der Fortpflanzung willen (und zwar nicht aus bewußter Absicht, sondern geradeso, wie auch den Tieren und Pflanzen von Natur der Trieb innewohnt, ein anderes, ihnen gleiches Wesen zu hinterlassen), (*b*) andererseits das von Natur Regierende (*árchon*) und das von Natur Regierte (*archómenon*) um der Lebenserhaltung willen; denn was vermöge seines Verstandes (*diánoia*) vorauszuschauen vermag, ist von Natur das Regierende und Herrschende (*despózon*), was aber nur vermöge seiner körperlichen Kräfte das Vorgesehene auszurichten imstande ist, ist von Natur das Regierte und Dienende (*doulon*), daher denn auch Herr (*despótes*) und Sklave (*doulos*) das nämliche Interesse haben. (*c*) Von Natur nun ferner sind Weib und

Sklave geschieden, denn die Natur verfährt nicht so karg,
daß sie solche Gebilde schüfe wie die Messerschmiede das
delphische Messer, sondern für jeden besonderen Zweck
auch immer ein besonderes, weil so jedes Werkzeug die
höchste Vollendung erhält, wenn es nicht zu vielen Zwek-
ken, sondern nur zu einem einzigen dient. (*d*) Wenn aber
bei den Barbaren Weib und Sklave dieselbe Stellung haben,
so liegt der Grund hiervon darin, daß ihnen überhaupt dasjenige fehlt, was von Natur zum Regieren bestimmt ist,
vielmehr die Gemeinschaft hier nur die Verbindung einer
Sklavin mit einem Sklaven ist. Daher sagen denn auch unsere Dichter: »Ja, mit Fug den Griechen sind die andern
untertan«, um damit auszudrücken, daß der Barbar und
der Sklave von Natur dasselbe sind.

2. (*a*) Aus diesen beiden Gemeinschaften entsteht nun
zunächst das Haus, und mit Recht sang Hesiod: »Sorge zuerst für ein Haus, für den Pflugstier und für ein Weib
auch«, denn der Ochse vertritt bei den Armen die Stelle des
Hausknechts (*oikétes*). Die für das gesamte tägliche Leben
bestehende Gemeinschaft ist also naturgemäß das Haus (*oikos*), dessen Glieder Charondas Brotkorbgenossen, Epimeni-
des der Kreter aber Krippengenossen nennt. (*b*) Diejenige
Gemeinschaft aber, welche zunächst aus mehreren Häusern
zu einem über das tägliche Bedürfnis hinausgehenden
Zweck sich bildet, ist das Dorf (*kome*), das am naturge-
mäßesten als Kolonie (*apoikía*) des Hauses (*oikía*) zu betrachten sein dürfte und dessen Glieder von manchen
Milchgenossen, Kinder und Kindeskinder, genannt werden.
3. Diesem Ursprung gemäß wurden denn auch die Staaten (*polis*) von Königen regiert (*basileúesthai*), und die Barbarenvölker werden es auch jetzt noch, weil Leute, die unter einer königlichen Herrschaft standen, zu ihnen zusam-
mentraten. Denn jedes Haus wird von dem Ältesten wie
von einem König regiert und ebenso daher auch die Kolo-
nien des Hauses wegen der Verwandtschaft ihrer Genossen.
Und das ist es auch, was Homer meint, wenn er sagt: »und

jeglicher richtet nach Willkür / Weiber und Kinder allein«.
Jene nämlich lebten zerstreut, und so hausten überhaupt
die Menschen der Urzeit. Auch von den Göttern aber gilt
deshalb der allgemeine Glaube, daß sie unter einem König
stehen, weil eben die Menschen selber zum Teil noch jetzt
so regiert werden, zum Teil es einstmals wurden; und wie
die Menschen sich ihre Götter an Gestalt sich selber gleich
vorstellen, so auch an Lebensweise.

4. (*a*) Die aus mehreren Dörfern sich bildende vollendete Gemeinschaft nun aber ist bereits der Staat, welcher,
wie man wohl sagen darf, das Endziel völliger Selbstgenügsamkeit (*autárkeia*) erreicht hat, indem er zwar entsteht um
des bloßen Lebens, aber besteht um des vollendeten Lebens
willen. (*b*) Drum, wenn schon jene ersten Gemeinschaften
naturgemäße Bildungen sind, so gilt dies erst recht von jedem Staat, denn dieser ist Endziel (*telos*) von jenen; die Natur (*physis*) ist eben Endziel, denn diejenige Beschaffenheit,
welche ein jeder Gegenstand erreicht hat, wenn seine Entwicklung vollendet ist, eben diese nennen wir die Natur
desselben, wie z. B. die des Menschen, des Rosses, des
Hauses. Auch ist das Ziel und der Endzweck das Beste, die
Selbstgenügsamkeit ist aber der Endzweck und das Beste.

5. (*a*) Hiernach ist denn klar, daß der Staat zu den naturgemäßen Gebilden gehört und daß der Mensch von Natur ein nach der staatlichen Gemeinschaft strebendes Wesen
(*zóon politikón*) ist; und derjenige, der von Natur und nicht
durch zufällige Umstände außer aller staatlichen Gemeinschaft lebt, ist entweder mehr oder weniger als ein Mensch,
wie etwa der von Homer Beschimpfte: »Ohne Geschlecht
und Gesetz, ohn' eigenen Herd«. Denn dieser ist von Natur ein solcher und gleichzeitig gierig nach Krieg, da er isoliert dasteht, wie man im Brettspiel sagt. (*b*) Daß ferner der
Mensch in weit höherem Maße als die Bienen und alle anderen herdenweise lebenden Tiere ein nach staatlicher Gemeinschaft strebendes Wesen ist, liegt klar zutage. Denn
nichts tut, wie wir behaupten, die Natur zwecklos. (*c*) Der

Mensch ist aber das einzige Lebewesen, das Sprache (*logos*) besitzt. Die bloße Stimme (*phoné*) nämlich zeigt nur das Angenehme und Unangenehme an, darum kommt sie auch den anderen Lebewesen zu (denn so weit reicht ihre Natur, Angenehmes und Unangenehmes wahrzunehmen und von dieser Wahrnehmung einander Zeichen zu geben); die Sprache dagegen ist dazu bestimmt, das Nützliche und Schädliche deutlich kundzutun und also auch das Gerechte (*díkaion*) und Ungerechte (*ádikon*). Denn das ist eben dem Menschen eigentümlich im Gegensatz zu den Tieren, daß er allein fähig ist, sich vom Guten (*agathón*) und Schlechten (*kakón*), von Recht und Unrecht Vorstellungen zu machen. Die Gemeinschaftlichkeit dieser Vorstellungen ruft aber eben das Haus und den Staat ins Leben.

6. (*a*) Auch von Natur ursprünglicher aber ist der Staat als das Haus und jeder einzelne von uns. (*b*) Denn das Ganze ist notwendig ursprünglicher als der Teil, weil ja, wenn der ganze Leib dahin ist, auch nicht mehr Fuß noch Hand existiert, außer dem Namen nach, gerade wie man auch eine steinerne Hand noch eine Hand nennt. Jedes Ding wird nämlich durch seine besonderen Fähigkeiten (*ergon*) und Möglichkeiten (*dýnamis*) bestimmt; und wenn es diese nicht mehr besitzt, so ist es nicht mehr dasselbe Ding, und es sollte nicht mehr als dasselbe Ding bezeichnet werden, es sei denn im Sinne bloßer Namensgleichheit. (*c*) Daß also der Staat von Natur besteht und ursprünglicher als der Einzelne ist, ist klar. Denn wenn eben jeder einzelne für sich nicht sich selber genügend ist, so verhält er sich zum Staat geradeso wie die Teile eines anderen Ganzen zu diesem letzteren; wenn er aber andererseits überhaupt nicht an einer Gemeinschaft sich zu beteiligen vermag oder dessen durchaus nicht bedarf wegen seiner Selbstgenügsamkeit, so ist er freilich kein Teil des Staates, aber eben damit entweder ein Tier oder aber ein Gott.

7. (*a*) Diesem allen gemäß lebt nun zwar auch von Natur in allen Menschen der Trieb, in diese Art von Gemein-

schaft einzutreten; aber derjenige, welcher den Staat zuerst wirklich ins Leben rief, war damit der Urheber der höchsten Güter. Denn wie der Mensch in seiner Vollendung das edelste aller Lebewesen ist, so wiederum losgerissen von Gesetz (*nomos*) und Recht (*dike*) das schlimmste von allen. Denn nie ist die Ungerechtigkeit (*adikía*) fürchterlicher, als wenn sie Waffen hat; der Mensch aber hat die natürlichen Waffen in Händen durch seine angeborene Klugheit und Tüchtigkeit, Waffen, die am allermeisten dazu geeignet sind, zu den entgegengesetzten Zwecken sich ihrer zu bedienen. Und daher ist er denn ohne Tugend (*areté*) das ruchloseste und wildeste Lebewesen und in bezug auf Geschlechts- und Gaumenlust das schlimmste von allen. (*b*) Die Gerechtigkeit (*dikaiosyne*) aber stammt erst vom Staate her, denn das Recht ist die Ordnung der staatlichen Gemeinschaft; das Recht (*dike*) aber ist die Entscheidung darüber, was gerecht ist.

3. Über die Hausverwaltung (*oikonomía*)

1. Nachdem nun klargeworden ist, aus welchen Teilen der Staat besteht, müssen wir zunächst über die Hausverwaltung (*oikonomía*) sprechen, denn die Häuser (*oikía*) sind ja eben jene Bestandteile des Staates.

2. (*a*) Die Teile der Hausverwaltungskunde (*oikonomía*) nun entsprechen denen, aus welchen wiederum das Haus besteht. Jedes vollständige Haus aber besteht aus Sklaven (*doulos*) und Freien (*eleútheros*). (*b*) Da jedoch die Untersuchung eines jeden Gegenstandes bei dessen kleinsten Teilen beginnen muß, diese allerersten und kleinsten Teile nun aber beim Hause Herr (*despotes*) und Sklave, Gatte und Gemahlin, Vater und Kinder sind, so ist zunächst jedes dieser drei Verhältnisse seinem Wesen und seiner richtigen Beschaffenheit nach in Betracht zu ziehen, und dies ergibt denn die Lehre vom dienstherrlichen (*despotiké*), vom ehe-

lichen (*gamiké*) (denn die Verbindung von Mann und Frau
hat sonst keinen eigenen Namen) und vom väterlichen (*patriké*) Verhältnis (auch diese Verbindung hat keinen eigenen
Namen). Diese drei seien angenommen. Es existiert nun
aber außerdem noch etwas, worin nach der Meinung mancher die ganze Hausverwaltungskunde aufgeht und nach
der anderer wenigstens der größte Teil derselben. Es ist also
zuzusehen, wie es hiermit steht. Ich meine nämlich die sogenannte Erwerbskunst (*chrematistiké*). [...]

5. Ob die Sklaverei (*douleía*) natürlich und gerecht ist

1. Ob es aber wirklich von Natur solche Menschen gibt
oder nicht, und ob es gerecht (*díkaion*) und für sie selber
besser ist, daß sie die Sklaven (*doulos*) anderer sind, oder ob
dies nicht der Fall, sondern jede Art von Sklaverei (*douleía*)
naturwidrig ist, das ist jetzt zunächst zu untersuchen.
2. (*a*) Es ist jedoch nicht schwer, dies sowohl nach Ver-
nunftgründen zu betrachten (*theoreín*) als auch aus der Erfahrung abzunehmen. Denn Regieren (*árchein*) und Regiertwerden (*árchesthai*) gehört nicht nur zu den notwendigen, sondern auch zu den nützlichen Dingen. (*b*) So
gleich mit der Entstehung scheidet sich einiges voneinander, das eine zum Regieren, das andere zum Regiertwerden.
Und es gibt viele Arten von Regieren und Regiertwerden,
wobei denn jedesmal diejenige die bessere ist, wo Bessere
regiert werden, wie es z. B. besser ist, einen Menschen zu
regieren als ein Tier, denn eine bessere Leistung ist immer
die, welche von Besseren zustande gebracht wird; und
wo eines regiert und das andere regiert wird, da handelt es
sich immer um eine von beiden zustande zu bringende
Leistung. In allem nämlich, was aus mehreren Teilen besteht und aus denselben zu einer gemeinsamen Einheit erwächst, sei es nun aus zusammenhängenden oder getrenn-

ten Teilen, tritt immer auch ein Regierendes und ein Regiertes hervor.

3. (*a*) Und dies offenbart sich im Bereich der gesamten Natur vorzugsweise in den lebendigen Wesen; denn auch im Leblosen ist eine Art leitenden Prinzips (*arché*) zu finden, wie z. B. in einer Tonart, indessen dürfte dies doch Gegenstand einer Betrachtung sein, die mehr außerhalb des Kreises der gegenwärtigen Untersuchung liegt; das lebendige Wesen aber besteht zunächst aus Seele (*psyché*) und Leib (*soma*), von denen jene von Natur das Regierende an ihm und dieser das Regierte ist. Das heißt, man muß immer das Naturgemäße an den Dingen auch mehr in ihrem naturgemäßen Zustand und nicht im verdorbenen suchen, und daher muß man denn auch den an Leib und Seele am besten gearteten Menschen hierbei zum Gegenstand der Betrachtung machen; und an diesem trifft die obige Behauptung zu. Denn freilich bei Lasterhaften oder Schwächlingen regiert, wie es scheint, der Leib oft die Seele, eben weil sie sich in einem verkehrten und widernatürlichen Zustand befinden. Zuerst also kann man, um auf das Gesagte zurückzukommen, im lebendigen Wesen eine zwiefache Art von Regieren erkennen, nämlich die Tätigkeit des Herrn (*despotiké*) und die Tätigkeit des Staatsmannes (*politiké*). Denn die Seele regiert den Körper in der Weise eines Herrn und die Vernunft (*nous*) das Streben (*órexis*) in der Weise eines Staatsmanns und Königs, wobei es sich dann zeigt, daß es für den Leib naturgemäß und zu seinem eigenen Nutzen ist, von der Seele regiert zu werden; ebenso für den affektiven Teil (*pathetikón*) der Seele, von der Vernunft und dem vernünftigen Seelenteil regiert zu werden; Gleichberechtigung oder gar das umgekehrte Verhältnis wäre für alle Teile schädlich. (*b*) Wiederum sodann im Verhältnis des Menschen zu den Tieren zeigt sich das gleiche, denn die zahmen Tiere sind besser von Natur als die wilden, und für sie alle ist es besser, wenn sie von Menschen regiert werden, denn das gereicht ihnen zu ihrer Erhaltung. (*c*) Desgleichen ist

das Verhältnis des Männlichen zum Weiblichen von Natur
so, daß das eine besser, das andere geringer ist und das eine
regiert, das andere regiert wird.

4. (*a*) Ganz nach diesen nämlichen Gesichtspunkten
muß sich nun aber doch notwendig überhaupt das Verhältnis der Menschen zueinander regeln: alle diejenigen, welche
so weit von anderen abstehen wie der Leib von der Seele
und das Tier vom Menschen – in diesem Falle befinden sich
aber alle die, welche ihre Aufgabe im Gebrauch ihrer Kör-
perkräfte finden und bei denen dies ihre höchste Leistung
ist –, diese, sage ich, sind Sklaven von Natur, für die es besser ist, wenn sie auch tatsächlich als solche regiert werden,
geradeso gut wie von den vorher genannten Gegenständen
das Entsprechende gilt. (*b*) Von Natur Sklave ist mithin
derjenige, welcher einem anderen anzugehören vermag –
und deshalb eben gehört er auch wirklich einem anderen an
– und der an der Vernunft nur so weit teilhat, um ihre Gebote zu verstehen, ohne sie zu besitzen. Die anderen Lebewesen vermögen die Gebote der Vernunft (*logos*) auch
nicht zu verstehen, sondern sind nur Empfindungen (*pá-
thema*) unterworfen. (*c*) Ähnlich ist auch der Nutzen der
Sklaven von dem der Haustiere nur wenig verschieden,
denn beide gewähren uns mit ihrem Leib die erforderliche
Hilfeleistung zur Herbeischaffung des zum Leben Notwendigen. [...]

6. Daß also ein Teil der Menschen durch die Natur selbst
zu freien Leuten und ein anderer zu Sklaven bestimmt ist
und daß es für die letzteren gerecht und zuträglich ist, auch
wirklich Sklaven zu sein, ist hiermit bewiesen. [...]

12. Über das väterliche (*patriké*) und eheliche (*gamiké*) Verhältnis

1. Es zeigten sich uns nun aber vorhin drei Teile der Hausverwaltungskunde (*oikonomiké*), die Lehre vom Verhältnis des Herrn zum Sklaven (*despotiké*), welche oben bereits von uns besprochen ist, die vom väterlichen (*patriké*) und drittens die vom ehelichen Verhältnis (*gamiké*).

2. (*a*) Es steht nämlich dem Manne zu, sowohl die Frau wie die Kinder zu regieren (*archein*), und zwar beide Teile als Freie, jedoch nicht mit derselben Art von Herrschaft (*arché*), sondern die Frau in der Weise eines Staatsmanns (*politikós*), die Kinder aber in der eines Königs (*basilikós*). (*b*) Denn der Mann ist von Natur mehr zur Leitung geschickt als das Weib (was nicht ausschließt, daß das Verhältnis sich hie und da auch wider die Natur gestaltet) und Alter und Reife mehr als Jugend und Unreife. Freilich sind die meisten Staatsregierungen (*politiké arché*) so eingerichtet, daß Regieren und Regiertwerden (*árchesthai*) miteinander abwechseln, indem nämlich der Staat, seiner Natur gemäß, der Gleichheit und Unterschiedslosigkeit zustrebt. Andererseits aber sucht man doch den jedesmal Regierenden von dem jedesmaligen Regierten zu unterscheiden, so daß man auch hier dem ersteren in Gebärden, Worten und Ehrenbezeugungen den Vorzug zu erkennen gibt, und so etwas war es auch, was Amasis mit dem meinte, was er über das Fußbecken sagte; nun hat aber das männliche Geschlecht dem weiblichen gegenüber immer diese Stellung. Die Herrschaft über die Kinder aber entspricht der des Königs; denn der Erzeuger herrscht auf Grund seiner Liebe und seines Alters, was denn eben die Form einer königlichen Herrschaft ergibt. Daher nennt denn auch Homer den Zeus mit Recht den »Vater der Götter und Menschen«, um ihn dadurch als den König von ihnen allen zu bezeichnen. Denn natürliche Vorzüge zwar muß der König vor seinen Untertanen haben, aber doch aus demselben Geschlecht

mit ihnen sein, und ganz das nämliche gilt von dem Älteren
gegenüber dem Jüngeren und von dem Erzeuger gegenüber
dem Kind.

13. Die für das gemeinschaftliche Leben erforderliche Tugend (*areté*)

1. Nun ist aber offenbar, daß die Tätigkeit der Hausverwaltung (*oikonomía*) ihre Bestrebungen in höherem Grade
auf die Menschen als auf den leblosen Besitz richtet und
mehr auf die Tugend (*areté*) der Menschen als auf die An-
häufung von Besitztümern, die man Reichtum nennt, und
unter jenen selber wiederum mehr auf die Freien (*eleútheros*) als auf die Sklaven (*doulos*).

2. (*a*) Was nun aber zunächst die Sklaven betrifft, so
kann man die Frage aufwerfen, ob bei einem Sklaven außer
seiner Tüchtigkeit als Werkzeug und Diener noch eine andere, höhere Tugend, wie Mäßigkeit, Tapferkeit, Gerechtigkeit oder irgendeine sonstige derartige Beschaffenheit möglich ist, oder ob seine ganze Tüchtigkeit in seinen körperlichen Dienstleistungen aufgeht; und in welcher Weise man
diese Frage auch beantworten möge, in beiden Fällen stößt
man auf Schwierigkeiten. Denn gesetzt, auch ein Sklave
könne solche Tugenden besitzen, wodurch unterscheidet er
sich dann noch von einem Freien? Und gesetzt wieder, es
wäre nicht der Fall, so würde dies ja ungereimt sein, da
doch auch die Sklaven Menschen und der Vernunft (*logos*)
teilhaftig sind. Ziemlich dieselbe Frage erhebt sich indessen
sodann auch über Weib und Kind, ob auch diesen solche
Tugenden zuzusprechen sind und man von einem Weibe
verlangen muß, daß es besonnen, tapfer und gerecht sei,
und ob es ebensogut zügellose wie besonnene Kinder gibt;
oder ob dies alles nicht der Fall ist. (*b*) Man muß also hiernach überhaupt die Frage aufwerfen, ob die Tugend aller
derjenigen, die von Natur zum Regieren (*archein*), und al-

ler derer, die von Natur zum Regiertwerden (*árchesthai*) bestimmt sind, dieselbe oder eine andere ist. Sollen beide Teile der nämlichen Vortrefflichkeit (*kalokagathía*) teilhaftig sein, aus welchem Grunde gebührt dann dem einen zu regieren und dem anderen regiert zu werden ein für allemal? Denn das bloße Mehr und Minder kann hier den Unterschied auch nicht ausmachen, denn Regiertwerden und Regieren ist ein Artunterschied, das Mehr und Minder aber ist nicht ein solcher. Soll aber wiederum nur der eine Teil diese Vortrefflichkeit besitzen und der andere nicht, so käme etwas Sonderbares zutage. Denn wenn der Regierende ohne Besonnenheit und Gerechtigkeit ist, wie wird er da gut regieren, und wenn es wieder der Regierte nicht ist, wie kann er gut regiert werden? Denn ist er zügellos und feige, wird er nichts von dem tun, was ihm obliegt. Hieraus erhellt denn, daß beide einer solchen Tugend teilhaftig sein müssen, daß es aber einen Unterschied geben muß, wie ja auch die von Natur Regierenden und Regierten sich voneinander unterscheiden. (*c*) Und diese Verhältnisse werden uns denn auch gleich innerhalb der Seele vorgezeichnet, denn in ihr ist ein von Natur zum Regieren und ein von Natur zum Regiertwerden bestimmter Teil, jener der vernünftige (*logon echon*), dieser der vernunftlose (*álogon*); und eine verschiedene Art von Tugend ist es, die wir dem einen und die wir dem anderen zuschreiben. Und daraus ist denn klar, daß die Sache sich auch in allen anderen Fällen ebenso verhält. Also gibt es von Natur mehrere Arten von Regierenden und Regierten, denn auf andere Weise herrscht der Freie über den Sklaven und der Mann über das Weib und der Vater über das Kind; und ihnen allen wohnen freilich die nämlichen Teile der Seele inne, aber auf verschiedene Weise. Denn dem Sklaven fehlt überhaupt die Kraft zur Überlegung (*bouleutikón*), das Weib besitzt sie, aber ohne Entschiedenheit, das Kind gleichfalls, aber noch nicht zur Vollendung entwickelt. (*d*) Ebenso muß es sich auch mit den sittlichen Tugenden (*ethiké areté*) verhalten: teilhaben müssen zwar an ihnen alle, aber nicht auf die gleiche Weise, sondern jeder nur so weit, wie es für seine Aufgabe erforderlich ist. Der Regierende muß also die sittliche Tugend in ihrer Vollendung besitzen – denn jedes Werk hängt in allen seinen Teilen von dem Werkmeister ab, die Vernunft (*logos*) aber ist oberster Meister (*architékton*) –, die anderen hingegen brauchen jeder nur so viel Tugend, wie von der Gesamtleistung auf sein Teil fällt. (*e*) Und so zeigt sich denn, daß die sittliche Tugend allen Genannten zukommt, doch ist die Besonnenheit des Mannes und der Frau nicht dieselbe und auch nicht die Tapferkeit und die Gerechtigkeit, wie Sokrates meinte, sondern die eine ist Tapferkeit zum Regieren, die andere zum Dienen, und ähnlich verhält es sich mit den sonstigen Tugenden.

3. Es ergibt sich dies aber auch aus einer mehr ins einzelne gehenden Betrachtung, denn man täuscht sich, wenn man so ganz im allgemeinen sagt, Tugend sei die richtige Verfassung der Seele, oder das Rechttun und was dergleichen mehr ist, und viel besser verfahren die, welche die Tugenden jeder einzelnen Klassen aufzählen, wie Gorgias, als die, welche eine solche allgemeine Bestimmung geben. Denn sonst muß man z. B. annehmen, was der Dichter über die Frau sagt, »des Weibes Schmuck ist Schweigen«, sei für alle Menschen gültig, jedoch gilt diese Aussage für einen Mann nicht. Und da das Kind eben noch nicht zur Vollendung gereift ist, so gehört seine Tugend auch noch nicht ihm selber im Verhältnis zu sich selber an, sondern sie ist nur im Verhältnis zu der von ihm zu erreichenden Vollendung (*telos*) und zu seinem Erzieher vorhanden, und ähnlich die des Sklaven nur im Verhältnis zu seinem Herrn (*despotes*).

4. (*a*) Nun haben wir aber die Bestimmung getroffen, daß der Sklave zu den unentbehrlichen Diensten brauchbar sein müsse, und daraus erhellt denn, daß er auch nur wenig Tugend braucht, nämlich nur so viel, daß er nicht aus Liederlichkeit und Feigheit seine Arbeit vernachlässigt.

(*b*) Freilich könnte man fragen, wenn diese eben aufgestell-
te Behauptung wahr ist, ob da etwa auch die Handwerker
(*technítes*) einer besonderen Tugend bedürfen, da ja auch
sie oft aus Liederlichkeit ihre Arbeit vernachlässigen. Indessen ist hier ein großer Unterschied. Der Sklave lebt mit
seinem Herrn zusammen, der Handwerker steht ihm ferner
und hat nur so viel Anteil an der dem Sklaven eigentümlichen Tugend, wie er Anteil an der Sklavenarbeit hat. Die
Stellung nämlich des Handwerkers ist die einer begrenzten
Sklaverei (*douleía*), aber Sklave ist einer von Natur, Schuster oder irgendein sonstiger Handwerker aber nicht.
(*c*) Und hieraus leuchtet denn nun ein, daß es Aufgabe des
Herrn ist, seinem Sklaven die einem solchen eigentümliche
Tugend beizubringen, und nicht Aufgabe dessen, der denselben bloß in seinen Dienstverrichtungen zu unterweisen
versteht; und folglich haben die unrecht, welche den Sklaven die Vernunft absprechen und behaupten, man müsse
nur den Befehl gegen ihn anwenden. Im Gegenteil, der
Sklave bedarf dessen, daß man ihm zu Gemüte redet, noch
mehr als die Kinder.

D: Aristoteles: Politik. Nach der Übers. von Franz Susemihl bearb.,
    mit Numerierung, Gliederungen und Anmerkungen hrsg. von
    Nelly Tsouyopoulos und Ernesto Grassi. Reinbek bei Ham-
    burg: Rowohlt, 1965. S. 7–35. Erstes Buch; 1252 a–1260 b.

Schöpfungsordnung und Geschlechterordnung:
Thomas von Aquin

Die mittelalterlichen Theorien über die Rolle und Stellung der Frau waren – wie die gesamte mittelalterliche Philosophie überhaupt – von zwei sehr unterschiedlichen Traditionen geprägt: dem christlich-jüdischen Gedankengut, wie es in der Bibel zum Ausdruck kommt, auf der einen, und den griechischen philosophischen Theorien der Antike auf der anderen Seite. Während allerdings die Patristik, deren berühmtester Vertreter Augustinus ist, in der Tradition Platons steht, ist für Thomas von Aquin Aristoteles die höchste philosophische Autorität. Sein philosophisches Werk kann daher mit Recht als Versuch einer Synthese zwischen aristotelischem und christlichem Gedankengut bezeichnet werden.

In dem ausgesprochen umfangreichen Werk des Aquinaten bleibt kaum ein philosophisch relevantes Thema unbehandelt, doch ins Zentrum seines Denkens stellt Thomas als Theologe ganz eindeutig die Frage nach Gott, nach seiner Schöpfung und nach dem Ort, den die Geschöpfe in der Welt einnehmen. In diesem Kontext steht bei ihm auch die Frage nach dem Wesen und der Rolle der Frau, mit der Thomas sich schon in seiner frühesten Schrift, dem *Sentenzenkommentar*, beschäftigt – ohne dieser Frage freilich eine zentrale Stellung einzuräumen. Das Projekt einer Darstellung und Begründung der göttlichen Ordnung verlangt, auch die Stellung der Frau innerhalb dieser Ordnung zu bestimmen, und dazu gilt es u. a., ihre Natur und ihr Verhältnis zu Gott zu beleuchten. Daraus lassen sich dann Konsequenzen hinsichtlich der ihr zukommenden gesellschaftlichen und sozialen Rechte und Pflichten ableiten.

Die *Summa Theologica* stellt das philosophische Hauptwerk Thomas von Aquins dar. In dieser ausgesprochen umfangreichen Schrift verfolgt Thomas das ehrgeizige Ziel, das

gesamte theologische Wissen seiner Zeit zusammenfassend
zu präsentieren, um so ein Lehrbuch für die Anfänger des
Theologiestudiums zu schaffen. Gegliedert ist das Werk in
drei Teile, von denen der erste sich mit dem Wesen Gottes
als dem Ursprung von allem und mit seiner Schöpfung befaßt, der zweite die Ziele und Regeln menschlichen Handelns untersucht und der dritte dem spezifisch christlichen
Weg zurück zu Gott, zur Auferstehung gewidmet ist. In
der *Summa* finden sich zwei gegensätzliche Thesen über
den Status der Frau:

1. Die Frau ist dem Manne gleichgestellt.
2. Die Frau ist dem Mann notwendig untergeordnet.

Daß Thomas hier tatsächlich nichts Widersprüchliches
behauptet, erkennt man, beachtet man die Zuordnung beider Thesen zu verschiedenen Bereichen: Während in der
Ordnung der Natur und damit in unserem diesseitigen Leben eine klare Hierarchie gilt, nach der der Mann der Frau
in nahezu allen Bereichen übergeordnet ist, ist der Zustand
nach der Wiedergeburt durch eine völlige Gleichwertigkeit
der Geschlechter gekennzeichnet. Die wesentlichen Beleg-
stellen für diese Thesen finden sich (der genannten Gliederung entsprechend) zum einen im ersten Teil, insofern es
um die natürliche Stellung der Frau geht, und zum anderen
im dritten Teil, wo die Stellung der Frau nach der Wiedergeburt behandelt wird.

Wie ist die Frau im Rahmen der göttlichen Schöpfung erschaffen worden, und welche Konsequenzen ergeben sich
daraus für ihre Stellung in der natürlichen und respektive
in der moralischen und gesellschaftlichen Ordnung? Dieser Frage ist die 92. »Quaestio« der *Summa* gewidmet. Der
Text ist unterteilt in 4 Artikel, welche ihrerseits gemäß der
klassischen thomasischen Form der *quaestio disputata* auf-
gebaut sind: Auf die Frage folgt zunächst eine Darstellung
von wichtigen Pro- und Kontra-Argumenten und schließlich die Antwort des Thomas, die abschließend auch auf die
zuvor angeführten Argumente eingeht.

Zentrales Anliegen der »Quaestio 92« ist es, zu klären, ob der Frau eine bestimmte positive Funktion im Rahmen der Schöpfung zukommt, oder ob sie bloß ein ›Fehlprodukt der Natur‹ (*mas occasionatus* ›verfehlter, mißratener Mann‹) ist. Genau dies ist die aristotelische These,[1] der Thomas – bezogen auf den Einzelfall – auch durchaus zustimmt. Er unterscheidet hierbei aber gerade zwischen dem individuellen und dem generellen Fall: Die Zeugung eines Mädchens ist eine fehlerhafte Zufallserscheinung der Natur, die Erschaffung der Frau an sich ist dagegen kein Fehler, sondern eine Notwendigkeit. Der Frau kommt in der göttlichen Ordnung, mit der die natürliche Ordnung identisch ist, eine wesentliche Funktion zu: Sie ist geschaffen als Gehilfin des Mannes, und zwar »in adjutorium generationis«, als Gehilfin bei der Zeugung der Nachkommen. Insofern ist ihr natürlicher Zweck allerdings ein rein funktionaler, und die Frau ist als ›Gehilfin‹ dem Mann (dem ›Herrn und Meister‹) eindeutig untergeordnet.

Zudem nimmt die Frau – hier folgt Thomas ebenfalls Aristoteles – auch innerhalb des Zeugungsaktes eine deutlich weniger wichtige Rolle ein: Sie ist für Thomas das passive Prinzip, welches lediglich das Material zur Verfügung stellt, das vom Mann, dem aktiven Teil, dann geformt wird. Als passiver Teil ist die Frau aber notwendig minderwertig gegenüber dem Mann.

Die Unterordnung der Frau ergibt sich also bei Thomas aus der Ordnung der Natur und ist nicht – wie man auch vermuten könnte – erst eine Konsequenz des Sündenfalls; es handelt sich um eine ›bürgerliche‹, nicht eine sklavische

---

1 Vgl. den Verweis von Thomas auf Aristoteles: »Quaestio 99«, Art. 2,1, und die entsprechende Stelle bei Aristoteles selbst in: *De Generatione Animalium* II, 3, 737 a 1: »Wie nämlich von Verkrüppelten manchmal wieder Verkrüppelte abstammen, manchmal Nicht-Verkrüppelte, so entsteht aus einem Weibchen manchmal wieder ein Weibchen, manchmal aber auch nicht, sondern ein Männchen. Ein Weibchen ist wie ein verkrüppeltes Männchen, [...].« (Zit. nach: Aristoteles, *Die Zeugung der Geschöpfe*, hrsg. und übers. von Paul Gohlke, Paderborn 1959.)

Unterwerfung, insofern die Frau aufgrund ihrer geringeren Verstandeskräfte der Leitung des Mannes bedarf, das hierarchische Verhältnis also zu ihrem eigenen Guten ist.

Diese Hierarchie wird in den Artikeln zwei und drei weiter begründet, indem Thomas die Notwendigkeit zu beweisen versucht, daß die Frau aus der Rippe des Mannes gebildet wurde. Gott hat die Frau (in Gestalt von Eva) zwar selbst und unmittelbar geschaffen (Art. 4), doch nicht aus demselben Stoff wie den Mann, aus Lehm, sondern aus Adams Rippe. Damit verweist Gott selbst auf die natürliche Überlegenheit des Mannes: So wie Gott Ursprung des Weltalls sei, so ist Adam, der Mann, Ursprung des gesamten Menschengeschlechtes. Daraus folgt für Thomas dann auch, daß der Mann immer der Maßstab ist, an dem jeder Mensch zu messen ist und in bezug auf den die Frau entsprechend als minderwertig und unterlegen erscheinen muß.

Daß Eva aus Adams Rippe und nicht etwa – wie Adam selbst – aus einem ganz anderen Material wie etwa Lehm erzeugt wurde, hat nach der thomasischen Genesisinterpretation noch einen weiteren Zweck: es dient der Festigung des Bandes zwischen Mann und Frau. Anders als bei den Tieren leben Menschen – so Thomas – in lebenslangen, festen monogamen Beziehungen, in denen jeder dem Partner zur Treue verpflichtet ist. Dieser Beziehungsform entspricht schließlich die häusliche Gemeinschaft, die Thomas wie Aristoteles als eine Gemeinschaft versteht, in welcher jedem Teil ganz spezifische Pflichten zukommen, welche ihrerseits nach dem Kriterium des Geschlechtes bestimmt sein sollen.

Für sich betrachtet entwirft die »Quaestio 92« also folgendes Bild der Frau: Sie ist von Gott selbst geschaffen und zwar zusammen mit den ersten Dingen; ihr kommt daher eine wichtige Stellung im göttlichen Schöpfungsplan zu. Diese Stellung ist allerdings rein funktional bestimmt, da die Frau zur Helferin des Mannes im Bereich der Zeugung

bestimmt ist; ihre Funktion beschränkt sich somit auf die
Bereitstellung des notwendigen Materials in der Reproduktion der Gattung. Allenfalls kommen ihr darüber hinaus
noch Aufgaben innerhalb der häuslichen Gemeinschaft zu,
die sich aus ihrer Funktion innerhalb der Erhaltung der
Gattung ableiten lassen, wie etwa die Pflege und Ernährung
der Kinder. Die Frau ist dem Mann nach diesem Entwurf
daher in mehrfacher Weise untergeordnet: Durch die
Schöpfung selbst, und zwar insofern, als sie aus seiner Rippe geschaffen ist, im weiteren dadurch, daß ihr eine rein
funktionale Rolle in der Schöpfungsordnung zukommt und
schließlich durch ihre körperliche und geistige Minderwertigkeit, die sie der Leitung des Mannes unterstellt.

Es zeigt sich allerdings im Fortgang der *Summa Theologica*, daß Thomas die Frau letztlich nicht auf diese rein
funktionale Wesensbestimmung reduziert. Zunächst weist
er bereits in der anschließenden »Quaestio 93« darauf hin,
daß auch die Frau die Qualität der *imago dei* habe, d.h.,
auch sie ist in höchster Weise Ebenbild Gottes. In diesem
Sinne ist ihr Schöpfungszweck nicht funktional. Allerdings
gibt es auch hier einen Unterschied zwischen Mann und
Frau, denn die Tatsache, daß die Frau aus dem Mann geschaffen wurde, macht den Mann zum »Ursprung und
Ziel« der Frau, während der Mann ausschließlich und unmittelbar Gott unterstellt ist. Insofern reflektiert der Mann
nach Thomas das Bild Gottes direkter und vollkommener
als die Frau.

Was sich in der *imago dei*-Konzeption schon andeutet,
wird in Thomas' Ausführungen über den Zustand nach der
Wiedergeburt offensichtlich: In Hinsicht auf die natürliche
Ordnung ist für ihn die Geschlechtlichkeit ein eindeutiges
Wertkriterium. Das ergibt sich daraus, daß Thomas die
Biologie und Anthropologie des Aristoteles in weiten Teilen übernimmt: Die Frau ist danach dem Mann sowohl im
körperlichen als auch im geistigen Bereich unterlegen. Hinsichtlich der göttlichen Gnade verliert dieses Kriterium al-

lerdings seine Relevanz. Im Gegensatz etwa zu Augustinus behauptet Thomas, daß es auch nach der Wiedergeburt Geschlechtlichkeit gebe, daß also Männer als Männer und Frauen als Frauen wiedergeboren werden, denn geschlechtliche Verschiedenheit sei Element der vollkommenen menschlichen Gattungsnatur, und insofern wäre ein Zustand, in dem es nur Männer und keine Frauen gäbe, weniger vollkommen.

Die Geschlechtlichkeit ist im Zustand der Seligkeit und Gnade kein Wertmaßstab mehr: keines der beiden Geschlechter wird in diesem Zustand über- oder unterlegen sein. Zum einen werden die geistigen Kräfte aller wiedergeborenen Menschen vollendet entwickelt sein. Zum anderen ist das Kriterium für das Maß an göttlicher Gnade und Seligkeit, welche dem einzelnen Menschen nach der Wiedergeburt zuteil wird, sein irdisches Verdienst, und dieses ist unabhängig vom Geschlecht.

Auch wenn Thomas von einer Gleichstellung der Geschlechter nach der Wiedergeburt ausgeht, hat dies im Rahmen seiner Ausführungen keinerlei Konsequenzen für die gesellschaftliche und soziale Rolle der Frau im Diesseits. Ihre Unterworfenheit wird vielmehr theoretisch zementiert, indem nicht nur ihre vermeintliche biologische Minderwertigkeit, insbesondere ihre passive Rolle im Zeugungsakt, als Argument ins Feld geführt wird, sondern diesem biologischen Argument ein theologisches zur Seite gestellt wird, indem Thomas die Schöpfungsgeschichte entsprechend interpretiert. Beispiele für die praktischen Konsequenzen der so bestimmten Geschlechterhierarchie finden sich gerade im zweiten Teil der *Summa* reichlich, so etwa das Verbot für Frauen, öffentlich zu lehren oder zu predigen.[2]

Petra Krüger

2 Vgl. »Quaestio 177«, Art. 2.

Literaturhinweise

Allen, Prudence: The Concept of Woman. The Aristotelian Revolution 750 BC – AD 1250. Montreal 1985.

Børresen, Kari Elisabeth: Subordination et Equivalence. Nature et Role de la Femme d'après Augustin et Thomas D'Aquin. Oslo/Paris 1963. [Engl. 1981.]

Coole, Diana H.: Women in Medieval Thought. Transitions from Antiquity to the Renaissance. In: D. H. C.: Women in Political Theory. From Ancient Misogyny to Contemporary Feminism. Brighton 1988. S. 49–70. [Kap. 3.]

McLaughlin, Eleanor Commo: Equality of Soul, Inequality of Sexes: Women in Medieval Theology. In: Religion and Sexism. Images of Woman in the Jewish and Christian Tradition. Hrsg. von R. R. Ruether. New York 1974. S. 213–266.

Mitterer, Albert: Mas occasionatus. In: Zeitschrift für katholische Theologie 72 (1950). S. 80–103.

Pesch, Otto Hermann: Thomas von Aquin. Grenzen und Größen mittelalterlicher Theologie. Mainz 1988. [Vor allem S. 208–227.]

Summa theologica

[entst. 1265–73]

Band 7

92. Frage

Die Erschaffung des Weibes

Darauf ist die Erschaffung des Weibes zu betrachten. Dazu
ergeben sich vier Einzelfragen:
1. Ob das Weib bei der Erschaffung der Dinge hervorgebracht werden mußte.
2. Ob es aus dem Manne seinen Ursprung nehmen mußte.
3. Ob aus der Rippe des Mannes.
4. Ob es unmittelbar von Gott hervorgebracht wurde.

1. Artikel

Ob das Weib bei der ersten Hervorbringung der Dinge hervorgebracht werden mußte

1. Der Philosoph sagt: »Das Weib ist ein verfehlter
Mann.« Bei der Urbegründung der Dinge durfte es aber
nichts Verfehltes und Mangelhaftes geben. Also durfte das
Weib bei der Urbegründung der Dinge nicht hervorgebracht werden.

2. Unterwerfung und Herabsetzung sind Folgen der
Sünde; denn zum Weibe wurde nach der Sünde gesagt
Gn 3,16: »Du wirst unter der Gewalt des Mannes sein.«
Und Gregorius sagt: »Wo wir nicht sündigen, sind wir alle
gleich.« Das Weib steht aber von Natur aus dem Manne an

Kraft und Würde nach; denn Augustinus sagt, es sei immer ehrenvoller, tätig zu sein als zu leiden. Also durfte das Weib bei der ersten Hervorbringung der Dinge vor der Sünde nicht hervorgebracht werden.

3. Anlässe zur Sünde müssen unterbunden werden. Gott wußte aber vorher, daß das Weib dem Manne Anlaß zur Sünde werden würde. Also durfte Er das Weib nicht hervorbringen.

ANDERSEITS heißt es Gn 2,18: »Es ist nicht gut, daß der Mensch allein sei; lasset Uns ihm eine Gehilfin machen, die ihm gleich ist.«

ANTWORT: Es war notwendig, daß das Weib ins Dasein trat, wie die Schrift sagt, als die Gehilfin des Mannes; zwar nicht als Gehilfin zu einem [andern] Werke [als dem] der Zeugung, wie einige behaupten, da ja der Mann zu jedem sonstigen Werke eine bessere Hilfe im andern Manne findet als im Weibe, sondern [es war notwendig] als Gehilfin beim Werke der Zeugung. Das sieht man klarer, wenn man die Zeugungsweise bei den Lebewesen betrachtet. Es gibt nämlich gewisse Lebewesen, die in sich selbst keine wirkende Zeugungskraft besitzen, sondern von einem Wirkenden anderer Art gezeugt werden, wie die Pflanzen und Sinnenwesen, die ohne Samen aus einem entsprechenden Stoff durch die tätige Kraft der Himmelskörper gezeugt werden. – Gewisse Lebewesen haben die wirkende und empfangende Zeugungskraft verbunden, wie es bei den Pflanzen, die aus dem Samen entstehen, zutrifft. Denn die Pflanzen haben keine vornehmere Lebensbetätigung als das Zeugen. Darum ist es angemessen, daß in ihnen wirkende und empfangende Zeugungskraft zu jeder Zeit miteinander verbunden sind. – Bei den vollkommenen Sinnenwesen kommt die wirkende Zeugungskraft dem männlichen, die empfangende dem weiblichen Geschlechte zu. Weil die Sinnenwesen nun eine vornehmere Lebensbetätigung haben als das Zeugen, der ihr Leben vornehmlich zugeordnet ist, darum ist in diesen vollkommenen Sinnenwesen das männliche Geschlecht nicht immer mit dem weiblichen verbunden, sondern nur zur Zeit der geschlechtlichen Vereinigung, damit uns bildhaft verständlich werde, daß in der geschlechtlichen Vereinigung aus Männchen und Weibchen eine derartige Einheit entstehe, wie bei den Pflanzen männlicher und weiblicher Grund stets verbunden sind, wenn auch in einigen die eine, in anderen die andere Kraft überwiegt. – Der Mensch ist aber einer noch vornehmeren Lebensbetätigung zugeordnet, nämlich dem geistigen Erkennen. Darum mußte beim Menschen aus einem noch triftigeren Grunde eine Unterschiedenheit der beiden Kräfte statthaben, derart, daß Mann und Weib getrennt hervorgebracht würden und doch zum Zeugungsakt sich im Fleische vereinigten. Darum heißt es unmittelbar nach der Bildung des Weibes Gn 2,24: »Sie werden zwei in einem Fleische sein«.

Zu 1. Hinsichtlich der Einzelnatur ist das Weib etwas Mangelhaftes und eine Zufallserscheinung; denn die im männlichen Samen sich vorfindende wirkende Kraft zielt darauf ab, ein dem männlichen Geschlechte nach ihr vollkommen Ähnliches hervorzubringen. Die Zeugung des Weibes aber geschieht auf Grund einer Schwäche der wirkenden Kraft wegen schlechter Verfassung des Stoffes oder auch wegen einer von außen bewirkten Veränderung z. B. den feuchten Südwinden (Aristoteles). Aber mit Bezug auf die Gesamtnatur ist das Weib keine Zufallserscheinung, sondern nach der Absicht der Natur deren Zeugungsakt zugeordnet. Die Absicht der Gesamtnatur ist aber von Gott abhängig, dem Allurheber der Natur, und darum hat Er bei der Begründung der Natur nicht nur den männlichen, sondern auch den weiblichen Zeugungsgrund hervorgebracht.

Zu 2. Es gibt eine doppelte Unterwerfung: eine sklavische, der gemäß der Vorgesetzte den Untergebenen zu seinem eigenen [des Vorgesetzten] Vorteil ausnützt; eine derartige Unterwerfung ist nach der Sünde eingetreten. Eine andere Unterwerfung ist die häusliche oder bürgerli-

che, der gemäß der Vorgesetzte den Untergebenen zu deren
Vorteil und Wohl in Dienst stellt; eine solche Unterwerfung
hätte auch vor der Sünde bestanden. Es würde nämlich das
Gut der Ordnung in der Menge der Menschen gefehlt
haben, wenn sich einige nicht durch andere, weisere Menschen hätten leiten lassen. Gemäß diesem Unterordnungs-
verhältnis ist das Weib dem Manne von Natur aus unterworfen; denn im Manne überwiegt von Natur aus die
Unterscheidungskraft des Verstandes. – Auch schließt der
Unschuldsstand eine Ungleichheit der Menschen nicht aus,
wie später (96,3) gesagt wird.

Zu 3. Wenn Gott alles, woraus der Mensch Anlaß nahm
zum Sündigen, der Welt entzogen hätte, so wäre das Uni-
versum unvollkommen geblieben. Auch durfte das Ge-
meingut nicht aufgehoben werden, um das Einzelübel zu
meiden; dies vor allem darum, weil Gott mächtig genug ist,
daß Er das Übel auf das Gute hinordnen kann.

2. Artikel

Ob das Weib aus dem Manne gebildet werden mußte

1. Die Geschlechtlichkeit ist dem Menschen mit den andern Sinnenwesen gemeinsam. Bei den andern Sinnenwesen
sind die Weibchen aber nicht aus den Männchen gebildet.
Also durfte das auch beim [ersten] Menschen nicht statthaben.

2. Dinge gleicher Art sind vom gleichen Stoff. Mann und
Weib sind aber gleicher Art. Da nun der Mann aus dem
Lehm der Erde gebildet wurde, mußte auch das Weib aus
ihm gebildet werden und nicht aus dem Manne.

3. Das Weib wurde geschaffen als Gehilfin des Mannes
bei der Zeugung. Eine zu enge Verwandtschaft macht aber
eine Person hierzu ungeeignet. Darum ist verwandten Personen die Eheschließung nicht gestattet, wie aus Lv 18 her-

vorgeht. Also durfte das Weib seinen Ursprung nicht aus dem Manne herleiten.

ANDERSEITS heißt es Sir 17,5: »Er schuf aus ihm«, nämlich dem Manne, »eine ihm ähnliche Gehilfin«, nämlich das Weib.

ANTWORT: Es war sinnvoll, daß das Weib in der Urbegründung der Dinge aus dem Manne gebildet wurde, mehr als bei den andern Sinnenwesen. Und zwar erstens, damit so dem ersten Menschen eine gewisse Würde vorbehalten bliebe, damit auch er gemäß der Ähnlichkeit mit Gott Ursprung seiner ganzen Art sei, wie Gott der Ursprung des Weltalls ist. Darum sagt auch Paulus Apg 17,26: »Gott machte aus einem das ganze Menschengeschlecht.«

Zweitens: Damit der Mann das Weib inniger liebe, und ihm in unverbrüchlicher Treue anhänge, wenn er erkenne, daß es aus ihm selbst gebildet sei. Darum heißt es Gn 2,23 »Vom Manne ist sie genommen. Darum verläßt der Mann Vater und Mutter und hängt seinem Weibe an.« Und dies war in besonderem Maße notwendig in der Art Mensch, in der Mann und Weib das ganze Leben hindurch zusammenbleiben, was bei den andern Lebewesen nicht der Fall ist.

Drittens, weil, wie der Philosoph sagt, Mann und Weib sich unter Menschen nicht nur wegen der Notwendigkeit der Zeugung vereinigen, wie bei den anderen Sinnenwesen, sondern auch wegen des häuslichen Lebens, in dem bestimmte Werke dem Manne und [bestimmte andere] dem Weibe zukommen, wobei der Mann das Haupt des Weibes ist. Darum wurde das Weib angemessenerweise aus dem Manne als ihrem Ursprung gebildet.

Der vierte Grund ist ein sinnbildlicher. Es wird nämlich dadurch versinnbildet, daß die Kirche ihren Ursprung aus Christus herleitet. Darum sagt der Apostel Eph 5,32: »Dies Geheimnis ist groß, ich sage aber: in Christus und der Kirche.«

Damit ist die Antwort auf den ersten Einwand gegeben.

Zu 2. Der Stoff ist das, woraus etwas wird. Die geschaf-

fene Natur hat aber einen ganz bestimmten Ursprung, und
da sie auf eines hin festgelegt ist, eignet ihr auch ein bestimmtes Hervorgehen; darum bringt sie aus einem bestimmten Stoffe etwas in seiner Art Bestimmtes hervor. Die
göttliche Kraft vermag also, weil sie unendlich ist, Artglei-
ches aus jedwedem Stoffe hervorzubringen, z. B. den Mann
aus dem Lehm der Erde, das Weib aus dem Manne.

Zu 3. Die natürliche Zeugung begründet Verwandtschaft, welche ein Ehehindernis darstellt. Das Weib wurde
aber nicht durch natürliche Zeugung aus dem Manne hervorgebracht, sondern ausschließlich vermöge göttlicher
Kraft. Deshalb heißt Eva nicht Tochter Adams. Darum besitzt der Grund keine Beweiskraft.

3. Artikel

Ob das Weib aus der Rippe des Mannes gebildet werden mußte

1. Die Rippe des Mannes war viel kleiner als der Leib
des Weibes. Aus Kleinerem kann aber Größeres nicht entstehen, es sei denn, entweder durch Hinzufügung: hätte jedoch eine solche stattgefunden, so würde man eher sagen,
das Weib sei aus jenem Hinzugefügten gebildet worden als
aus der Rippe; – oder durch Auflockerung; denn Augustinus sagt: »Ein Körper kann nur wachsen, wenn er lockerer
wird.« Der Leib des Weibes erweist sich aber nicht weniger
dicht als der des Mannes, jedenfalls nicht im Verhältnis der
Rippe zum Körper der Eva. Also wurde Eva nicht aus der
Rippe Adams gebildet.

2. In den ersterschaffenen Werken gab es nichts Über-
flüssiges. Die Rippe Adams gehörte also zur Vollkommenheit seines Leibes. Nach ihrer Entfernung blieb sein Körper
also unvollkommen, was unangemessen erscheint.

3. Eine Rippe kann nur unter Schmerzen aus dem Leibe entfernt werden. Vor der Sünde gab es aber keinen

Schmerz. Also durfte die Rippe aus dem Manne nicht entfernt werden, um aus ihr das Weib zu bilden.

ANDERSEITS heißt es Gn 2,22: »Gott bildete aus der Rippe, die er aus Adam genommen hatte, das Weib.«

ANTWORT: Die Bildung des Weibes aus der Rippe Adams war sinnvoll. Und zwar erstens, um anzudeuten, daß zwischen Mann und Weib eine Gemeinschaft bestehen muß. Denn weder soll das Weib den Mann beherrschen (1 Tim 2,12), und darum wurde es nicht aus dem Haupte gebildet; noch darf der Mann das Weib als ein ihm sklavisch unterworfenes Wesen verachten, darum wurde es nicht aus den Füßen gebildet. – Zweitens wegen der vorbildlichen Bedeutung, weil aus der Seite des am Kreuze entschlafenen Christus die Sakramente entströmten, nämlich Blut und Wasser [Sinnbilder der Sakramente], aus denen die Kirche gebildet wurde.

Zu 1. Einige sagen, der Leib des Weibes sei durch Vervielfältigung des Stoffes ohne Hinzufügung anderen Stoffes gebildet worden, ähnlich wie der Herr die fünf Brote vermehrte. – Das ist aber durchaus unmöglich. Denn eine solche Vermehrung geht vor sich entweder durch eine Wesenswandlung des Stoffes selbst oder durch Umwandlung seiner Ausdehnungen. Sie vollzieht sich aber nicht durch Wesenswandlung des Stoffes selbst; und zwar erstens darum, weil der Stoff, in sich betrachtet, insofern er ein der Anlage nach Seiendes ist und ihm nur das Trägersein zukommt, in keiner Weise umwandelbar ist; zweitens weil Vielheit und Größe außerhalb des Wesens des Stoffes liegen. Darum ist eine Vervielfältigung des Stoffes, solange er ohne Hinzufügung derselbe Stoff bleibt, nur dann denkbar, wenn man voraussetzt, daß er größere Ausmessungen annimmt. Darin aber besteht die Auflockerung, daß derselbe Stoff größere Ausmessungen annimmt, wie der Philosoph sagt. Wenn man also sagt, derselbe Stoff vermehre sich ohne Auflockerung, so macht man in sich widersprechende Aussagen, nämlich [man setzt] die Begriffsbestimmung ohne das Bestimmte.

Da nun bei derartigen Vermehrungen eine Auflockerung nicht feststellbar ist, muß man annehmen, daß der Stoff hinzugefügt wird entweder durch Schöpfung oder, was wahrscheinlicher ist, durch Verwandlung. Darum sagt Augustinus, Christus habe mit fünf Broten fünftausend Menschen in der Weise gesättigt, wie er aus wenigen Saatkörnern eine reiche Ernte hervorbringe; und dies vollzieht sich durch Verwandlung der Nährstoffe. – Man sagt aber, er habe mit fünf Broten die Scharen gespeist, oder er habe das Weib aus der Rippe gebildet, weil zu dem vorliegenden Stoffe der Rippe oder der Brote etwas hinzugefügt wurde.

Z u 2. Jene Rippe gehörte zur Vollkommenheit Adams zwar nicht insofern er ein Einzelwesen war, sondern insofern er der Ursprung der Art war, wie der Same zur Vollkommenheit des Zeugers gehört, der sich in naturhafter Tätigkeit mit Lustempfindungen ablöst. Viel eher also konnte der Leib des Weibes ohne jeglichen Schmerz mit göttlicher Kraft aus der Seite des Mannes gebildet werden.

Daraus ergibt sich die Lösung zum dritten Einwand.

4. Artikel

Ob das Weib unmittelbar von Gott gebildet wurde

1. Kein Einzelwesen, das aus einem ihm Artähnlichen hervorgebracht wird, wird unmittelbar von Gott hervorgebracht. Das Weib aber wurde aus dem Manne gebildet, der ein dem Weibe artähnliches Wesen ist. Also wurde es nicht unmittelbar von Gott gemacht.

2. Die [Angelegenheiten der] Körperwelt werden von Gott durch Vermittlung der Engel verwaltet. Der Leib des Weibes ist aber aus körperlichem Stoffe gebildet. Also wurde er durch den Dienst der Engel und nicht unmittelbar von Gott gebildet.

3. Was in den geschaffenen Dingen ein keimhaftes Vor-

dasein hatte, wird durch die Kraft eines Geschöpfes hervorgebracht und nicht unmittelbar von Gott. Augustinus sagt aber, der Leib des Weibes sei keimhaft in den ersten Schöpfungswerken hervorgebracht worden. Also wurde das Weib nicht unmittelbar von Gott hervorgebracht.

ANDERSEITS sagt Augustinus: »Die Rippe bilden und ausbauen, daß ein Weib entstand, vermochte nur Gott, durch den die gesamte Natur Bestand hat.«

ANTWORT: Oben (Art. 1) wurde gesagt, die natürliche Zeugung jeglicher Art sei aus einem bestimmten Stoffe. Der Stoff aber, aus dem auf natürliche Weise ein Mensch entsteht, ist der menschliche Same des Mannes oder des Weibes. Es kann demnach aus einem andern beliebigen Stoffe ein Einzelwesen menschlicher Art nicht entstehen. Einzig Gott, der Begründer der Natur, vermag die Dinge ins Dasein hervorzubringen, ohne an die Naturordnung gebunden zu sein. Darum konnte nur Gott sowohl den Mann aus dem Lehm der Erde wie auch das Weib aus der Rippe des Mannes bilden.

Z u 1. Jener Grund hat Geltung, wenn das Einzelwesen durch natürliche Zeugung aus einem artgleichen Wesen entsteht.

Z u 2. Augustinus sagt, wir seien in Unkenntnis darüber, ob die Engel bei der Bildung des Weibes Dienste geleistet hätten; es ist aber sicher, daß der Leib des Weibes ebensowenig durch die Engel aus der Rippe des Mannes gebildet wurde, wie der Leib des Mannes durch die Engel aus der Erde.

Z u 3. Augustinus sagt: »Es lag nicht in der Urbegründung der Dinge, daß das Weib tatsächlich auf solche Weise entstehen mußte, wohl aber daß es so entstehen konnte.« Darum hatte der Leib des Weibes in den ersten Werken ein keimhaftes Dasein, zwar nicht gemäß einer wirkenden Kraft, sondern nur gemäß einer empfänglichen Anlage, die der tätigen Macht Gottes zugeordnet war.

———

81. Frage
Die Beschaffenheit der Auferstehenden

3. Artikel
Werden alle im männlichen Geschlecht auferstehen?

1. Es heißt Eph 4,13: »Bis wir alle gelangen zur Mannesreife.« Also gibt es im Himmel nur ein männliches Geschlecht.

2. In der Zukunft »wird jede Überordnung aufhören« (Glosse zu 1 Kor 15,24). Nun aber ist die Frau von der Naturordnung her dem Manne unterworfen. Also werden die Frauen nicht im weiblichen, sondern im männlichen Geschlecht auferstehen.

3. Was zufällig und außerhalb der Absicht der Natur entstanden ist, wird nicht auferstehen; denn bei der Auferstehung wird jede Mißbildung aufgehoben. Nun aber ist das weibliche Geschlecht außerhalb der Absicht der Natur aus einem Mangel der gestaltenden Kraft im Samen entstanden, die nicht imstande ist, den Stoff der Leibesfrucht zur männlichen Vollkommenheit zu führen. Darum sagt der Philosoph, die Frau sei »ein verfehlter Mann«. Also wird das weibliche Geschlecht nicht auferstehen.

ANDERSEITS sagt Augustinus: »Diejenigen scheinen bessere Einsicht zu haben, die nicht daran zweifeln, daß beide Geschlechter auferstehen werden.«

2. Gott wird bei der Auferstehung das wiederherstellen, was Er bei der ersten Erschaffung des Menschen gebildet hat. Nun aber hat Er Selbst die Frau aus einer Rippe des Mannes gebildet (Gn 2,22). Also wird Er Selbst das weibliche Geschlecht bei der Auferstehung wiederherstellen.

ANTWORT: Wie im Hinblick auf die Natur des Einzelwesens verschiedene Menschen verschiedene Größen aufweisen müssen, so müssen im Hinblick auf die Natur des Einzelwesens verschiedene Menschen auch ein verschiedenes Geschlecht aufweisen. Und auch diese Verschiedenheit kommt der Vollkommenheit der Artnatur zu, deren verschiedene Stufen durch die genannte Verschiedenheit des Geschlechtes oder der Größe erfüllt werden. Und wie darum die Menschen in verschiedener Leibesgröße auferstehen werden, so auch in verschiedenem Geschlecht. Und doch wird, wenn auch die Verschiedenheit der Geschlechter bleibt, die Beschämung des gegenseitigen Anblicks fehlen, weil die böse Lust fehlen wird, die zu schlechten Handlungen treibt, durch welche die Beschämung entsteht.

Zu 1. Wenn man sagt: Alle gelangen »zur Mannesreife« Christus entgegen, so nicht wegen des männlichen Geschlechtes, sondern wegen der Kraft des Geistes, die in allen – sowohl in Männern als auch in Frauen – sein wird.

Zu 2. Die Frau ist dem Manne wegen der Schwäche ihrer Natur unterworfen sowohl hinsichtlich der Kraft des Geistes als auch hinsichtlich der Stärke des Körpers. Nach der Auferstehung aber wird es darin keinen Unterschied entsprechend der Verschiedenheit der Geschlechter geben, sondern eher einen Unterschied entsprechend der Verschiedenheit der Verdienste. Und darum trifft die Überlegung nicht zu.

Zu 3. Obwohl die Entstehung der Frau außerhalb der Absicht der Einzelnatur liegt, so liegt sie doch in der Absicht der Gesamtnatur, die zur Vollkommenheit der menschlichen Artnatur beide Geschlechter erfordert. Und im Himmel wird auch aus dem Geschlecht kein Nachteil erwachsen (Antw. u. Zu 2). [...]

D: Thomas von Aquin: Die deutsche Thomas-Ausgabe. Vollständige, ungekürzte deutsch-lateinische Ausgabe der *Summa Theologica*. Übers. und komm. von Dominikanern und Benediktinern Deutschlands und Österreichs. Hrsg. von der Albertus-Magnus-Akademie Walberberg bei Köln. Hauptschriftleitung: Heinrich

M. Christmann. Bd. 7: Erschaffung und Urzustand des Menschen. München/Heidelberg: Kerle, 1941. S. 35–47. (Quaestio 92.) – Bd. 35: Auferstehung des Fleisches. Komm. von Adolf Hoffmann. Heidelberg: Kerle / Graz [u. a.]: Styria, 1958. S. 335–338. (Quaestio 81, Art. 3.)

Das kontraktualistische Paradigma:
Thomas Hobbes und John Locke

Der Liberalismus als die maßgebliche politische Theorie der Neuzeit und Gegenwart formiert sich in England im 17. Jahrhundert als Gegenposition zum herrschenden politischen Paradigma: dem Patriarchalismus. Für den Patriarchalismus fungiert die Familie als die grundlegende, erste und maßgebende Form jedes sozialen Verbandes. Jedes Individuum ist von den Sphären Familie, Gemeinschaft und Staat konzentrisch umschlossen, die alle in gleicher Weise durch ein patriarchales Herrschaftsmuster strukturiert sind. Dem Patriarchalismus kam die Funktion einer Staat, Gesellschaft und Wirtschaft integrierenden politischen Weltanschauung zu, in deren Rahmen dem Staatsoberhaupt und den Grundherren nach der Art von Familienoberhäuptern bzw Hausvorständen umfassende Herrschafts- und Befehlsrechte eingeräumt wurde, ihnen oblagen aber ebenfalls auch umfassende Fürsorgepflichten und Verantwortlichkeiten.

Das mit Hobbes anhebende moderne politische Denken entwirft den Zusammenhang von Individuum, Gemeinschaft und Staat auf neue Weise. Alle Individuen sind frei geboren, rechtlich gleichgestellt, und Herrschaft von Menschen über Menschen kann nur gedacht werden als aus dem freien Willen und der Zustimmung der Betroffenen hervorgegangen. Jede bestehende Form der Herrschaft – die des Souveräns über seine Untertanen, des Vaters über seine Nachkommen, aber auch die des Mannes über die Frau – muß nun von einem Nullpunkt der freien Zustimmung aus rekonstruiert werden. Die Texte des Frühliberalismus folgen so einer rechts- und staatsphilosophischen Logik und sehen von anthropologischen Fragestellungen weitestgehend ab. Ausführungen zum Verhältnis der Geschlechter in der Art einer Geschlechterpsychologie wird man in diesen

Schriften vergeblich suchen. Da jedoch für Hobbes wie für Locke eine der Hauptfragen ist, ob und inwieweit bzw. auf welche Weise überhaupt politische Herrschaft von der Herrschaft des Familienvaters zu unterscheiden ist, bleibt für sie die Auseinandersetzung mit dem vermeintlichen Prototyp jedes Herrschaftsverbandes, der Familie, und damit implizit auch die Diskussion des Verhältnisses von Mann und Frau ein zentrales Thema ihrer gegen den Patriarchalismus gerichteten Theorien und Polemik. Der im vorliegenden Zusammenhang interessanteste Punkt ist sicher die offenkundige theoretische Verlegenheit, in die beide Theoretiker aufgrund ihrer egalitären Prämissen geraten, wenn sie das rechtliche Verhältnis von Mann und Frau in Ehe und Familie diskutieren. Es besteht eine Inkonsistenz innerhalb der frühliberalen Theorien dahingehend, daß der neuartig begründeten bürgerlichen Gleichheit eine Familie mit patriarchaler Herrschaftsstruktur zur Seite gestellt bleibt. Sofern man unter Patriarchalismus konkret die Herrschaft von Männern über Frauen und von älteren Männern über jüngere versteht, so haben Hobbes wie Locke das zweite Verhältnis in eine Form politisch-brüderlicher Gleichrangigkeit verwandelt, dabei allerdings das erste im wesentlichen unverändert gelassen bzw. mit Stillschweigen übergangen.

Die offenkundigen theoretischen Inkonsequenzen in bezug auf die bürgerliche Stellung der Frau im Liberalismus waren allerdings schon den Zeitgenossen nicht verborgen geblieben, so daß um das Jahr 1700 die theoretische Begründung der rechtlichen und politischen Subordination der Frau auf schwachen Füßen stand und mit Recht gefragt werden konnte: »If all Men are born Free, how is it that all Women are born Slaves?«[1]

Friederike Kuster

---

1 Mary Astell, *Reflections upon Marriage*, New York 1970, S. 107 (Neudr. der Ausg. 1730).

Literaturhinweise

Braun, Kathrin / Diekmann, Anne: Individuelle und generative Reproduktion in der politischen Philosophie von Hobbes, Locke und Kant. In: Demokratie oder Androkratie? Theorie und Praxis demokratischer Herrschaft in der feministischen Diskussion. Hrsg. von Elke Biester [u. a.]. Frankfurt a. M. / New York 1994. S. 157–187.

Brennan, Teresa / Pateman, Carole: »Mere Auxiliaries to the Commonwealth«: Women and the Origins of Liberalism. In: Political Studies 27 (1979). H. 2. S. 183–200.

Butler, Melissa A.: Early Roots of Feminism: John Locke and the Attack on Patriarchy. In: The American Political Science Review 72 (1978). H. 1. S. 135–150.

Chapman, Richard Allen: *Leviathan* Writ Small. Thomas Hobbes on the Family. In: The American Political Science Review 69 (1975). H. 1. S. 76–90.

Clark, Lorenne M. G.: Women and Locke. Who Owens the Apples in the Garden of Eden? In: The Sexism of Social and Political Theory. Hrsg. von L.M.G.C. und L. Lange. Toronto [u. a.] 1979. S. 16–40.

Coole, Diana H.: Women in Political Theory, From Ancient Misogyny to Contemporary Feminism. New York [u. a.] ²1993. S. 3–77. [Kap. 4: Hobbes and Locke: Natural Right against Natural Authority.]

Hinton, R. W. K.: Husbands, Fathers and Conquerors. In: Political Studies 16 (1968). Nr. 1. S. 55–67.

Kersting, Wolfgang: Die politische Philosophie des Gesellschaftsvertrags. Darmstadt 1994.

Okin, Susan Moller: Women and the Making of the Sentimental Family. In: Philosophy and Public Affairs 11 (1982). H. 1. S. 65–88.

Shanley, Mary Lyndon: Marriage Contract and Social Contract in Seventeenth-Century English Political Thought. In: The Family in Political Thought. Hrsg. von J. B. Elshtain. Brighton 1982. S. 80–95. [Zu Locke.]

A. Thomas Hobbes

Theoretisch radikal, aber mit praktisch-politisch geringer Wirkung hat Hobbes sein politisches System entwickelt. Er übernimmt aus der Tradition das Schema von Naturzustand (*status naturalis*) und Gesellschaftszustand (*status civilis*), um einen vorstaatlichen Zustand von einem Zustand staatlicher Ordnung und positiver Gesetzlichkeit zu unterscheiden. Revolutioniert hat Hobbes dieses Schema dadurch, daß er dem Naturzustand eine systematische, d. h. theoretisch begründende Stellung im Rahmen seines politischen Systems zugewiesen hat. Im Naturzustand sind alle Individuen in ihrem freien Selbsterhalt einander gleichgestellt, weil sie aufgrund des Fehlens positiver Gesetze, gleichermaßen gefährdet durch ihresgleichen sind.

Diese natürliche Gleichheit der Menschen bedeutet aber anders gewendet, daß es von Natur aus keine Herrschaft unter den Menschen gibt. Hatten die Patriarchalisten behauptet, daß jede Form der Herrschaft natürlich ist, sofern sie die in ihren Augen »natürlichste«, die väterliche, nachahmt, so behauptet Hobbes im Gegenzug, daß keine Form von Herrschaft, auch nicht die väterliche, natürlich, sondern jede im Gegenteil »künstlich« ist, und d. h. hier: auf Zustimmung beruht. Darin allerdings, daß alle Herrschaftsstrukturen in der Gesellschaft homolog, gleichförmig sind, bleibt Hobbes den Patriarchalisten verbunden; erst Locke unterscheidet wieder, wie ursprünglich Aristoteles, politische und familiäre Herrschaft ihrer Struktur nach.

Das untenstehende Kapitel aus dem *Leviathan* von 1651 zeigt deutlich, daß Hobbes mit seiner Diskussion der Familie nichts weniger als psychologische oder biologische Gesichtspunkte verhandelt, sondern die Erörterung ihren Sinn allein aus dem systematischen Kontext bezieht, in den sie gestellt ist. Hobbes behandelt im 20. Kapitel des *Leviathan* die Formen von Herrschaft, die traditionell als auf natürlichen

Grundlagen beruhend angesehen wurden: die Herrschaft durch Eroberung und die Herrschaft durch Zeugung. Doch nach Hobbes kann kein natürlicher Akt, weder die gewaltsame Unterwerfung noch die Zeugung von Nachkommen Herrschaft begründen, da Herrschaft als ein dauerhafter Zusammenhang von Schutz und Gehorsam nur als auf der Zustimmung der Beherrschten beruhend gedacht werden kann.

Diese Zustimmung wird ausdrücklich oder stillschweigend gegeben: vom Unterworfenen angesichts der Übermacht des Eroberers, oder von seiten des Kindes gegenüber dem Erwachsenen, dessen Obhut sein Leben anvertraut ist. D. h., Eltern und Kinder sind ebensowenig durch natürliche Blutsbande wie durch gefühlsmäßige Verbundenheit geeint, vielmehr ist ihr Verhältnis in sich nicht weniger »politisch« verfaßt als das zwischen Souverän und Untertan.

Damit ist allerdings noch nichts über das Verhältnis von Mann und Frau als einem Herrschaftsverhältnis gesagt. Hobbes ist in seiner Gedankenführung konsequent: Da im Naturzustand keine Art der Überlegenheit, weder physische noch intellektuelle, einen Zustand stabiler Herrschaft begründen kann, so gibt es auch keine »natürliche« Vorherrschaft des Mannes über die Frau, selbst wenn man, wie die Tradition es tut, die Frau als in beider Hinsicht unterlegen ansetzt; ein Vorurteil, das Hobbes jedoch nicht teilt.[2]

Sofern Mann und Frau zusammengehen und Nachkommen zeugen, stellt sich für Hobbes die Frage, wem die letztinstanzliche Entscheidungsgewalt über die Kinder zukommt. Daß sie von beiden Elternteilen gleichermaßen ausgeübt werden könnte, steht im Widerspruch zu Hobbes' politischer Grundüberzeugung, daß Souveränität notwendig ungeteilt sein muß, um wirkliche Entscheidungsmacht zu sein. Im Naturzustand ist die elterliche Herrschaft über die Kinder matriarchal, da die Mutterschaft im Gegensatz zur Vaterschaft unbezweifelbar ist und die Abhängigkeit

---

2 Zumindest nicht mehr in seinen maßgeblichen späteren Schriften wie *De Cive* und *Leviathan*. Vgl. dagegen *De Corpore Politico*, II, 4, 14.

des Kindes von der Mutter unmittelbar. Die Kluft zwischen dem Matriarchat des Naturzustandes und dem faktisch in den bürgerlichen Gesetzen festgeschriebenen Patriarchat erklärt Hobbes im 20. Kapitel des *Leviathan* mit einem lakonischen Satz, der im ansonsten parallel argumentierenden Text aus *De Cive* (Kap. 9: Von dem Recht der Eltern gegen ihre Kinder und von der patrimonialen Herrschaft) fehlt. Daß das bürgerliche Gesetz zugunsten des Vaters entscheidet, hat nach Hobbes seinen Grund darin, »daß die Staaten meistens von Familienvätern, nicht von Familienmüttern errichtet wurden«. Dieser knappe Hinweis legt dem normativen Kontext entgegen eine faktische Suprematie der Männer in der Staatserrichtung nahe, die sich in der Formulierung der gesetzlichen Regelungen zur Geltung bringt. Die weitreichenden Implikationen dieser Aussage dürfen aber nicht darüber hinwegtäuschen, daß Hobbes damit die Frage des Geschlechterverhältnisses überhaupt nur in Hinblick auf die elterliche Entscheidungsgewalt berührt hat; die Frage der Herrschaft des Mannes über die Frau als Frau bzw. das Problem der bürgerlichen Autarkie und Autonomie der Frau bleibt in den Texten ausgespart.

Schließlich, und das mag als ein Symptom gewertet werden, ist die Frau selbst aus der Definition der Familie verschwunden und Hobbes schreibt: »[...] ob nun die Familie aus einem Mann und seinen Kindern, einem Mann und seinen Knechten, oder einem Mann, seinen Kindern und seinen Knechten zusammen besteht: in ihr ist der Vater oder Herr der Souverän.« (S. 146 unten.) So kann abschließend nur der Einschätzung zugestimmt werden, daß Frauen bei Hobbes letztlich nicht viel mehr sind als »shadowy figures of obscure status«[3].

Friederike Kuster

---

3 Coole, S. 58. Coole teilt mit diesem Zitat zugleich die Einschätzung von Brennan/Pateman.

Leviathan

[1651]

Von elterlicher und despotischer Herrschaft

Ein Staat durch Aneignung liegt vor, wenn die souveräne Macht mittels Gewalt erworben wurde. Mittels Gewalt wurde sie angeeignet, wenn die Menschen entweder einzeln oder viele zusammen durch Stimmenmehrheit aus Furcht vor Tod oder Knechtschaft alle Handlungen des Menschen oder der Versammlung als eigene anerkennen, die ihr Leben und ihre Freiheit in Gewalt haben.

Und diese Art der Herrschaft oder Souveränität unterscheidet sich von der Souveränität durch Einsetzung nur darin, daß die Menschen, die ihren Souverän wählen, dies aus Furcht voreinander tun und nicht aus Furcht vor demjenigen, den sie einsetzen. Hier unterwerfen sie sich aber dem, vor dem sie Angst haben. In beiden Fällen handeln sie aus Furcht, was sich solche Leute merken sollten, die alle Verträge, die aus Furcht vor Tod oder Gewalttätigkeit abgeschlossen werden, für ungültig halten. Wäre dies richtig, so könnte niemand, in keiner Staatsform, zu Gehorsam verpflichtet werden. Es ist richtig, daß in einem einmal eingesetzten und eroberten Staat Versprechungen aus Furcht vor Tod oder Gewalttätigkeit weder Verträge noch verbindlich sind, wenn der Inhalt des Versprechens den Gesetzen zuwiderläuft. Der Grund dafür ist jedoch nicht, daß das Versprechen aus Furcht zustande kam, sondern daß der Versprechende kein Recht an dem versprochenen Gegenstand hat. Auch wenn er rechtmäßig leisten könnte, es aber nicht tut, so entbindet ihn nicht die Unwirksamkeit des Vertrags, sondern die Entscheidung des Souveräns. Sonst aber bricht man immer, wenn man etwas rechtmäßig versprochen hat, den Vertrag rechtswidrig. Wenn aber der Souverän als der Vertreter jemanden von der Leistung entbindet, so entbindet ihn auch derjenige, der ihm das Versprechen abgenötigt hatte, als sei er Autor dieses Erlasses.

Aber die Rechte und Folgen der Souveränität sind in beiden Fällen die gleichen. Die Gewalt des Inhabers kann nicht ohne seine Zustimmung auf einen anderen übertragen werden, er kann sie nicht verwirken, er kann von keinem seiner Untertanen wegen eines Unrechts angeklagt werden, er kann von ihnen nicht bestraft werden, er beurteilt, was zur Erhaltung des Friedens notwendig ist und welche Lehren zugelassen werden sollen, er ist der einzige Gesetzgeber und oberster Richter bei Streitigkeiten sowie über Zeit und Anlaß von Krieg und Frieden, bei ihm liegt es, Beamte, Räte, Befehlshaber und alle anderen Amtsträger und Staatsdiener auszuwählen und Belohnungen, Strafen, Ehren und Rang festzusetzen. Die Gründe hierfür sind dieselben wie diejenigen, welche im vorhergehenden Kapitel für die gleichen Rechte und Folgen der Souveränität durch Einsetzung angeführt wurden.

Herrschaft wird auf zwei Wegen erworben: durch Zeugung und durch Eroberung. Das Recht der Herrschaft durch Zeugung ist das, welches die Eltern über ihre Kinder haben und wird e l t e r l i c h genannt. Dieses Recht wird nicht so von der Zeugung abgeleitet, als besitze ein Elternteil deshalb die Herrschaft über sein Kind, weil er es gezeugt hat, sondern es beruht auf Zustimmung des Kindes, die entweder ausdrücklich oder durch andere, ausreichende Erklärungen erfolgte. Was die Zeugung betrifft, so hat Gott dem Manne eine Hilfe zugeordnet, und da immer zwei Menschen gleichermaßen Eltern sind, müßte die Herrschaft über das Kind gleichermaßen bei beiden liegen und das Kind gleichermaßen beiden unterworfen sein, was unmöglich ist, denn niemand kann zwei Herrn gehorchen. Und wenn einige die Herrschaft nur dem Manne als dem hervorragenderen Geschlecht zugeschrieben haben, so verrechnen sie sich damit. Denn zwischen Mann und Frau besteht nicht immer ein solcher Unterschied an Stärke und Klugheit, als daß ohne Krieg entschieden werden könnte, wem das Recht zusteht. Im Staat wird dieser Streit durch das bürgerliche Gesetz entschieden, und meistens, aber nicht immer, fällt die Entscheidung zugunsten des Vaters aus, da die Staaten meistens von Familienvätern, nicht von Familienmüttern errichtet wurden. Aber augenblicklich steht nur der reine Naturzustand in Frage, wo man keine Ehegesetze und Gesetze über Kindererziehung außer dem natürlichen Gesetz und der natürlichen Zuneigung der Geschlechter zueinander und zu ihren Kindern annimmt. In diesem reinen Naturzustand verfügen die Eltern entweder durch Vertrag unter sich über die Herrschaft über das Kind, oder sie treffen überhaupt keine Verfügung. Verfügen sie darüber, so geht das Recht vertragsgemäß über. Wir finden in der Geschichte, daß die Amazonen mit den Männern der Nachbarländer, mit denen sie wegen Nachkommenschaft verkehrten, vertraglich festlegten, daß ihnen die männlichen Nachkommen geschickt werden, die weiblichen jedoch bei ihnen bleiben sollten, so daß die Herrschaft über die Mädchen bei der Mutter lag.

Wurde kein Vertrag geschlossen, so liegt die Herrschaft bei der Mutter. Denn im reinen Naturzustand, in dem es keine Ehegesetze gibt, kann man nicht wissen, wer der Vater ist, wenn es die Mutter nicht bekanntgibt, und deshalb hängt das Recht der Herrschaft über das Kind von ihrem Willen ab und liegt folglich bei ihr. Da sich ferner das Kind zuerst in der Gewalt der Mutter befindet, so daß sie es entweder aufziehen oder aussetzen kann, so verdankt das Kind der Mutter sein Leben, wenn sie es aufzieht, und ist ihr deshalb vor allen anderen zum Gehorsam verpflichtet, und folglich steht ihr das Herrschaftsrecht darüber zu. Setzt sie es aber aus, und ein anderer findet es und zieht es auf, so steht die Herrschaft dem zu, der es aufzieht. Denn es muß dem gehorchen, der es erhält; denn da die Erhaltung des

Lebens der Zweck ist, weshalb jemand zum Untertan eines anderen wird, nimmt man von jedermann an, daß er dem ewigen Gehorsam verspricht, in dessen Macht es steht, ihn zu erhalten oder zu vernichten.

Ist die Mutter dem Vater untertan, so steht das Kind in der Gewalt des Vaters, und ist der Vater der Mutter untertan, wie dann, wenn eine souveräne Königin einen ihrer Untertanen heiratet, so untersteht das Kind der Mutter, da der Vater ihr ebenfalls untertan ist.

Haben Mann und Frau, die Monarchen zweier verschiedener Königreiche sind, ein Kind, und schließen sie miteinander einen Vertrag, wem die Herrschaft über das Kind zustehen soll, so geht das Herrschaftsrecht vertragsgemäß über. Schließen sie keinen Vertrag, so richtet sich die Herrschaft nach der Herrschaft über seinen Wohnsitz. Denn der Souverän eines jeden Landes übt die Herrschaft über alle Einwohner aus.

Der Herrscher über das Kind herrscht auch über die Kinder des Kinds und über die Kinder dieser Kinder. Denn wer Herrschaft über die Person eines Menschen hat, herrscht auch über alles, was ihm gehört, da ohne dieses Recht die Herrschaft nur ein wirkungsloser Anspruch wäre.

Das Recht auf Nachfolge in die elterliche Herrschaft geht auf gleiche Weise über wie das Recht der Nachfolge in die Monarchie, worüber ich im vorhergehenden Kapitel das Nötige gesagt habe.

Herrschaft durch Eroberung oder Sieg im Krieg wird von einigen Autoren als d e s p o t i s c h bezeichnet, von Δεσπότης, was H e r r oder M e i s t e r bedeutet. Sie ist die Herrschaft des Herrn über seinen Knecht. Und diese Herrschaft erwirbt sich der Sieger dann, wenn der Besiegte, um der bevorstehenden Tötung zu entgehen, entweder durch ausdrückliche Worte oder andere ausreichende Willenszeichen vertraglich übereinkommt, daß solange ihm Leben und körperliche Freiheit zugestanden werden, der Sieger nach Belieben daraus Nutzen ziehen darf. Erst nach Abschluß eines solchen Vertrags ist der Besiegte K n e c h t, nicht vorher, denn unter dem Wort K n e c h t – ob es von s e r v i r e, dienen, oder s e r v a r e, bewahren, abgeleitet wird, überlasse ich dem Disput der Grammatiker – ist nicht ein Gefangener zu verstehen, der im Gefängnis oder in Fesseln gehalten wird, bis der Eigentümer, der ihn gefangennahm oder von dem kaufte, der ihn gefangengenommen hatte, sich überlegt, was er mit ihm anfangen soll. Denn solche Menschen – gewöhnlich Sklaven genannt – sind ohne jede Verpflichtung, sondern können rechtmäßig ihre Fesseln und ihr Gefängnis aufbrechen und ihre Herren töten oder in Gefangenschaft führen. Wurde jedoch jemandem nach seiner Gefangennahme körperliche Freiheit zugestanden und versprach er, weder zu fliehen noch seinem Herrn Gewalt anzutun, so genießt er dessen Vertrauen.

Deshalb verleiht nicht der Sieg das Herrschaftsrecht über den Besiegten, sondern dessen eigener Vertrag. Er ist auch nicht verpflichtet, weil er besiegt, das heißt geschlagen, gefangengenommen oder in die Flucht geschlagen wurde, sondern weil er damit einverstanden ist und sich dem Sieger unterwirft. Ergibt sich der Feind, so ist der Sieger nur dann verpflichtet, ihn wegen seiner bedingungslosen Unterwerfung zu schonen, wenn er ihm das Leben versprochen hat; dies verpflichtet den Sieger nicht länger, als er es nach eigenem Ermessen für richtig hält.

Und wenn die Menschen, wie man jetzt sagt, um *Pardon* bitten – die Griechen nannten dies Ζωγρία, l e b e n d g e - f a n g e n n e h m e n –, so wollen sie der augenblicklichen Wut des Siegers durch Unterwerfung entkommen und ihr Leben mit einem Lösegeld oder Dienstleistungen erkaufen. Und deshalb bedeutet Pardon nicht, daß einem das Leben geschenkt wird, sondern nur einen Aufschub, bis es sich der Sieger noch einmal überlegt hat, denn es handelt sich nicht um ein Ergeben unter der Bedingung, daß einem das Leben geschenkt wird, sondern um ein Sich-Ausliefern an das Gutdünken des Siegers. Und nur dann befindet sich

sein Leben in Sicherheit und sind seine Dienstleistungen
geschuldet, wenn ihm der Sieger körperliche Freiheit ein-
räumt. Denn Sklaven, die in Gefängnissen oder Fesseln arbeiten, tun dies nicht, weil sie dazu verpflichtet sind, sondern um den Grausamkeiten ihrer Aufseher zu entgehen.

Der Herr des Knechts ist auch Herr alles dessen, was
dieser besitzt und darf den Nutzen daraus ziehen, das
heißt, aus seinen Gütern, seiner Arbeit, seinen Bediensteten
und seinen Kindern, sooft er es nützlich findet. Denn der
Knecht besitzt sein Leben auf Grund des Gehorsamsver-
trags durch seinen Herrn, das heißt, er anerkennt alle künftigen Handlungen seines Herrn als eigene an und autori-
siert sie. Und weigert er sich und der Herr tötet ihn, wirft
ihn in Fesseln oder straft ihn wegen seines Ungehorsams
auf eine andere Art, so ist er selbst Autor und kann ihn
nicht wegen eines Unrechts anklagen.

Kurz, die Rechte und Folgen der elterlichen wie der
despotischen Gewalt sind völlig dieselben wie die eines
Souveräns durch Einsetzung, und aus denselben Gründen,
die ich im vorherigen Kapitel dargelegt habe. So handelt ein
Monarch zweier verschiedener Nationen, der in der einen
die Souveränität durch Einsetzung durch die Volksver-
sammlung, in der anderen durch Eroberung erlangt hat, das
heißt durch Unterwerfung eines jeden, um Tod oder
Knechtschaft zu entgehen, in Unkenntnis der Souveräni-
tätsrechte, wenn er von der einen Nation auf Grund des
Siegerrechts, weil es sich um eine eroberte Nation handelt,
mehr verlangt als von der anderen. Denn der Souverän regiert über beide gleichermaßen unumschränkt, oder es liegt
überhaupt keine Souveränität vor und jedermann kann sich
somit selbst, wenn er dazu in der Lage ist, mit seinem eigenen Schwert schützen, was Kriegszustand bedeutet.

Daraus ergibt sich, daß eine große Familie, wenn sie
nicht Teil eines Staates ist, hinsichtlich der Souveränitäts-
rechte selbst eine kleine Monarchie ist, ob nun die Familie
aus einem Mann und seinen Kindern, einem Mann und sei-

nen Knechten oder einem Mann, seinen Kindern und seinen Knechten zusammen besteht: in ihr ist der Vater oder Herr der Souverän. [...]

D: Thomas Hobbes: Leviathan oder Stoff, Form und Gewalt eines kirchlichen und bürgerlichen Staates. Hrsg. und eingel. von Iring Fetscher. Übers. von Walter Euchner. 4. Aufl. Frankfurt a. M.: Suhrkamp, 1991. (Suhrkamp-Taschenbuch Wissenschaft. 462.) S. 155–159. (20. Kapitel.) – © 1966 Luchterhand Literaturverlag GmbH, München.

B. John Locke

Locke entwickelt seine politische Theorie einerseits in direkter Konfrontation mit dem Patriarchalismus, andererseits aber zugleich in Abgrenzung zu Hobbes. Diese Zwei-Fronten-Stellung und der Umstand, daß Locke sich weniger einem *more geometrico* verfahrenden Wissenschaftsideal wie Hobbes als vielmehr dem philosophischen *common-sense* verpflichtet fühlt, noch dazu die Tatsache, daß auch für ihn das Geschlechterverhältnis als solches keine eigenständige Thematik abgibt, macht seine Position bezüglich des Verhältnisses von Mann und Frau uneindeutig, um nicht zu sagen unübersichtlich.

Zunächst allerdings besteht eine Parallele zu Hobbes dahingehend, daß die Diskussion des Herrschaftsverbandes Familie aus einem negativen Interesse heraus geschieht. Für Locke sind politische Verhältnisse von den in der Natur gegründeten Befehlsstrukturen der Familie zu unterscheiden – das zweite taugt nicht zur Erklärung und Legitimierung des ersten. Nicht allerdings, weil es recht besehen gar keine Form von natürlicher Herrschaft gibt, so die Position von Hobbes, sondern weil für Locke familiäre und politische Herrschaft grundsätzlich zu unterscheiden sind. Damit stellt sich für Locke die Aufgabe, die traditionell in der Form der Familie zusammengefaßten Herrschaftsbeziehungen von Eltern und Kindern, Mann und Frau, Herr und Knecht hinsichtlich ihrer zwar rechtlichen, aber nicht im eigentlichen Sinne »politischen« Verfaßtheit zu erörtern, wobei er die rechtliche Beziehung der Ehegatten als solcher im Gegensatz zu Hobbes ausdrücklich mitbedenkt. Lockes theoretische Absicht geht dahin zu zeigen, daß in allen drei Relationen dem Mann als Vater, Gatten und Dienstherrn nur eine dem jeweiligen Zweck korrespondierende und damit auch zeitlich begrenzte Gewalt eignet, und gerade nicht diejenige, die als politische bezeichnet werden kann, die Gewalt über Leben und Tod. Vor diesem Hintergrund dürfen Lockes im Vergleich zu Hobbes ausführliche Erörterung der rechtlichen Stellung der Frau und seine im Gegensatz zum faktisch historischen Status der Frau ausgesprochen liberalen Ansichten[1] nicht als genuines Interesse an der bürgerlichen Emanzipation der Frau mißverstanden werden. So zielt die theoretische Stoßrichtung bei der entscheidenden Akzentverschiebung von der väterlichen (paternal) zur elterlichen (parental) Gewalt über die Nachkommen (§ 53) eher auf die Schwächung des Konzeptes von väterlicher Gewalt als auf die Gleichstellung der Frau. Dies wird durch die Ausführungen zur »ehelichen Gesellschaft« (*conjugal society*, §§ 78–83) deutlicher. Zwar sieht Locke die Ehe als ein primär zweckgebundenes Vertragsverhältnis an, das unter bestimmten Bedingungen von beiden Vertragspartnern aufgelöst werden kann, und er stellt es darüber hinaus der Frau frei, durch das Aushandeln eines entsprechenden Ehevertrages ihre Interessen, und damit sind vorrangig Eigentumsrechte gemeint, gegen die Verfügungsgewalt des Gatten zu wahren.[2] Was aber die gemeinschaftlichen Interessen, Ziele und Güter der Ehepartner betrifft, so vertritt auch Locke den Standpunkt, daß im möglichen Konfliktfall eine letztinstanzliche Entscheidung gewährleistet sein muß, und er spricht dem Mann diese Entscheidungsvollmacht zu mit der Begründung, daß er »fähiger und stärker« (»abler and stronger«) sei (§ 82). Im *First Treatise on Government* legt Locke an einigen Stellen nahe, daß eine natürliche Ungleichheit zwischen den Geschlechtern besteht, die ihr Fundament in der reproduktiven Funktion der Frau hat; ein Umstand, den Locke als

---

1 Vgl. dazu Shanley.
2 Die Tatsache, daß dies nicht der zu Lockes Zeiten herrschenden Rechtslage entsprach, der erste »Married Woman's Property Act« erst 1882 erlassen wurde, muß an dieser Stelle mitbedacht werden, macht Locke aber deshalb noch nicht zu einem Zyniker.

eine naturwüchsige Benachteiligung der Frau begreift. Abgesehen davon, daß man an dieser Stelle einwenden könnte, daß allererst gewisse ökonomische und soziale Rahmenbedingungen gegeben sein müssen, um die prokreativen Potenzen der Frau in eine tatsächliche Benachteiligung zu verwandeln, gerät Locke darüber hinaus mit der Grundthese seiner politischen Theorie in Konflikt, die besagt, daß es nichts in der unterschiedlichen Ausstattung der Menschen geben kann, was hinsichtlich ihrer rechtlichen Gleichheit von Belang sein könnte (§ 54). Im Fall der Geschlechter jedoch räumt er der Tatsache einer natürlichen Differenz die Funktion ein, eine Form rechtlicher Ungleichheit zu legitimieren. Wobei es die in die Ehe eintretende Frau ist, die vertraglich auf ihr Selbstbestimmungsrecht verzichtet, darin einem aufgeklärten Selbstinteresse folgend, da die Ehe ihre als natürlich aufgefaßte Benachteiligung kompensiert.

Wie schon erwähnt, läßt sich von Lockes Geschlechterkonzeption kein vollständig klares Bild gewinnen. Ob und wie Locke den von ihm behaupteten Umstand, daß der Mann bezüglich der ehelichen Gemeinschaft der zur Herrschaft »geeignetere« ist, anders als über den Rekurs auf die der Frau zum Nachteil gereichende weibliche Biologie begründet sehen will, bleibt fraglich. Seine Erkenntnistheorie schließt natürliche Differenzen in der Rationalitätsstruktur aus, und er selbst schreibt in seiner Erziehungsschrift *Gedanken über Erziehung* von 1693, ganz im Gegensatz zu dem, was Rousseau in seinem *Emile* drei Generationen später in Angriff nehmen wird, keine maßgeblich geschlechtsdifferenten Sozialisierungsprogramme vor.

Die Tatsache, daß Locke die Frauen nicht ausdrücklich von der Staatsbürgerschaft ausnimmt, kann allerdings nicht anders gewertet werden, als daß die Überzeugung, alle im Rahmen der *societas domestica*, der häuslichen Gemeinschaft, Abhängigen seien von der Aktivbürgerschaft auszuschließen, ein Gemeinplatz der Zeit ist, der der Rechtfertigung noch weniger als der Erwähnung bedürftig ist.[3] Die Frage hingegen, ob Lockes gesamte politische Theorie vorrangig auf bürgerliche Eigentumsbildung unter männlicher Herrschaft in der Form patrilinearer Vererbung zielt[4] – wofür ansatzweise die Tatsache sprechen mag, daß ausschließlich der Status der Frau in der Ehe diskutiert wird –, kann hier nur erwähnt, nicht aber abschließend entschieden werden.

Friederike Kuster

---

3 Vgl. dazu Wolfgang Kersting, *Wohlgeordnete Freiheit. Immanuel Kants Rechts- und Staatsphilosophie*, Frankfurt a. M. 1993, S. 390.
4 So die These von Clark.

Über die Regierung

[1690]

(Zweite Abhandlung über die Regierung)

VI Die väterliche Gewalt

52. Es mag vielleicht als eine ungehörige Kritik getadelt werden, in einer Abhandlung wie dieser an Wörtern und Bezeichnungen, die in der Welt allgemein anerkannt wurden, einen Fehl zu finden. Dennoch dürfte es vielleicht nicht unangebracht sein, neue Bezeichnungen vorzuschlagen, wenn die alten geeignet sind, die Menschen irrezuführen, wie es bei dem Ausdruck ›väterliche Gewalt‹ wahrscheinlich der Fall gewesen ist: Er scheint die Gewalt der Eltern über ihre Kinder ganz in die Hände des Vaters zu legen, als hätte die Mutter gar keinen Teil daran, während wir finden werden, wenn wir die Vernunft oder die Offenbarung befragen, daß ihr ein gleicher Rechtsanspruch zukommt. Das mag uns Anlaß zu der Frage geben, ob diese Gewalt nicht richtiger ›elterliche‹ Gewalt genannt werden sollte. Denn welcherart jene Verpflichtung auch sei, welche Natur und das Recht der Zeugung den Kindern auferlegen, sie muß sie ohne Zweifel in gleichem Maße an beide der zusammenwirkenden Ursachen binden. Und entsprechend auch sehen wir, daß das positive Gesetz Gottes sie überall unterschiedslos zusammenstellt, wo es den Gehorsam der Kinder fordert: Du sollst deinen Vater und deine Mutter ehren (2. Mose 20,12); Wer seinem Vater und seiner Mutter flucht (3. Mose 20,9); Ein jeglicher fürchte seine Mutter und seinen Vater (3. Mose 19,3); Ihr Kinder seid gehorsam

euren Eltern (Eph. 6,1). Dies ist die Sprache des Alten und Neuen Testaments.

53. Hätte man, ohne sich tiefer mit dem Problem zu befassen, auch nur diesem einen Sachverhalt mehr Beachtung geschenkt, so wäre es den Menschen vielleicht erspart geblieben, in jene großen Irrtümer über diese Gewalt der Eltern zu verfallen, wie es geschehen ist. Denn so gut man sie – ohne daß dies zu barsch klingen würde – als eine absolute Herrschaft und königliche Autorität bezeichnen könnte, wenn sie unter der Bezeichnung ›väterliche Gewalt‹ dem Vater eigen schiene, so seltsam würde es doch klingen – und wie absurd es wäre, zeigt sich schon in dem Namen selbst –, wenn man diese angeblich absolute Gewalt über die Kinder ›elterliche Gewalt‹ genannt und damit offen gezeigt hätte, daß sie ebenfalls der Mutter zukomme. Jenen Männern, die so sehr für die – wie sie sagen – absolute Gewalt und Autorität der Vaterschaft streiten, würde es schlecht ins Konzept passen, daß die Mutter irgendwelchen Anteil an ihr haben sollte. Und der Monarchie, für die sie streiten, wäre es eine schlechte Stütze gewesen, wenn schon aus dem Namen selbst ersichtlich wäre, daß jene grundlegende Autorität, von der allein sie ihre Regierung einer einzigen Person herleiten, nicht einer, sondern zwei Personen gemeinsam beigelegt worden war. Damit aber wollen wir es mit den Benennungen genug sein lassen.

54. Obwohl ich oben, in Kapitel II, gesagt habe, daß alle Menschen von Natur aus gleich sind, so darf man doch nicht annehmen, daß ich darunter jede Art von Gleichheit verstehe. Alter oder Tüchtigkeit können einigen Menschen einen gerechten Vorrang verleihen. Hervorragende Talente und Verdienste mögen andere über den Durchschnitt heben. Geburt mag den einen verpflichten, Verwandtschaft oder Wohltaten einen anderen, denjenigen Ehrerbietung zu erweisen, welchen sie von Natur, aus Dankbarkeit oder sonstiger Rücksicht, gebührt. Trotzdem ist dies vereinbar mit der Gleichheit aller Menschen in bezug auf die Recht-

sprechung und die Herrschaft des einen über den anderen. Es ist jene Gleichheit, von der ich im Zusammenhang mit dem oben behandelten Thema gesprochen habe, nämlich jenes gleiche Recht eines jeden auf seine natürliche Freiheit, ohne dem Willen oder der Autorität irgendeines anderen Menschen unterworfen zu sein.

55. Kinder sind, wie ich zugebe, nicht in diesem vollkommenen Zustand der Gleichheit geboren, sie sind aber gleichwohl für ihn geboren. Ihre Eltern haben eine Art Herrschaft oder Rechtsprechung über sie, wenn sie zur Welt kommen und noch einige Zeit danach, sie ist jedoch nur vorübergehend. Die Fesseln dieser Unterwerfung gleichen den Windeln, in die sie zu ihrem Schutze während ihrer Kindheit gehüllt sind, solange sie hilflos sind. Alter und Vernunft lassen sie mit dem Wachstum der Kinder loser werden, bis sie endlich abgestreift werden und den Menschen ganz frei auf sich gestellt zurücklassen. [...]

VII Die politische oder bürgerliche Gesellschaft

77. Gott hat den Menschen so geschaffen, daß es nach seinem eigenen Urteil nicht gut für ihn war, allein zu sein. Er stellte ihn unter den starken Zwang von Bedürfnis, Annehmlichkeit und Neigung, um ihn in die Gesellschaft zu lenken, und stattete ihn zugleich mit Verstand und Sprache aus, daß er in ihr verbleibe und sich ihrer erfreue. Die erste Gesellschaft war die Gesellschaft von Mann und Frau. Sie setzte den Anfang für diejenige von Eltern und Kindern, welcher sich mit der Zeit die von Herr und Knecht zugesellte. Und obwohl diese alle zusammenfallen konnten – und es im allgemeinen auch taten – und eine einzige Familie entstand, in der der Herr und die Herrin eine gewisse in der Familie gründende Art der Herrschaft ausübten, so werden wir doch sehen, wenn wir ihre verschiedenen Ziele, Bindungen und Grenzen ins Auge fassen, daß jede für sich,

wie auch alle gemeinsam, an die politische Gesellschaft nicht heranreichen konnten.

78. Die eheliche Gesellschaft wird durch einen freiwilligen Vertrag zwischen Mann und Frau geschlossen. Obwohl vor allem eine solche Vereinigung und gegenseitige Berechtigung auf des anderen Körper ihr Wesen ausmacht, wie es für ihr Hauptziel, die Zeugung notwendig ist, bringt sie doch den gegenseitigen Unterhalt und Beistand und eine Gemeinschaft der Interessen mit sich. Nicht allein die Vereinigung ihrer Fürsorge und Zuneigung macht dies erforderlich, sondern auch ihre gemeinsame Nachkommenschaft, die ein Recht darauf hat, von ihnen ernährt und unterhalten zu werden, bis sie in der Lage ist, für sich selbst zu sorgen.

79. Da das Ziel der Verbindung von Mann und Frau nicht nur die Zeugung ist, sondern vielmehr die Erhaltung der Art, sollte diese Verbindung von Mann und Frau – auch nach der Zeugung – so lange dauern, wie es für die Ernährung und den Unterhalt der Kinder erforderlich ist, welche von denen, die sie gezeugt haben, so lange versorgt werden müssen, bis sie sich selbst zu helfen und für sich zu sorgen imstande sind. Diese Regel, die der unendlich weise Schöpfer dem Werk seiner Hände gesetzt hat, sehen wir die niederen Geschöpfe beständig befolgen. Bei den sich von Gras nährenden Säugetieren dauert die Vereinigung von Männchen und Weibchen nicht länger als der eigentliche Akt der Paarung: Die Zitzen der Mutter können das Junge so lange nähren, bis es in der Lage ist, sich von Gras zu ernähren. Das Männchen zeugt lediglich, sorgt jedoch seinerseits nicht für das Weibchen oder das Junge, zu dessen Erhaltung es nichts beitragen kann. Bei den Raubtieren aber währt die Verbindung länger: Da das Weibchen von der eigenen Beute allein nicht gut für den eigenen Unterhalt sorgen und gleichzeitig die zahlreichen Jungen nähren kann und da diese Lebensweise mühsamer und auch gefährlicher ist, als sich von Gras zu ernähren, ist der Beistand des

Männchens für die Erhaltung der gemeinsamen Familie
notwendig. Denn bis die Jungen die Fähigkeit erlangt haben, selbst Beute zu machen, können sie nur mit Hilfe der
gemeinsamen Fürsorge von Männchen und Weibchen bestehen. Dasselbe auch kann man bei allen Vögeln beobachten (mit Ausnahme von einigen Haustieren, wo der Hahn
die junge Brut nicht zu füttern und nicht für sie zu sorgen
braucht, weil reichlich Nahrung vorhanden ist): Da die
Jungen im Nest Nahrung brauchen, bleiben der Hahn und
die Henne zusammen, bis die Jungen flügge geworden sind
und für sich selbst zu sorgen vermögen.

80. Und hierin scheint mir der wichtigste, wenn nicht
der einzige Grund zu liegen, weshalb bei den Menschen
Mann und Frau eine längere Verbindung eingehen müssen
als andere Lebewesen. Weil die Frau nämlich erneut
schwanger werden kann und *de facto* in der Regel wieder
ein Kind trägt und niederkommt, lange bevor das ältere
Kind zu seiner Unterstützung auf die Hilfe der Eltern nicht
mehr angewiesen ist und für sich selbst zu sorgen vermag,
ihm vielmehr noch all die Hilfe zukommt, die ihm die Eltern schuldig sind. Und der Vater, dem es obliegt, für die zu
sorgen, die er gezeugt hat, steht deshalb auch unter der
Verpflichtung, länger mit derselben Frau in ehelicher Gemeinschaft zu leben als andere Lebewesen. Da deren Junge
imstande sind, sich selbst zu erhalten, bevor die Zeit der
Zeugung erneut wiederkehrt, löst sich das eheliche Band
von selbst, und sie sind frei, bis sie Hymen zu der üblichen
Brunstzeit wieder aufruft, sich neue Partner zu wählen.
Man kann dabei nicht umhin, die Weisheit des großen
Schöpfers zu bewundern, der den Menschen Voraussicht
verliehen hat und die Fähigkeit, sowohl für die Zukunft zu
sorgen, wie auch die Bedürfnisse der Gegenwart zu befriedigen, und es weiterhin erforderlich machte, daß die Gesellschaft von Mann und Frau länger dauere als die von
Männchen und Weibchen bei den anderen Lebewesen, damit so ihr Fleiß ermutigt und ihr Interesse besser vereinigt

werde, ihre gemeinsamen Nachkommen zu versorgen und Güter für sie zurückzulegen, was durch unbeständige Paarung oder leichte und häufige Auflösung der ehelichen Gesellschaft sehr stark beeinträchtigt würde.

81. Obwohl aber diese der Menschheit auferlegten Fesseln das eheliche Band beim Menschen fester und dauerhafter machen als bei anderen Tiergattungen, so wäre doch die Frage berechtigt, warum dieser Vertrag nicht wie jeder andere freiwillige Vertrag durch Übereinkommen oder an einem bestimmten Zeitpunkt oder unter bestimmten Bedingungen gelöst werden dürfe, wenn die Fortpflanzung und die Erziehung gesichert sind und auch für das Erbe gesorgt ist – liegt doch weder in der Natur der Sache noch in ihrer Zielsetzung die Notwendigkeit begründet, daß er das ganze Leben über dauern sollte. Zumindest gilt das für die Menschen, meine ich, die nicht den Einschränkungen irgendwelcher positiver Gesetze unterworfen sind, die bestimmen, daß alle solchen Eheverträge lebenslänglich sein sollen.

82. Ehegatten haben zwar ein gemeinsames Interesse, aber sie haben nicht dieselben Meinungen, und so werden sie unvermeidlich auch manchmal nicht denselben Willen haben. Es ist daher notwendig, daß irgendwo die letzte Entscheidung bzw. die Herrschaft liegen sollte. Und dies fällt naturgemäß dem Manne als dem Fähigeren und Stärkeren zu. Es erstreckt sich diese Herrschaft aber nur auf die Dinge ihres gemeinsamen Interesses und Eigentums. Sie beläßt die Frau in dem vollen und freien Besitz alles dessen, was dem Vertrage nach ihr besonderes Recht ist, und gibt ihrem Mann keine größere Gewalt über ihr Leben, als sie auch über das seine hat. Die Gewalt des Ehegatten ist von der eines absoluten Monarchen so weit entfernt, daß die Frau in vielen Fällen die Freiheit hat, sich von ihm zu trennen, wenn das natürliche Recht oder ihr Vertrag es erlauben – ob dieser Vertrag nun von ihnen selbst im Naturzustande geschlossen wurde oder ob er durch die Bräuche

und Gesetze des Landes, in dem sie leben, zustande kam. Die Kinder fallen bei einer solchen Trennung dem Vater oder der Mutter zu, je nachdem es der Vertrag bestimmt.

83. Da aller Zweck einer Heirat unter einer politischen Regierung ebenso zu erreichen sein muß wie im Naturzustand, schmälert die staatliche Obrigkeit keinem von beiden jenes Recht oder jene Gewalt, die von Natur für jene Ziele – für die Zeugung und die gegenseitige Hilfe und Unterstützung während ihres Zusammenlebens – notwendig sind, sondern sie entscheidet einzig die Streitfälle, die zwischen Mann und Frau daraus erwachsen könnten. Wäre es anders, eignete jene absolute Souveränität und Gewalt über Leben und Tod von Natur her dem Manne und wäre sie unerläßlich für die Gesellschaft von Mann und Frau, so könnte es in keinem jener Länder eine Ehe geben, in denen dem Manne keine solche absolute Autorität zugestanden wird. Da aber das Ziel der Ehe keine solche Gewalt bei dem Ehemann verlangt, so ist sie ihm auch nicht durch den Stand der ehelichen Gesellschaft beigelegt worden, denn sie ist keinesfalls notwendig für den Ehestand. Die eheliche Gesellschaft kann ohne sie bestehen und ihre Zwecke erreichen. Ja, die Gemeinschaft der Güter und die Verfügungsgewalt über sie, gegenseitiger Beistand und Unterhalt, und was sonst zur ehelichen Gesellschaft gehört, könnten in jenem Vertrag, der Mann und Frau zu dieser Gesellschaft vereinigt, so weit geändert und neu geregelt werden, wie es sich mit der Zeugung und Aufzucht ihrer Kinder verträgt, bis diese selbst für sich zu sorgen vermögen. Denn nichts kann für eine Gesellschaft notwendig sein, was nicht für die Ziele notwendig ist, derentwegen sie gegründet wurde. [...]

86. Wir wollen deshalb den Herrn einer Familie betrachten mit all jenen untergeordneten Beziehungen von Weib, Kind, Knechten und Sklaven, welche unter der häuslichen Herrschaft der Familie vereinigt sind. Wie groß die Ähnlichkeit einer Familie nach Ordnung, Ämtern und Zahl mit

einem kleinen Staatswesen auch sein mag, sie ist doch in Verfassung, Gewalt und Zielsetzung weit von einem Staat entfernt. Wenn sie aber für eine Monarchie gehalten werden soll, mit dem *pater familias* als absolutem Monarchen, dann besitzt die absolute Monarchie nur eine sehr zerbrechliche und geringe Gewalt – wenn doch, wie aus dem oben Gesagten deutlich hervorgeht, der Herr einer Familie eine sowohl zeitlich, als auch in ihrem Ausmaß genau bestimmte und unterschiedlich begrenzte Gewalt über die einzelnen Menschen besitzt, die in der Familie leben. Denn abgesehen von den Sklaven (und die Familie ist ebensosehr Familie und seine Gewalt als pater familias gleich groß, ob es nun Sklaven in seiner Familie gibt oder nicht) hat er keinerlei gesetzgebende Gewalt über Leben und Tod auch nur eines einzigen von ihnen und auch keinerlei Gewalt, die nicht die Herrin der Familie ebensogut wie er haben könnte. Und er kann sicher keine absolute Gewalt über die ganze Familie haben, wenn er nur eine sehr begrenzte über jedes Einzelwesen in ihr besitzt. Worin sich aber eine Familie oder irgendeine andere Gesellschaft von Menschen von dem unterscheidet, was das Wesen der politischen Gesellschaft ausmacht, werden wir am besten sehen, wenn wir überlegen, worin insbesondere die politische Gesellschaft besteht.

D: John Locke: Über die Regierung. (The Second Treatise of Government. In der Übers. von Dorothee Tidow, mit einem Nachw. hrsg. von Peter Cornelius Mayer-Tasch. Stuttgart: Reclam, 1974 [u. ö.]. (Universal-Bibliothek. 9691.) S. 40–64.

Die Erfindung
des bürgerlichen Geschlechterverhältnisses:
Jean-Jacques Rousseau

Als der *Emile* im Mai 1762 den Druck verläßt, sind binnen eines einzigen Jahres Rousseaus drei große Programmschriften zur sozialen und politischen Erneuerung erschienen: der Briefroman *Julie ou La Nouvelle Héloïse,* der *Contrat Social* und schließlich der *Emile.* Diese Schriften schließen in gedanklicher Konsequenz an die in den beiden *Discours* geleistete Vorarbeit an: an die harsche Gesellschafts- und Kulturkritik der ersten und an die grundlegenden menschheitsgeschichtlichen Reflexionen der zweiten Abhandlung. Nach der Kritik seines Zeitalters und nach der Befestigung der theoretischen Fundamente legt Rousseau nunmehr mit seinen Schriften der Reifezeit ein umfassendes Programm zur gesellschaftlichen Regeneration vor.

Nicht allein der *Contrat Social* ist der Lösung des Rousseauschen »problème fondamentale« gewidmet; Rousseau spielt in allen drei Schriften Antwortmöglichkeiten auf sein sozialphilosophisches Grundproblem durch: Wie lassen sich die Forderungen des Innen und die des Außen, die Aufforderung zu individueller Selbstbestimmung und die Anforderungen, die ein Existieren in Gesellschaft an den Einzelnen stellt, miteinander in Einklang bringen?

Im *Emile* wird, wie es der Titel bereits anzeigt, diese Fragestellung in Hinblick auf das Individuum verhandelt; näher besehen geht es um das moderne Problem, wie der Einzelne unter den Bedingungen einer hochkomplex ausdifferenzierten Gesellschaft noch frei, also selbstbestimmt, oder auch unentfremdet leben kann.

Die Lösung, die Rousseau mit dem *Emile* entwirft und propagiert, liegt in der »natürlichen Existenzweise«, einer durchreflektierten Form der Lebensführung, die das Resultat eines exemplarisch vorgeführten, gleichermaßen präzis

konstruierten Erziehungsplans darstellt. Der in diesem Zusammenhang von Rousseau in Anschlag gebrachte Naturbegriff birgt in sich allerdings, darauf sei wenigstens hingewiesen, systematische Probleme und den daraus resultierenden Spannungsreichtum. Nicht minder kompliziert und
interessant ist auch die literarische Form des Werkes, die
mit Recht als einzigartig bezeichnet werden kann. Der
Emile verkörpert sein eigenes literarisches Genre: er ist eine
philosophische Demonstration in der Form einer erzählend
konstruierten Geschichte[1]. Am Beispiel des Zöglings Emile
wird eine philosophisch-pädagogische Theorie im Zustand
ihrer imaginiert-praktischen Anwendung vorgeführt. Der
appellative Charakter und vor allem die suggestive Wirkung, die der *Emile* bei einer enthusiasmierten LeserInnen-
schaft entfalten konnte, mögen sich auch aus diesem der
Schrift inhärenten Praxisbezug erklären lassen.

Bereits im ersten Buch des *Emile* beschwört Rousseau
emphatisch die gesellschaftlich regenerativen Kräfte eines
bürgerlich-sentimentalen Familienmodells, das im Kontrast
zur herrschenden gesellschaftlichen Praxis steht. Konstitutiv für diese neuartige Familienkonzeption sind die unmittelbaren emotionalen Bindungen der Familienmitglieder
untereinander; Gefühlsdispositionen, die für ihre Entfaltung auf eine stabile Anordnung der Geschlechterrollen
und auf eine klare geschlechtsspezifische Aufgabenverteilung angewiesen sind. Die Bedeutung, die nach Rousseau
dem Entwurf einer Geschlechter- und Familienordnung
zukommt, kann nicht hoch genug eingeschätzt werden.
Private Verhältnisse haben für Rousseau unmittelbare politische Relevanz, da die individuell-seelischen Voraussetzungen der für eine Republik unverzichtbaren Bürgertugenden
allein im emotionalen Kontext der Familie erworben werden können.

1 Vgl. Günther Buck, »Über die systematische Stellung des *Emile* im Werk
Rousseaus«, in: *Allgemeine Zeitschrift für Philosophie* 5 (1980), S. 1–40.

Die Geschlechterordnung, wie sie dann ausführlich im fünften Buch des *Emile* entwickelt wird, zielt zwar der bereits erwähnten Gesamtintention des Werkes entsprechend vorrangig auf individuelle Glücksmöglichkeiten, weist aber gerade in der Verbindung mit den Ausführungen des ersten Buches in die Dimension des politischen Denkens Rousseaus. Kurz: die bürgerliche, auf Liebe und Arbeitsteilung gegründete Familie ermöglicht gleichermaßen ein gelingendes Leben wie sie auch die Rousseausche Republik als ganze zu fundieren vermag.

In welcher Weise und unter welchen Prämissen Rousseau sein Ehe- und Familienideal konkret entwickelt, gilt es im folgenden nachzuzeichnen. Rousseau ist, zeitgemäß formuliert, ein »Differenztheoretiker«; Mann und Frau sind verschieden, und sie sollen es auch sein. Bemerkenswert ist in diesem Zusammenhang, daß Rousseau die Verschiedenartigkeit der Geschlechter durch die Art und Weise begründet, wie sich die Geschlechtlichkeit zwischen Mann und Frau ereignet. Die differenten Geschlechtscharaktere werden nicht aus zwei unterschiedlichen biologischen Veranlagungen abgeleitet, sondern aus der Dynamik der Sexualität selbst, wobei der Mann das starke, erobernde und physisch überlegene, die Frau das schwache, nachgebende und körperlich unterlegene Geschlecht ist. Darüber hinaus kommt der sexuellen Begegnungsweise zwischen Mann und Frau eine Schlüsselstellung im Übergang von der physischnaturwüchsigen hin zur »moralischen«, im eigentlichen Sinne menschlichen Ordnung zu. Durch die natürliche Scham der Frau werden erste, anfängliche Formen des menschlichen Sublimationsvermögens hervorgetrieben: die spezifisch weiblichen Möglichkeiten der Zurückhaltung und des Gewährenlassens, von Bevorzugung und freier Zustimmung verwandeln das Aufeinandertreffen der quasianimalischen, wechselseitigen sexuellen Begierden in ein Spiel der Werbung und des Aufschubs, der Mäßigung und Lenkung.

Unbestreitbar ist, daß Mann und Frau als Geschlechtswesen existieren. Näher besehen allerdings bedeutet für den Mann seine Sexualität nur einen Existenzmodus unter anderen, während der Frau mit ihrer Geschlechtlichkeit sowohl die Daseinsform wie auch der Wirkungsbereich vorgezeichnet sind. Jede Entfaltungsmöglichkeit ihrer Person bleibt zurückgebunden an ihre ausschließlich geschlechtlich definierte Grunddisposition: die Gefährtin eines Mannes und die vertrauenswürdige Hüterin seiner Nachkommenschaft zu sein. Wenn auch Rousseau das fünfte Buch des *Emile* mit einer tatsächlichen Komplementarität der Geschlechter beginnen läßt, indem er die polaren Geschlechtsidentitäten gleichsam als Resultanten aus der menschlichen Sexualnatur hervorgehen läßt, so wechselt jedoch im Fortgang seiner Überlegungen die Sexualität fast völlig auf die Seite der Frau, insofern sie es ist, die mit ihrer ganzen Person für das Geschlechtliche und Generative beider Geschlechter einsteht.

Die einleitenden Passagen zur Geschlechtsidentität von Mann und Frau beschließt Rousseau mit dem Hinweis auf deren funktionellen Charakter: nämlich die verläßliche Basis für die bürgerliche Familie zu bilden, in welcher der Mensch sich in die Tugendpraxis einüben kann, die ihn als einen idealen Staatsbürger auszeichnet. Im Ausgang von dieser Zweckbestimmung schreibt Rousseau das Erziehungsprogramm der Frau zur Frau, das in der bürgerlichen Ehe gipfelt, aus. Zwar ist die Geschlechtsrolle der Frau natürlich vorgezeichnet, doch wirkt die Natur im Menschen nicht mehr so ungebrochen, als daß nicht eine durch Erziehung gestiftete gewohnheitliche Praxis sie befestigen müßte. Das bedeutet für Sophie, die ideale Gefährtin Emiles, daß sie zu dem erzogen werden muß, was sie schon ist: zur Frau. Das Ertragen von Zwang, die Tendenz zur Unterwerfung, habituelle Sanftmut und Duldsamkeit: dies sind die spezifisch weiblichen Tugenden, in denen sich – als einem Resultat von gewissenhafter Übung und disziplinierter Gewohnheit – die weibliche Natur vollendet.

Diese so in der Geschlechtsnatur der Frau verankerten Eigenschaften erachtet Rousseau als unabdingbar für die Stabilität eines hierarchisch verfaßten komplementären Verhältnisses der Ehegatten. Die Komplementarität der Gatten aber, ihre wechselseitige Ergänzungsbedürftigkeit konzipiert Rousseau bewußt im Gegensatz zu den Individualisierungstendenzen, die der gesellschaftlichen Liberalisierung seiner Zeit inhärent sind. Denn sofern jedes Geschlecht als nur unvollkommen und notwendig ergänzungsbedürftig durch das andere existiert, ist der liberalen Erosion gemeinschaftlicher Bindungen zumindest in der Gestalt des wesensmäßig verbundenen Paares Einhalt geboten.

Was die konkreten Umrisse dieses ehelichen Ergänzungsverhältnisses angeht, so greift Rousseau zu deren Skizzierung auf die traditionellen geschlechtstypisierenden Gegensätze zurück. Mann und Frau verhalten sich zueinander wie Auge und Herz, Vernunft und Gefühl, Aktivität und Passivität, Kultur und Natur. Dem Mann eignet eine instrumentell-kalkulierende Rationalität zusammen mit der Neigung zu Abstraktion und spekulativem Denken, die Frau hingegen verfügt über ausdifferenzierte soziale Kompetenzen. Weniger traditionell erweist sich Rousseaus Haltung allerdings in der Bewertung dieser geschlechtsspezifischen Begabungsschwerpunkte: entsprechend der prinzipiellen Hochschätzung, die Rousseau zu kommunitäre Tugenden hegt, ist die soziale Rolle der Frau auf dieser Ebene als dem Manne gleichwertig einzuschätzen, wie auch darüber hinaus erst durch die beiderseitige Komplettierung der Geschlechter in der Gestalt des ehelichen Paares die Entfaltung voller Humanität gewährleistet ist.

Entscheidend ist aber, daß diese zunächst psychologische Fusionierung der Geschlechter zu einer einzigen, vollkommenen Person schließlich auf der rechtlich-politischen Ebene in die klassische Konzeption des patriarchal organisierten *oikos* mündet. Der Mann in seiner Funktion als Haushaltsvorstand regiert nach innen und leistet nach außen die

Verbindung der Familie zur Gesellschaft, den Übergang vom Privaten zum Öffentlichen. Als rechtlich und ökonomisch Unselbständige bleibt die Frau von der Gesellschaft und ihren bürgerlichen Verkehrsformen abgeschnitten, ihre politische Existenz findet ihre Repräsentation in der des Gatten. Bewegt sich der Mann seinerseits tätig in der Welt der Allgemeinheit: des Marktes, des Staates und des öffentlichen Raisonnements, und hat er Zugriff auf gesellschaftlich vermittelte Bildungsressourcen, so wird im Gegensatz dazu der bürgerlichen Frau das Haus und die Haushaltung als ihre rechtmäßige Domäne zugewiesen. Die Welt der Frau ist damit unüberwindlich partikulär und personal orientiert: ihre Verantwortlichkeit erstreckt sich auf den psychischen und generativen Selbsterhalt des Mannes. Sophie ist für das allseitige Wohlergehen ihres Gatten, für den stetigen Prozeß seiner Moralisierung und schließlich für die Aufzucht seiner Nachkommenschaft verantwortlich, für deren legitime Abkunft sie mit ihrem Ruf einstehen muß. So erweist sich der Entwurf komplementärer Geschlechtscharaktere zuletzt ausschließlich als eine Konzeption der supplementären Geschlechtsrolle der Frau.

Rousseau restituiert die alte aristotelische Scheidung der menschlichen Angelegenheiten in die des natürlichen und die des öffentlichen Lebens, die Trennung des Privaten vom Politischen entlang des Geschlechtsunterschiedes auf neue, substantielle Weise. Durch diese Wendung wird die theoretische, wie in der Folge auch praktische Liberalisierung des Geschlechterverhältnisses, wie sie sich in den Lehren des Naturrechts angebahnt hatte, radikal abgebogen.

Festzuhalten bleibt: Rousseaus Geschlechterentwurf ist durch und durch androzentrisch, d. h. auf den Mann hin orientiert. Der Mann (*l'homme*) hat die Bestimmung, ein guter Bürger zu werden, die Frau hingegen hat die Funktion, die Bestimmung des Mannes zu befördern. Aus der postulierten Verschiedenheit und Komplementarität der Geschlechter folgt nicht deren wechselseitige Zivilisierung hin zu einer von beiden geteilten Form von Bürgerlichkeit, sondern die

In-Dienst-Stellung der Frau für die humane und zivile Vervollkommnung des Mannes, wofür sie allerdings unerläßlich ist. Daß es die Natur der Frau ist, nur eine Funktion zu sein, aber keine Bestimmung zu haben, zeigt sich nicht zuletzt daran, daß Rousseau im Rahmen der Geschlechterproblematik mit einem äquivoken Naturbegriff operiert. Der Rückgriff auf die Natur befördert im Fall des Mannes Ziele der politischen Emanzipation: nämlich Freiheit und wechselseitige Anerkennung im Konzept der Gleichheit. Im Falle der Frau wird jedoch dasjenige als ihre Natur festgeschrieben, was sie im Rahmen des bürgerlichen Staates als Rolle übernehmen soll, nämlich eine sich ihrer ausschließlichen Pflichten als Gattin und Mutter bewußte Frau zu sein.

Friederike Kuster

Literaturhinweise

Bloom, Allan: Jean-Jacques Rousseau, Emile or On Education. Toronto 1979. S. 3–20 [Einleitung].

Coole, Diana H.: Women in Political Theory. From Ancient Misogyny to Contemporary Feminism. New York ²1993. S. 78–101. [Kap. 5: Rousseau and Wollstonecraft: Female Virtue and Civic Virtue in the Liberal State.]

Kuster, Friederike: Sophie oder Julie? Paradigmen von Weiblichkeit und Geschlechterordnung im Werk Jean-Jacques Rousseaus. In: Deutsche Zeitschrift für Philosophie 47 (1999). H. 1. S. 13–33.

Nagl-Docekal, Herta: Geschichtsphilosophie als Theorie der Geschlechterdifferenz – Das Beispiel Rousseaus. In: Deutsche Zeitschrift für Philosophie 42 (1994). H. 4. S. 571–589.

Okin, Susan Moller: Women in Western Political Thought. Princeton 1979. S. 99–194. [Tl. 3: Rousseau.]

Steinbrügge, Lieselotte: Das moralische Geschlecht. Theorien und literarische Entwürfe über die Natur der Frau in der französischen Aufklärung. Weinheim/Basel 1987. Bes. S. 67–97.

Weiss, Penny A.: Gendered Community. Rousseau, Sex and Politics. New York / London 1993.

Emile oder Über die Erziehung

[1762]

Nun sind wir also beim letzten Akt der Jugendzeit angekommen, aber noch nicht bei der Lösung.

Es ist nicht gut, daß der Mensch allein sei, Emile ist ein fertiger Mensch; wir haben ihm eine Gefährtin versprochen, so müssen wir sie ihm geben. Diese Gefährtin ist Sophie. [...]

Fünftes Buch
Sophie oder die Frau

Sophie muß Frau sein, so wie Emile Mann ist, das heißt, sie muß alles besitzen, was der Konstitution ihrer Gattung und ihres Geschlechts entspricht, um ihren Platz in der physischen und geistigen Ordnung ausfüllen zu können. Beginnen wir also damit, die Übereinstimmungen und Unterschiedlichkeiten unser beider Geschlechter zu untersuchen.

In allem, was nicht mit dem Geschlecht zusammenhängt, ist die Frau Mann: sie hat dieselben Organe, dieselben Bedürfnisse, dieselben Fähigkeiten; die Maschine ist auf gleiche Weise konstruiert, die Einzelteile sind die gleichen, die Funktionen sind die gleichen, das Äußere ist fast das gleiche und, unter welchem Aspekt man sie auch betrachten mag, sie unterscheiden sich nur um ein Mehr oder Weniger voneinander.

In allem, was mit dem Geschlecht zusammenhängt, gibt es bei Frau und Mann ebenso viele Übereinstimmungen wie Unterschiede – die Schwierigkeit, sie miteinander zu vergleichen, entsteht aus der, bei der Konstitution der einen und des anderen zu bestimmen, was geschlechtsgebunden ist und was nicht. Durch die vergleichende Anatomie und sogar durch bloßes äußeres Betrachten sieht man allgemeine Unterschiede zwischen beiden, die mit dem Geschlecht nichts zu tun zu haben scheinen; sie haben aber sehr wohl mit ihm zu tun, jedoch durch Zusammenhänge, die zu bemerken wir außerstande sind – wir wissen nicht, bis wohin diese Zusammenhänge gehen können; das einzige, was wir mit Sicherheit wissen, ist, daß alles, was sie gemein haben, gattungsbedingt und alles Unterschiedliche geschlechtsbedingt ist. Unter diesem zweifachen Gesichtspunkt finden wir zwischen ihnen so viel Übereinstimmendes und Entgegengesetztes, daß es vielleicht als eines der Wunder der Natur angesehen werden muß, die zwei einander so ähnlich und gleichzeitig so unähnlich beschaffene Wesen schuf.

Diese Beziehungen ebenso wie die Unterschiedlichkeiten müssen ihren Einfluß auf die Geistesanlagen ausüben, diese Schlußfolgerung ist einleuchtend, entspricht der Erfahrung und beweist die Sinnlosigkeit der Streitereien um den Vorrang oder die Gleichberechtigung der Geschlechter: als ob jedes von beiden, wenn es nach seiner besonderen Bestimmung den von der Natur vorgesehenen Zielen zustrebt, nicht vollkommener wäre, als wenn es sich dem anderen angleiche! In dem, was sie gemeinsam haben, sind sie gleich; in dem, was sie voneinander unterscheidet, sind sie unvergleichbar. Eine vollkommene Frau und ein vollkommener Mann dürfen sich im Geist ebenso wenig gleichen wie im Antlitz, und in der Vollkommenheit gibt es kein Mehr oder Weniger.

In der Vereinigung der Geschlechter trägt jedes zum gemeinsamen Ziel bei, aber nicht auf die gleiche Weise. Aus dieser Verschiedenheit entsteht der erste benennbare Unterschied in ihren gegenseitigen geistigen Beziehungen. Das eine muß aktiv und stark, das andere passiv und schwach sein – notwendigerweise muß das eine wollen und können, und es genügt, wenn das andere nur schwachen Widerstand zeigt.

Aus diesem festgesetzten Prinzip folgt, daß die Frau eigens dazu geschaffen ist, dem Mann zu gefallen. Soll der Mann ihr seinerseits gefallen, so aus einem weniger unmittelbaren Bedürfnis – sein Vorzug besteht in seiner Kraft, er gefällt einzig darum, weil er stark ist. Ich gebe zu, daß das nicht das Gesetz der Liebe ist, aber es ist das der Natur, das vor ihr bestand.

Da die Frau dazu geschaffen ist, zu gefallen und sich zu unterwerfen, muß sie sich dem Mann liebenswert zeigen und ihn nicht herausfordern, ihre Macht liegt in ihren Reizen, und mit ihnen muß sie ihn zwingen, seine eigene Kraft zu entdecken und zu gebrauchen. Die wirkungsvollste Art, diese Kraft zu erwecken, ist, sie durch Widerstand notwendig werden zu lassen. Dann verbinden sich Eigenliebe und Verlangen, und das eine triumphiert über den Sieg, den das andere ihm einbringt. Daraus entstehen Angriff und Verteidigung, die Kühnheit des einen und die Scheu des anderen Geschlechts, und schließlich die Zurückhaltung und Scham, mit denen die Natur das schwache Geschlecht ausrüstete, um sich das stärkere untertan zu machen.

Wer könnte glauben, daß sie unterschiedslos beiden das gleiche Entgegenkommen vorschreibt, und daß der Teil, der zuerst Verlangen spürt, auch der sein müsse, der es zuerst bezeugt? Welch seltsame Verkehrung des Urteils! Wäre es natürlich, daß sich beide Geschlechter mit gleicher Kühnheit einem Unternehmen hingeben, das so verschiedenartige Folgen für sie hat? Wie kann man verkennen, daß, wenn bei einer so großen Ungleichheit im gemeinschaftlichen Unternehmen die Zurückhaltung dem einen nicht die Mäßigung geböte, die die Natur dem anderen gebietet, bald der Untergang beider folgen würde und das Menschengeschlecht an den Mitteln, die zu seiner Erhaltung bestimmt sind, zugrunde ginge? Bei der Leichtigkeit der Frauen, die Sinne der Männer zu erregen und auf dem Grund ihres Herzens die Überbleibsel einer schon fast erloschenen Liebesfähigkeit wieder zu erwecken – es brauchte nur eines unglückseligen Landes auf Erden, wo die Philosophie solches Brauchtum eingeführt hätte, besonders in den heißen Zonen, wo mehr Frauen als Männer geboren werden, so würden die Männer, von den Frauen tyrannisiert, schließlich zu deren Opfern und alle wehrlos dem Tod entgegengetrieben.

Wenn die Tierweibchen nicht die gleiche Art von Scham empfinden – was folgt daraus? Haben sie, wie die Frauen, unbegrenztes Liebesverlangen, das von dieser Scham im Zaum gehalten wird? Sie kennen dieses Verlangen nur als Bedürfnis; ist das Bedürfnis befriedigt, hört das Verlangen auf, sie stoßen das Männchen nicht mehr nur zum Schein zurück[1], sondern in vollem Ernst – sie tun genau das Gegenteil dessen, was des Augustus Tochter tat: sie nehmen keine Passagiere mehr auf, wenn das Schiff vollgeladen ist. Selbst wenn ihr Leib offen ist, sind ihre Augenblicke guten Willens kurz und rasch vorüber – der Instinkt treibt sie, und der Instinkt hält sie zurück. Welchen Ersatz für diesen negativen Instinkt gäbe es bei der Frau, wenn man ihr das Schamgefühl nähme? Wer warten wollte, bis sie sich nichts mehr aus Männern machen, müßte warten, bis sie zu gar nichts mehr taugen.

Gott wollte das Menschengeschlecht in allen Dingen auszeichnen: gibt er dem Menschen unbeschränkte Neigungen, gibt er ihm zugleich das Gesetz, das sie ordnet, damit er frei sei und selbst über sich herrsche; liefert er es übermäßigen Leidenschaften aus, gibt er diesen Leidenschaften die Vernunft bei, sie zu beherrschen; liefert er die Frau schrankenlosen Begierden aus, fügt er diesen Begierden das Schamgefühl bei, um sie in Schranken zu halten. Überdies gibt er dem richtigen Gebrauch ihrer Fähigkeiten eine augenblickliche Belohnung, nämlich das Gefallen, das man an

---

1 Ich habe schon bemerkt, daß vorgespiegelte und kokette Verweigerung fast allen weiblichen Wesen gemeinsam ist, selbst den Tierweibchen, und sogar dann, wenn sie zur Hingabe am bereitesten sind; nur wer ihre Schliche nie beobachtet hat, kann das in Abrede stellen.

der Ehrbarkeit findet, wenn man sie zur Richtschnur seines Handelns macht. Mir scheint, all dies wiegt wohl den Instinkt der Tiere auf.

Ob nun das Menschenweibchen die Begierden des Mannes teilt oder nicht und sie befriedigen will oder nicht, es stößt ihn immer zurück und wehrt sich, aber nicht immer mit der gleichen Kraft und folglich nicht mit dem gleichen Erfolg. Damit der Angreifer siegreich sei, muß der Angegriffene es geschehen lassen oder befehlen, denn wieviel listige Möglichkeiten hat er nicht, den Angreifer zum Gebrauch von Gewalt zu zwingen! Der freieste und süßeste aller Akte läßt keine wirkliche Gewalt zu, Natur und Vernunft widersetzen sich ihr: die Natur, insofern als sie den schwächeren Teil mit soviel Kräften versehen hat, als er braucht, um zu widerstehen, wenn er will; die Vernunft, insofern als ein wirklicher Gewaltakt nicht nur der brutalste aller Akte ist, sondern auch seiner Absicht am feindlichsten, entweder weil der Mann seiner Gefährtin so den Krieg erklärt und sie ermächtigt, ihre Person und ihre Freiheit selbst auf Kosten des Lebens des Angreifers zu verteidigen, oder weil allein die Frau den Zustand, in dem sie sich befindet, beurteilen kann und kein Kind einen Vater hätte, wenn sich jeglicher Mann die Rechte eines Vaters gewaltsam verschaffen könnte.

Eine dritte Folge der Anlage der Geschlechter ergibt also, daß der stärkere Teil scheinbar der Herr sei, sich in Wirklichkeit aber dem schwächeren unterwerfe, nicht aus frivoler, galanter Gewohnheit und herablassender Großmut, sondern nach einem unabänderlichen Gesetz der Natur, die der Frau eine größere Leichtigkeit mitgibt, die Begierden zu erregen, als dem Mann, sie zu befriedigen und ihn so, auch wenn er bereit ist, vom Belieben der Frau abhängig macht und ihn zwingt, seinerseits danach zu trachten, ihr zu gefallen, um zu erreichen, daß sie ihn den Stärkeren sein läßt. So ist die Ungewißheit, ob die Schwäche der Stärke nachgibt oder ob sich der Wille ergibt, das Süße-

ste im Sieg des Mannes; und es ist eine übliche List der
Frau, diese Ungewißheit zwischen ihr und ihm immer bestehen zu lassen. Darin entspricht die geistige Einstellung
der Frauen vollkommen ihren Anlagen: sie erröten keineswegs über ihre Schwäche, sie rühmen sich ihrer – ihre zar-
ten Muskeln haben keine Widerstandskraft, sie tun, als sei
es ihnen unmöglich, die geringste Last aufzuheben, sie
würden sich schämen, stark zu sein. Warum? Nicht nur, um
zart zu erscheinen, sondern aus einer schlauer bedachten
Vorsicht; sie bereiten sich von langer Hand Entschuldigun-
gen und das Recht, bei Bedarf schwach zu sein.

Der Fortschritt der durch die Laster erworbenen Aufklärung hat in diesem Punkt die alten Ansichten bei uns sehr
geändert, und man spricht nicht mehr von Vergewaltigungen, seitdem sie so wenig notwendig sind und die Männer
nicht mehr daran glauben[2]; dagegen sind sie im hohen griechischen und jüdischen Altertum etwas ganz Gebräuch-
liches, weil eben diese Ansichten in der Einfachheit der
Natur liegen, die nur die Erfahrung der Liederlichkeit hat
ausrotten können. Wenn heutzutage von weniger Vergewaltigungen die Rede ist, so gewiß nicht deshalb, weil die
Männer enthaltsamer sind, sondern weil sie weniger leicht-
gläubig sind, und weil manche Klage, die früher einfältige Völker überzeugt hätte, heutzutage nur das Gelächter
der Spötter erregen würde – durch Stillschweigen erreicht
man mehr. Im Deuteronomium gibt es ein Gesetz, wonach
ein geschändetes Mädchen mit dem Verführer bestraft wurde, wenn das Vergehen in der Stadt begangen wurde; wurde
es jedoch auf dem Lande begangen oder an abgelegenen
Orten, wurde nur der Mann bestraft; d e n n, so sagt das
Gesetz, d a s   M ä d c h e n   h a t   g e s c h r i e n   u n d   i s t
n i c h t   g e h ö r t   w o r d e n. Diese milde Auslegung lehrte

---

2 Es kann wohl ein derartiges Mißverhältnis von Alter und Kraft geben, daß
  eine wirkliche Vergewaltigung stattfindet: da ich aber hier vom Verhältnis
  der beiden Geschlechter nach der Ordnung der Natur spreche, setze ich für
  beide die gemeinsame Beziehung voraus, die jenes Verhältnis ausmacht.

die Mädchen, sich nicht an belebten Orten erwischen zu lassen.

Die Auswirkung dieser Unterschiedlichkeiten in den Ansichten über die Sitten ist offenbar. Die moderne Galanterie ist ihr Werk. Die Männer, die herausgefunden haben, daß ihre Lust mehr vom Willen des schönen Geschlechts abhing, als sie geglaubt hatten, haben diesen Willen durch Gefälligkeiten unterjocht, für die das schöne Geschlecht sie reichlich entschädigt hat.

Man bemerkt, wie das Physische uns unmerklich zum Geistigen führt und wie aus der rohen Vereinigung der Geschlechter allmählich die süßesten Gesetze der Liebe entstehen. Die Frauen üben ihre Herrschaft nicht aus, weil die Männer es so gewollt haben, sondern weil die Natur es so will: sie übten sie schon aus, bevor sie sie zu haben schienen. Derselbe Herkules, der fünfzig Töchter des Thespius zu vergewaltigen glaubte, sah sich dennoch gezwungen, bei Omphale zu spinnen, und der starke Samson war nicht so stark wie Dalila. Diese Herrschaft gehört den Frauen und kann ihnen nicht genommen werden, selbst wenn sie Mißbrauch damit treiben – wenn sie sie überhaupt verlieren könnten, hätten sie sie schon lange verloren.

Es gibt keine Gleichartigkeit zwischen den beiden Geschlechtern im Hinblick auf das Geschlechtliche. Der Mann ist nur in gewissen Augenblicken Mann, die Frau ist ihr ganzes Leben lang Frau, oder wenigstens während ihrer ganzen Jugend; alles erinnert sie unablässig an ihr Geschlecht, und um dessen Funktionen richtig zu erfüllen, braucht sie die entsprechende Körperbeschaffenheit. Während ihrer Schwangerschaft muß die Frau geschont werden, im Wochenbett braucht sie Ruhe, sie braucht eine ruhige Häuslichkeit, um ihre Kinder zu nähren; um sie aufzuziehen muß sie Geduld und Sanftmut haben, einen Eifer und eine Hingabe, die nichts abschrecken kann; sie ist das Bindeglied zwischen ihnen und ihrem Vater, sie allein läßt sie ihn lieben und schenkt ihm das Vertrauen, sie die Seinen zu nennen. Wieviel Zärtlichkeit und Fürsorge braucht sie, um die Einigkeit in der ganzen Familie aufrechtzuerhalten! Und dies alles darf schließlich nicht Tugend sein, sondern Neigung, sonst wäre das Menschengeschlecht bald ausgelöscht.

Die gegenseitigen Pflichten beider Geschlechter haben nicht die gleiche Starrheit und können sie auch nicht haben. Wenn sich die Frau deswegen über die ungerechte Ungleichheit beklagt, die der Mann bekundet, so hat sie unrecht; diese Ungleichheit ist keine menschliche Einrichtung, oder zumindest nicht das Werk des Vorurteils, sondern das der Vernunft: der, dem die Natur die Kinder als Gut anvertraut, ist dem anderen dafür verantwortlich. Es ist gewiß niemandem erlaubt, sein Wort zu brechen, und jeder untreue Gatte, der seine Frau des einzigen Lohns für ihre strengen Pflichten beraubt, ist ein ungerechter und barbarischer Mensch; die untreue Gattin aber geht noch weiter, sie löst die Familie auf und zerreißt alle Bande der Natur; wenn sie dem Mann Kinder schenkt, die nicht von ihm sind, verrät sie beide, und der Treulosigkeit fügt sie noch den Betrug hinzu. Ich kann mir kaum ausdenken, welche Ausschreitung und welches Verbrechen nicht mit diesem zusammenhängt. Wenn es einen schrecklichen Zustand auf Erden gibt, so ist es der eines unglücklichen Vaters, der, ohne Vertrauen zu seiner Frau, sich den süßesten Gefühlen seines Herzens nicht hinzugeben wagt, der bei der Umarmung seines Kindes zweifelt, ob er nicht das Kind eines anderen umarmt, das Unterpfand seiner Entehrung, den Dieb des Guts seiner eigenen Kinder. Was ist eine Familie dann anderes als eine Gesellschaft geheimer Feinde, die eine schuldige Frau gegeneinander aufwiegelt und sie dabei zwingt, gegenseitige Liebe vorzugeben?

Darum ist es nicht nur von Bedeutung, daß die Frau treu ist, sondern daß sie vor ihrem Gatten, vor ihren Nächsten und vor jedermann auch als treu erscheint; sie muß bescheiden, aufmerksam und zurückhaltend sein und in den Augen andrer so wie vor ihrem eigenen Gewissen Zeugnis ihrer Tugend geben. Wenn es wesentlich ist, daß ein Vater seine Kinder liebt, so ist es ebenso wesentlich, daß er ihre Mutter achtet. Das sind die Gründe, durch die sogar die Wahrung des Scheins zu den Pflichten der Frauen gezählt wird, und wodurch ihnen Ehrbarkeit und guter Ruf nicht weniger unerläßlich werden als Keuschheit. Bei der geistigen Unterschiedlichkeit der Geschlechter leitet sich aus diesen Prinzipien ein neues Motiv für Pflicht und Anstand ab, das besonders den Frauen die gewissenhafteste Achtsamkeit über ihr Verhalten, ihr Benehmen und ihre Haltung vorschreibt. Mit der allgemeinen Behauptung, die beiden Geschlechter seien gleich und ihre Pflichten die gleichen, verliert man sich in leeren Reden, womit man gar nichts sagt, solange man auf unsere Behauptungen nicht zu antworten vermag.

Ist es nicht eine recht gediegene Art zu argumentieren, wenn man gegen so gut fundierte allgemeine Gesetze mit Ausnahmen aufwartet? Die Frauen, sagt ihr, bekommen nicht immer gleich Kinder! Nein, aber es ist ihre eigentliche Bestimmung, Kinder zu gebären. Was! weil es auf der Welt ungefähr hundert große Städte gibt, wo die Frauen zügellos leben und wenig Kinder gebären, behauptet ihr, es sei allen Frauen natürlich, wenig Kinder zu gebären! Und was würde aus euren Städten, wenn das abgelegene Land, wo die Frauen einfacher und keuscher leben, die Unfruchtbarkeit der Damen nicht wieder gut machte? In wie vielen Ländern gelten Frauen, die nur vier oder fünf Kinder haben, als nicht sehr fruchtbar[3]! Was macht es schließlich aus, ob diese oder jene Frau wenig Kinder hat? Ist es darum für die

---

3 Ohne das würde die Gattung notwendigerweise zugrunde gehen: damit sie sich erhält, muß, wenn alles gegeneinander ausgeglichen ist, jede Frau ungefähr vier Kinder gebären: denn von den Kindern, die geboren werden, sterben fast die Hälfte, bevor sie andere haben können, und zwei müssen übrigbleiben, um den Vater und die Mutter zu vertreten. Seht zu, ob die Städte euch diese Bevölkerung liefern.

Frau weniger natürlich, Mutter zu sein? und müssen nicht
Natur und Sitten durch allgemeine Gesetze dafür sorgen?

Wenn die Abstände zwischen den Schwangerschaften
wirklich so groß wären, wie man voraussetzt, kann eine
Frau ohne Gefahr und Risiko so plötzlich und entscheidend ihre Lebensweise ändern? Wird sie heute Amme und
morgen Kriegerin sein? Soll sie Anlagen und Neigungen
wechseln wie ein Chamäleon die Farben? Kann sie sich
ohne Übergang aus dem Schatten der Zurückgezogenheit
und den häuslichen Obliegenheiten den Härten von Wind
und Wetter aussetzen, den Mühen, Strapazen und Gefahren
des Krieges? Kann sie bald ängstlich[4], bald tapfer, bald zart,
bald robust sein? Wenn die in Paris aufgewachsenen jungen
Leute das Waffenhandwerk kaum ertragen, wie könnten es
Frauen, die niemals der Sonnenglut getrotzt haben und
kaum marschieren können, nach fünfzigjähriger Verweich-
lichung ertragen? Sollen sie dieses harte Handwerk in einem Alter ausüben, da die Männer es aufgeben?

Es gibt Länder, wo die Frauen fast ohne Schwierigkeit
niederkommen und ihre Kinder fast mühelos aufziehen –
das gebe ich zu: aber in diesen selben Ländern gehen die
Männer bei jeder Temperatur halbnackt herum, schlagen die
wilden Tiere nieder, schleppen ein Boot wie einen Tornister,
gehen sieben- bis achthundert Meilen weit auf Jagd, schlafen im Freien auf dem nackten Erdboden, ertragen unglaub-
liche Strapazen und bleiben tagelang ohne Nahrung. Wenn
die Frauen robust werden, werden die Männer es um so
mehr; wenn die Männer verweichlichen, verweichlichen die
Frauen um so mehr; wenn in beiden Punkten die gleiche
Veränderung geschieht, bleibt auch der Unterschied gleich.

In seinem *Staat* weist Plato den Frauen die gleichen körperlichen Übungen zu wie den Männern – das glaube ich
gern. Nachdem er das Familienprinzip aus seiner Staatsauf-

---

4 Die Scheu der Frauen ist noch ein anderer Instinkt der Natur gegen die Gefahr, die sie während ihrer Schwangerschaft laufen.

fassung ausgeschaltet hatte und nicht wußte, was er aus den Frauen machen sollte, sah er sich gezwungen, Männer aus ihnen zu machen. Dieser schöne Geist hatte alles berechnet, alles vorgesehen: er kam einem Einwand zuvor, den zu machen vielleicht niemand gedacht hätte, aber den, den man erhebt, hat er schlecht beantwortet. Ich spreche keineswegs von dieser vorgeblichen Frauengemeinschaft, und dem Vorwurf, den man so oft dagegen erhoben hat und der nur beweist, daß die, die ihn aussprechen, Plato niemals gelesen haben; ich rede von jener bürgerlichen Vermischung, die überall die beiden Geschlechter zu den gleichen Verrichtungen, zu den gleichen Arbeiten vereinigt und mit Sicherheit die untragbarsten Mißbräuche erzeugt; ich rede von dieser Zerrüttung der süßesten Gefühle der Natur, die einem künstlichen Gefühl geopfert werden, das nur durch jene bestehen kann: als ob es nicht einer natürlichen Eingenommenheit bedürfte, um konventionelle Bande zu knüpfen! als ob die Liebe, die man für seine Nächsten fühlt, nicht das Prinzip der Liebe wäre, die man dem Staat schuldet! als ob das Herz sich nicht durch die kleine Heimat, die Familie, der großen anschlösse! als ob es nicht der gute Sohn, der gute Gatte, der gute Vater wäre, der den guten Bürger ausmacht!

Ist es einmal bewiesen, daß Mann und Frau nicht gleichartig sind noch sein dürfen, weder von Charakter noch von Anlagen, so folgt daraus, daß sie nicht die gleiche Erziehung genießen dürfen. Sollen sie den Weisungen der Natur folgen, müssen sie im Einvernehmen handeln, aber nicht das gleiche tun: das Ziel der Arbeiten ist das gleiche, aber die Arbeit selbst und folglich die Neigungen, die sie bestimmen, sind unterschiedlich. Nachdem wir versucht haben, den natürlichen Mann heranzubilden, trachten wir nun danach, auch die Frau heranzubilden, die zu diesem Mann paßt, um unser Werk nicht unvollständig zu lassen.

Wollt ihr immer gut geleitet sein, so folgt immer dem Fingerzeig der Natur. Alles, was das Geschlecht charakterisiert, muß als von ihr eingerichtet geachtet werden. Ihr redet unaufhörlich: die Frauen haben diesen und jenen Mangel, den wir nicht haben. Euer Hochmut täuscht euch; für euch wären es Mängel, für sie sind es Qualitäten; wenn sie sie nicht hätten, ginge alles weniger richtig zu.   [...]

Die den beiden Geschlechtern gemeinsamen Fähigkeiten sind ungleich an sie verteilt, aber insgesamt genommen gleichen sie einander aus. Als Frau gilt die Frau mehr denn als Mann. Überall da, wo sie ihre Rechte geltend macht, ist sie im Vorteil; überall da, wo sie die unsrigen usurpieren will, bleibt sie uns unterlegen. Dieser allgemeinen Wahrheit kann man nur Ausnahmen gegenüberstellen – die ständige Argumentationsweise seitens der galanten Anwälte des schönen Geschlechts.

In der Frau männliche Eigenart zu kultivieren und ihre eigene Art verkümmern zu lassen heißt offensichtlich zu ihrem Schaden wirken. Die Gewitzten unter ihnen erkennen das nur zu gut, um sich täuschen zu lassen; bei dem Versuch, sich unsre Vorrechte anzumaßen, geben sie die ihren nicht auf; aber da sie nicht beide gleich gut nutzen können, weil sie unvereinbar sind, bleiben sie unterhalb ihrer eigenen Möglichkeiten, ohne die unseren erreichen zu können, und verlieren zur Hälfte an Wert.   [...]

Ob ich nun die besondere Bestimmung des Geschlechts betrachte, ob ich seine Neigungen beobachte, ob ich seine Pflichten bedenke – alles trägt gleichermaßen dazu bei, mich auf die Erziehungsform hinzuweisen, die ihm angemessen ist. Frau und Mann sind füreinander geschaffen, aber ihre gegenseitige Abhängigkeit ist nicht gleicher Art: die Männer hängen von den Frauen durch ihre Begierden ab; die Frauen hängen von den Männern durch ihre Begierden und ihre Bedürfnisse ab; wir könnten eher ohne sie bestehen als sie ohne uns. Damit sie haben, was sie brauchen und ihrem Wesen treu bleiben, müssen wir es ihnen geben, müssen wir es ihnen geben wollen und sie dessen würdig erachten; sie hängen von unseren Empfindungen ab, von dem Wert, den wir ihren Verdiensten beilegen, und davon, wie wir ihre Reize und Tugenden einschätzen. Allein schon durch das Gesetz der Natur sind die Frauen ebenso wie die Kinder dem Urteil der Männer ausgesetzt – es genügt nicht, daß sie achtenswert sind, sie müssen geachtet werden; es genügt nicht, daß sie schön sind, sie müssen gefallen; es genügt nicht, daß sie sittsam sind, sie müssen als sittsam anerkannt werden; ihre Ehre liegt nicht nur in ihrem Verhalten, sondern in ihrem Ruf, und es ist unmöglich, daß eine Frau, die es zuläßt, als ehrlos zu gelten, jemals ehrbar ist. Der rechtschaffene Mann hängt nur von sich selber ab und kann der öffentlichen Meinung trotzen; aber die rechtschaffene Frau hat damit nur die Hälfte ihrer Aufgabe erfüllt, und was man über sie denkt, ist nicht weniger bedeutend für sie als das, was sie wirklich ist. Daraus folgt, daß die Methode ihrer Erziehung in dieser Hinsicht der unsrigen entgegengesetzt sein muß: die Meinung der Gesellschaft ist für die Männer das Grab der Tugend, für die Frauen aber ihr Thron.

Von der guten Konstitution der Mutter hängt zunächst die der Kinder ab; die erste Erziehung der Männer hängt von der Fürsorge der Frauen ab; von ihnen hängen auch ihre Sitten, ihre Leidenschaften, ihre Neigungen, ihre Zerstreuungen, selbst ihr Glück ab. So muß sich die ganze Erziehung der Frauen im Hinblick auf die Männer vollziehen. Ihnen gefallen, ihnen nützlich sein, sich von ihnen lieben und achten lassen, sie großziehen, solange sie jung sind, als Männer für sie sorgen, sie beraten, sie trösten, ihnen ein angenehmes und süßes Dasein bereiten: das sind die Pflichten der Frauen zu allen Zeiten, das ist es, was man sie von Kindheit an lehren muß. Solange man nicht zu diesem Prinzip zurückgeht, entfernt man sich vom Ziel, und alle Regeln, die man für sie aufstellt, dienen weder ihrem noch unserem Glück. [...]

Was auch die Spottvögel darüber sagen mögen – gesunder Menschenverstand ist beiden Geschlechtern gleichermaßen eigen. Im allgemeinen sind Mädchen folgsamer als Knaben, und man muß bei ihnen sogar mehr Autorität geltend machen, wie ich gleich ausführen werde; daraus folgt jedoch nicht, daß man etwas von ihnen fordern darf, dessen Nutzen sie nicht einsehen; die Kunst der Mütter besteht darin, ihnen bei allem, was sie ihnen vorschreiben, dessen Nützlichkeit zu zeigen, und das ist um so leichter, als die Intelligenz der Mädchen sich früher entwickelt als die der Knaben. [...]

Rechtfertigt immer die Pflichten, die ihr den jungen Mädchen auferlegt, aber unterlaßt es nie, ihnen Pflichten aufzuerlegen. Muße und Eigensinn sind für sie die gefährlichsten Fehler, von ihnen wird man am wenigsten geheilt, wenn man sie einmal angenommen hat. Mädchen müssen umsichtig und arbeitsam sein; das ist nicht alles: sie müssen sich frühzeitig an Zwang gewöhnen. Dieses Unglück – wenn es eines ist für sie – ist von ihrem Geschlecht untrennbar, und nie machen sie sich von ihm los, ohne noch viel grausameres zu erleiden. Ihr ganzes Leben lang sind sie ununterbrochenem und härtestem Zwang unterworfen, nämlich dem der Schicklichkeit. Sie müssen sofort an Zwang gewöhnt werden, damit er sie nie etwas kostet; sie müssen daran gewöhnt werden, alle ihre Launen zu beherrschen, um sie dem Willen der anderen unterzuordnen. Möchten sie immer arbeiten, müßte man sie manchmal zum Nichtstun zwingen. Zerstreutheit, Eitelkeit, Wankelmut sind die Fehler, die leicht aus ihren ersten verdorbenen und immer befriedigten Neigungen entstehen. Um diesem Mißbrauch zuvorzukommen, lehrt sie vor allem, sich selbst zu bezwingen. Bei unseren unsinnigen Einrichtungen ist das Leben einer ehrbaren Frau ein beständiger Kampf gegen sich selbst; es ist gerecht, daß dieses Geschlecht die Not der Übel mit uns teilt, die es uns bereitet hat.   [...]

Aus diesem gewohnheitsmäßigen Zwang entsteht eine Gefügigkeit, deren die Frauen ihr ganzes Leben lang bedürfen, da sie niemals aufhören, unterworfen zu sein, sei es einem Mann oder dem Urteil der Männer, und es ihnen nie erlaubt ist, sich über dieses Urteil zu erheben. [...]

Durch Geschicklichkeit und Begabung bildet sich der Geschmack; durch den Geschmack öffnet sich unmerklich der Geist den Vorstellungen vom Schönen aller Art und schließlich den Moralbegriffen, die damit zusammenhängen. Das ist vielleicht einer der Gründe, warum das Gefühl für Anstand und Ehrbarkeit sich bei den Mädchen eher einstellt als bei den Knaben; denn um anzunehmen, dieses frühzeitige Gefühl sei das Werk der Erzieherinnen, müßte man schon sehr schlecht über die Art ihres Unterrichts und den Gang des menschlichen Geistes unterrichtet sein. Die Redegabe steht in der Kunst zu gefallen an erster Stelle; durch sie allein kann man die Reize vermehren, mit denen die Sinne durch die Gewohnheit vertraut sind. [...]

Frauen haben eine wendige Zunge; sie sprechen früher, mit größerer Leichtigkeit, und liebenswürdiger als Männer. Man beschuldigt sie auch, eher zu reden: das muß so sein, und ich würde diesen Tadel gern in Lob umwandeln; bei ihnen sind Mund und Augen aus dem gleichen Grund gleich aktiv. Der Mann sagt, was er weiß, die Frau, was gefällt; der Mann braucht Kenntnisse zum Reden, die Frau Geschmack; der Mann muß nützliche Dinge zum Thema nehmen, die Frau die angenehmen. Ihre Reden müssen nur eines gemeinsam haben: die Wahrheit.

So darf man das Geplauder der Mädchen nicht wie das der Knaben mit der gestrengen Frage: Wozu ist das nutze? eindämmen, sondern mit jener anderen, die nicht weniger schwer zu beantworten ist: Was für einen Eindruck soll das machen? In diesem jungen Alter, da sie das Gute vom Bösen noch nicht zu unterscheiden vermögen, sind sie niemandes Richter, müssen sie sich als Gesetz auferlegen, denen, mit denen sie reden, niemals anderes als Angenehmes zu sagen; und was die Durchführung dieser Regel schwieriger macht, ist, daß sie der ersten Regel immer untergeordnet bleibt, nämlich niemals zu lügen.

Es gibt da noch viele andere Schwierigkeiten, aber sie gehören zu einem vorgerückteren Alter. Im Augenblick verlangt man von jungen Mädchen nur Wahrheit ohne Unhöflichkeit; und da diese Unhöflichkeit ihrem Naturell zuwider ist, lehrt sie die Erziehung mit Leichtigkeit, sie zu vermeiden. Im Umgang mit den Menschen bemerke ich allgemein, daß die Höflichkeit der Männer eher Dienstfertigkeit ist, die der Frauen aber eher eine Freundlichkeit. Dieser Unterschied kommt nicht aus der Konvention, sondern von der Natur. Der Mann scheint eher dienen zu wollen, die Frau will gefallen. Daraus folgt, daß, wie immer es auch um den Charakter der Frauen bestellt sein mag, ihre Höflichkeit nicht so falsch ist wie die unsere; sie vertiefen nur ihren Urinstinkt; wenn aber ein Mann vorgibt, mein Interesse gehe ihm vor seinem eigenen, so bin ich ganz sicher, daß er lügt, mit welchen Freundschaftsbeweisen er auch immer diese Lüge beschönigen mag. Es ist also den Frauen ein leichtes, höflich zu sein, und folglich auch den jungen Mädchen, es zu werden. Die erste Lehre kommt von der Natur, die Kunst tut nichts dazu als ihr folgen und unsren Sitten gemäß bestimmen, in welcher Form sie sich offenbaren soll. [...]

Die Vernunft der Frauen ist eine praktische Vernunft, die sie auf geschickteste Weise die Mittel finden läßt, ein gesetztes Ziel zu erreichen, die sie aber nicht dieses Ziel selbst finden läßt. Der Umgang der Geschlechter untereinander ist etwas Wunderbares. Aus diesem Umgang entsteht eine geistige Person, deren Auge die Frau und deren Arm der Mann ist, jedoch mit einer solchen gegenseitigen Abhängigkeit, daß die Frau vom Mann lernt, was sie sehen muß, und der Mann von der Frau, was er tun muß. Wenn die Frau ebenso wie der Mann bis zu den Prinzipien zurückgehen könnte und der Mann ebenso wie sie den Sinn für das Detail hätte, so würden sie, weil immer voneinander unabhängig, in ewigem Streit leben, und ihre Gemeinschaft könnte nicht weiterbestehen. Herrscht aber Harmonie zwischen ihnen, strebt alles dem gemeinsamen Ziel zu; keiner weiß, wer am meisten von dem seinen dazutut; jeder folgt dem Impuls des anderen; jeder gehorcht, und beide sind die Gebieter.

Gerade deshalb, weil das Verhalten der Frau der öffentlichen Meinung unterworfen ist, ist ihre Gläubigkeit der Autorität unterworfen. Jede Tochter soll die Religion der Mutter haben, und jede Frau die ihres Gatten. Sollte diese Religion die falsche sein, tilgt die Fügsamkeit, mit der die Mutter und die Familie sich der Ordnung der Natur beugen, vor Gott die Sünde des Irrtums. Außerstande, selbst entscheiden zu können, müssen sie die Entscheidung der Väter und der Gatten annehmen wie die der Kirche. [...]

Für das ganze menschliche Geschlecht gibt es ein Gesetz, das aller Meinung vorausgeht. Auf die unbeugsame Richtung dieses Gesetzes müssen alle anderen zurückgehen; es sitzt selbst über das Vorurteil zu Gericht, und nur soweit die Wertschätzung der Menschen mit ihm übereinstimmt, darf sie für uns Maßstab sein.

Dieses Gesetz ist das innere Gefühl. Ich werde nicht wiederholen, was oben schon darüber gesagt wurde; es genügt mir, zu bemerken, daß die Erziehung der Frauen immer fehlerhaft sein wird, wenn diese beiden Gesetze nicht zusammenwirken. Das Gefühl ohne die gesellschaftliche Meinung wird ihnen nicht jene Feinheit der Seele geben, die die guten Sitten mit weltlicher Ehre schmückt; und die gesellschaftliche Meinung ohne Gefühl wird immer nur falsche und ehrlose Frauen hervorbringen, die den Anschein an die Stelle der Tugend setzen.

Es ist also wichtig für sie, eine Fähigkeit heranzubilden, die zum Schiedsrichter zwischen den beiden Führern dient, die das Gewissen nicht in die Irre gehen läßt und die Irrtümer des Vorurteils richtigstellt. Diese Fähigkeit heißt Vernunft. [...]

Der Grund, der den Mann zur Erkenntnis seiner Pflichten führt, ist nicht sehr kompliziert, der, der die Frau zur

Erkenntnis der ihren führt, ist noch einfacher. Der Gehorsam und die Treue, die sie ihrem Gatten schuldet, die Zärtlichkeit und Fürsorge, die sie ihren Kindern schuldet, sind so natürliche und offenbare Folgen ihrer Lage, daß sie dem inneren Gefühl, das sie leitet, nicht ohne Unredlichkeit ihre Zustimmung versagen und die Pflicht in der noch unbeeinflußten Neigung nicht verkennen kann. [...]

Der Beurteilung der Männer unterworfen, muß sie im übrigen deren Achtung verdienen; vor allem muß sie die ihres Gatten erwerben; sie darf ihm nicht nur ihre Person liebenswert machen, auch ihr Verhalten muß seine Zustimmung finden; sie muß vor der Öffentlichkeit die Wahl, die sie getroffen hat, rechtfertigen und den Gatten durch die Ehre ehren, die man der Frau erweist. Wie will sie aber mit all diesem zurechtkommen, wenn sie unsre Institutionen nicht kennt, wenn sie nichts von unsren Bräuchen weiß, von unsren Anstandsbegriffen, wenn sie weder den Ursprung der menschlichen Entscheidungen noch die Leidenschaften kennt, die sie bestimmen? Weil sie eben von ihrem eigenen Gewissen und der Meinung der anderen zugleich abhängt, muß sie lernen, diese beiden Faktoren miteinander zu vergleichen, sie einander anzupassen und dem einen vor dem anderen nur dann den Vorzug zu geben, wenn sie in Widerspruch zueinander stehen. Sie wird zum Richter ihrer Richter, sie entscheidet, wann sie sich ihnen unterwerfen und wann sie sie abweisen muß. Bevor sie ihre Vorurteile verwirft oder akzeptiert, wägt sie sie ab; sie lernt sie bis auf ihren Ursprung zurückzuverfolgen, ihnen zuvorzukommen und sie zu ihren Gunsten zu wenden; sie ist auf der Hut, sich jemals einen Tadel zuzuziehen, wenn ihre Pflicht ihr erlaubt, es zu vermeiden. Nichts von all dem ist möglich, ohne daß ihr Geist und ihre Vernunft ausgebildet werden. [...]

Die Erforschung der abstrakten und spekulativen Wahrheiten, der Prinzipien, der Axiome in der Wissenschaft, alles, was darauf hinaus will, die Vorstellungen zu verallgemeinern, gehört nicht zu den Aufgaben der Frauen, ihre Studien müssen sich alle auf die Praxis beziehen; ihre Sache ist es, die Prinzipien, die der Mann erforscht hat, anzuwenden und die Beobachtungen anzustellen, die den Mann zur Aufstellung der Prinzipien führen. Alle Reflexionen der Frauen über das, was nicht unmittelbar mit ihren Pflichten zusammenhängt, sollen auf das Studium der Männer zielen oder auf angenehme Erkenntnisse, deren Gegenstand nur das Geschmackvolle ist; denn was die Werke des Geistes anbetrifft, so übersteigen sie ihr Fassungsvermögen. Auch besitzen die Frauen zu wenig Geistesschärfe und Ausdauer, um es in den exakten Wissenschaften zu etwas zu bringen; und die naturkundlichen Kenntnisse sind Sache dessen, der von beiden am tätigsten ist, am beweglichsten, der die meisten Dinge sieht; dessen, der mehr Stärke besitzt und sie mehr nützt, um die Verhältnisse der empfindsamen Wesen und die Gesetze der Natur richtig zu beurteilen. Die Frau, die schwach ist und nichts außerhalb ihrer selbst erkennt, schätzt und beurteilt die Triebkräfte, die sie einsetzen kann, um ihrer Schwäche beizukommen, und diese Triebkräfte sind die Leidenschaften des Mannes. Der Mechanismus der Frau ist kraftvoller als der unsere, alle seine Hebel rütteln das Menschenherz auf. Alles, was ihr Geschlecht aus sich nicht vollbringen kann, was ihm aber angenehm oder notwendig ist, muß sie uns durch ihre Kunst wollen lassen; so muß sie den Geist des Mannes gründlich erforschen, nicht den Geist des Mannes in der Abstraktion und im allgemeinen, sondern den Geist der Männer, die sie umgeben, den Geist der Männer, denen sie untergeordnet ist – sei es durch das Gesetz, sei es durch die gesellschaftliche Meinung. Sie muß durch ihre Reden, ihre Blicke und Gebärden die Empfindungen der Männer ergründen. Sie muß ihnen durch ihre Reden, ihre Handlungen, Blicke und Gebärden die Gefühle einzuflößen verstehen, an denen ihr liegt, ohne daß es nicht einmal den Anschein hat, als täte sie es bewußt. Die Männer können besser über das menschliche Herz philosophieren, die Frau aber kann besser im menschlichen Herzen lesen. An ihnen ist es, sozusagen die Erfahrungsmoral zu finden, an uns, sie auf ein System zu reduzieren. Die Frau hat mehr Witz, der Mann mehr Geist; die Frau beobachtet, der Mann denkt: aus diesem Zusammenwirken ergeben sich die klarsten Erkenntnisse und die vollkommenste Wissenschaft, die der menschliche Geist aus sich selbst erwerben kann, mit einem Wort, die sicherste Erkenntnis über uns selbst sowohl als über die anderen, zu der unsre Gattung befähigt ist. Und so kann die Kunst fortwährend dahin streben, das Instrument, das uns die Natur mitgab, zu vervollkommnen.   [...]

Für beide Geschlechter sind Morallehren der Tod jeglicher guten Erziehung. Triste Lektionen bewirken nur, daß man die, die sie geben, und das, was sie sagen, haßt. Wenn man zu jungen Mädchen spricht, darf man ihnen keineswegs Angst machen vor ihren Pflichten und das Joch, das ihnen die Natur auferlegte, noch drückender erscheinen lassen. Wenn ihr ihnen diese Pflichten darlegt, seid deutlich und leicht verständlich [...]. Zeigt ihnen in eben diesen Pflichten die Quelle ihrer Freuden und die Grundlage ihrer Rechte. [...] Die Herrschaft der Frau beginnt mit ihren Tugenden; kaum, daß ihre Reize sich entwickeln, herrscht sie schon durch die Sanftheit ihres Charakters und macht ihre Zurückhaltung zum Gebieter. Welch ein unvernünftiger und barbarischer Mann besänftigt nicht seinen Hochmut und gibt sich nicht zuvorkommend einem jungen Mädchen von sechzehn Jahren gegenüber, liebenswert und brav, das wenig redet, das zuhört, das Anstand in seiner Haltung und Ehrbarkeit in seinen Worten zeigt, das über seiner Schönheit nicht sein Geschlecht und seine Jugend vergißt, das gerade durch seine Scheu zu beeindrucken und die Achtung, die es jedermann entgegenbringt, auf sich selbst zu lenken vermag?

Diese obgleich äußerlichen Bezeugungen sind keineswegs frivol; sie sind keineswegs nur auf den Reizen der Sinne begründet; sie stammen von diesem innersten Gefühl, das uns allen eigen ist, nämlich, daß die Frauen die natürlichen Richter über die Verdienste der Männer sind. Wer möchte wohl von den Frauen verachtet werden? [...]

Wieviel Großes würde man mit dieser Triebkraft vollbringen, wenn man sie einzusetzen verstünde? Wehe dem Jahrhundert, in dem die Frauen ihren Einfluß verlieren und wo ihr Urteil den Männern nichts mehr gilt! Das ist der letzte Grad der Verderbtheit. [...]

Ich gehe noch weiter und behaupte, daß die Tugend der Liebe nicht weniger zuträglich ist als den anderen Rechten der Natur und daß das Ansehen einer Geliebten durch sie nicht weniger gewinnt als das einer Frau und Mutter. Es gibt keine wahre Liebe ohne Begeisterung und keine Begeisterung ohne ein Objekt voller Vollkommenheit, sei es ein wirkliches oder ein erträumtes, aber immer in der Vorstellung existierend. Woran sollen sich Liebende entzünden, denen diese Vollkommenheit nichts mehr bedeutet und die nur noch einen Gegenstand der Sinnenlust in dem sehen, was sie lieben? Nein, so erglüht die Seele nicht und nicht so überläßt sie sich jenen herrlichen Verzückungen, die den Rausch der Liebenden und den Zauber ihrer Leidenschaft ausmachen. In der Liebe ist alles nur Illusion, das gebe ich zu; aber die Gefühle, durch die sie uns dem wahren Schönen, das sie uns lieben macht, aufschließt, sind Wirklichkeit. Dieses Schöne liegt nicht in dem geliebten Gegenstand, es ist das Werk unsrer Irrtümer. Was tut's? Opfert man darum weniger alle seine niedrigen Empfindungen diesem imaginären Vorbild? Läßt man darum sein Herz weniger von den Tugenden durchdringen, die man dem geliebten Gegenstand verleiht? Löst man sich darum weniger von der Niedrigkeit des menschlichen Ich? Wo ist der wahre Liebhaber, der nicht bereit ist, sein Leben für seine Geliebte hinzuopfern? und wo gibt es sinnliche und grobe Leidenschaft bei einem Mann, der sterben will? Wir machen uns über die Paladine lustig? weil sie die Liebe kannten und wir nur noch die Ausschweifung kennen. Als jene romanesken Maximen lächerlich zu werden begannen, war dieser Umschwung weniger das Werk der Vernunft als das schlechter Sitten.

In welchem Jahrhundert es auch sei, die natürlichen Beziehungen ändern sich nicht, die Schicklichkeit oder Unschicklichkeit, die daraus entsteht, bleibt die gleiche, die Vorurteile unter dem eitlen Namen der Vernunft ändern nur den Anschein. [...]

Man darf nicht verwechseln, was im Naturzustand natürlich ist und was im Gesellschaftszustand natürlich ist. Im ersteren paßt jede Frau zu jedem Mann, da beide noch die primitive und allen gemeinsame Form haben; im zweiten, da jeder Charakter durch die gesellschaftlichen Einrichtungen geformt ist und jeder Geist seine eigene und bestimmte Form erhalten hat, nicht allein durch die Erziehung, sondern durch das mehr oder weniger gut geordnete Zusammenwirken von Naturell und Erziehung, kann man sie nur zusammentun, indem man sie einander gegenüberstellt, um zu erkennen, ob sie in jeder Hinsicht zueinander passen, oder um wenigstens die Wahl vorzuziehen, die die meisten gegenseitigen Berührungspunkte gewährleistet.

Das Übel besteht darin, daß, während man den Charakter bildet, der soziale Stand den Unterschied des gesellschaftlichen Ranges betont; da diese beiden Ordnungen einander völlig unähnlich sind, so kommt es, daß man, je mehr man den Unterschied in der gesellschaftlichen Stellung betont, um so mehr den der Charaktere verwischt. Daher die Mißheiraten und alle Mißhelligkeiten, die sich daraus ergeben; daraus wird durch eine evidente Folgerung ersichtlich, daß, je weiter man von der Gleichheit abrückt, die natürlichen Empfindungen um so mehr verderben; je größer der Abstand zwischen den Großen und den Geringen, um so mehr lockert sich das eheliche Band; je mehr Reiche und Arme, um so weniger Väter und Gatten. Weder Herr noch Sklave haben noch eine Familie, beide kennen nur noch ihren Stand.

Wollt ihr Irrtümern vorbeugen und glückliche Ehen stiften, so erstickt die Vorurteile, vergeßt die menschlichen Konventionen und befragt die Natur. Vereint nicht Menschen, die nur unter den gegebenen Verhältnissen zueinander passen und die aufhören, zueinander zu passen, wenn sich diese Verhältnisse ändern, sondern Menschen, die unter allen Bedingungen zueinander passen, in welcher Lage sie sich auch befinden mögen, in welchem Land sie immer leben und auf welche Rangstufe sie geraten mögen. Ich will nicht sagen, daß konventionelle Beziehungen in der Ehe keine Rolle spielen, jedoch sage ich, daß der Einfluß der natürlichen Beziehungen so sehr überwiegt, daß er allein über das Lebensschicksal entscheidet und daß es solche Übereinstimmung der Neigungen, Stimmungen, Gefühle und Charaktere gibt, daß ein weiser Vater, sei er Fürst, sei er Monarch, sich davon bestimmen lassen müßte, ohne zu schwanken seinem Sohn das Mädchen zu geben, mit dem er in all dem übereinstimmt, und wäre es auch aus ehrloser Familie, wäre es auch die Tochter des Henkers. [...]

Ist auch die Gleichheit der Lebensumstände für die Ehe nicht notwendig, so gibt sie ihr doch, wenn sie zu der übrigen Übereinstimmung hinzukommt, einen neuen Wert; sie ist mit keiner anderen Übereinstimmung zu vergleichen, gibt aber den Ausschlag, wenn alles gleich ist.

Ein Mann, wenn er nicht gerade Monarch ist, darf sich eine Frau nicht aus jedem beliebigen Stand suchen, denn ist er auch selbst frei von Vorurteilen, so findet er sie doch bei den anderen; und ein Mädchen, das ihm vielleicht gefallen würde, könnte er aus diesem Grunde nicht bekommen. Es gibt also Regeln der Klugheit, die den Erkundigungen eines verständigen Vaters Schranken setzen müssen. [...]

Es macht also für die Ordnung in der Ehe sehr viel aus, ob der Mann sich über oder unter seinem Stand verheiratet. Der erste Fall ist absolut vernunftwidrig; der zweite entspricht eher der Vernunft. Da die Familie nur durch ihr Oberhaupt mit der Gesellschaft in Verbindung steht, ist es der Stand dieses Oberhauptes, der den der ganzen Familie bestimmt. Heiratet er unter seinem Stand, steigt er nicht hinab, er hebt seine Gattin zu sich hinauf; nimmt er dagegen eine Frau aus höherem Stand, zieht er sie zu sich herab, ohne sich selbst zu höherem Stand zu erheben. So besteht im ersten Fall das Gute ohne das Üble und im zweiten das Üble ohne das Gute. Überdies liegt es in der Ordnung der Natur, daß die Frau dem Mann gehorche. Holt er sie sich also aus niedererem Stand, stimmt die natürliche Ordnung mit der bürgerlichen überein, und alles geht gut. Das Gegenteil entsteht, wenn der Mann durch eine Heirat über seinem Stand vor der Wahl steht, entweder gegen sein Recht oder gegen seine Dankesschuld zu handeln, undankbar oder verächtlich zu sein. Dann macht sich die Frau, die die Autorität beansprucht, zum Tyrannen ihres Oberhauptes; und der zum Sklaven gewordene Herr sieht sich zur lächerlichsten und elendsten aller Kreaturen herabgesunken. Das ist das Los jener unglücklichen Favoriten, die die Könige Asiens durch die Verbindung mit ihnen ehren und quälen und die, wie man erzählt, das Bett nur vom Fußende her zu besteigen wagen, wenn sie mit ihren Frauen schlafen wollen.

Ich erwarte, daß viele Leser, die sich erinnern, daß ich der Frau ein natürliches Talent, den Mann zu beherrschen, zuspreche, mich hier des Widerspruchs anklagen werden – trotzdem irren sie. Es ist ein großer Unterschied, ob man sich das Recht zu befehlen anmaßt oder den, der befiehlt, beherrscht. Die Herrschaft der Frau ist die Herrschaft der Sanftmut, der Geschicklichkeit und der Gefälligkeit; ihre Anordnungen sind Schmeicheleien, ihre Drohungen sind Tränen. Sie soll im Haus regieren wie ein Staatsminister, indem sie sich befehlen läßt, was sie tun will. In dieser Hinsicht ist es gewiß, daß die besten Ehen die sind, in denen die Frau die meiste Autorität besitzt: verkennt sie jedoch die Stimme des Oberhauptes, will sie seine Rechte usurpieren und selbst befehlen, so entsteht nie anderes aus dieser verkehrten Ordnung als Elend, Ärgernis und Schande.

Bleibt noch die Wahl zwischen Frauen seines eigenen und eines niedrigeren Standes, und ich glaube, daß im Hinblick auf die letzteren noch einige Einschränkungen gemacht werden müssen; denn es ist schwer, in der Hefe des Volks eine Frau zu finden, die das Glück eines ehrbaren Mannes ausmachen könnte: nicht etwa, weil man in den untersten Schichten lasterhafter wäre als in den obersten, sondern weil man dort nur eine geringe Vorstellung von Schönheit und Ehrbarkeit hat und weil infolge der Ungerechtigkeit der anderen Stände dieser Stand in seinen eigenen Lastern nur eine Sache der Gerechtigkeit sieht.

Von Natur denkt der Mensch kaum. Denken ist eine Kunst, die er erlernt wie alle anderen, sogar noch schwerer. Bei beiden Geschlechtern kenne ich nur zwei wirklich unterschiedliche Klassen: die der Denkenden und die der Nichtdenkenden; und dieser Unterschied kommt fast allein von der Erziehung her. Ein Mann aus der ersten dieser beiden Klassen sollte sich nicht mit der anderen verbinden, denn der größte Reiz des Zusammenseins fehlt ihm, wenn er als Ehemann darauf beschränkt wird, allein denken zu müssen. [...]

Für einen Mann von Bildung ist es also nicht passend, eine Frau ohne Bildung zu nehmen und folglich auch nicht aus einem Stand, wo man keine gewinnen kann. Aber mir wäre ein einfaches und derb erzogenes Mädchen hundertmal lieber als ein Blaustrumpf und Schöngeist, der in meinem Hause einen literarischen Gerichtshof etabliert und sich zu dessen Präsidentin macht. Eine schöngeistige Frau ist die Geißel ihres Mannes, ihrer Kinder, ihrer Freunde, ihrer Diener, aller Welt. Aus der erhabenen Höhe ihrer schönen Seele verabscheut sie alle weiblichen Pflichten und macht sich immer zunächst zum Mann nach Art und Weise von Mademoiselle de l'Enclos. Außerhalb ihres Hauses wirkt sie überall lächerlich und setzt sich einer sehr gerechten Kritik aus, denn diese kann nicht ausbleiben, wenn man seinen Stand verläßt und einen annehmen möchte, für den man nicht geschaffen ist. All diese hochbegabten Frauen machen nur den Dummen Eindruck. Man weiß immer, wer der Künstler oder der Freund ist, der die Feder oder den Pinsel hält, wenn sie arbeiten; man weiß, wer der diskrete Gelehrte ist, der ihnen insgeheim ihre Orakel diktiert. Diese ganze Scharlatanerie ist einer ehrbaren Frau unwürdig. Hätte sie wirkliche Talente, würden diese durch ihre Eitelkeit entwertet. Ihre Würde ist es, nicht gekannt zu sein; ihre Ehre ist die Achtung ihres Mannes: ihre Freuden liegen im Glück ihrer Familie.   [...]

D: Jean-Jacques Rousseau: Emile oder Über die Erziehung. Hrsg., eingel. und mit Anm. vers. von Martin Rang. Unter Mitarb. des Herausgebers aus dem Franz. übertr. von Eleonore Sckommodau. Stuttgart: Reclam, 1963 [u. ö.]. (Universal-Bibliothek. 901.) S. 719–819. (Fünftes Buch.)

Das Gegenverhältnis der Geschlechter:
Immanuel Kant

Vor seinen rechtsphilosophischen und anthropologischen
Ausführungen zur Ordnung und zum Charakter der Geschlechter in den 90er Jahren des 18. Jahrhunderts beschäftigt sich Kant bereits in der 1764 erschienenen Schrift *Beobachtungen über das Gefühl des Schönen und Erhabenen*[1]
mit der Geschlechterthematik. Vielfache Ergänzungen zu
dieser durch die Lektüre von Rousseaus *Emile* angeregten
Untersuchung im dritten Abschnitt dieser Schrift bieten die
kurz darauf entstandenen *Bemerkungen in den »Beobachtungen«*[2]. Grundlegend für die Geschlechtertheorie in den
Beobachtungen sind die in den ersten beiden Abschnitten
entwickelten ästhetischen und ethischen Theorien, die daher hier zumindest skizzenhaft darzustellen sind.

Angeregt durch Burkes *Enquiry into the origin of our
ideas of the sublime and beautiful* (London 1757) unterscheidet Kant innerhalb des feinen Gefühls die Gefühle des
Erhabenen und Schönen hinsichtlich ihrer Gegenstände
durch zwei Merkmale: das Erhabene muß groß und einfäl-
tig sein, das Schöne kann geputzt und geziert und auch
klein sein (vgl. 210)[3]. Dieses reizt, jenes rührt: »Die Nacht
ist erhaben, der Tag ist schön« (208f.). Edel nennt Kant das
Gefühl des Erhabenen, sofern es mit ruhiger Bewunderung

---

1 Immanuel Kant, *Gesammelte Schriften*, hrsg. von der Königlich Preußischen
Akademie der Wissenschaften, Abt. 1, Bd. 2, Berlin 1912. – Zu Kants Eherecht vgl. den folgenden Text in diesem Band.
2 Vgl. Immanuel Kant: *Bemerkungen in den »Beobachtungen über das Gefühl
des Schönen und Erhabenen«*, neu hrsg. und komm. von M. Rischmüller,
Hamburg 1991.
3 Soweit der im folgenden abgedruckte Quellentext die in der Einleitung zitierten Textstellen nicht enthält, werden diese nach folgender Ausgabe zitiert:
Immanuel Kant, *Gesammelte Schriften* (s. Anm. 1), Abt. 1, Bd. 2, ebd. 1912.
Die Seitenangaben, die sich auf im vorliegenden Band abgedruckte Textausschnitte beziehen, sind kursiv gesetzt.

einhergeht (vgl. 209). Je nach Gemütsart differiert die Empfänglichkeit für diese Gegenstände.

Werden die moralischen Eigenschaften des Menschen
mittels dieser Kategorien ästhetisch beurteilt, ergibt sich:
wahre oder echte Tugend allein ist erhaben (vgl. 215, 217);
Mitleid und Gefälligkeit dagegen als adoptierte Tugenden
sind schön und bewirken schöne Handlungen (vgl. 216,
217, 218). Der Unterschied zwischen wahrer und adoptier-
ter Tugend macht sich am Ursprung der Handlungen fest:
tugendhaft ist nur das Handeln, das Grundsätzen, d. h. allgemeinen Regeln der Verbindlichkeit entspringt, die ihrerseits »Bewußtsein eines Gefühls« sind (vgl. 217). Damit
vertritt Kant wie die englischen Moralphilosophen und
Rousseau um diese Zeit, wenn auch in modifizierter Form,
die *moral-sense*-Konzeption. Von der wahren Tugend unterscheidet sich die adoptierte Tugend dadurch, daß Neigungen bzw. Triebe die Grundlage des Handelns bilden, die
nicht durch Grundsätze zur Allgemeinheit erweitert sind.
Die möglicherweise stattfindende Übereinstimmung mit
den allgemeinen Regeln der Tugend ist deshalb nur zufällig
(vgl. 215). Diese gutartigen Triebe sind als angesichts der
Schwäche der menschlichen Natur von der gütigen Vorsehung eingesetzte hilfreiche Ergänzung zur wahren Tugend
zu betrachten (vgl. 217). Um der schwachen menschlichen
Natur aufzuhelfen, ist dem Menschen außerdem das Gefühl für Ehre eingepflanzt. Handlungen aus diesem Motiv
können jedoch, selbst wenn sie gemeinnützig sind, nicht im
mindesten tugendhaft genannt werden, denn hier geht es
letztlich um den Wert der eigenen Person in den Augen anderer. Die durch das Gefühl der Ehre veranlaßten Handlungen verdienen daher allenfalls den Titel des Tugend-
schimmers (vgl. 218).

Nun ist jeder Mensch durch alle diese Arten von Gefühlen bestimmt, jedoch so, daß jeweils eines herrschend ist.
Aber nur der durch echte Tugend ausgezeichnete Mensch
hat die Möglichkeit, zur Schönheit der Tugend, d. h. zur

harmonischen Einheit seiner selbst in moralischer Hinsicht zu gelangen (vgl. 217): In diesem Fall nämlich widerstreiten Selbstliebe und gutartige, altruistische Neigungen zufolge ihres Bestimmtseins durch allgemeine Grundsätze einander nicht. Ist die Selbstliebe nur Folge der allgemeinen Menschheitsliebe, stimmt sie mit den gutartigen Neigungen überein. Und diese gutartigen Strebungen ihrerseits werden der proportionierten Anwendung fähig, d. h., der mögliche Konflikt mit Regeln der Verbindlichkeit, wie z. B. der Gerechtigkeit, wird obsolet. Diese Harmonie von Selbstliebe und uneigennützigen Strebungen macht die Schönheit der Tugend aus (vgl. ebd.). Wahre Tugend ermöglicht also zugleich harmonische Einheit und Ganzheit des moralisch qualifizierten Individuums.

Zu fragen ist des weiteren, ob die Menschheit insgesamt in moralischer Hinsicht als ein Ganzes zu begreifen ist (vgl. 226). Der Beantwortung dieser Frage geht eine Überlegung bezüglich der Möglichkeit der Erkenntnis dieses Ganzen voraus, die mit vorsichtiger Skepsis entschieden wird. Das große Gemälde der menschlichen Natur würde sich einem das Ganze überschauenden Betrachter als erhaben und edel darstellen. Für den eingeschränkten, kurzsichtigen Blick des Menschen ergibt sich jedoch trotz der zunächst vorherrschenden grotesken Züge ein Bild der Harmonie und Schönheit. Die proportionierliche Ordnung der Vielheit zu einer Einheit wird zum einen durch den Gedanken begründet, daß die relative moralische Schwäche der durch gutartige Triebe, also adoptierte Tugenden bestimmten Menschen der moralischen Qualität des Ganzen keinen Abbruch tut, sondern im Gegenteil deren Voraussetzung ist. Denn die nach Grundsätzen verfahrenden wenigen Menschen sind der Möglichkeit des Irrtums ausgesetzt, und dieser zeitigt zufolge der Allgemeinheit und Konstanz von Grundsätzen weitreichende negative Konsequenzen. Dieser Nachteil wahrhafter Tugendgesinnung wird durch die Vielzahl gutartiger Naturen, die dieser Gefahr entgehen, kom-

pensiert. Außerdem aber wird die Einheit der divergieren-
den Teile der Menschheit durch das Gefühl für Ehre, genauer durch Ehrliebe, hergestellt. Diese treibt nämlich
dazu, »in Gedanken außer sich selbst einen Standpunkt zu
nehmen, um den Anstand zu beurteilen, den sein Betragen
hat, wie es aussehe und dem Zuschauer in die Augen falle«
(227). Weil jeder Mensch aufgrund seiner Ehrliebe in den
Augen anderer zumindest als moralisch qualifiziert zu erscheinen bestrebt ist, sind die Menschen unangesehen der
Divergenz der Motive durch die Allgemeinheit der Beurteilung von Handlungen in moralischer Hinsicht geeint. Die
Menschheit ist also ein moralisches Ganzes, das aus heterogenen Teilen besteht, wenn auf die Motivationen gesehen
wird, homogen sind die Teile hinsichtlich moralischer Beurteilung.

Wenn Kant in dem hier vorgestellten dritten Abschnitt
die differenten Eigenschaften der Geschlechter zum Thema
seiner Untersuchungen über das Gefühl des Schönen und
Erhabenen macht, geht es um mehr als die erklärte Absicht,
den ästhetischen Eindruck dieser Eigenschaften unter Begriffe zu bringen (vgl. 203 f.). Es geht vor allem darum, einen Maßstab zur Beurteilung der Geschlechter in moralischer Hinsicht zu entwickeln und die Ziele ihrer Erziehung
zu definieren. Dieses Projekt setzt zweierlei voraus: In einem ersten Schritt ist zu zeigen, daß die Natur durch die
Geschlechterdifferenz zugleich eine Differenz des »Ge-
mütscharakters« (200) begründet; d. h., daß Mann und Frau
nicht als Menschen »von einerlei Art« zu betrachten sind
(201). In einem zweiten Schritt ist zu erweisen, daß die
durch die Natur begründete Differenz der Geschlechter zu
Recht als Maßstab ihrer moralischen Beurteilung und Erziehung anzulegen ist (vgl. 201).

Durch komplexe Beschreibungen vornehmlich des weiblichen Geschlechtscharakters versucht Kant zunächst, den
behaupteten Artunterschied zu demonstrieren und auf den
Begriff zu bringen: Das weibliche Geschlecht sei zu Recht

als das schöne, das männliche als das edle zu bezeichnen; obgleich jedes Geschlecht durch beide Eigenschaften bestimmt ist, so ist doch jeweils die eine vorherrschend und somit charakteristisch (vgl. *200 f.*).

Hält sich Kant in der Schilderung der weiblichen Geschlechtseigenschaften weitgehend an Rousseau, so läßt er das von Rousseau zur Beurteilung des Gesellschaftszustandes verwendete Theorem vom Naturzustand außer acht.[4] Das aber heißt, daß sowohl die Behauptung der Natürlichkeit von Eigenschaften als auch die Inanspruchnahme der Natur als Maßstab der Beurteilung und Erziehung der Geschlechter auf andere Weise zu rechtfertigen sind. Wenn Kant feststellt, der bei dem weiblichen Geschlecht zu beobachtende »schöne Verstand« scheine auf einer boshaften List der Männer zu beruhen, die auf diese Weise ihre durch weibliche Reize gefährdete Überlegenheit zurückzugewinnen trachten, ist damit die Künstlichkeit des weiblichen Geschlechtscharakters zumindest als Möglichkeit nahegelegt (vgl. *201*). Wie aber kann die Behauptung, die Natur habe den Unterschied des schönen und edlen Geschlechts begründet, dennoch gerechtfertigt werden?

Um glücklich zu werden und um den Naturzweck der Fortpflanzung zu realisieren, genügt »das ganz einfältige und grobe Gefühl in den Geschlechterneigungen« (*206*). Für die Moralität jedoch stellt der unkultivierte Geschlechtstrieb die größte Gefahr dar, sofern nämlich nirgends leichter als hier »gefällige Grundsätze« erklügelt werden (*203*). D. h. aber, die Natur würde mit sich selbst tendenziell im Widerspruch stehen, wenn sie den Menschen als moralisches und geschlechtliches Wesen zugleich bestimmt. Kant versucht nun zu zeigen, daß dieser Konflikt unter bestimmten kulturellen Bedingungen progressiv auflösbar ist, indem die Natur durch die Geschlechterneigung den Zweck der Moralisierung geradezu befördert.

---

4 Vgl. den Kommentar von Rischmüller (s. Anm. 2), S. 181, 192 f.

Zunächst macht Kant geltend, daß der Geschlechtstrieb selbst die Quelle aller »Feinigkeiten« ist, d. h., daß der Geschmack in ästhetischer Hinsicht der Sublimierung dieses Triebs entspringt (vgl. *204*). Aus der Beobachtung dessen, wie die feineren ästhetischen Gefühle des Schönen und Edlen bei beiden Geschlechtern ausgebildet sind, schließt Kant auf die »Natürlichkeit« der Attribuierung des Schönen zum weiblichen und des Edlen zum männlichen Geschlecht und in einem zweiten Schritt auf den Zweck, den die Natur durch die Geschlechterneigung verfolgt. Es zeigt sich nämlich, daß die Geschlechter übereinstimmend die ästhetischen Eigenschaften des Schönen und Edlen den geschlechtlichen Unterschieden des Weiblichen und Männlichen zuordnen, so daß die ästhetischen Eigenschaften allgemein als geschlechtsspezifisch konnotiert wahrgenommen werden. So hat der Mann etwa »ein entschiedenes Gefühl für das Edle, was zu seinen Eigenschaften gehört, für das Schöne aber, insofern es an dem Frauenzimmer anzutreffen ist« (*207*). Diese Übereinstimmung in der Wahrnehmung spricht für die Natürlichkeit der Zuordnung der Eigenschaften des Schönen und Edlen zum weiblichen und männlichen Geschlecht. »Daraus muß folgen, daß die Zwecke der Natur darauf gehen, den Mann durch die Geschlechterneigung noch mehr zu ver edl en und das Frauenzimmer durch eben dieselbe noch mehr zu verschönern« (*ebd.*). Wenn die Realisierung des Naturzwecks der Fortpflanzung impliziert, daß ein weibliches Wesen einem männlichen gefällt, d. h. seinem Geschmack entspricht, und wenn die Verfeinerung des Geschmacks naturkonform ist, dann muß auch die Vervollkommnung der diesem feinen Geschmack entsprechenden Eigenschaften als Mittel zur Verwirklichung ihrer großen Endabsicht von der Natur gewollt sein.

Diese Absichten der Natur muß der Mensch erkennen, um das Geschlechterverhältnis der Natur gemäß zu kultivieren. In erster Linie kommt es aber darauf an, das weib-

liche Geschlecht entsprechend zu erziehen, d. h., es für die
Würde und Erhabenheit des männlichen empfänglich zu
machen. Denn die Veredlung des Mannes ergibt sich als Folge der versittlichenden Wirkung des weiblichen Geschlechts
naturgemäß, also durch den Einfluß von ihrem Geschlechtscharakter konform erzogenen Frauen (vgl. *207 f.*).

Die in Abschnitt II des Kantischen Textes vorgestellten
Überlegungen zur Menschheit als einem moralischen Ganzen lassen sich damit präzisieren: Die geltend gemach-
te Voraussetzung der Ganzheit qua Zusammenspiel von
durch wahre und durch adoptierte Tugend bestimmten
Charakteren erweist sich jetzt als dynamische Komplementarität männlicher und weiblicher Tugendcharaktere, die
eine progressive Optimierung dieser harmonischen Einheit
bewirkt. Erhält sich die Menschheit durch die moralische
Arbeitsteilung der Geschlechter als zum Besseren fort-
schreitendes moralisches Ganzes, so soll das in der Ehe vereinigte Paar »gleichsam eine einzige moralische Person ausmachen, welche durch den Verstand des Mannes und den
Geschmack der Frauen belebt und regiert wird« (*209*).
Rousseau folgend definiert Kant die Ehe als ein durch Neigung begründetes Verhältnis, das durch Berufung auf Rechte in seiner Substanz gefährdet würde. Das Wechselspiel
der spezifischen Formen männlicher und weiblicher Moralität wird als Voraussetzung der Vereinigung der Ehepartner gleichsam zu einer moralischen Person geltend gemacht: Der durch wahre Tugend bestimmte Mann macht
sich die Zufriedenheit der Frau zum Zweck, die aufgrund
von »Gefälligkeit« als ihrem spezifisch weiblichen Tugend-
charakter die Bemühungen des Mannes erwidert. Also wollen beide dasselbe: Die eigene Zufriedenheit und die des anderen; sie sind also gleichsam zu einer Person verbunden
durch gleiche Zwecksetzung, deren Motivation allerdings
differiert.

Als Fazit ist festzuhalten: Im Rahmen der Moralphilosophie der *Beobachtungen* ist die moralische Arbeitsteilung

der Geschlechter, und d. h. auch die Defizienz der weiblichen Form von Moralität doppelt gerechtfertigt: einerseits als Mittel der Kultivierung und Moralisierung der Menschheit insgesamt und als Grund ehelicher Eintracht andererseits.

Marion Heinz

Literaturhinweise

Jauch, Ursula Pia: Immanuel Kant zur Geschlechterdifferenz. Aufklärerische Vorurteilskritik und bürgerliche Geschlechtsvormundschaft. Wien 1988.
Shell, Susan Meld: The Embodiment of Reason. Kant on Spirit, Generation, and Community. Chicago/London 1996.

IMMANUEL KANT

Beobachtungen über das Gefühl des Schönen und Erhabenen

[1764]

Dritter Abschnitt

Von dem Unterschiede des Erhabenen und Schönen in dem Gegenverhältnis beider Geschlechter

Derjenige, so zuerst das Frauenzimmer unter dem Namen des s c h ö n e n G e s c h l e c h t s begriffen hat, kann vielleicht etwas Schmeichelhaftes haben sagen wollen, aber er hat es besser getroffen, als er wohl selbst geglaubt haben mag. Denn ohne in Erwägung zu ziehen, daß ihre Gestalt überhaupt feiner, ihre Züge zärter und sanfter, ihre Miene im Ausdrucke der Freundlichkeit, des Scherzes und der Leutseligkeit bedeutender und einnehmender ist, als bei dem männlichen Geschlecht, ohne auch dasjenige zu vergessen, was man für die geheime Zauberkraft abrechnen muß, wodurch sie unsere Leidenschaft zum vorteilhaften Urteile für sie geneigt machen, so liegen vornehmlich in dem Gemütscharakter dieses Geschlechts eigentümliche Züge, die es von dem unseren deutlich unterscheiden und die darauf hauptsächlich hinauslaufen, sie durch das Merkmal des S c h ö n e n kenntlich zu machen. Andererseits könnten wir auf die Benennung des e d l e n G e - s c h l e c h t s Anspruch machen, wenn es nicht auch von einer edlen Gemütsart erfordert würde, Ehrennamen abzulehnen und sie lieber zu erteilen als zu empfangen. Hiedurch wird nun nicht verstanden: daß das Frauenzimmer edeler Eigenschaften ermangelte, oder das männliche Geschlecht der Schönheiten gänzlich entbehren müßte, viel-

mehr erwartet man, daß ein jedes Geschlecht beide verein-
bare, doch so, daß von einem Frauenzimmer alle andere
Vorzüge sich nur dazu vereinigen sollen, um den Charakter
des S c h ö n e n zu erhöhen, welcher der eigentliche Bezie-
hungspunkt ist, und dagegen unter den männlichen Eigenschaften das E r h a b e n e als das Kennzeichen seiner Art
deutlich hervorsteche. Hierauf müssen alle Urteile von diesen zwei Gattungen, sowohl die rühmliche als die des Ta-
dels, sich beziehen, alle Erziehung und Unterweisung muß
dieses vor Augen haben und alle Bemühung, die sittliche
Vollkommenheit des einen oder des andern zu befördern,
wo man nicht den reizenden Unterschied unkenntlich machen will, den die Natur zwischen zwei Menschengattun-
gen hat treffen wollen. Denn ist es hier nicht genug sich
vorzustellen, daß man Menschen vor sich habe, man muß
zugleich nicht aus der Acht lassen, daß diese Menschen
nicht von einerlei Art sind.

Das Frauenzimmer hat ein angebornes stärkeres Gefühl
für alles, was schön, zierlich und geschmückt ist. [...] Das
schöne Geschlecht hat eben so wohl Verstand als das
männliche, nur es ist ein s c h ö n e r   V e r s t a n d, der unsri-
ge soll ein t i e f e r   V e r s t a n d sein, welches ein Ausdruck
ist, der einerlei mit dem Erhabenen bedeutet.

Zur Schönheit aller Handlungen gehört vornehmlich,
daß sie Leichtigkeit an sich zeigen und ohne peinliche Bemühung scheinen vollzogen zu werden; dagegen Bestrebungen und überwundene Schwierigkeiten Bewunderung
erregen und zum Erhabenen gehören. Tiefes Nachsinnen
und eine lange fortgesetzte Betrachtung sind edel, aber
schwer und schicken sich nicht wohl für eine Person, bei
der die ungezwungene Reize nichts anders als eine schöne
Natur zeigen sollen. [...] Der schöne Verstand wählt zu seinen Gegenständen alles, was mit dem feineren Gefühl nahe
verwandt ist, und überläßt abstrakte Spekulationen oder
Kenntnisse, die nützlich, aber trocken sind, dem emsigen,
gründlichen und tiefen Verstande.   [...]

Der Inhalt der großen Wissenschaft des Frauenzimmers ist vielmehr der Mensch und unter den Menschen der Mann. Ihre Weltweisheit ist nicht Vernünfteln, sondern Empfinden. Bei der Gelegenheit, die man ihnen geben will ihre schöne Natur auszubilden, muß man dieses Verhältnis jederzeit vor Augen haben. Man wird ihr gesamtes moralisches Gefühl und nicht ihr Gedächtnis zu erweitern suchen und zwar nicht durch allgemeine Regeln, sondern durch einiges Urteil über das Betragen, welches sie um sich sehen. [...]

Die Tugend des Frauenzimmers ist eine s c h ö n e T u - g e n d.[1] Die des männlichen Geschlechts soll eine e d e l e T u g e n d sein. Sie werden das Böse vermeiden, nicht weil es unrecht, sondern weil es häßlich ist, und tugendhafte Handlungen bedeuten bei ihnen solche, die sittlich schön sind. Nichts von Sollen, nichts von Müssen, nichts von Schuldigkeit. Das Frauenzimmer ist aller Befehle und alles mürrischen Zwanges unleidlich. Sie tun etwas nur darum, weil es ihnen so beliebt, und die Kunst besteht darin zu machen, daß ihnen nur dasjenige beliebe, was gut ist. Ich glaube schwerlich, daß das schöne Geschlecht der Grundsätze fähig sei, und ich hoffe dadurch nicht zu beleidigen, denn diese sind auch äußerst selten beim männlichen. Dafür aber hat die Vorsehung in ihren Busen gütige und wohlwollende Empfindungen, ein feines Gefühl für Anständigkeit und eine gefällige Seele gegeben. Man fordere ja nicht Aufopferungen und großmütigen Selbstzwang. [...]

Dem Schönen ist nichts so sehr entgegengesetzt als der Ekel, so wie nichts tiefer unter das Erhabene sinkt als das Lächerliche. Daher kann einem Manne kein Schimpf empfindlicher sein, als daß er ein N a r r, und einem Frauenzimmer, daß sie e k e l h a f t genannt werde. Der englische Zu-

---

1 Diese wurde oben, S. 24 [217], in einem strengen Urteil adoptierte Tugend genannt; hier, da sie um des Geschlechtscharakters willen eine günstige Rechtfertigung verdient, heißt sie überhaupt eine schöne Tugend.

schauer hält dafür: daß einem Manne kein Vorwurf könne gemacht werden, der kränkender sei, als wenn er für einen Lügner, und einem Frauenzimmer kein bittrerer, als wenn sie für unkeusch gehalten wird. Ich will dieses, in so fern es nach der Strenge der Moral beurteilt wird, in seinem Werte lassen. Allein hier ist die Frage nicht, was an sich selbst den größten Tadel verdiene, sondern was wirklich am allerhärtesten empfunden werde. Und da frage ich einen jeden Leser, ob, wenn er sich in Gedanken auf diesen Fall setzt, er nicht meiner Meinung beistimmen müsse.   [...]

Um von diesem Ekelhaften sich so weit als möglich zu entfernen, gehört die R e i n l i c h k e i t, die zwar einem jeden Menschen wohl ansteht, bei dem schönen Geschlechte unter die Tugenden vom ersten Range und kann schwerlich von demselben zu hoch getrieben werden, da sie gleichwohl an einem Manne bisweilen zum Übermaße steigt und alsdann läppisch wird.

Die S c h a m h a f t i g k e i t ist ein Geheimnis der Natur sowohl einer Neigung Schranken zu setzen, die sehr unbändig ist und, indem sie den Ruf der Natur für sich hat, sich immer mit guten, sittlichen Eigenschaften zu vertragen scheint, wenn sie gleich ausschweift. Sie ist demnach als ein Supplement der Grundsätze höchst nötig; denn es gibt keinen Fall, da die Neigung so leicht zum Sophisten wird, gefällige Grundsätze zu erklügeln, als hier. Sie dient aber auch zugleich, um einen geheimnisvollen Vorhang selbst vor die geziemendsten und nötigsten Zwecke der Natur zu ziehen, damit die gar zu gemeine Bekanntschaft mit denselben nicht Ekel oder zum mindesten Gleichgültigkeit veranlasse in Ansehung der Endabsichten eines Triebes, worauf die feinsten und lebhaftesten Neigungen der menschlichen Natur gepfropft sind. Diese Eigenschaft ist dem schönen Geschlecht vorzüglich eigen und ihm sehr anständig.   [...]

Da unsere Absicht ist über Empfindungen zu urteilen, so kann es nicht unangenehm sein die Verschiedenheit des Eindrucks, den die Gestalt und Gesichtszüge des schönen

Geschlechts auf das männliche machen, wo möglich unter Begriffe zu bringen. Diese ganze Bezauberung ist im Grunde über den Geschlechtertrieb verbreitet. Die Natur verfolgt ihre große Absicht, und alle Feinigkeiten, die sich hinzugesellen, sie mögen nun so weit davon abzustehen scheinen, wie sie wollen, sind nur Verbrämungen und entlehnen ihren Reiz doch am Ende aus eben derselben Quelle. Ein gesunder und d e r b e r G e s c h m a c k, der sich jederzeit sehr nahe bei diesem Triebe hält, wird durch die Reize des Anstandes, der Gesichtszüge, der Augen etc. etc. an einem Frauenzimmer wenig angefochten, und indem er eigentlich nur aufs Geschlecht geht, so sieht er mehrenteils die Delikatesse anderer als leere Tändelei an.

Wenn dieser Geschmack gleich nicht fein ist, so ist er deswegen doch nicht zu verachten. Denn der größte Teil der Menschen befolgt vermittelst desselben die große Ordnung der Natur auf eine sehr einfältige und sichere Art. [...] Was den etwas feineren Geschmack anlangt, um dessentwillen es nötig sein möchte einen Unterschied unter den äußerlichen Reizen des Frauenzimmers zu machen, so ist derselbe entweder auf das, was in der Gestalt und dem Ausdrucke des Gesichts m o r a l i s c h ist, oder auf das U n m o r a l i s c h e geheftet. Ein Frauenzimmer wird in Ansehung der Annehmlichkeiten von der letzteren Art h ü b s c h genannt. Ein proportionierlicher Bau, regelmäßige Züge, Farben von Auge und Gesicht, die zierlich abstechen, lauter Schönheiten, die auch an einem Blumenstrauße gefallen und einen kalten Beifall erwerben. Das Gesicht selber sagt nichts, ob es gleich hübsch ist, und redet nicht zum Herzen. Was den Ausdruck der Züge, der Augen und der Mienen anlangt, der moralisch ist, so geht er entweder auf das Gefühl des Erhabenen, oder des Schönen. Ein Frauenzimmer, an welchem die Annehmlichkeiten, die ihrem Geschlecht geziemen, vornehmlich den moralischen Ausdruck des Erhabenen hervorstechen lassen, heißt s c h ö n im eigentlichen Verstande, diejenige, deren moralische Zeichnung, so fern sie in den Mienen oder Gesichtszügen sich kennbar macht, die Eigenschaften des Schönen ankündigt, ist a n n e h m l i c h und, wenn sie es in einem höhern Grade ist, r e i z e n d. [...]

Es können dagegen Personen ohne alles moralische Gefühl und ohne einigen Ausdruck, der auf Empfindungen deutete, sehr hübsch sein, allein sie werden weder rühren noch reizen, es sei denn denjenigen d e r b e n G e s c h m a c k, von dem wir Erwähnung getan haben, welcher sich bisweilen etwas verfeinert und dann nach seiner Art auch wählt. [...]

Man kann nach diesen Begriffen vielleicht etwas von der so verschiedenen Wirkung verstehen, die die Gestalt eben desselben Frauenzimmers auf den Geschmack der Männer tut. Dasjenige, was in diesem Eindrucke sich zu nahe auf den Geschlechtertrieb bezieht und mit dem besondern w o l l ü s t i g e n Wahne, darin sich eines jeden Empfindung einkleidet, einstimmig sein mag, berühre ich nicht, weil es außer dem Bezirke des feinern Geschmackes ist; und es kann vielleicht richtig sein, was der Herr v. Buffon vermutet, daß diejenige Gestalt, die den ersten Eindruck macht, zu der Zeit, wenn dieser Trieb noch neu ist und sich zu entwickeln anfängt, das Urbild bleibe, worauf in der künftigen Zeit alle weibliche Bildungen mehr oder weniger einschlagen müssen, welche die phantastische Sehnsucht rege machen können, dadurch eine ziemlich grobe Neigung unter den verschiedenen Gegenständen eines Geschlechts zu wählen genötigt wird. Was den etwas feineren Geschmack anlangt, so behaupte ich, daß diejenige Art von Schönheit, welche wir die h ü b s c h e G e s t a l t genannt haben, von allen Männern ziemlich gleichförmig beurteilt werde, und daß darüber die Meinungen nicht so verschieden seien, wie man wohl gemeiniglich dafür hält. [...] Wo aber sich in das Urteil über die feine Gestalt dasjenige einmengt, was in den Zügen moralisch ist, so ist der Geschmack bei verschiedenen Mannspersonen jederzeit sehr verschieden, sowohl nachdem ihr sittliches Gefühl selbst unterschieden ist, als auch nach der verschiedenen Bedeutung, die der Ausdruck des Gesichts in eines jeden Wahne haben mag. [...]

Unter diesen Beobachtungen bietet sich ganz natürlich folgende Anmerkung dar. Das ganz einfältige und grobe Gefühl in den Geschlechterneigungen führt zwar sehr grade zum großen Zwecke der Natur, und indem es ihre Forderungen erfüllt, ist es geschickt die Person selbst ohne Umschweife glücklich zu machen, allein um der großen Allgemeinheit willen artet es leichtlich in Ausschweifung und Lüderlichkeit aus. An der anderen Seite dient ein sehr verfeinigter Geschmack zwar dazu, einer ungestümen Neigung die Wildheit zu benehmen und, indem er solche nur auf sehr wenig Gegenstände einschränkt, sie sittsam und anständig zu machen, allein sie verfehlt gemeiniglich die große Endabsicht der Natur, und da sie mehr fordert oder erwartet, als diese gemeiniglich leistet, so pflegt sie die Person von so delikater Empfindung sehr selten glücklich zu machen. Die erstere Gemütsart wird ungeschlacht, weil sie auf alle von einem Geschlechte geht, die zweite grüblerisch, indem sie eigentlich auf keinen geht, sondern nur mit einem Gegenstande beschäftigt ist, den die verliebte Neigung sich in Gedanken schafft und mit allen edlen und schönen Eigenschaften ausziert, welche die Natur selten in einem Menschen vereinigt und noch seltner demjenigen zuführt, der sie schätzen kann und der vielleicht eines solchen Besitzes würdig sein würde. Daher entspringt der Aufschub und endlich die völlige Entsagung auf die eheliche Verbindung, oder, welches vielleicht eben so schlimm ist, eine grämische Reue nach einer getroffenen Wahl, welche die großen Erwartungen nicht erfüllt, die man sich gemacht hatte; denn nicht selten findet der äsopische Hahn eine Perle, welchem ein gemeines Gerstenkorn besser würde geziemt haben.

Wir können hiebei überhaupt bemerken, daß, so reizend auch die Eindrücke des zärtlichen Gefühls sein mögen, man doch Ursache habe in der Verfeinigung desselben behutsam zu sein, wofern wir uns nicht durch übergroße Reizbarkeit nur viel Unmut und eine Quelle von Übel erklügeln wollen. Ich möchte edleren Seelen wohl vorschlagen, das Gefühl in Ansehung der Eigenschaften, die ihnen selbst zukommen, oder der Handlungen, die sie selber tun, so sehr zu verfeinern, als sie können, dagegen in Ansehung dessen, was sie genießen, oder von andern erwarten, den Geschmack in seiner Einfalt zu erhalten: wenn ich nur einsähe, wie dieses zu leisten möglich sei. In dem Falle aber, daß es anginge, würden sie andere glücklich machen und auch selbst glücklich sein. Es ist niemals aus den Augen zu lassen: daß, in welcher Art es auch sei, man keine sehr hohe Ansprüche auf die Glückseligkeiten des Lebens und die Vollkommenheit der Menschen machen müsse; denn derjenige, welcher jederzeit nur etwas Mittelmäßiges erwartet, hat den Vorteil, daß der Erfolg selten seine Hoffnung widerlegt, dagegen bisweilen ihn auch wohl unvermutete Vollkommenheiten überraschen. [...]

Damit ich meinen Text nicht aus den Augen verliere, so will ich noch einige Betrachtungen über den Einfluß anstellen, den ein Geschlecht aufs andere haben kann, dessen Gefühl zu verschöneren oder zu veredlen. Das Frauenzimmer hat ein vorzügliches Gefühl für das S c h ö n e, so fern es i h n e n   s e l b s t zukommt, aber für das E d l e, in so weit es am m ä n n l i c h e n   G e s c h l e c h t e angetroffen wird. Der Mann dagegen hat ein entschiedenes Gefühl für das E d l e, was zu s e i n e n Eigenschaften gehört, für das S c h ö n e aber, in so fern es an dem F r a u e n z i m m e r anzutreffen ist. Daraus muß folgen, daß die Zwecke der Natur darauf gehen, den Mann durch die Geschlechterneigung noch mehr zu v e r e d l e n und das Frauenzimmer durch eben dieselbe noch mehr zu v e r s c h ö n e r n. Ein Frauenzimmer ist darüber wenig verlegen, daß sie gewisse hohe Einsichten nicht besitzt, daß sie furchtsam und zu wichtigen Geschäften nicht auferlegt ist etc. etc., sie ist schön und nimmt ein, und das ist genug. Dagegen fordert sie alle diese Eigenschaften am Manne, und die Erhabenheit ihrer Seele zeigt sich nur darin, daß sie diese edle Eigenschaften zu schätzen weiß, so fern sie bei ihm anzutreffen sind. Wie würde es sonst wohl möglich sein, daß so viel männliche Fratzengesichter, ob sie gleich Verdienste besitzen mögen, so artige und feine Frauen bekommen könnten! Dagegen ist der Mann viel delikater in Ansehung der schönen Reize des Frauenzimmers. Er ist durch die feine Gestalt desselben, die muntere Naivetät und die reizende Freundlichkeit genugsam schadlos gehalten wegen des Mangels von Büchergelehrsamkeit und wegen anderer Mängel, die er durch seine eigene Talente ersetzen muß. Eitelkeit und Moden können wohl diesen natürlichen Trieben eine falsche Richtung geben und aus mancher Mannsperson einen süßen Herren, aus dem Frauenzimmer aber eine Pedantin oder Amazone machen, allein die Natur sucht doch jederzeit zu ihrer Ordnung zurückzuführen. Man kann daraus urteilen, welche mächtige Einflüsse die Geschlechterneigung vornehmlich auf das männliche Geschlecht haben könnte, um es zu veredeln, wenn anstatt vieler trockenen Unterweisungen das moralische Gefühl des Frauenzimmers zeitig entwickelt würde, um dasjenige gehörig zu empfinden, was zu der Würde und den erhabenen Eigenschaften des anderen Geschlechts gehört, und dadurch vorbereitet würde, den läppischen Zieraffen mit Verachtung anzusehen und sich keinen andern Eigenschaften als den Verdiensten zu ergeben. Es ist auch gewiß, daß die Gewalt ihrer Reize dadurch überhaupt gewinnen würde; denn es zeigt sich, daß die Bezauberung derselben mehrenteils nur auf edlere Seelen wirke, die andere sind nicht fein genug, sie zu empfinden. [...] Es liegt am meisten daran, daß der Mann als Mann vollkommner werde und die Frau als ein Weib, d. i. daß die Triebfedern der Geschlechterneigung dem Winke der Natur gemäß wirken, den einen noch mehr zu veredeln und die Eigenschaften der andern zu verschönern. Wenn alles aufs Äußerste kommt, so wird der Mann, dreist auf seine Ver-

dienste, sagen können: Wenn ihr mich gleich nicht
liebt, so will ich euch zwingen mich hoch-
zuachten, und das Frauenzimmer, sicher der Macht ihrer
Reize, wird antworten: Wenn ihr uns gleich nicht
innerlich hochschätzet, so zwingen wir euch
doch uns zu lieben. In Ermangelung solcher Grundsätze sieht man Männer Weiblichkeiten annehmen, um zu
gefallen, und Frauenzimmer bisweilen (wiewohl viel seltner) einen männlichen Anstand künsteln, um Hochachtung
einzuflößen; was man aber wider den Dank der Natur
macht, das macht man jederzeit sehr schlecht.

In dem ehelichen Leben soll das vereinigte Paar gleichsam eine einzige moralische Person ausmachen, welche
durch den Verstand des Mannes und den Geschmack der
Frauen belebt und regiert wird. Denn nicht allein daß man
jenem mehr auf Erfahrung gegründete Einsicht, diesem
aber mehr Freiheit und Richtigkeit in der Empfindung zutrauen kann, so ist eine Gemütsart, je erhabener sie ist,
auch um desto geneigter die größte Absicht der Bemühungen in der Zufriedenheit eines geliebten Gegenstandes zu
setzen, und andererseits je schöner sie ist, desto mehr sucht
sie durch Gefälligkeit diese Bemühung zu erwidern. Es ist
also in einem solchen Verhältnisse ein Vorzugsstreit läppisch und, wo er sich eräugnet, das sicherste Merkmal eines
plumpen oder ungleich gepaarten Geschmackes. Wenn es
dahin kommt, daß die Rede vom Rechte des Befehlshabers
ist, so ist die Sache schon äußerst verderbt; denn wo die
ganze Verbindung eigentlich nur auf Neigung errichtet ist,
da ist sie schon halb zerrissen, so bald sich das Sollen anfängt hören zu lassen. Die Anmaßung des Frauenzimmers
in diesem harten Tone ist äußerst häßlich und des Mannes
im höchsten Grade unedel und verächtlich. Indessen bringt
es die weise Ordnung der Dinge so mit sich: daß alle diese Feinigkeiten und Zärtlichkeiten der Empfindung nur
im Anfange ihre ganze Stärke haben, in der Folge aber
durch Gemeinschaft und häusliche Angelegenheit allmäh-

lig stumpfer werden und dann in vertrauliche Liebe ausarten, wo endlich die große Kunst darin besteht, noch genugsame Reste von jenen zu erhalten, damit Gleichgültigkeit und Überdruß nicht den ganzen Wert des Vergnügens aufheben, um dessentwillen es einzig und allein verlohnt hat eine solche Verbindung einzugehen.

D.: Immanuel Kant: Beobachtungen über das Gefühl des Schönen und Erhabenen. In: I. K.: Gesammelte Schriften. Hrsg. von der Königlich Preußischen Akademie der Wissenschaften. Abt. 1: Werke. Bd. 2: Vorkritische Schriften II. 1757–1777. Berlin: Reimer, 1912. S. 228–243. (Dritter Abschnitt.) – Die Orthographie wurde modernisiert.

Das *commercium sexuale*
und die Würde des Menschen:
Immanuel Kant

Am Maßstab des kritisch-transzendentalen Idealismus erweist sich der für Kants frühe moralphilosophische Schrift *Beobachtungen über das Gefühl des Schönen und Erhabenen* (1764) bestimmende theoretisch-anthropologische Zugang zur Natur des Menschen als inadäquat: eine moralphilosophische Untersuchung gehört in das Gebiet der praktischen Philosophie. Die strikte Scheidung zwischen theoretischer und praktischer Philosophie – für das Gebiet der ersteren ist der Verstand gesetzgebend, während das Gebiet der praktischen Philosophie durch die Gesetzgebung der Vernunft begrenzt wird – ist dem vorkritischen Kant noch fremd. Auf der Grundlage dieser kritischen Grenzziehung verlieren die auf empirischem Wege gewonnenen anthropologischen Kenntnisse über die menschliche Natur, insbesondere der Rückgriff auf gängige, die Inferiorität der Frau charakterisierende Geschlechterstereotype, innerhalb der Moralphilosophie ihren Geltungsanspruch. Die in der *Metaphysik der Sitten* (1797) – der systematischen Gestalt der als reine Vernunftwissenschaft konzipierten Moralphilosophie – entwickelte Rechtslehre schafft in ihrem ersten Teil, dem Privatrecht, die Grundlagen für ein Eherecht, das die strikte Gleichheit zwischen Mann und Frau begründet. Daß freilich die Reziprozität auf das interne Verhältnis zwischen den Geschlechtspartnern beschränkt bleibt, zeigt der zweite Teil der Rechtslehre, das Staatsrecht: hier spricht Kant den Frauen das aktive Staatsbürgerrecht ab.

Im Mittelpunkt der Kantischen Moralphilosophie steht der Gedanke der Autonomie, der Selbstgesetzgebung der reinen praktischen Vernunft: daß reine Vernunft, d. i. die bloße Idee der Gesetzmäßigkeit, einen praktischen, also zur Willensbestimmung hinreichenden Grund enthalten kann, manifestiert sich für den Menschen als einem nach Antrieben der Sinnlichkeit handelnden Naturwesen im Begriff der Pflicht als einer Handlung, die schlechthin geboten, d. i. durch Vernunft unbedingt notwendig gemacht wird.

Im Hinblick auf die Triebfedern des Handelns entwickelt Kant sein Lehrstück von der doppelten, d. i. ethischen und juridischen Gesetzgebung der Vernunft: Die E t h i k gebietet, die Idee der Pflicht selber zum Bewegrund des Handelns zu machen. Das R e c h t hingegen läßt andere Bestimmungsgründe als die Idee der Pflicht zu, etwa die Furcht vor Sanktionen; einem Verhalten, das die bloß äußere Übereinstimmung von Handlung und Gesetz aufweist, kommt demnach auch nur Legalität zu. Weil die juridische Gesetzgebung die Idee der Pflicht als Triebfeder des gesetzlich Geforderten nicht gebietet, also die Antriebsmotivation unbestimmt läßt, kann an die Stelle des inneren Beweggrundes der Pflicht der äußere des Zwangs treten. Und da nur die äußere Konformität der Handlung mit dem Gesetz erzwungen werden kann, erstreckt sich die rechtliche Gesetzgebung der Vernunft nur auf den äußeren Gebrauch der Handlungsfreiheit.

Das Recht schränkt den individuellen Freiheitsgebrauch eines jeden auf die Bedingungen seiner Zusammenstimmung mit dem aller übrigen ein; es ist »der Inbegriff der Bedingungen, unter denen die Willkür des einen mit der Willkür des anderen nach einem allgemeinen Gesetz der Freiheit zusammen vereinigt werden kann« (230)[1]. Freiheit nach Maßgabe des Rechtsgesetzes der Vernunft ist zugleich das »einzige, ursprüngliche, jedem Menschen kraft seiner Menschheit zustehende Recht« (237).

---

1 Soweit der im folgenden abgedruckte Quellentext die in der Einleitung zitierten Textstellen nicht enthält, werden diese nach folgender Ausgabe zitiert: Immanuel Kant, *Gesammelte Schriften*, hrsg. von der Königlich Preußischen Akademie der Wissenschaften, Abt. 1, Bd. 6, Berlin 1907. Die Seitenangaben, die sich auf im vorliegenden Band abgedruckte Textausschnitte beziehen, sind kursiv gesetzt.

Die jedermann nach dem Menschenrecht der Freiheit ursprünglich zugehörige Freiheitssphäre umfaßt auch Gegenstände, solche nämlich, die der Person unmittelbar körperlich verbunden sind, in deren physischem Besitz sie sich befinden und die mithin dem Bereich des »inneren oder angeborenen Meinen« zugehören. Das 1. Hauptstück der Privatrechtslehre nun handelt vom »rechtlich Meinen«; es bestimmt die Art, etwas Äußeres als das Seine zu haben, bezieht sich also auf Gegenstände, die jenseits des Bereichs der ursprünglichen Freiheitssphäre liegen und deren bloß rechtlicher Besitz die Person befugt, jeden anderen vom nicht genehmigten Gebrauch der von ihr besessenen Gegenstände auszuschließen. Nun kann ich in den rechtlichen Besitz äußerer Gegenstände nur gelangen, wenn ich sie erwerbe, denn alles, was ursprünglich mein ist, gehört dem Bereich des inneren Meinen an. Das 2. Hauptstück der Privatrechtslehre handelt daher von der Art, etwas Äußeres zu dem Meinen zu machen.

Kant unterscheidet drei Erwerbsarten, die den Klassen möglicher äußerer Willkürgegenstände entsprechen: ich erwerbe einen Gegenstand meiner Willkür entweder als Sache (Sachenrecht) oder als Leistung eines anderen (persönliches Recht) oder schließlich als Zustand einer anderen Person im Verhältnis zu mir. Diese dritte Erwerbsart, das auf »dingliche Art persönliche Recht«, kombiniert Sachen- und Vertragsrecht und wird von Kant als Rechtsform der häuslichen Gemeinschaft entwickelt. Da diese aus drei Gliedegemeinschaften besteht, untergliedert sich die dritte Erwerbsart in Ehe-, Eltern- und Hausherrenrecht.

Kants Bestimmung der Ehe als »Verbindung zweier Personen verschiedenen Geschlechts zum lebenswierigen wechselseitigen Besitz ihrer Geschlechtseigenschaften« (217) ist wegen der kruden Reduktion auf die natürliche Geschlechtsgemeinschaft zumeist auf entrüstete Kritik gestoßen. Indes stellt allein der nüchterne Blick auf das *commercium sexuale* jenes menschheitsrechtliche Problem vor

Augen, als dessen Lösung Kant die Rechtsform der Ehe entwickelt.

Indem sich nämlich zwei Personen verschiedenen Geschlechts zum wechselseitigen Gebrauch ihrer Geschlechtsorgane hingeben, machen sie sich zur Sache, kränken sie mithin das ihnen als Personen zukommende Recht der Menschheit. Gegenüber dieser wechselseitigen Verletzung der menschheitsrechtlichen Würde der Person kann der Naturzweck der Gattungserhaltung nicht ins Feld geführt werden, denn die Rechtsvernunft läßt Zweckerwägungen nicht zu. Es lassen sich aber auch die Geschlechtsorgane und deren Gebrauchseigenschaften vom Körperganzen nicht isolieren, so daß, indem die Personen sich wechselseitig den Gebrauch und Genuß ihrer Geschlechtsorgane einräumen würden, die Integrität der Persönlichkeit gewahrt bliebe; denn der menschliche Körper, das angeborene Mein, ist der Person nicht äußerlich und deshalb nicht teilbar.[2] Soll also die geschlechtliche Vereinigung den rechtlichen Regeln des Freiheitsgebrauchs unterstellt werden, müssen die Personen einander erwerben, denn die Bedingung des Gebrauchs einer Sache ist ihr Besitz, und diese wechselseitige Erwerbung muß sich auf die ganze Person erstrecken.

Durch die eherechtliche Erwerbung gehen beide Personen ein lebenswieriges Besitzverhältnis aneinander ein, in dem ein jeder Besitzer und Besitzgegenstand, Person und Sache zumal ist. In dieser Gemeinschaft ist die Trennung der ursprünglich je eignen Freiheitssphären aufgehoben; beide Personen bilden die Einheit eines Willens, und diese Willensgemeinschaft ist die notwendige Bedingung für die mit dem Menschenrecht der Freiheit übereinstimmende Geschlechtsgemeinschaft.

Nach außen freilich, d. h. gegenüber den anderen Privatrechtssubjekten und deren Gemeinschaft als Staatsbürger wird dieser gemeinschaftliche Wille durch den Mann, d. i.

2 Zur Übertragung der Einheit der Person auf die des Körpers vgl. Siep, S 97.

den Hausherrrn vertreten. Dieser nämlich hat mit der Gründung der häuslichen Gemeinschaft seine ökonomische Selbständigkeit unter Beweis gestellt: es ist dies die Qualität, aufgrund derer ihm der Status der bürgerlichen Persönlichkeit zukommt. Allen Unselbständigen hingegen, das sind diejenigen, die nach der Verfügung anderer ihre Existenz erhalten, – aufgrund ihrer natürlichen Geschlechtsqualität – allen Frauen bleibt der Status des aktiven Staatsbürgers verwehrt.

Sabine Doyé

Literaturhinweise

Ebbinghaus, Julius: Über den Grund der Notwendigkeit der Ehe. In: J. E.: Gesammelte Schriften. Bd. 1: Sittlichkeit und Recht. Bonn 1986. S. 47–94.

Horn, Adam: Immanuel Kants ethische-rechtliche Eheauffassung. Mit einem Nachw. von Hariolf Oberer hrsg. von M. Kleinschnieder. Würzburg 1991. (Nachdr. der Ausg. Düsseldorf 1936.)

Jauch, Ursula Pia: Kant zur Geschlechterdifferenz. Wien 1989.

Kersting, Wolfgang: Wohlgeordnete Freiheit. Immanuel Kants Rechts- und Staatsphilosophie. Frankfurt a. M. 1993.

Schott, Robin May (Hrsg.): Feminist Interpretations of Immanuel Kant. University Park (Pa.) 1997.

Siep, Ludwig: Praktische Philosophie im Deutschen Idealismus. Frankfurt a. M. 1992.

Die Metaphysik der Sitten

[1797]

Erster Teil. Metaphysische Anfangsgründe der Rechtslehre

1. Teil: Das Privatrecht

§ 22

Dieses Recht ist das des Besitzes eines äußeren Gegenstandes als einer Sache und des Gebrauchs desselben als einer Person. – Das Mein und Dein nach diesem Recht ist das häusliche, und das Verhältnis in diesem Zustande ist das der Gemeinschaft freier Wesen, die durch den wechselseitigen Einfluß (der Person des einen auf das andere) nach dem Prinzip der äußeren Freiheit (Kausalität) eine Gesellschaft von Gliedern eines Ganzen (in Gemeinschaft stehender Personen) ausmachen, welches das Hauswesen heißt. – Die Erwerbungsart dieses Zustandes und in demselben geschieht weder durch eigenmächtige Tat (*facto*), noch durch bloßen Vertrag (*pacto*), sondern durchs Gesetz (*lege*), welches, weil es kein Recht in einer Sache, auch nicht ein bloßes Recht gegen eine Person, sondern auch ein Besitz derselben zugleich ist, ein über alles Sachen- und persönliche hinaus liegendes Recht, nämlich das Recht der Menschheit in unserer eigenen Person sein muß, welches ein natürliches Erlaubnisgesetz zur Folge hat, durch dessen Gunst uns eine solche Erwerbung möglich ist.

§ 23

Die Erwerbung nach diesem Gesetz ist dem Gegenstande nach dreierlei: Der Mann erwirbt ein Weib, das Paar

erwirbt K i n d e r und die F a m i l i e Gesinde. – Alles
dieses Erwerbliche ist zugleich unveräußerlich und das
Recht des Besitzers dieser Gegenstände das a l l e r p e r -
s ö n l i c h s t e .

Des Rechts der häuslichen Gesellschaft

erster Titel:

Das Eherecht

§ 24

G e s c h l e c h t s g e m e i n s c h a f t (*commercium sexuale*) ist
der wechselseitige Gebrauch, den ein Mensch von eines
anderen Geschlechtsorganen und Vermögen macht (*usus
membrorum et facultatum sexualium alterius*), und entweder ein n a t ü r l i c h e r (wodurch seines Gleichen erzeugt
werden kann), oder u n n a t ü r l i c h e r Gebrauch und dieser entweder an einer Person ebendesselben Geschlechts,
oder einem Tiere von einer anderen als der Menschen-Gat-
tung; welche Übertretungen der Gesetze, unnatürliche Laster (*crimina carnis contra naturam*), die auch unnennbar
heißen, als Läsion der Menschheit in unserer eigenen Person durch gar keine Einschränkungen und Ausnahmen wider die gänzliche Verwerfung gerettet werden können.

Die natürliche Geschlechtsgemeinschaft ist nun entweder
die nach der bloßen tierischen N a t u r (*vaga libido, venus
volgivaga, fornicatio*), oder nach dem G e s e t z . – Die letztere ist die E h e (*matrimonium*), d. i. die Verbindung zweier Personen verschiedenen Geschlechts zum lebenswirigen
wechselseitigen Besitz ihrer Geschlechtseigenschaften. –
Der Zweck, Kinder zu erzeugen und zu erziehen, mag immer ein Zweck der Natur sein, zu welchem sie die Neigung
der Geschlechter gegeneinander einpflanzte; aber daß der
Mensch, der sich verehlicht, diesen Zweck sich vorsetzen

müsse, wird zur Rechtmäßigkeit dieser seiner Verbindung nicht erfordert; denn sonst würde, wenn das Kinderzeugen aufhört, die Ehe sich zugleich von selbst auflösen.

Es ist nämlich, auch unter Voraussetzung der Lust zum wechselseitigen Gebrauch ihrer Geschlechtseigenschaften, der Ehevertrag kein beliebiger, sondern durchs Gesetz der Menschheit notwendiger Vertrag, d. i. wenn Mann und Weib einander ihren Geschlechtseigenschaften nach wechselseitig genießen wollen, so müssen sie sich notwendig verehlichen, und dieses ist nach Rechtsgesetzen der reinen Vernunft notwendig.

§ 25

Denn der natürliche Gebrauch, den ein Geschlecht von den Geschlechtsorganen des anderen macht, ist ein G e n u ß, zu dem sich ein Teil dem anderen hingibt. In diesem Akt macht sich ein Mensch selbst zur Sache, welches dem Rechte der Menschheit an seiner eigenen Person widerstreitet. Nur unter der einzigen Bedingung ist dieses möglich, daß, indem die eine Person von der anderen g l e i c h a l s S a c h e erworben wird, diese gegenseitig wiederum jene erwerbe; denn so gewinnt sie wiederum sich selbst und stellt ihre Persönlichkeit wieder her. Es ist aber der Erwerb eines Gliedmaßes am Menschen zugleich Erwerbung der ganzen Person, – weil diese eine absolute Einheit ist; – folglich ist die Hingebung und Annehmung eines Geschlechts zum Genuß des andern nicht allein unter der Bedingung der Ehe zulässig, sondern auch a l l e i n unter derselben möglich. Daß aber dieses p e r s ö n l i c h e R e c h t es doch zugleich a u f d i n g l i c h e A r t sei, gründet sich darauf, weil, wenn eines der Eheleute sich verlaufen, oder sich in eines Anderen Besitz gegeben hat, das andere es jederzeit und unweigerlich gleich als eine Sache in seine Gewalt zurückzubringen berechtigt ist.

§ 26

Aus denselben Gründen ist das Verhältnis der Verehlichten ein Verhältnis der Gleichheit des Besitzes, sowohl der Personen, die einander wechselseitig besitzen (folglich nur in Monogamie, denn in einer Polygamie gewinnt die Person, die sich weggibt, nur einen Teil desjenigen, dem sie ganz anheim fällt, und macht sich also zur bloßen Sache), als auch der Glücksgüter, wobei sie doch die Befugnis haben, sich, obgleich nur durch einen besonderen Vertrag, des Gebrauchs eines Teils derselben zu begeben.

Daß der Konkubinat keines zu Recht beständigen Kontrakts fähig sei, so wenig als die Verdingung einer Person zum einmaligen Genuß (*pactum fornicationis*), folgt aus dem obigen Grunde. Denn was den letzteren Vertrag betrifft: so wird jedermann gestehen, daß die Person, welche ihn geschlossen hat, zur Erfüllung ihres Versprechen rechtlich nicht angehalten werden könnte, wenn es ihr gereuete; und so fällt auch der erstere, nämlich der des Konkubinats, (als *pactum turpe*) weg, weil dieser ein Kontrakt der Verdingung (*locatio-conductio*) sein würde und zwar eines Gliedmaßes zum Gebrauch eines Anderen, mithin wegen der unzertrennlichen Einheit der Glieder an einer Person diese sich selbst als Sache der Willkür des Anderen hingeben würde; daher jeder Teil den eingegangenen Vertrag mit dem anderen aufheben kann, so bald es ihm beliebt, ohne daß der andere über Läsion seines Rechts gegründete Beschwerde führen kann. – Eben dasselbe gilt auch von der Ehe an der linken Hand, um die Ungleichheit des Standes beider Teile zur größeren Herrschaft des einen Teils über den anderen zu benutzen; denn in der Tat ist sie nach dem bloßen Naturrecht vom Konkubinat nicht unterschieden und keine wahre Ehe. – Wenn daher die Frage ist: ob es auch der Gleichheit der Verehlichten als solcher widerstreite, wenn das Gesetz von dem Manne in Verhältnis auf das Weib sagt: er soll dein Herr (er der befehlende, sie der gehorchende Teil) sein, so kann dieses nicht als der natürlichen Gleichheit eines Menschenpaares widerstreitend angesehen werden, wenn dieser Herrschaft nur die natürliche Überlegenheit des Vermögens des Mannes über das weibliche in Bewirkung des gemeinschaftlichen Interesse des Hauswesens und des darauf gegründeten Rechts zum Befehl zum Grunde liegt, welches daher selbst aus der Pflicht der Einheit und Gleichheit in Ansehung des Z w e c k s abgeleitet werden kann.

§ 27

Der Ehe-Vertrag wird nur d u r c h e h e l i c h e B e i w o h - n u n g (*copula carnalis*) v o l l z o g e n. Ein Vertrag zweier Personen beiderlei Geschlechts mit dem geheimen Einverständnis entweder sich der fleischlichen Gemeinschaft zu enthalten, oder mit dem Bewußtsein eines oder beider Teile, dazu unvermögend zu sein, ist ein s i m u l i e r t e r Ver - t r a g und stiftet keine Ehe; kann auch durch jeden von beiden nach Belieben aufgelöset werden. Tritt aber das Unvermögen nur nachher ein, so kann jenes Recht durch diesen unverschuldeten Zufall nichts einbüßen.

Die E r w e r b u n g einer Gattin oder eines Gatten geschieht also nicht *facto* (durch die Beiwohnung) ohne vorhergehenden Vertrag, auch nicht *pacto* (durch den bloßen ehelichen Vertrag ohne nachfolgende Beiwohnung), sondern nur *lege*: d. i. als rechtliche Folge aus der Verbindlichkeit in eine Geschlechtsverbindung nicht anders, als vermittelst des wechselseitigen B e s i t z e s der Personen, als welcher nur durch den gleichfalls wechselseitigen Gebrauch ihrer Geschlechtseigentümlichkeiten seine Wirklichkeit erhält, zu treten.

———

§ 46

Die gesetzgebende Gewalt kann nur dem vereinigten Willen des Volkes zukommen. Denn da von ihr alles Recht ausgehen soll, so muß sie durch ihr Gesetz schlechterdings niemand unrecht tun k ö n n e n. Nun ist es, wenn jemand etwas gegen einen A n d e r e n verfügt, immer möglich, daß er ihm dadurch unrecht tue, nie aber in dem, was er über sich selbst beschließt (denn *volenti non fit iniuria*). Also kann nur der übereinstimmende und vereinigte Wille Aller, so fern ein jeder über Alle und Alle über einen jeden ebendasselbe beschließen, mithin nur der allgemein vereinigte Volkswille gesetzgebend sein.

Die zur Gesetzgebung vereinigten Glieder einer solchen Gesellschaft (*societas civilis*), d. i. eines Staats, heißen S t a a t s b ü r g e r (*cives*), und die rechtlichen, von ihrem Wesen (als solchem) unabtrennlichen Attribute derselben sind gesetzliche F r e i h e i t, keinem anderen Gesetz zu gehorchen, als zu welchem er seine Beistimmung gegeben hat; bürgerliche G l e i c h h e i t, keinen Oberen im Vol k in Ansehung seiner zu erkennen, als nur einen solchen, den er eben so rechtlich zu verbinden das moralische Vermögen hat, als dieser ihn verbinden kann; drittens das Attribut der bürgerlichen S e l b s t s t ä n d i g k e i t, seine Existenz und Erhaltung nicht der Willkür eines Anderen im Volke, sondern seinen eigenen Rechten und Kräften als Glied des gemeinen Wesens verdanken zu können, folglich die bürgerliche Persönlichkeit, in Rechtsangelegenheiten durch keinen Anderen vorgestellt werden zu dürfen.

Nur die Fähigkeit der Stimmgebung macht die Qualifikation zum Staatsbürger aus; jene aber setzt die Selbstständigkeit dessen im Volk voraus, der nicht bloß Teil des gemeinen Wesens, sondern auch Glied desselben, d. i. aus eigener Willkür in Gemeinschaft mit anderen handelnder Teil desselben, sein will. Die letztere Qualität macht aber die Unterscheidung des aktiven vom passiven Staatsbürger notwendig, obgleich der Begriff des letzteren mit der Erklärung des Begriffs von einem Staatsbürger überhaupt im Widerspruch zu stehen scheint. – Folgende Beispiele können dazu dienen, diese Schwierigkeit zu heben: Der Geselle bei einem Kaufmann oder bei einem Handwerker; der Dienstbote (nicht der im Dienste des Staats steht); der Unmündige (*naturaliter vel civiliter*); alles Frauenzimmer und überhaupt jedermann, der nicht nach eigenem Betrieb, sondern nach der Verfügung Anderer (außer der des Staats) genötigt ist, seine Existenz (Nahrung und Schutz) zu erhalten, entbehrt der bürgerlichen Persönlichkeit, und seine Existenz ist gleichsam nur Inhärenz. – Der Holzhacker, den ich auf meinem Hofe anstelle, der Schmied in Indien, der mit seinem Hammer, Ambos und Blasbalg in die Häuser geht, um da in Eisen zu arbeiten, in Vergleichung mit dem europäischen Tischler oder Schmied, der die Produkte aus dieser Arbeit als Ware öffentlich feil stellen kann; der Hauslehrer in Vergleichung mit dem Schulmann, der Zinsbauer in Vergleichung mit dem Pächter u. dergl. sind bloß Handlanger des gemeinen Wesens, weil sie von anderen Individuen befehligt oder beschützt werden müssen, mithin keine bürgerliche Selbstständigkeit besitzen.

Diese Abhängigkeit von dem Willen Anderer und Ungleichheit ist gleichwohl keinesweges der Freiheit und Gleichheit derselben als Menschen, die zusammen ein Volk ausmachen, entgegen: vielmehr kann bloß den Bedingungen derselben gemäß dieses Volk ein Staat werden und in eine bürgerliche Verfassung eintreten. In dieser Verfassung aber das Recht der Stimmgebung zu haben, d. i. Staatsbürger, nicht bloß Staatsgenosse zu sein, dazu qualifizieren sich nicht alle

mit gleichem Recht. Denn daraus, daß sie fordern können, von allen Anderen nach Gesetzen der natürlichen
Freiheit und Gleichheit als passive Teile des Staats
behandelt zu werden, folgt nicht das Recht, auch als
aktive Glieder den Staat selbst zu behandeln, zu or-
ganisieren oder zu Einführung gewisser Gesetze mit-
zuwirken: sondern nur daß, welcherlei Art die positiven Gesetze, wozu sie stimmen, auch sein möchten, sie
doch den natürlichen der Freiheit und der dieser angemessenen Gleichheit Aller im Volk, sich nämlich aus
diesem passiven Zustande zu dem aktiven empor arbeiten zu können, nicht zuwider sein müssen.

D: Immanuel Kant: Die Metaphysik der Sitten. In: I. K.: Gesammelte Schriften. Hrsg. von der Königlich Preußischen Akademie
der Wissenschaften. Abt. 1: Werke. Bd. 6: Die Religion innerhalb der Grenzen der bloßen Vernunft. Die Metaphysik der Sitten. Berlin: Reimer, 1912. S. 276–280. (Der Rechtslehre Erster
Teil. Das Privatrecht / Dritter Abschnitt. Von dem auf dingliche
Art persönlichen Recht.) – §§ 22–27. (Der Rechtslehre Zweiter
Teil. Das öffentliche Recht / Erster Abschnitt. Das Staatsrecht.
§ 46.) – Die Orthographie wurde modernisiert.

Ehe als vollkommene Vereinigung:
Johann Gottlieb Fichte

Das 1795 in einem Brief an seinen Verleger Cotta angekündigte Projekt Fichtes, eine gründliche Abhandlung zum Problem der Ordnung der Geschlechter abzufassen, wurde nicht realisiert. Immerhin hat Fichte seine in Auseinandersetzung mit der zeitgenössischen Geschlechterdebatte entwickelte Position in den Jenaer Schriften *Grundlage des Naturrechts* (1796) und *System der Sittenlehre* (1798) in Grundzügen dargestellt. Ausgewählt wurde hier die frühere, grundlegende und ausführlichere Abhandlung zum Eherecht, die Fichte in der *Grundlage des Naturrechts* vorgelegt hat.

Diese Schrift ist Fichtes erste systematische Darstellung der Rechtsphilosophie. Nach Fichte ist die Philosophie überhaupt Wissenschaftslehre, d. h. systematische Darstellung und Begründung aller Gebiete des Wissens aus ersten Prinzipien. Oberstes Prinzip, erster Anfangsgrund allen Wissens ist das in intellektueller Anschauung zugängliche absolute Ich.

Auch der Grundbegriff der Rechtsphilosophie, der des Rechts, muß in Fichtes System durch Deduktion aus diesem Prinzip gewonnen werden, d. h., es ist zu erweisen, daß der Begriff des Rechts notwendige Bedingung des Selbstbewußtseins ist. Um den Gang der Deduktion ansatzweise nachvollziehen zu können, genügt folgendes: Das Ich denkt sich notwendig als wollend, d. h. als freie Selbstbestimmung zur Wirksamkeit. Wenn das Ich sich aber zugleich notwendig immer schon als durch Objekte bestimmtes erfährt, scheint es ihm unmöglich zu sein, sich als ursprünglicher Selbstanfang erfassen zu können. Fichtes originelle, die Philosophie der Intersubjektivität begründende Lösung des Problems liegt im Gedanken der Aufforderung: Wenn das bestimmende Objekt nichts anderes ist als an das Ich erge-

hende Aufforderung zur freien Selbstbestimmung, kann das
Ich als in der Zeit durch ein Objekt bestimmtes sich gleichwohl im Modus des ursprünglichen Selbstanfangs zur Erfahrung bringen. Bedingung der Möglichkeit dieser Aufforderung ist die wechselseitige Anerkennung der Subjekte als
Vernunftwesen, d. h. als Zwecke setzende Wesen. Anderen
eine Sphäre der Freiheit zuzuerkennen, impliziert, die eigene Freiheitssphäre als beschränkt zu denken und in der
Konsequenz aktiv zu beschränken. Das Verhältnis wechselseitiger Freiheitsbeschränkung ist das Rechtsverhältnis.[1]
Anders als für Kant enthält der Gedanke des Rechts für
Fichte kein kategorisches Sollen; seine Freiheitssphäre zu
beschränken, ist nur hypothetisch gefordert, unter der Bedingung nämlich, daß der andere die seinige einschränkt.

Im ersten Abschnitt des Eherechts geht es darum, die
Ehe als eine spezifische Form der Gesellschaft zu deduzie-
ren, und d. h. für Fichte, als notwendige Bedingung des
Selbstbewußtseins zu erweisen. Erst mit diesem Schritt
wird auch die Notwendigkeit dieser besonderen Rechtsform begründet.

Für Fichte ist die Ehe eine durch Natur und Vernunft
zugleich, genauer in deren Vereinigung notwendige Gesellschaft von Mann und Frau, die ihr eigener Zweck ist.

Zur Erreichung des Naturzwecks der Fortpflanzung ist
allein das *commercium sexuale,* nicht aber die Ehe erforderlich. Daß die Natur das Eheverhältnis notwendig macht, ist
also nicht aus dem Zweck der Fortpflanzung zu begreifen;
es ist vielmehr die Differenz der Geschlechter im Akt der
Zeugung, die die Notwendigkeit des Eheverhältnisses begründet: die Frau ist passiv, der Mann aktiv, d. h., die Frau
liefert bloß den Stoff zur Entstehung neuer Lebewesen, der
Mann aber steuert das bewegende Prinzip bei. Diese Differenz führt bezüglich der Sexualität der Frau zu einem kras-

---

1 Vgl. J. G. Fichte, *Grundlage des Naturrechts,* in: J. G. F., *Gesamtausgabe der
bayerischen Akademie der Wissenschaften,* hrsg. von Reinhard Lauth und Hans
Gliwitzky. Bd. 4: *Werke 1797–1798.* Stuttgart-Bad Cannstatt 1970, S. 52.

sen Widerspruch: die qua Vernunftwesen auf selbstbestimmte Selbstverwirklichung gerichtete Frau kann den
Naturzweck reiner Passivität nicht wollen. Die Auflösung
dieses Widerspruchs ist nicht durch einen Willensakt der
Frau, sondern nur durch die Natur selbst zu leisten: sie
läutert den rohen Geschlechtstrieb der Frau zur Liebe. Die
liebende Frau gibt dem rohen Trieb ein vernunftkonfor-
mes Ziel, nämlich die Befriedigung des männlichen Geschlechtstriebs. Diese durch Natur bewirkte Sublimierung
der weiblichen Sexualität bedeutet zugleich Moralisierung
der rohen Natur im Sinne der Entwicklung einer Vorstufe
moralischen Handelns qua selbstloser Hingabe.

Durch die natürliche Differenz der Geschlechter schafft
die Natur unter Voraussetzung ihrer Gleichheit als Vernunftwesen das Problem der Diskrepanz von Vernunft und
Natur auf seiten der Frau, dessen Lösung die Natur selbst
durch den Trieb der Liebe vorzeichnet und vorbereitet:
Liebe ist das Fundament der Ehe.

Die Liebe wird aber erst dann sittlich adäquat, wenn der
Hingabe der Frau der Charakter des Zufälligen und Beliebigen genommen ist, d. h., wenn sich die Frau einem Mann
für immer hingibt und wenn ein reziprokes Verhältnis der
Partner hergestellt ist.

Unter Voraussetzung der versittlichten Liebe der Frau
und durch sie initiiert, entwickelt sich nach Fichte erst das
komplexe Verhältnis von Mann und Frau, das den Namen
Ehe verdient. Dieses als vollkommene Vereinigung definierte Verhältnis ist genauer durch folgende Strukturmerkmale bestimmt: Jeder Partner verliert und findet sich im anderen; und in dieser »zärtlichen« Gemeinschaft überwinden
die Individuen die sie beschränkenden Einseitigkeiten, sie
vervollkommnen sich zu ganzen Menschen, d. h., sie repräsentieren als Individuum die Gattung.

Die sich hingebende Frau, die ihre Persönlichkeit im Sinne des Inbegriffs von Rechten dem Mann übereignet, gewinnt sich durch die Großmut des Mannes als zweckset-

zendes Wesen zurück; sie findet sich durch seine Berücksichtigung ihrer Zwecke im Geliebten wieder. Der sich durch Erfüllung weiblicher Wünsche gleichsam verlierende Mann findet sich in der Liebe der Frau als Zweck setzendes Wesen wieder. Sich im anderen zu finden, heißt aber zugleich, das andere in sich zu finden: der Mann wird zum Liebenden, und d. h. fragloser Hingabe fähig; die Frau entwickelt Großmut, d. i. die Fähigkeit, nach Begriffen und aus Freiheit selbstlos zu wirken. Die Moralität des Mannes wird somit natürlich, die natürliche Liebe der Frau wird moralisch.

So einnehmend dieses Ideal einer vollkommenen Liebesgemeinschaft auch sein mag, es bleibt suspekt, weil erkauft durch Entsexualisierung und Entrechtung der Frau. Dies ist der Preis, den die Frau für die moralische Kompensation ihrer natürlichen Minderwertigkeit in der und durch die Ehe zu zahlen hat.

Marion Heinz

Literaturhinweise

Bennent-Vahle, Heidemarie: Galanterie und Verachtung. Eine philosophiegeschichtliche Untersuchung zur Stellung der Frau in Gesellschaft und Kultur. Frankfurt a. M. / New York 1985. S. 113–129.

Heinz, Marion / Kuster, Friederike: »Vollkommene Vereinigung«. Fichtes Eherecht in der Perspektive der feministischen Philosophie. In: Deutsche Zeitschrift für Philosophie 46 (1998). H. 5. S. 823–840.

JOHANN GOTTLIEB FICHTE

Grundlage des Naturrechts

[1796]

Erster Anhang:
Grundriß des Familienrechts

Deduktion der Ehe

Anmerkung

Gerade so wie oben die Notwendigkeit der Existenz mehrerer vernünftiger Wesen neben einander, und die Beziehung derselben auf eine Sinnenwelt erst abgeleitet werden mußte, um für die Anwendung des Rechtsbegriffs einen Gegenstand zu haben; eben so müssen wir hier mit der Natur der Ehe uns erst bekannt machen, und das zwar durch eine Deduktion; um den Rechtsbegriff darauf mit Verstand anwenden zu können. Eben so wenig, als vernünftige sinnliche Wesen, und eine Sinnenwelt für sie, erst durch den Rechtsbegriff zu Stande kommen, eben so wenig kommt die Ehe erst durch ihn zu Stande. Die Ehe ist gar nicht bloß eine juridische Gesellschaft, wie etwa der Staat; sie ist eine natürliche und moralische Gesellschaft.

Die folgende Deduktion ist sonach nicht juridisch; aber sie ist in einer Rechtslehre notwendig, um eine Einsicht in die hinterher aufzustellenden juridischen Sätze zu erhalten.

§ 1

Die Natur hat ihren Zweck der Fortpflanzung des Menschengeschlechts auf einen Naturtrieb in zwei besondern Geschlechtern gegründet, der nur um sein selbst willen da zu sein, und auf nichts auszugehen scheint, als auf seine eigene Befriedigung. Er ist selbst Zweck unserer Natur, ohn-

erachtet er nur Mittel ist für die Natur überhaupt. Indeß
die Menschen auf nichts ausgehen, als diesen Trieb zu befriedigen, wird durch die natürlichen Folgen dieser Befriedigung ohne weiteres Zutun des Menschen der Naturzweck erreicht.

Hinterher freilich kann der Mensch durch Erfahrung
und Abstraktion lernen, daß dieses der Naturzweck sei,
und durch sittliche Veredlung bei der Befriedigung des
Triebes sich diesen Zweck vorsetzen. Aber vor der Erfahrung vorher, und in seinem natürlichen Zustande, hat er
diesen Zweck nicht, sondern die bloße Befriedigung des
Triebes ist letzter Zweck; und so mußte es sein, wenn der
Naturzweck sicher erreicht werden sollte. –

(Den Grund, warum die Natur zwei verschiedene Geschlechter absondern mußte, durch deren Vereinigung allein die Fortpflanzung der Gattung möglich sei, will ich
hier nur kurz angeben; da diese Untersuchung nicht eigentlich hieher gehört.

Die Bildung eines Wesens seiner Art ist die letzte Stufe
der bildenden Kraft in der organischen Natur, und diese
Kraft wirkt notwendig stets, wenn die Bedingungen ihrer
Wirksamkeit gegeben sind. Wären sie nun immer gegeben,
so würde in der Natur ein beständiges Übergehen in andere
Gestalten, nie aber ein Bestehen derselben Gestalt, ein ewiges Werden, und niemals ein Sein Statt finden; und da
nichts da wäre, das übergehen könnte, auch nicht einmal
ein Übergehen möglich sein; ein undenkbarer, und in sich
selbst widersprechender Gedanke. (Es ist derselbe Zustand,
den ich oben den Streit des Seins und Nichtseins nannte.)
So ist keine Natur möglich.

Sollte sie möglich sein, so mußte die Gattung noch eine
andere organische Existenz haben, außer der als Gattung;
doch aber auch als Gattung da sein, um sich fortpflanzen
zu können. Dies war nur dadurch möglich, daß die die
Gattung bildende Kraft verteilt, gleichsam in zwei absolut
zusammen gehörende, und nur in ihrer Vereinigung ein

sich fortpflanzendes Ganzes ausmachende Hälften zerrissen würde. In dieser Teilung bildet jene Kraft nur das Individuum. Die Individuen, vereinigt, und inwiefern sie vereinigt werden können, sind erst, und bilden erst die Gattung; denn s e i n, und b i l d e n ist in der organischen Natur Eins. Das Individuum b e s t e h t lediglich als Tendenz, die Gattung zu bilden. So allein kam Ruhe und Stillstand der Kraft, und mit der Ruhe Gestalt in die organische Natur; und sie ward so erst Natur; darum geht dieses Gesetz der Absonderung der zwei bildenden Geschlechter notwendig durch die ganze organische Natur.

§ 2

Die besondere Bestimmung dieser Natureinrichtung ist die, daß bei der Befriedigung des Triebes, oder Beförderung des Naturzwecks, was den eigentlichen Akt der Zeugung anbelangt, das eine Geschlecht sich nur tätig, das andere sich nur leidend verhalte.

(Auch von dieser nähern Bestimmung läßt sich der Grund angeben. Das System der gesamten Bedingungen zur Erzeugung eines Körpers der gleichen Art mußte irgend wo vollständig vereinigt sein, und einmal in Bewegung gesetzt, seinen eigenen Gesetzen nach sich entwickeln. Das Geschlecht, in welchem es liegt, heißt durch die ganze Natur hindurch das w e i b l i c h e. Nur das erste bewegende Prinzip konnte abgesondert werden; und mußte abgesondert werden, wenn bestehende Gestalt sein sollte. Das Geschlecht, in welchem es, von dem zu bildenden Stoffe abgesondert, sich erzeugt, heißt durch die ganze Natur hindurch das m ä n n l i c h e.)

§ 3

Der Charakter der Vernunft ist absolute Selbsttätigkeit: bloßes Leiden um des Leidens willen widerspricht der Vernunft und hebt sie gänzlich auf. Es ist sonach gar nicht gegen die Vernunft, daß das erste Geschlecht die Befriedigung seines Geschlechtstriebes als Zweck sich vorsetze, da er durch Tätigkeit befriedigt werden kann: aber es ist schlechthin gegen die Vernunft, daß das zweite die Befriedigung des seinigen sich als Zweck vorsetze, weil es sich dann ein bloßes Leiden zum Zwecke machen würde. Sonach ist das zweite Geschlecht entweder selbst der Anlage nach nicht vernünftig, welches der Voraussetzung widerspricht, daß sie Menschen sein sollen; oder diese Anlage kann zufolge seiner besondern Natur nicht entwickelt werden, welches sich selbst widerspricht, indem dann in der Natur eine Anlage angenommen wird, die in der Natur nicht angenommen wird; oder endlich es kann die Befriedigung seines Geschlechtstriebes sich nie zum Zwecke machen. Ein solcher Zweck und Vernünftigkeit heben sich gänzlich auf.

Nun aber gehört doch der Geschlechtstrieb dieses zweiten Geschlechts, und seine Äußerung und Befriedigung in den Plan der Natur. Es ist daher notwendig, daß dieser Trieb beim Weibe unter einer andern Gestalt, und, um neben der Vernünftigkeit bestehen zu können, selbst als Trieb zur Tätigkeit erscheine; und zwar, als charakteristischer Naturtrieb zu einer nur diesem Geschlechte zukommenden Tätigkeit.

Da auf diesem Satze die ganze folgende Theorie beruht, so will ich suchen, ihn in das gehörige Licht zu stellen, und möglichen Mißverständnissen desselben vorzubeugen.

1. Es ist hier von Natur, und einem Naturtriebe die Rede, d. i. von etwas, welches das Weib, wenn nur die beiden Bedingungen desselben, Vernunft und Treiben des Geschlechts da sind, ohne alle Anwendung ihrer Freiheit und ganz sich selbst überlassen, in sich finden wird, als etwas gegebenes, ursprüngliches, und aus keiner ihrer vorhergehenden, freien Handlungen zu erklärendes. Es wird dadurch aber gar nicht die Möglichkeit geleugnet, daß nicht das Weib entweder unter ihre Natur herabsinken,

oder durch Freiheit sich über sie erheben könne; welche
Erhebung aber selbst nicht viel besser ist, als ein Herabsinken. Unter ihre Natur sinkt das Weib herab, wenn sie
sich zur Vernunftlosigkeit erniedrigt. Dann kann der Geschlechtstrieb in seiner wahren Gestalt zum Bewußtsein
kommen, und bedachter Zweck des Handelns werden.
Über ihre Natur würden sich die Weiber erheben, wenn
die Befriedigung des Geschlechtstriebes weder in seiner
Rohheit, noch in der Gestalt, die er in einer wohleingerich-
teten, weiblichen Seele annimmt, Zweck wäre; sondern als
bloßes Mittel gedacht würde für einen andern durch Freiheit sich vorgesetzten Zweck. Wenn dieser Zweck nicht ein
ganz verwerflicher sein soll, (etwa der den Titel Frau, und
die Aussicht auf ein sicheres Brot zu haben, in welchem
Falle die Persönlichkeit zum Mittel eines Genusses gemacht
wird) so könnte er kein anderer sein, als der Naturzweck
selbst: Kinder zu haben; den auch einige vorwenden. Aber
da sie diesen Zweck mit jedem möglichen Manne hätten erreichen können, mithin in ihrem Prinzip gar kein Grund
liegt, daß sie gerade diesen wählten, so müssen sie, als
das erträglichste, was man noch annehmen kann, gestehen,
daß sie diesen nur darum genommen, weil er der erste war,
den sie eben haben konnten; welches denn doch keine große Achtung derselben für ihre Person anzeigt. Aber, selbst
diesen bedenklichen Umstand abgerechnet, möchte vielleicht zugegeben werden können, daß jener Zweck überhaupt den Entschluß mit einem Manne zu leben, begründen könne; ob er aber als klar gedachter Zweck zum Ziele
führe, und die Kinder wirklich nach Begriffen empfangen
werden, daran dürfte der Menschenkenner wohl zweifeln. –
Man verzeihe diese Deutlichkeit dem Bestreben, gefährliche Sophistereien, durch welche man die Verleugnung seiner wahren Bestimmung zu beschönigen und in der Welt
zu verewigen sucht, in ihrer Blöße zu zeigen. Daß ich das
ganze Verhältnis bildlich bezeichne: das zweite Geschlecht
steht der Natureinrichtung nach um eine Stufe tiefer, als

das erste; es ist Objekt einer Kraft des erstern, und so mußte es sein, wenn beide verbunden sein sollten. Nun aber sollen beide, als moralische Wesen gleich sein. Dies war nur dadurch möglich, daß im zweiten Geschlechte eine ganz neue, dem ersten völlig ermangelnde Stufe eingeschoben würde. Diese Stufe ist die Gestalt, unter welcher ihm der Geschlechtstrieb erscheint; der dem Manne in seiner wahren Gestalt erscheint.

2. Der Mann kann, ohne seine Würde aufzugeben, sich den Geschlechtstrieb gestehen, und die Befriedigung desselben suchen; ich meine ursprünglich. Wer in der Verbindung mit einem liebenden Weibe diese Befriedigung allein sich noch zum Zwecke machen könnte, wäre ein roher Mensch: wovon die Gründe sich tiefer unten zeigen werden. Das Weib kann sich diesen Trieb nicht gestehen. Der Mann kann freien; das Weib nicht. Es wäre die höchste Geringschätzung ihrer selbst, wenn sie es täte. Eine abschlägige Antwort, die der Mann erhielte, sagt nichts weiter, als: ich will mich dir nicht unterwerfen; und dies läßt sich ertragen. Eine abschlägige Antwort, die das Weib erhielte, würde heißen: ich will die durch dich schon geschehene Unterwerfung nicht annehmen; welches ohne Zweifel unerträglich ist. – Raisonnement aus dem Rechtsbegriffe tut es hier nicht; und wenn einige Weiber meinen, sie müßten eben sowohl das Recht haben, auf die Heirat zu gehen, als die Männer; so kann man sie fragen: wer ihnen denn dieses Recht streitig mache, und warum sie denn sonach desselben sich nicht bedienen. Es ist dies gerade so, als ob untersucht würde, ob der Mensch nicht eben sowohl das Recht habe, zu fliegen, wie der Vogel. Lassen wir lieber die Frage vom Rechte so lange ruhen, bis einer wirklich fliegt.

Auf diese einzige Verschiedenheit gründet sich der ganze übrige Unterschied der beiden Geschlechter. Aus diesem Naturgesetze des Weibes entsteht die weibliche Schamhaftigkeit, die in dieser Art dem männlichen Geschlechte nicht zukommt. Rohe Männer prahlen sogar mit Ausübung der

Wollust; aber bei der schrecklichsten Sittenlosigkeit, in welche das zweite Geschlecht mehrmals versunken, und dadurch das Verderben der Männer bei weitem übertroffen hat, hat man nie gehört, daß die Weiber dies getan hätten; selbst die Prostituierte gesteht lieber, daß sie ihr schändliches Gewerbe aus Gewinnsucht, als daß sie es aus Wollust treibe.

§ 4

Das Weib kann sich nicht gestehen, daß sie sich hingebe – und da in dem vernünftigen Wesen etwas nur insofern ist, inwiefern es sich desselben bewußt wird – das Weib kann überhaupt sich nicht hingeben der Geschlechtslust, um ihren eigenen Trieb zu befriedigen; und da sie sich denn doch zufolge eines Triebes hingeben muß, kann dieser Trieb kein anderer sein, als der, den Mann zu befriedigen. Sie wird in dieser Handlung Mittel für den Zweck eines andern; weil sie ihr eigener Zweck nicht sein konnte, ohne ihren Endzweck, die Würde der Vernunft, aufzugeben. Sie behauptet ihre Würde, ohnerachtet sie Mittel wird, dadurch, daß sie sich freiwillig, zufolge eines edlen Naturtriebes, des der L i e b e, zum Mittel macht.

L i e b e also ist die Gestalt, unter welcher der Geschlechtstrieb im Weibe sich zeigt. Liebe aber ist es, wenn man um des andern willen, nicht zufolge eines Begriffs, sondern zufolge eines Naturtriebes, sich aufopfert. Bloßer Geschlechtstrieb sollte nie Liebe genannt werden; dies ist ein grober Mißbrauch, der darauf auszugehen scheint, alles edle in der menschlichen Natur in Vergessenheit zu bringen. Überhaupt sollte, meiner Meinung nach, nichts Liebe genannt werden, als das so eben beschriebene. Im Manne ist u r s p r ü n g l i c h nicht Liebe, sondern Geschlechtstrieb; sie ist überhaupt in ihm kein ursprünglicher, sondern nur ein m i t g e t e i l t e r, a b g e l e i t e t e r, erst durch Verbindung mit einem liebenden Weibe e n t w i c k e l t e r Trieb, und hat bei ihm eine ganz andere Gestalt; wie wir dies tiefer unten sehen werden. Nur dem Weibe ist die Liebe, der edelste aller Naturtriebe, angeboren; nur durch dieses kommt er unter die Menschen; so wie andere gesellige Triebe mehr, von welchen tiefer unten. Im Weibe erhielt der Geschlechtstrieb eine moralische Gestalt, weil er in seiner natürlichen die Moralität derselben ganz aufgehoben hätte. Liebe ist der innigste Vereinigungspunkt der Natur, und der Vernunft; sie ist das einzige Glied, wo die Natur in die Vernunft eingreift; sie ist sonach das vortrefflichste unter allem natürlichen. Das Sittengesetz fordert, daß man sich in andern vergesse; die Liebe gibt sich selbst hin für den andern.

Daß ich alles kurz zusammenfasse: Im unverdorbenen Weibe äußert sich kein Geschlechtstrieb, und wohnt kein Geschlechtstrieb, sondern nur Liebe; und diese Liebe ist der Naturtrieb des Weibes, einen Mann zu befriedigen. Es ist allerdings ein Trieb, der dringend seine Befriedigung heischt: aber diese seine Befriedigung ist nicht die sinnliche Befriedigung des Weibes, sondern die des Mannes; für das Weib ist es nur Befriedigung des Herzens. Ihr Bedürfnis ist nur das, zu lieben und geliebt zu sein. So nur erhält der Trieb, sich hinzugeben, den Charakter der Freiheit und Tätigkeit, den er haben mußte, um neben der Vernunft bestehen zu können. – Es ist wohl kein Mann, der nicht die Absurdität fühle, es umzukehren, und dem Manne einen ähnlichen Trieb zuzuschreiben, ein Bedürfnis des Weibes zu befriedigen, welches er weder bei ihr voraussetzen, noch sich als das Werkzeug desselben denken kann, ohne bis in das innerste seiner Seele sich zu schämen.

Darum ist auch das Weib in der Geschlechtsvereinigung nicht in jedem Sinne Mittel für den Zweck des Mannes; sie ist Mittel für ihren eigenen Zweck, ihr Herz zu befriedigen; und nur, inwiefern von sinnlicher Befriedigung die Rede ist, ist sie es für den Zweck des Mannes.

In dieser Denkart des Weibes eine Täuschung erkünsteln, und etwa sagen: so ist es denn doch am Ende der Geschlechtstrieb, der nur versteckter Weise sie treibt, wäre eine dogmatische Verirrung. Das Weib sieht nicht weiter,

und ihre Natur geht nicht weiter, als bis zur Liebe: sonach
ist sie nur so weit. Daß ein Mann, der die weibliche Unschuld nicht hat, noch haben soll, und der sich alles gestehen kann, diesen Trieb zergliedere, geht dem Weibe nichts
an; für sie ist er einfach, denn das Weib ist kein Mann.
Wenn sie Mann wäre, würde man Recht haben; aber dann
wäre sie auch nicht sie; und alles wäre anders. – Oder will
man uns etwa den Grundtrieb der weiblichen Natur als
Ding an sich zu Tage fördern?

§ 5

Das Weib gibt, indem sie sich zum Mittel der Befriedigung
des Mannes macht, ihre Persönlichkeit; sie erhält dieselbe,
und ihre ganze Würde nur dadurch wieder, daß sie es aus
Liebe für diesen Einen getan habe.

Aber, wenn diese Stimmung je ein Ende nehmen sollte,
und das Weib einst aufhören müßte, in dem befriedigten
Manne den über alle seines Geschlechts liebenswürdigen zu
erblicken; ja, wenn sie nur die Möglichkeit davon denken
könnte, so würde sie durch diesen Gedanken in ihren eigenen Augen verächtlich werden. Wenn es möglich ist, daß er
für sie nicht der liebenswürdigste seines Geschlechts sei, so
wäre, da sie doch ihm allein unter dem ganzen Geschlechte
sich hingibt, kein anderer Grund anzunehmen, als daß versteckter Weise die Natur sie getrieben habe, sich nur bald,
und mit dem ersten, dem besten zu befriedigen; welches
ohne Zweifel ein entehrender Gedanke wäre. Es ist also, so
gewiß sie mit Erhaltung ihrer Würde sich hingibt, notwendig ihre Voraussetzung, daß ihre gegenwärtige Stimmung
nie endigen könne, sondern ewig sei, so wie sie selbst ewig
ist. Die sich einmal gibt, gibt sich auf immer.

§ 6

Diejenige, welche ihre Persönlichkeit mit Behauptung ihrer
Menschenwürde hingibt, gibt notwendig dem Geliebten al-

les hin, was sie hat. Wäre die Ergebung nicht unumschränkt, und behielte sie in derselben sich das geringste vor, so legte sie dadurch an den Tag, daß das vorbehaltne einen höhern Wert für sie hätte, als ihre eigene Person; welches ohne Zweifel eine tiefe Herabwürdigung ihrer Person wäre. Ihre eigene Würde beruht darauf, daß sie ganz, so wie sie lebt, und ist, ihres Mannes sei, und sich ohne Vorbehalt an ihn und in ihm verloren habe. Das geringste, was daraus folgt, ist, daß sie ihm ihr Vermögen und alle ihre Rechte abtrete, und mit ihm ziehe. Nur mit ihm vereinigt, nur unter seinen Augen, und in seinen Geschäften hat sie noch Leben, und Tätigkeit. Sie hat aufgehört, das Leben eines Individuum zu führen; ihr Leben ist ein Teil seines Lebens geworden, (dies wird trefflich dadurch bezeichnet, daß sie den Namen des Mannes annimmt.)

§ 7

Die Lage des Mannes dabei ist diese. Er, der alles, was im Menschen ist, sich selbst gestehen kann, sonach die ganze Fülle der Menschheit in sich selbst findet, überschaut das ganze Verhältnis, wie das Weib selbst es nie überschauen kann. Er sieht ein ursprünglich freies Wesen mit Freiheit, und unbegrenztem Zutrauen sich ihm unbedingt unterwerfen; sieht, daß sie nicht nur ihr ganzes äußeres Schicksal, sondern auch ihre innere Seelenruhe, und ihren sittlichen Charakter, wenn auch nicht das Wesen desselben, doch ihren eigenen Glauben daran, von ihm gänzlich abhängig mache: da ja der Glaube des Weibes an sich selbst, und an ihre Unschuld und Tugend davon abhängt, daß sie nie aufhören müsse, ihren Mann über alle seines Geschlechts zu achten und zu lieben.

Wie die sittliche Anlage in der Natur des Weibes sich durch Liebe, so äußert die sittliche Anlage in der Natur des Mannes sich durch Großmut. Er will zuerst Herr sein; wer aber mit Zutrauen ihm sich hingibt, gegen den entkleidet er sich aller seiner Gewalt. Gegen den Unterworfen

stark zu sein, ist nur die Sache des Entmannten, der gegen
den Widerstand keine Kraft hat.

Zufolge dieser natürlichen Großmut ist der Mann durch
das Verhältnis mit seiner Gattin zuförderst genötigt, ach-
tungswürdig zu sein, da ihre ganze Ruhe davon abhängt,
daß sie ihn über alles achten könne. Nichts tötet unwieder-
bringlicher die Liebe des Weibes, als die Niederträchtigkeit
und Ehrlosigkeit des Mannes. – So verzeiht überhaupt das
andre Geschlecht dem unsrigen alles andre; nur nicht Feigheit, und Schwäche des Charakters. Der Grund davon ist
keineswegs ihr eigennütziger Anschlag auf unsern Schutz;
es ist lediglich das Gefühl der Unmöglichkeit, einem solchen Geschlechte sich zu unterwerfen, wie es ihre Bestimmung erfordert.

Die Ruhe des Weibes hängt davon ab, daß sie ihrem Gatten ganz unterworfen sei, und keinen andern Willen habe,
als den seinigen. Es folgt, daß, da er dies weiß, er ohne seine eigne Natur, und Würde, die männliche Großmut, zu
verleugnen, nichts unterlassen kann, um ihr dies so viel als
möglich zu erleichtern. Dies kann nun nicht dadurch geschehen, daß er sich von seiner Gattin beherrschen lasse,
denn der Stolz ihrer Liebe besteht darin, daß sie unterworfen sei, und es scheine, und selbst es nicht anders wisse, als
daß sie es ist. Männer, die sich der Herrschaft ihrer Weiber
unterwerfen, machen sich ihnen dadurch selbst verächtlich,
und rauben ihnen alle eheliche Glückseligkeit. Es kann nur
dadurch geschehen, daß er ihre Wünsche ausspäht, um als
seinen eigenen Willen sie vollbringen zu lassen, was sie,
sich selbst überlassen, am liebsten tun würde. – Es ist ja
hier nicht etwa um bloße Befriedigung ihrer Launen, und
Einfälle zu tun, damit sie nur befriedigt seien; es ist um einen weit höhern Zweck, um die Erleichterung, ihren Gatten immerfort über Alles zu lieben, und in ihren eigenen
Augen ihre Unschuld zu behalten, zu tun. – Es kann nicht
fehlen, daß die Gattin, deren Herz durch einen Gehorsam,
der ihr keine Aufopferung kostet, nicht befriedigt wird,

wieder von ihrer Seite, die verborgenen höhern Wünsche des Mannes auszuspähen, und mit Aufopferungen sie zu vollbringen suche. Je größer das Opfer, desto vollkommener ist die Befriedigung ihres Herzens. Daher entsteht die eheliche Zärtlichkeit (Zartheit der Empfindungen und des Verhältnisses.) Jeder Teil will seine Persönlichkeit aufgeben, damit die des andern Teils allein herrsche; nur in der Zufriedenheit des andern findet jeder die seinige; die Umtauschung der Herzen und der Willen wird vollkommen. Nur in der Verbindung mit einem liebenden Weibe öffnet das männliche Herz sich der Liebe, der sich unbefangen hingebenden, und im Gegenstande verlornen Liebe; nur in der ehelichen Verbindung lernt das Weib Großmut, Aufopferung mit Bewußtsein und nach Begriffen: und so wird die Verbindung mit jedem Tage ihrer Ehe inniger.

Corollaria

1. In der Verbindung beider Geschlechter, also in der Realisation des ganzen Menschen, als eines vollendeten Naturprodukts, aber auch nur in dieser Verbindung, findet sich ein äußerer Antrieb zur Tugend. Der Mann ist durch den natürlichen Trieb der Großmut genötigt, edel und ehrwürdig zu sein, weil das Schicksal eines freien Wesens die in vollem Zutrauen sich ihm hingab, davon abhängt. Das Weib ist zur Beobachtung aller ihrer Pflichten genötigt durch die ihr angeborne Schamhaftigkeit. Sie kann in keinem Stücke der Vernunft etwas vergeben, ohne bei sich selbst in den sehr wahrscheinlichen Verdacht zu kommen, daß sie ihr auch in der Hauptsache vergeben habe, und daß sie – der unerträglichste Gedanke für sie – ihren Mann nicht liebe, sondern ihn nur als Mittel zur Befriedigung ihres Geschlechtstriebes brauche. – Der Mann, in welchem noch Großmut, das Weib, in welcher noch Schamhaftigkeit wohnt, sind jeder Veredlung fähig: aber sie sind auf dem

geraden Wege zu allen Lastern, wenn der erste niederträchtig, die andere schamlos wird; wie dies auch die Erfahrung ohne Ausnahme bestätigt.

2. Auch ist hier die Aufgabe gelöset: wie kann man das Menschengeschlecht von Natur aus zur Tugend führen? Ich antworte: lediglich dadurch, daß das natürliche Verhältnis zwischen beiden Geschlechtern wieder hergestellt werde. Es gibt keine sittliche Erziehung der Menschheit, außer von diesem Punkte aus.

§ 8

Eine Verbindung, wie die beschriebene, heißt e i n e E h e. Die Ehe ist eine durch den Geschlechtstrieb begründete v o l l k o m m e n e V e r e i n i g u n g zweier Personen beiderlei Geschlechts, die ihr eigner Zweck ist.

Sie ist durch den Geschlechtstrieb in beiden Geschlechtern b e g r ü n d e t, für den forschenden Philosophen; aber es ist nicht notwendig, daß irgend eine unter den beiden Personen, die eine Ehe schließen wollen, dieses sich gestehe. Das Weib kann es sich nie, es kann sich nur Liebe gestehen. Auch ist die Fortdauer der Ehe keinesweges durch die Befriedigung dieses Triebes bedingt; dieser Zweck kann ganz wegfallen, und dennoch die eheliche Verbindung in ihrer ganzen Innigkeit fortdauern.

Die Philosophen haben sich für verbunden erachtet, einen Zweck der Ehe anzugeben, und die Frage auf sehr verschiedene Weise beantwortet. Aber die Ehe hat keinen Zweck außer ihr selbst; sie ist ihr eigner Zweck. Das eheliche Verhältnis ist die eigentlichste, von der Natur geforderte Weise des erwachsenen Menschen von beiden Geschlechtern, zu existieren. In diesem Verhältnisse erst entwickeln sich alle seine Anlagen; außer demselben bleiben sehr viele, und gerade die merkwürdigsten Seiten der Menschheit unangebaut. So wenig die Existenz des Menschen überhaupt auf irgend einen sinnlichen Zweck zu beziehen ist, so wenig ist es die notwendige Weise derselben, die Ehe.

Die Ehe ist eine Verbindung zwischen z w e i Personen;
e i n e m Manne, und e i n e m Weibe. Das Weib, die sich Einem ganz gegeben hat, kann sich nicht einem zweiten geben, denn ihre eigne Würde hängt ja davon ab, daß sie diesem Einen ganz angehöre. Der Mann, der sich nach dem
Willen, und den leisesten Wünschen Einer zu richten hat,
um sie zu beglücken, kann sich nicht nach den Wünschen
mehrerer richten, die selbst unter einander nicht vereinigt
sind. Die Polygynie setzt bei den Männern die Meinung
voraus, daß die Weiber nicht vernünftige Wesen sind, wie
die Männer, sondern bloße willenlose, und rechtslose
Werkzeuge für den Mann. Dies ist denn auch wirklich die
Lehre der religiösen Gesetzgebung, die die Vielweiberei
verstattet, der muhamedanischen. Diese Religion hat, freilich wohl ohne sich der Gründe deutlich bewußt zu sein,
aus der Bestimmung der weiblichen Natur, sich leidend zu
verhalten, einseitig gefolgert. Die Polyandrie ist ganz gegen
die Natur, und darum äußerst selten. Wenn sie nicht rohe
Viehheit wäre, und irgend etwas voraussetzen könnte, so
müßte sie voraussetzen, daß es gar keine Vernunft und gar
keine Würde derselben gäbe.

Die eheliche Verbindung ist ihrer Natur nach unzer-
trennlich und ewig, und wird notwendig als ewig geschlossen. Das Weib kann nicht voraussetzen, daß sie je aufhören
werde, ihren Mann über alle seines Geschlechts zu lieben,
ohne ihre weibliche Würde; der Mann nicht, daß er aufhören werde seine Frau über alle ihres Geschlechts zu lieben,
ohne seine männliche Großmut aufzugeben. Sie geben sich
einander auf immer, weil sie sich einander ganz geben.

§ 9

Die Ehe ist sonach kein erfundener Gebrauch, und keine
willkürliche Einrichtung, sondern sie ist ein durch Natur,
und Vernunft in ihrer Vereinigung notwendig, und vollkommen bestimmtes Verhältnis. Sie ist vollkommen bestimmt, sage ich, d. h. nur eine solche Ehe, wie die be-

schriebene, und schlechthin keine andere Verbindung beider Geschlechter zur Befriedigung des Geschlechtstriebes, verstatten Natur, und Vernunft.

Um die Ehe zu errichten, oder zu bestimmen, damit hat das Rechtsgesetz nichts zu tun, sondern die weit höhere Gesetzgebung der Natur und Vernunft, welche durch ihre Produkte dem Rechtsgesetze erst ein Gebiet verschafft. Die Ehe bloß als eine juridische Gesellschaft ansehen, führt auf unschickliche und unsittliche Vorstellungen. Man würde vielleicht dadurch zum Irrtume verleitet, daß die Ehe allerdings ein Beisammenleben freier Wesen ist, wie alles, das durch den Rechtsbegriff bestimmt wird. Aber es wäre schlimm, wenn dieses Zusammenleben durch nichts höheres begründet und geordnet werden könnte, als durch Zwangsgesetze. Erst muß eine Ehe da sein, ehe von einem Eherechte, so wie erst Menschen da sein müssen, ehe vom Rechte überhaupt die Rede sein kann. Woher die erstere komme, darnach fragt der Rechtsbegriff eben so wenig, als er fragt, woher die letztern kommen. Ist die Ehe erst deduziert, wie es so eben geschehen ist, dann erst ist es Zeit zu fragen, inwiefern der Rechtsbegriff auf diese Verbindung anwendbar sei, welche Rechtsstreitigkeiten über sie entstehen könnten, und wie sie zu entscheiden sein würden; oder, da wir ein reelles Naturrecht lehren, welche Rechte und Pflichten der sichtbare Verwalter des Rechts, d e r S t a a t, in Ehesachen insbesondere, und über das gegenseitige Verhältnis beider Geschlechter überhaupt habe. Wir gehen jetzt an diese Untersuchung.

D: Johann Gottlieb Fichte: Grundlage des Naturrechts. In: J. G. F.: Gesamtausgabe der Bayerischen Akademie der Wissenschaften. Hrsg. von Reinhard Lauth und Hans Gliwitzky. Bd.: 4: Werke 1797–1798. Hrsg. von Reinhard Lauth und Hans Gliwitzky unter Mitw. von Richard Schottky. Stuttgart-Bad Cannstatt: Frommann (Holzboog), 1970. S. 95–106. (Grundriß des Familienrechts / (Als erster Anhang des Naturrechts) / Erster Abschnitt.) – Die Orthographie wurde modernisiert.

Familie und Staat:
Georg Wilhelm Friedrich Hegel

A. Die sittliche Bestimmung
der Geschlechter

Hegel hat das Verhältnis der Geschlechter an herausragender Stelle seines Werks behandelt: in der *Phänomenologie des Geistes* (1807) und der *Rechtsphilosophie* (1821).

Die *Phänomenologie des Geistes* ist der erste Teil jenes Systems, als welches Hegel eine Philosophie entwickeln will, die nicht nur Liebe zum Wissen, sondern wirkliches Wissen, mithin Wissenschaft zu sein beansprucht. Sie ist Darstellung des erscheinenden Wissens und hat die Aufgabe, den Stufengang des Bewußtseins im Ausgang vom gegenständlichen Wissen über das Selbstbewußtsein bis zum absoluten Wissen zu entwickeln. Der unten abgedruckte Text hat seinen systematischen Ort da, wo Hegel die Entwicklungsstufe des G e i s t e s zu entfalten beginnt: in dem Abschnitt »Der wahre Geist. Die Sittlichkeit«.

Der Begriff des Geistes ist an sich auf der Stufe des allgemeinen Selbstbewußtseins erreicht, die Hegel als Resultat des Kampfes um Anerkennung entwickelt; auf dieser Stufe weiß sich jedes Subjekt als freies Selbstbewußtsein, so freilich, daß es sich nicht vom anderen unterscheidet, sondern, indem es sich auf den anderen bezieht, sich unmittelbar auf sich selbst bezieht: Im Verhältnis der wechselseitigen Anerkennung entsteht das Bewußtsein der reellen Allgemeinheit, welches die Substanz der Sittlichkeit bildet.

Das Verhältnis von Individuum und Gemeinschaft, Einzelnem und Ganzem, Ich und Wir, insofern es als sittliches begriffen wird, gewinnt seine Bestimmtheit im Blick auf jenen Zustand, in den es untergeht: den Rechtszustand, d. i. ein Verhältnis, das durch Selbständigkeit der gegeneinander vereinzelten Individuen charakterisiert ist. Es ist dieser Zustand – in der Rechtsphilosophie terminologisch als »bürgerliche Gesellschaft« gefaßt –, den die modernen Naturrechtstheorien ausschließlich im Blick haben; sie können daher die Einheit des Gemeinwesens auch nur als Resultat der Vereinbarung zwischen den vereinzelten Einzelnen begreifen, mithin als ein Ganzes, das den Charakter eines bloßen Aggregats hat. Demgegenüber ist das sittliche Verhältnis nach dem Modell des Organismus zu denken: hier ist das Einzelne nicht Grund, sondern Glied eines Ganzen, das sich in der Besonderung seiner Glieder nicht verliert, sondern als das Zugrundeliegende seine Identität in der Form der organischen Totalität schafft.

Als unmittelbare Einheit von Selbstbewußtsein und Gemeinbewußtsein ist der Geist »das sittliche Leben eines Volks« (326)[1]. Die reale historische Gestalt, die Hegel dieser ursprünglichen Stufe des sittlichen Geistes zuordnet, ist die Polissittlichkeit der griechischen Antike; sie verdankt ihr Bestehen der Bewußtlosigkeit des Geistes. So wahr aber der Geist zum Bewußtsein dessen, was er unmittelbar ist, fortgehen muß, hebt er das »schöne sittliche Leben« auf (ebd.).

Hegel entwickelt das Bestehen der sittlichen Welt aus dem Verhältnis zweier Gesetze und ihrer jeweiligen Herrschaftsbereiche. Die sittliche Substanz spaltet sich in das offenbare menschliche Gesetz und das ungeschriebene Gesetz der Götter: Das menschliche Gesetz ist der Inbegriff der Gesetze und Sitten, die aus dem Gemeinbewußtsein hervorgegangen sind; sein Herrschaftsbereich ist das »wahrhaft Allgemeine«, d. i. das Gemeinwesen, dem der Einzelne als Bürger zugehört. Dem menschlichen Gesetz tritt das

---

1 Soweit der im folgenden abgedruckte Quellentext die in der Einleitung zitierten Textstellen nicht enthält, werden diese nach folgender Ausgabe zitiert: G. W. F. Hegel, *Phänomenologie des Geistes*, in: G. W. F. H., *Werke in zwanzig Bänden*, Bd. 3, Frankfurt a. M. 1970. Die Seitenangaben, die sich auf im vorliegenden Band abgedruckte Textausschnitte beziehen, sind kursiv gesetzt.

göttliche Gesetz gegenüber, das – von unwiderstehlicher
Geltung – sich menschlicher Einsicht nicht legitimiert, das
vielmehr als ewiges Gesetz – wie Hegel die Sophokleische
Antigone zitierend sagt – »immerdar lebt« »und keiner
weiß, von wannen es erschien« (322). Sein Herrschaftsbereich ist die Familie, die als »natürliches sittliches Gemeinwesen« (252) die elementare, durch Blutsverwandtschaft bestimmte Substanz des Volkes bildet. Innerhalb des
Familienganzen kommt dem Einzelnen eine unverwechsel-
bare, einmalige Individualität zu, die zu schützen und zu
bewahren Pflicht der Familie ist: »Der der Familie eigentümliche positive Zweck ist der Einzelne als solcher«
(253). Freilich, das durch vielfältige Partikularitäten bestimmte unmittelbare einzelne Dasein ist beschränkt und
steht dem Sittlichen als dem an sich Allgemeinen geradezu
entgegen. Die sittliche Handlung der Familie hat daher
nicht den wirklichen lebendigen Einzelnen zum Gegenstand, sondern den Einzelnen, der sich »aus der Unruhe
des zufälligen Lebens [...] in die Ruhe der einfachen Allgemeinheit erhoben hat«; sie betrifft »nicht mehr den Lebenden, sondern den Toten« (253). Die positive sittliche
Handlung der Familie gegenüber dem Blutsverwandten besteht also in der »letzten Pflicht«, den Toten vor der enteh-
renden Zerstörung durch die Natur zu bewahren, d. h. in
der durch das göttliche Gesetz gebotenen Bestattungs-
pflicht (254).

Der Forderung dagegen, die das menschliche Gesetz an
die Familie richtet, kann diese kraft eigener Sittlichkeit nicht
entsprechen. Der Beitrag der Familie zur Sittlichkeit des
Staates ist »negativ gegen die Familie«: er besteht in der Er-
ziehungspflicht der Familie, darin also, den Einzelnen »zur
Tugend, zum Leben in und fürs Allgemeine«, d. h. das lebendige Familienglied zum Bürger des wahrhaft Allgemeinen, des politischen Gemeinwesens heranzubilden (253).

Freilich, nur der männliche Einzelne »wird vom Familiengeiste in das Gemeinwesen hinausgeschickt« (255);

die Frau hingegen ist Protagonistin der Familiensittlichkeit: die Trennung der sittlichen Welt in die Sphären der staatlichen Öffentlichkeit und der familiären Privatheit hat sein Fundament also in dem natürlichen Gegensatz der Geschlechter; da beide Sphären aber Herrschaftsbereiche sittlicher Mächte, des menschlichen und des göttlichen Gesetzes sind, erhält die Natürlichkeit der Geschlechtertrennung zugleich die »Bedeutung ihrer sittlichen Bestimmung« (338).

Hegel gewinnt also die Ordnung der Geschlechter aus der Beziehung von menschlichem und göttlichem Gesetz, als deren jeweilige Protagonisten das Männliche und das Weibliche figurieren. An sich ist die Ordnung der sittlichen Mächte und die ihr zugehörige Geschlechterordnung die der wechselseitigen Ergänzung und Bewährung. Die Bewegung nun, der sich der Übergang aus dem Verhältnis der bloßen Komplementarität in das des Gegensatzes verdankt, erhält ihre entscheidende Triebkraft durch das Weibliche; dessen Handeln provoziert die männliche Gegenaktion und damit jenen tragischen Konflikt, der schließlich zum Untergang der alten sittlichen Ordnung führt.

Die konkrete Gestalt, in der das Weibliche sich personifiziert, erschließt Hegel aus der sittlichen Bestimmung der Geschlechterdifferenz, die er in einem einzigartigen Verhältnis innerhalb der Familiengemeinschaft entdeckt: sittlich ist nicht das Verhältnis zwischen Mann und Frau; beide verhalten sich zwar als Gleiche zueinander, aber der sittliche Charakter der Beziehung wird durch die geschlechtliche Begierde verunreinigt. Von dieser Unreinheit ist das zweite Verhältnis, das zwischen Eltern und Kindern, frei, aber diese Beziehung ist die der Ungleichheit zwischen den Generationen. Einzig dagegen ist das Verhältnis zwischen Bruder und Schwester; es ist zum einen frei von Geschlechterliebe, zum anderen ist ihre Beziehung die von Gleichen: »sie sind freie Individualität gegeneinander«. Da sich nun die Familiensittlichkeit im weiblichen Geschlecht inkorporiert, hat das Weibliche »als Schwester die höchste Ahnung des sittlichen Wesens« (254). Für den Bruder hingegen ist die Familie »negative Sittlichkeit«; er erlangt seine sittliche Bestimmung als Mann dadurch, daß er die Familie verläßt und die »ihrer selbst bewußte, wirkliche Sittlichkeit« (255) des Bürgers erwirbt.

Die Ordnung der sittlichen Welt bleibt solange stabil, als die beiden sittlichen Mächte sich in den Geschlechtern ein unmittelbares, selbstloses Dasein geben, solange also, als »das Selbstbewußtsein noch nicht in seinem Rechte als einzelne Individualität« aufgetreten ist und »noch keine Tat begangen« wurde (256). Die Tat nun, d. h. das sittlich Gebotene ist jedem der beiden Protagonisten durch die Zuordnung zu einem der Gesetze unmittelbar vorgegeben; als wirkliches Selbst werden beide gleichsam zu Vollzugsorganen der ihnen jeweils zugewiesenen sittlichen Macht. Aufgrund dieser unmittelbaren Entschiedenheit des einfachen sittlichen Bewußtseins erscheint den Handelnden die jeweils andere Machtsphäre als rechtlose, feindliche Wirklichkeit, die es dem Geltungsbereich des eigenen Gesetzes zu unterwerfen gilt: indem der Handelnde sich »dem einen Gesetz zugewandt, dem anderen aber abgesagt« hat, »verletzt [er] dieses durch die Tat« (346); durch diese Verletzung wird er schuldig, und seine Tat ist ein Verbrechen. In der durch die Einseitigkeit der sittlichen Handlung hervorgetriebenen Kollision der sittlichen Mächte hat Hegel den Grundcharakter des Tragischen erkannt, dessen erhabensten Ausdruck er in der Antigone-Tragödie des Sophokles findet: Die Familienliebe und die Pflicht gegen den toten Bruder »hat das Weib, Antigone, die Wohlfahrt des Gemeinwesens Kreon, den Mann, zum Pathos«, wie Hegel in seinen *Vorlesungen über die Ästhetik* formuliert.[2] Indem Antigone unter Berufung auf das göttliche Gesetz den Bruder Polyneikes bestattet, wird sie am Gemeinwesen schul-

---

2 G. W. F. Hegel, *Werke* (s. Anm. 1), Bd. 14, S. 60.

dig; ihre Tat provoziert Kreon dazu, sein Pathos zu ergreifen und die Feindin des Gemeinwesens dem Tode zu überantworten.

Die Individualisierung des jeweiligen Pathos durch die Tat führt dazu, daß menschliches und göttliches Gesetz ihren Geltungsbereich nur durch die Unterwerfung des jeweils anderen zu sichern trachten. Der Geist der Einzelheit, dessen Schutz dem Weiblichen obliegt und das im Reich der Sittlichkeit sein begrenztes Recht nur in dem unmittelbaren Allgemeinen der Blutsverwandtschaft hat, verselbständigt sich durch die Tat und macht sich das Gemeinwesen zum Feind. Das Gemeinwesen seinerseits aber kommt erst durch diese Tat zum Bewußtsein seiner als Träger des wahrhaft Allgemeinen. Ironischerweise erzeugt es also selber, was es bekämpft: das Gemeinwesen, das sich »nur durch die Störung der Familienglückseligkeit und die Auflösung des Selbstbewußtseins in das allgemeine sein Bestehen gibt, erzeugt [...] sich an dem, was es unterdrückt und was ihm zugleich wesentlich ist, an der Weiblichkeit überhaupt seinen inneren Feind« (259). Durch diesen Kampf gegen das sich aufspreizende Einzelne hört auch das menschliche Gesetz auf zu sein, was es im Reiche der Sittlichkeit war: das wahrhaft Allgemeine. »Diese – die ewige Ironie des Gemeinwesens – verändert durch die Intrige den allgemeinen Zweck der Regierung in einen Privatzweck«; es ist ein bestimmtes Individuum, das den allgemeinen Zweck der Regierung für sich usurpiert und »das allgemeine Eigentum des Staates zu einem Besitz und Putz der Familie verkehrt« (259).

Es ist das Hervortreten des in der sittlichen Welt verborgenen göttlichen Gesetzes aus dem Innern in die Wirklichkeit, das zum Untergang des Reichs der Sittlichkeit und zum Übergang in eine neue Gestalt führt, deren welthistorisches Korrelat Hegel im Rom der Kaiserzeit entdeckt: Was zuvor organische Einheit von Einzelnem und Allgemeinem war, ist nun in die Atome der absolut vielen Individuen zerfallen, deren Allgemeinheit nur noch formell ist. An die Stelle des in jedem Individuum als Staatsbürger lebendigen Geistes des Allgemeinen tritt das »geistlose Gemeinwesen« des »Rechtszustandes«, dessen »gestorbener Geist« die abstrakte Gleichheit der Privatpersonen ist (335).

Sabine Doyé

Literaturhinweise

Benhabib, Seyla: Hegel, die Frauen und die Ironie. In: S. B.: Selbst im Kontext. Kommunikative Ethik im Spannungsfeld von Feminismus, Kommunitarismus und Postmoderne. Frankfurt a. M. 1995. S. 258–276.

Blasche, Siegfried: Natürliche Sittlichkeit und bürgerliche Gesellschaft. Hegels Konstruktion der Familie als sittliche Intimität im entsittlichten Leben. In: Materialien zu Hegels Rechtsphilosophie. Hrsg. von Manfred Riedel. Bd. 2. Frankfurt a. M. 1975. S. 312–337.

Mills, Patricia Jagentowicz (Hrsg.): Feminist Interpretations of G. W. F. Hegel. University Park (Pa.) 1996.

Weber, Martin: Zur Theorie der Familie in der Rechtsphilosophie Hegels. Berlin 1986.

Phänomenologie des Geistes
[1807]

VI. Der wahre Geist. Die Sittlichkeit

a) Die sittliche Welt
Das menschliche und göttliche Gesetz,
der Mann und das Weib

Die einfache Substanz des Geistes teilt sich als Bewußtsein. Oder wie das Bewußtsein des abstrakten, des sinnlichen Seins in die Wahrnehmung übergeht, so auch die unmittelbare Gewißheit des realen sittlichen Seins; und wie für die sinnliche Wahrnehmung das einfache Sein ein Ding von vielen Eigenschaften wird, so ist für die sittliche der Fall des Handelns eine Wirklichkeit von vielen sittlichen Beziehungen. Jener zieht sich aber die unnütze Vielheit der Eigenschaften in den wesentlichen Gegensatz der Einzelheit und Allgemeinheit zusammen; und noch mehr dieser, die das gereinigte, substantielle Bewußtsein ist, wird die Vielheit der sittlichen Momente das Zwiefache eines Gesetzes der Einzelheit und eines der Allgemeinheit. Jede dieser Massen der Substanz bleibt aber der ganze Geist; wenn in der sinnlichen Wahrnehmung die Dinge keine andere Substanz als die beiden Bestimmungen der Einzelheit und der Allgemeinheit haben, so drücken sie hier nur den oberflächlichen Gegensatz der beiden Seiten gegeneinander aus.

Die Einzelheit hat an dem Wesen, das wir hier betrachten, die Bedeutung des Selbstbewußtseins überhaupt, nicht eines einzelnen zufälligen Bewußtseins. Die sittliche Substanz ist also in dieser Bestimmung die wirkliche Substanz, der absolute Geist in der Vielheit des daseienden

Bewußtseins realisiert; er ist das Gemeinwesen, welches für uns bei dem Eintritt in die praktische Gestaltung der Vernunft überhaupt das absolute Wesen war und hier in seiner Wahrheit für sich selbst als bewußtes sittliches Wesen und als das Wesen für das Bewußtsein, das wir zum Gegenstande haben, hervorgetreten ist. Es ist Geist, welcher für sich [ist], indem er im Gegenschein der Individuen sich, – und an sich oder Substanz ist, indem er sie in sich erhält. Als die wirkliche Substanz ist er ein Volk, als wirkliches Bewußtsein Bürger des Volkes. Dies Bewußtsein hat an dem einfachen Geiste sein Wesen und die Gewißheit seiner selbst in der Wirklichkeit dieses Geistes, dem ganzen Volke, und unmittelbar darin seine Wahrheit, also nicht in etwas, das nicht wirklich ist, sondern in einem Geiste, der existiert und gilt.

Dieser Geist kann das menschliche Gesetz genannt werden, weil er wesentlich in der Form der ihrer selbst bewußten Wirklichkeit ist. Er ist in der Form der Allgemeinheit das bekannte Gesetz und die vorhandene Sitte; in der Form der Einzelheit ist er die wirkliche Gewißheit seiner selbst in dem Individuum überhaupt, und die Gewißheit seiner als einfacher Individualität ist er als Regierung; seine Wahrheit ist die offene, an dem Tage liegende Gültigkeit; eine Existenz, welche für die unmittelbare Gewißheit in die Form des frei entlassenen Daseins tritt.

Dieser sittlichen Macht und Offenbarkeit tritt aber eine andere Macht, das göttliche Gesetz, gegenüber. Denn die sittliche Staatsmacht hat als die Bewegung des sich bewußten Tuns an dem einfachen und unmittelbaren Wesen der Sittlichkeit ihren Gegensatz; als wirkliche Allgemeinheit ist sie eine Gewalt gegen das individuelle Fürsichsein, und als Wirklichkeit überhaupt hat sie an dem inneren Wesen noch ein Anderes, als sie ist.

Es ist schon erinnert worden, daß jede der entgegengesetzten Weisen der sittlichen Substanz, zu existieren, sie ganz und alle Momente ihres Inhalts enthält. Wenn also das Gemeinwesen sie als das seiner bewußte wirkliche Tun ist, so hat die andere Seite die Form der unmittelbaren oder seienden Substanz. Diese ist so einerseits der innere Begriff oder die allgemeine Möglichkeit der Sittlichkeit überhaupt, hat aber andererseits das Moment des Selbstbewußtseins ebenso an ihr. Dieses, in diesem Elemente der Unmittelbarkeit oder des Seins die Sittlichkeit ausdrückend, oder ein unmittelbares Bewußtsein seiner wie als Wesens so als dieses Selbsts in einem Anderen, d. h. ein natürliches sittliches Gemeinwesen, – ist die Familie. Sie steht als der bewußtlose, noch innere Begriff seiner sich bewußten Wirklichkeit, als das Element der Wirklichkeit des Volks dem Volke selbst, als unmittelbares sittliches Sein der durch die Arbeit für das Allgemeine sich bildenden und erhaltenden Sittlichkeit, – [als] die Penaten dem allgemeinen Geiste gegenüber.

Ob sich aber wohl das sittliche Sein der Familie als das unmittelbare bestimmt, so ist sie innerhalb ihrer sittliches Wesen nicht, insofern sie das Verhältnis der Natur ihrer Glieder oder deren Beziehung die unmittelbare einzelner wirklicher ist; denn das Sittliche ist an sich allgemein, und dies Verhältnis der Natur ist wesentlich ebensosehr ein Geist und nur als geistiges Wesen sittlich. Es ist zu sehen, worin seine eigentümliche Sittlichkeit besteht. – Zunächst, weil das Sittliche das an sich Allgemeine ist, ist die sittliche Beziehung der Familienglieder nicht die Beziehung der Empfindung oder das Verhältnis der Liebe. Das Sittliche scheint nun in das Verhältnis des einzelnen Familiengliedes zur ganzen Familie als der Substanz gelegt werden zu müssen, so daß sein Tun und Wirklichkeit nur sie zum Zweck und Inhalt hat. Aber der bewußte Zweck, den das Tun dieses Ganzen, insofern er auf es selbst geht, hat, ist selbst das Einzelne. Die Erwer-

bung und Erhaltung von Macht und Reichtum geht teils
nur auf das Bedürfnis und gehört der Begierde an; teils
wird sie in ihrer höheren Bestimmung etwas nur Mittelba-
res. Diese Bestimmung fällt nicht in die Familie selbst, sondern geht auf das wahrhaft Allgemeine, das Gemeinwesen;
sie ist vielmehr negativ gegen die Familie und besteht darin,
den Einzelnen aus ihr herauszusetzen, seine Natürlichkeit
und Einzelheit zu unterjochen und ihn zur Tugend, zum
Leben in und fürs Allgemeine zu ziehen. Der der Familie
eigentümliche positive Zweck ist der Einzelne als solcher. Daß nun diese Beziehung sittlich sei, kann er nicht,
weder der, welcher handelt, noch der, auf welchen sich die
Handlung bezieht, nach einer Zufälligkeit auftreten,
wie etwa in irgendeiner Hilfe oder Dienstleistung geschieht. Der Inhalt der sittlichen Handlung muß substantiell oder ganz und allgemein sein; sie kann sich daher nur
auf den ganzen Einzelnen oder auf ihn als allgemeinen
beziehen. [...]
   Die Handlung also, welche die ganze Existenz des Blutsverwandten umfaßt und ihn – nicht den Bürger, denn dieser
gehört nicht der Familie an, noch den, der Bürger werden
und aufhören soll, als dieser Einzelne zu gelten,
sondern ihn, *diesen* der Familie angehörigen Einzelnen – als
ein allgemeines, der sinnlichen, d. i. einzelnen Wirklichkeit enthobenes Wesen zu ihrem Gegenstande und Inhalt hat, betrifft nicht mehr den Lebenden, sondern den
Toten, der aus der langen Reihe seines zerstreuten Daseins sich in die vollendete eine Gestaltung zusammengefaßt und aus der Unruhe des zufälligen Lebens sich in die
Ruhe der einfachen Allgemeinheit erhoben hat. – Weil er
nur als Bürger wirklich und substantiell ist, so ist
der Einzelne, wie er nicht Bürger ist und der Familie angehört, nur der unwirkliche marklose Schatten.
   Diese Allgemeinheit, zu der der Einzelne als solcher
gelangt, ist das reine Sein, der Tod; es ist das unmittelbare natürliche Gewordensein, nicht das

Tun eines Bewußtseins. Die Pflicht des Familiengliedes ist deswegen, diese Seite hinzuzufügen, damit auch sein
letztes Sein, dies allgemeine Sein, nicht allein der Natur angehöre und etwas Unvernünftiges bleibe, sondern
daß es ein Getanes und das Recht des Bewußtseins in
ihm behauptet sei.   [...]

  Das göttliche Gesetz, das in der Familie waltet, hat seinerseits gleichfalls Unterschiede in sich, deren Beziehung
die lebendige Bewegung seiner Wirklichkeit ausmacht. Unter den drei Verhältnissen aber, des Mannes und der Frau,
der Eltern und der Kinder, der Geschwister als Bruder und
Schwester, ist zuerst das Verhältnis des Mannes und
der Frau das unmittelbare Sich-Erkennen des einen
Bewußtseins im andern und das Erkennen des gegenseitigen Anerkanntseins. Weil es das natürliche Sich-Erkennen, nicht das sittliche ist, ist es nur die Vorstellung
und das Bild des Geistes, nicht der wirkliche Geist selbst.
– Die Vorstellung oder das Bild hat aber seine Wirklichkeit
an einem Anderen, als es ist; dies Verhältnis hat daher seine
Wirklichkeit nicht an ihm selbst, sondern an dem Kinde –
einem Anderen, dessen Werden es ist und worin es selbst
verschwindet; und dieser Wechsel der sich fortwälzenden
Geschlechter hat seinen Bestand in dem Volke. – Die Pietät
des Mannes und der Frau gegeneinander ist also mit natürlicher Beziehung und mit Empfindung vermischt, und ihr
Verhältnis hat seine Rückkehr in sich nicht an ihm selbst;
ebenso das zweite, die Pietät der Eltern und Kinder
gegeneinander.   [...]

  Das unvermischte Verhältnis aber findet zwischen Bruder und Schwester statt. Sie sind dasselbe Blut, das
aber in ihnen in seine Ruhe und Gleichgewicht gekommen ist. Sie begehren daher einander nicht, noch haben
sie dies Fürsichsein eines dem anderen gegeben noch
empfangen, sondern sie sind freie Individualität gegeneinander. Das Weibliche hat daher als Schwester die höchste
Ahnung des sittlichen Wesens; zum Bewußtsein und

der Wirklichkeit desselben kommt es nicht, weil das Gesetz der Familie das a n s i c h - s e i e n d e, i n n e r l i c h e Wesen ist, das nicht am Tage des Bewußtseins liegt, sondern innerliches Gefühl und das der Wirklichkeit enthobene Göttliche bleibt. An diese Penaten ist das Weibliche geknüpft, welches in ihnen teils seine allgemeine Substanz, teils aber seine Einzelheit anschaut, so jedoch, daß diese Beziehung der Einzelheit zugleich nicht die natürliche der Lust sei. [...] – Der Bruder aber ist der Schwester das ruhige gleiche Wesen überhaupt, ihre Anerkennung in ihm rein und unvermischt mit natürlicher Beziehung; die Gleichgültigkeit der Einzelheit und die sittliche Zufälligkeit derselben ist daher in diesem Verhältnisse nicht vorhanden; sondern das Moment des anerkennenden und anerkannten e i n z e l n e n S e l b s t s darf hier sein Recht behaupten, weil es mit dem Gleichgewichte des Blutes und begierdeloser Beziehung verknüpft ist. Der Verlust des Bruders ist daher der Schwester unersetzlich und ihre Pflicht gegen ihn die höchste.

Dies Verhältnis ist zugleich die Grenze, an der sich die in sich beschlossene Familie auflöst und außer sich geht. Der Bruder ist die Seite, nach welcher ihr Geist zur Individualität wird, die gegen Anderes sich kehrt und in das Bewußtsein der Allgemeinheit übergeht. Der Bruder verläßt diese u n m i t t e l b a r e e l e m e n t a r i s c h e und darum eigentlich n e g a t i v e Sittlichkeit der Familie, um die ihrer selbst bewußte, wirkliche Sittlichkeit zu erwerben und hervorzubringen.

Er geht aus dem göttlichen Gesetz, in dessen Sphäre er lebte, zu dem menschlichen über. Die Schwester aber wird oder die Frau bleibt der Vorstand des Hauses und die Bewahrerin des göttlichen Gesetzes. [...]

Der Unterschied der Geschlechter und ihres sittlichen Inhalts bleibt jedoch in der Einheit der Substanz, und seine Bewegung ist eben das bleibende Werden derselben. Der Mann wird vom Familiengeiste in das Gemeinwesen hinausgeschickt und findet in diesem sein selbstbewußtes Wesen; wie die Familie hierdurch in ihm ihre allgemeine Substanz und Bestehen hat, so umgekehrt das Gemeinwesen an der Familie das formale Element seiner Wirklichkeit und an dem göttlichen Gesetze seine Kraft und Bewährung. Keins von beiden ist allein an und für sich; das menschliche Gesetz geht in seiner lebendigen Bewegung von dem göttlichen, das auf Erden geltende von dem unterirdischen, das bewußte vom bewußtlosen, die Vermittlung von der Unmittelbarkeit aus und geht ebenso dahin zurück, wovon es ausging. Die unterirdische Macht dagegen hat auf der Erde ihre Wirklichkeit; sie wird durch das Bewußtsein Dasein und Tätigkeit.

Die allgemeinen sittlichen Wesen sind also die Substanz als Allgemeines und sie als einzelnes Bewußtsein; sie haben das Volk und die Familie zu ihrer allgemeinen Wirklichkeit, den Mann aber und das Weib zu ihrem natürlichen Selbst und der betätigenden Individualität. In diesem Inhalt der sittlichen Welt sehen wir die Zwecke erreicht, welche die vorhergehenden substanzlosen Gestalten des Bewußtseins sich machten; was die Vernunft nur als Gegenstand auffaßte, ist Selbstbewußtsein geworden, und was dieses nur in ihm selbst hatte, als wahre Wirklichkeit vorhanden. [...]

b) Die sittliche Handlung
Das menschliche und göttliche Wissen,
die Schuld und das Schicksal

Wie aber in diesem Reiche der Gegensatz beschaffen ist, so ist das Selbstbewußtsein noch nicht in seinem Rechte als einzelne Individualität aufgetreten; sie gilt in ihm auf der einen Seite nur als allgemeiner Willen, auf der andern als Blut der Familie; dieser Einzelne gilt nur als der unwirkliche Schatten. – Es ist noch keine Tat begangen; die Tat aber ist das wirkliche Selbst. – Sie stört die ruhige Organisation und Bewegung

der sittlichen Welt. Was in dieser als Ordnung und Übereinstimmung ihrer beiden Wesen erscheint, deren eins das
andere bewährt und vervollständigt, wird durch die Tat zu
einem Übergange Entgegengesetzter, worin jedes
sich viel mehr als die Nichtigkeit seiner selbst und des anderen beweist denn als die Bewährung; – es wird zu der negativen Bewegung oder der ewigen Notwendigkeit des
furchtbaren Schicksals, welche das göttliche wie das
menschliche Gesetz sowie die beiden Selbstbewußtseine, in
denen diese Mächte ihr Dasein haben, in den Abgrund seiner Einfachheit verschlingt – und für uns in das absolute Fürsichsein des rein einzelnen Selbstbewußtseins übergeht. [...]

Das sittliche Bewußtsein aber weiß, was es zu tun hat,
und ist entschieden, es sei dem göttlichen oder dem
menschlichen Gesetze anzugehören. Diese Unmittelbarkeit
seiner Entschiedenheit ist ein Ansichsein und hat daher
zugleich die Bedeutung eines natürlichen Seins, wie wir gesehen; die Natur, nicht das Zufällige der Umstände oder
der Wahl, teilt das eine Geschlecht dem einen, das andere
dem anderen Gesetze zu, – oder umgekehrt, die beiden sittlichen Mächte selbst geben sich an den beiden Geschlechtern ihr individuelles Dasein und Verwirklichung.

Hierdurch nun, daß einesteils die Sittlichkeit wesentlich
in dieser unmittelbaren Entschiedenheit besteht und
darum für das Bewußtsein nur das eine Gesetz das Wesen
ist, andernteils, daß die sittlichen Mächte in dem Selbst
des Bewußtseins wirklich sind, erhalten sie die Bedeutung,
sich auszuschließen und sich entgegengesetzt zu
sein; sie sind in dem Selbstbewußtsein für sich, wie sie
im Reiche der Sittlichkeit nur an sich sind. [...]

Aber wenn so das Allgemeine die reine Spitze seiner Py-
ramide leicht abstößt und über das sich empörende Prinzip
der Einzelheit, die Familie, zwar den Sieg davonträgt, so
hat es sich dadurch mit dem göttlichen Gesetze, der seiner
selbst bewußte Geist sich mit dem bewußtlosen nur in

K a m p f eingelassen; denn dieser ist die andere wesentliche und darum von jener unzerstörte und nur beleidigte Macht. Er hat aber gegen das gewalthabende, am Tage liegende Gesetz seine Hilfe zur w i r k l i c h e n Ausführung nur an dem blutlosen Schatten. Als das Gesetz der Schwäche und der Dunkelheit unterliegt er daher zunächst dem Gesetze des Tages und der Kraft, denn jene Gewalt gilt unten, nicht auf Erden. Allein das Wirkliche, das dem Innerlichen seine Ehre und Macht genommen, hat damit sein Wesen aufgezehrt. Der offenbare Geist hat die Wurzel seiner Kraft in der Unterwelt; die ihrer selbst sichere und sich versichernde G e w i ß h e i t des Volks hat die W a h r h e i t ihres Alle in Eins bindenden Eides nur in der bewußtlosen und stummen Substanz Aller, in den Wässern der Vergessenheit. Hierdurch verwandelt sich die Vollbringung des offenbaren Geistes in das Gegenteil, und er erfährt, daß sein höchstes Recht das höchste Unrecht, sein Sieg vielmehr sein eigener Untergang ist. Der Tote, dessen Recht gekränkt ist, weiß darum für seine Rache Werkzeuge zu finden, welche von gleicher Wirklichkeit und Gewalt sind mit der Macht, die ihn verletzt. [...]

In dieser Vorstellung hat die Bewegung des menschlichen und göttlichen Gesetzes den Ausdruck ihrer Notwendigkeit an Individuen, an denen das Allgemeine als ein P a t h o s und die Tätigkeit der Bewegung als i n d i v i d u e l l e s Tun erscheint, welches der Notwendigkeit derselben den Schein der Zufälligkeit gibt. Aber die Individualität und das Tun macht das Prinzip der Einzelheit überhaupt aus, das in seiner reinen Allgemeinheit das innere göttliche Gesetz genannt wurde. Als Moment des offenbaren Gemeinwesens hat es nicht nur jene unterirdische oder in seinem Dasein äußerliche Wirksamkeit, sondern ein ebenso offenbares, an dem wirklichen Volke wirkliches Dasein und Bewegung. In dieser Form genommen erhält das, was als einfache Bewegung des individualisierten Pathos vorgestellt wurde, ein anderes Aussehen und das Verbrechen und die

dadurch begründete Zerstörung des Gemeinwesens die eigentliche Form ihres Daseins. – Das menschliche Gesetz
also in seinem allgemeinen Dasein, das Gemeinwesen, in
seiner Betätigung überhaupt die Männlichkeit, in seiner
wirklichen Betätigung die Regierung, ist, bewegt und
erhält sich dadurch, daß es die Absonderung der Penaten
oder die selbständige Vereinzelung in Familien, welchen die
Weiblichkeit vorsteht, in sich aufzehrt und sie in der Kontinuität seiner Flüssigkeit aufgelöst erhält. Die Familie ist
aber zugleich überhaupt sein Element, das einzelne Bewußtsein allgemeiner betätigender Grund. Indem das Gemeinwesen sich nur durch die Störung der Familienglückseligkeit und die Auflösung des Selbstbewußtseins in das
allgemeine sein Bestehen gibt, erzeugt es sich an dem, was
es unterdrückt und was ihm zugleich wesentlich ist, an der
Weiblichkeit überhaupt seinen inneren Feind. Diese – die
ewige Ironie des Gemeinwesens – verändert durch die Intrige den allgemeinen Zweck der Regierung in einen Privatzweck, verwandelt ihre allgemeine Tätigkeit in ein Werk
dieses bestimmten Individuums und verkehrt das allgemeine Eigentum des Staats zu einem Besitz und Putz der Familie. [...]
   Dieser Untergang der sittlichen Substanz und ihr Übergang in eine andere Gestalt ist also dadurch bestimmt, daß
das sittliche Bewußtsein auf das Gesetz wesentlich unmittelbar gerichtet ist; in dieser Bestimmung der Unmittelbarkeit liegt, daß in die Handlung der Sittlichkeit die
Natur überhaupt hereinkommt. Ihre Wirklichkeit offenbart
nur den Widerspruch und den Keim des Verderbens, den
die schöne Einmütigkeit und das ruhige Gleichgewicht des
sittlichen Geistes eben an dieser Ruhe und Schönheit selbst
hat; denn die Unmittelbarkeit hat die widersprechende Bedeutung, die bewußtlose Ruhe der Natur und die selbstbewußte unruhige Ruhe des Geistes zu sein. – Um dieser Natürlichkeit willen ist überhaupt dieses sittliche Volk eine
durch die Natur bestimmte und daher beschränkte Indivi-

dualität und findet also ihre Aufhebung an einer anderen. Indem aber diese Bestimmtheit, die im Dasein gesetzt, Beschränkung, aber ebenso das Negative überhaupt und das Selbst der Individualität ist, verschwindet, ist das Leben des Geistes und diese in allen ihrer selbst bewußte Substanz verloren. Sie tritt als eine f o r m e l l e A l l g e m e i n h e i t an ihnen heraus, ist ihnen nicht mehr als lebendiger Geist inwohnend, sondern die einfache Gediegenheit ihrer Individualität ist in viele Punkte zersprungen.

D: Georg Wilhelm Friedrich Hegel: Phänomenologie des Geistes. In: G. W. F. H.: Werke in zwanzig Bänden. Bd. 3. Frankfurt a. M.: Suhrkamp, 1970. S. 328–354. (VI. Der Geist / Der wahre Geist. Die Sittlichkeit.)

B. Die Ehe als Institution

Die Rechtsphilosophie gehört in das System jener Wissenschaften, die Hegel als reale bezeichnet; sie thematisieren die Realität der Idee, die als reine oder abstrakte Gegenstand der Wissenschaft der Logik ist. Während die Naturphilosophie die Realität der Idee in der Gestalt des äußerlichen Daseins entfaltet, stellt die Philosophie des Geistes die Rückkehr der Idee aus ihrer Entäußerung dar, die über die Stufen des subjektiven, des objektiven und schließlich des absoluten Geistes entfaltet wird. Das Gebiet der Rechtsphilosophie gehört in die Sphäre des objektiven Geistes. Ihr Ausgangspunkt ist der Geist, der sich, d. h. seinen inneren Bestimmungen objektive Realität gibt, der also »praktischer Geist« oder »Wille« ist.

Die Sphäre des Sittlichen, in das die Familie als dessen substantielle Gestalt gehört, entwickelt Hegel in der Rechtsphilosophie als Einheit zweier abstrakter Momente: der Sphäre des abstrakten Rechts und der Sphäre der Moralität. In beiden Momenten gibt sich der Wille, dessen Grundbestimmung die Freiheit ist und dessen Entwicklung zur sich wissenden, wirklichen Freiheit die Gliederung der Schrift bestimmt, jeweils einseitige, d. i. nur erst abstrakte Gestalt: Der freie Wille verwirklicht sich zunächst, indem er sich des Unfreien, ihm gänzlich Äußerlichen bemächtigt, d. h., sich als Person zum Herrn der Sache macht. In dieser Beziehung verhalten sich die Personen zueinander als einander jeweils ausschließender Wille, weshalb allem Eigentum der Charakter des Privateigentums zukommt. Die Negation dieser ersten Form des Daseins der Freiheit ist die Sphäre der Moralität: die Person wird sich selbst zum Gegenstand, sie erfaßt sich in ihrer von der Äußerlichkeit der Sache unabhängigen subjektiven Innerlichkeit. In der Selbstgewißheit des in sich reflektierten subjektiven Willens verflüchtigt sich freilich alle Objektivität, so daß der bloß moralische Standpunkt als der eines perennierenden Sollens erscheint (vgl. § 135)[1]. Erst in der Sittlichkeit schafft sich der Wille eine Wirklichkeit, in der seine Realisation nach außen und nach innen vereinigt und die komplementären Einseitigkeiten von Recht und Moralität aufgehoben sind.

Als Einheit des Einzelnen und Allgemeinen hat der sittliche Wille seine erste substantielle Stufe in der Familie, d. i. jener Einheit, in der die Individuen nicht als Personen für sich existieren, sondern als M i t g l i e d. Deren natürliche Grundlage ist die Liebe als empfindende Einheit. In der Struktur der Liebe hat Hegel jene Momente entdeckt, die den absoluten Geist als versöhnte Rückkehr aus seinem Anderen zu sich selbst charakterisieren: die Liebe besteht wesentlich darin, das Bewußtsein seiner selbst in einem anderen Selbst aufzugeben, so freilich, daß ein jeder sich in dem anderen Selbst gewinnt. Als natürlicher Empfindung haftet der Liebe das Vergängliche und Launenhafte der besonderen Neigung an: über diese Zufälligkeit wird sie erhoben, indem das Bewußtsein der Einheit zum substantiellen Zweck der Vereinigung wird; dieser sittliche Zweck definiert die Ehe und bestimmt die eheliche Vereinigung als an sich unauflöslich. Der objektive Ausgangspunkt der Ehe ist daher die »freie Einwilligung der Personen [...] dazu, e i n e P e r s o n a u s z u m a c h e n, ihre natürliche und einzelne Persönlichkeit in jener Einheit aufzugeben« (269). Die Ehe ist daher weder als bloßes Liebesverhältnis zu begreifen, noch auch als bloßes Vertragsverhältnis: der sittliche Zweck der Vereinigung kann nicht Resultat eines gemeinsamen Willküraktes sein, denn der in vertraglichen Vereinbarungen gesetzte gemeinsame Wille hat nur partikulare Zwecke zum Gegenstand.

---

1 Soweit der im folgenden abgedruckte Quellentext die in der Einleitung zitierten Textstellen nicht enthält, werden diese nach folgender Ausgabe zitiert: G. W. F. Hegel, *Grundlinien der Philosophie des Rechts*, in: G. W. F. H., *Werke* (s. Anm. 1), Bd. 7. Die Seitenangaben, die sich auf im vorliegenden Band abgedruckte Textausschnitte beziehen, sind kursiv gesetzt.

Freilich wäre es ebenso verfehlt, dem sittlichen Zweck
der Ehe als rein geistiger Einheit die Form der »sogenannten platonischen Liebe« zu geben: damit wäre die Befriedigung des Naturtriebs, statt zum untergeordneten Moment
herabgesetzt zu werden, »als das schlechthin Negative bestimmt und ihm eben durch die Trennung eine unendliche
Wichtigkeit für sich gegeben« (§ 163).

Als konkrete Einheit läßt sich die in ihrem Ansich entfaltete Sittlichkeit der Ehe erst fassen, wenn die sittliche Substantialität als sich dirimierende in den Blick kommt, mit
anderen Worten, wenn die unterschiedliche Bedeutung der
Geschlechter vor Augen tritt: Der Mann hat sein Dasein
zunächst in der Entzweiung von Einzelnem und Allgemeinem, in der für sich seienden Einzelheit und dem Wissen
und Wollen der freien Allgemeinheit, die ihm objektiv in
Wissenschaft und Staat gegenübertritt; die Einheit beider
Momente, die selbständige Einigkeit mit sich, geht daher
aus der Entzweiung hervor. Die Frau dagegen hat ihre Existenzweise diesseits der Entzweiung; sie bewahrt daher die
substantielle Einheit von Einzelnem und Allgemeinem, und
zwar in der Form der bloß empfindenden, subjektiven Innerlichkeit. Während der Mann daher sein wirkliches Leben in Wissenschaft und Staat hat, ist die substantielle
Bestimmung der Frau die Familie. In dieser Bestimmung
vertritt die Frau das unterirdische Gesetz der alten Götter
gegen das offenbare menschliche Gesetz; der Geist der Penaten hat sein Dasein in der sittlich-religiösen Gesinnung
der Familienpietät, während der allgemeine Geist seine
Wirklichkeit im Staat hat (273).

Die Einheit der Ehe hat in der Innigkeit der Liebe ihr
substantielles Dasein, aber erst in den Kindern gewinnt diese Einheit selbst Gegenständlichkeit. Die Ernährung und
Erziehung der Kinder setzt eine Gegenständlichkeit sachlicher Art voraus, die nämlich des Familienvermögens. Das
Familienvermögen wird zwar vom Familienoberhaupt verwaltet, ist aber, weil die Familie als Einheit in ihm ihre äu-

ßere Realität hat, gemeinsames Eigentum, woran jedes Familienglied gleichen Anteil hat. Aus dieser Gemeinsamkeit folgt Teilbarkeit und Vererbung: weil durch die Ehe jeweils eine neue Familie gebildet wird, die gegenüber ihrer Herkunftsfamilie unabhängig ist, darf das Familienvermögen nicht – wie im Feudalrecht – im Interesse der Erhaltung eines Stammvermögens nur über die männlichen Familienmitglieder vererbt werden oder gar, wie es das römische Recht für das Vermögen der Frau in deren Todesfalle vorsah, an deren Herkunftsfamilie zurückfallen (vgl. § 172 Zusatz). Die Grundlage der neuen Familie ist die sittliche Liebe der Ehegatten: diese können sich nur vereinigen, d. h. ihre Persönlichkeiten wechselseitig gegeneinander aufgeben und eine konkrete Person bilden, weil sie sich als getrennte gegenübertreten, also aus unterschiedlichen Familien stammen. Gegenüber der sittlichen Liebe, die nur Eltern und Kinder bindet, tritt die natürliche Blutsverwandtschaft als Fundament der Familie im weiteren Sinne zurück (*274*).

Auf der Grundlage des Begriffs der modernen Kleinfamilie entwickelt Hegel nun den Übergang auf die Stufe der Differenz, d. i. des Verlusts der Familiensittlichkeit. Jede Familie ist selbständige konkrete Persönlichkeit, die sich gegen alle übrigen ausschließend verhält, d. h. nur die Seite ihrer partikularen Besonderheit geltend macht: jede ist sich Zweck, die anderen sind nur Mittel zum Zweck des Besonderen. Dieses Verhältnis allseitiger Abhängigkeiten, »das System der in ihre Extreme verlorenen Sittlichkeit« (§ 184), nennt Hegel »bürgerliche Gesellschaft«, die als »äußerer Staat«, d. i. »Not- und Verstandesstaat« (§ 183) die Stufe der Differenz bildet, »welche zwischen die Familie und den Staat tritt« (§ 182 Zusatz). Der äußere Staat ist, was auf der Stufe der Familie als unmittelbarer Sittlichkeit Geist der Penaten heißt, nun als allgemeiner, d. i. die besonderen und einzelnen Interessen erhaltende und organisierende Geist. Das substantielle Ganze der Familie ist in der bürgerlichen Gesellschaft zum Untergeordneten geworden: als S o h n

der bürgerlichen Gesellschaft wird das Individuum den Familienbanden entrissen, die Familienmitglieder
werden einander entfremdet und als selbständige Personen
anerkannt (§ 238). Erst jenseits des Systems der Bedürfnisse, zunächst in der Rechtspflege und dann
in der Form der Korporation, erweist sich der Staat als
immanenter Zweck der bürgerlichen Gesellschaft: in der
Korporation werden die Einzeltätigkeiten der ihre Privat-
zwecke verfolgenden Individuen »zur bewußten Tätigkeit
für einen gemeinsamen Zweck erhoben« (§ 254); da nun
dieser Zweck seine Wahrheit in dem an und für sich allgemeinen Zwecke hat, enthält er den Grund für
den Übergang der bürgerlichen Gesellschaft in den Staat
(§ 256). Was als unmittelbare Sittlichkeit der Familie der
Sphäre der bürgerlichen Gesellschaft vorhergeht, kehrt also
in der Form der der Korporation immanenten Sittlichkeit
in die bürgerliche Gesellschaft zurück (§ 249). Resümierend
kann Hegel festhalten: »Zur Familie macht die Korporation die zweite, die in der bürgerlichen Gesellschaft gegründete sittliche Wurzel des Staates aus« (§ 255).

Während die *Rechtsphilosophie* die für die Moderne charakteristischen Strukturen der Sittlichkeit entwickelt, geht
es in der *Phänomenologie des Geistes* um die Sittlichkeit
der alten Welt als einer vergangenen und zum Untergang
bestimmten. Aus dieser Differenz rührt der unterschiedliche Stellenwert, den dem Verhältnis der Geschlechter in
beiden Werken zukommt. Die frühere Schrift entfaltet die
Familie nicht auf der Grundlage der in der sittlichen Form
der Ehe sanktionierten Geschlechterliebe: sie ist vielmehr
jenes vorgängige, durch die Bande der Blutsverwandtschaft
unmittelbar als natürlich Allgemeines ausgezeichnete Ganze, das in der reinen Geschwisterliebe seinen sittlichen
Ausdruck erhält und, in der Tat Antigones als Pathos er-
griffen, das durch Kreon repräsentierte wahrhaft Allgemeine des Staates unmittelbar zur Reaktion provoziert. Diese
unmittelbare Konfrontation der beiden sittlichen Mächte

verliert in der auf der Gattenliebe gegründeten und als sittliche Wurzel des Staates entwickelten modernen Form der Familie ihren Ort; zwar vertritt die Ehefrau das Gesetz der Götter gegenüber dem Mann als dem Repräsentanten des wahrhaft Allgemeinen, aber innerhalb der Familie kann dieses Gegeneinander der sittlichen Mächte nicht mehr zum tragischen Konflikt führen. In der *Rechtsphilosophie* ist die Stufe der Differenz vielmehr erst durch das gegeneinander ausschließende Verhalten der Einzelfamilien selbst erreicht und die Familiensittlichkeit damit zum untergeordneten Moment herabgesetzt.

Sabine Doyé

Grundlinien der Philosophie des Rechts oder Naturrecht und Staatswissenschaft im Grundrisse

[1821]

Dritter Teil. Die Sittlichkeit

Die Familie

§ 158

Die Familie hat als die unmittelbare Substantialität des Geistes seine sich empfindende Einheit, die Liebe, zu ihrer Bestimmung, so daß die Gesinnung ist, das Selbstbewußtsein seiner Individualität in dieser Einheit als an und für sich seiender Wesentlichkeit zu haben, um in ihr nicht als eine Person für sich, sondern als Mitglied zu sein. [...]

Zusatz. Liebe heißt überhaupt das Bewußtsein meiner Einheit mit einem anderen, so daß ich für mich nicht isoliert bin, sondern mein Selbstbewußtsein nur als Aufgebung meines Fürsichseins gewinne und durch das Mich-Wissen, als der Einheit meiner mit dem anderen und des anderen mit mir. Die Liebe ist aber Empfindung, das heißt die Sittlichkeit in Form des Natürlichen; im Staate ist sie nicht mehr: da ist man sich der Einheit als des Gesetzes bewußt, da muß der Inhalt vernünftig sein, und ich muß ihn wissen. Das erste Moment in der Liebe ist, daß ich keine selbständige Person für mich sein will und daß, wenn ich dies wäre, ich mich mangelhaft und unvollständig fühle. Das zweite Moment ist, daß ich mich in einer anderen Person gewinne, daß ich in ihr gelte, was sie wiederum in mir erreicht. Die Liebe ist daher der ungeheuerste Widerspruch, den der Verstand nicht lösen kann, indem es nichts Härteres gibt als diese Punktualität des Selbstbewußtseins, die negiert wird und die ich doch als affirmativ haben soll. Die Liebe ist das Hervorbringen und die Auflösung des Widerspruchs zugleich: als die Auflösung ist sie die sittliche Einigkeit.

§ 159

Das R e c h t, welches dem E i n z e l n e n auf dem Grund der Familieneinheit zukommt und was zunächst sein Leben in dieser Einheit selbst ist, tritt nur insofern in die F o r m R e c h t e n s als des abstrakten Moments der b e s t i m m - t e n E i n z e l h e i t hervor, als die Familie in die Auflösung übergeht und die, welche als Glieder sein sollen, in ihrer Gesinnung und Wirklichkeit als selbständige Personen werden und, was sie in der Familie für ein bestimmtes Moment ausmachten, nun in der Absonderung, also nur nach äußerlichen Seiten (Vermögen, Alimentation, Kosten der Erziehung u. dgl.) erhalten. [...]

§ 160

Die Familie vollendet sich in den drei Seiten:

a) in der Gestalt ihres unmittelbaren Begriffes als E h e,
b) in dem äußerlichen Dasein, dem E i g e n t u m und G u t der Familie und der Sorge dafür;
c) in der E r z i e h u n g der Kinder und der Auflösung der Familie. [...]

A. Die Ehe

§ 161

Die Ehe enthält, als das u n m i t t e l b a r e s i t t l i c h e Ver - hältnis, e r s t e n s das Moment der n a t ü r l i c h e n Le - bendigkeit, und zwar als substantielles Verhältnis die Le -

bendigkeit in ihrer Totalität, nämlich als Wirklichkeit der *Gattung* und deren Prozeß. (S. *Enzyklop. der philos. Wissensch.* § 167 ff. und 288 ff.) Aber im Selbstbewußtsein wird z w e i t e n s die nur i n n e r l i c h e oder a n s i c h seiende und eben damit in ihrer Existenz nur äußerliche E i n h e i t der natürlichen Geschlechter in eine g e i s t i g e, in selbstbewußte Liebe, umgewandelt. [...]

Zusatz. Die Ehe ist wesentlich ein sittliches Verhältnis. Früher ist, besonders in den meisten Naturrechten, dieselbe nur nach der physischen Seite hin angesehen worden, nach demjenigen, was sie von Natur ist. Man hat sie so nur als ein Geschlechtsverhältnis betrachtet, und jeder Weg zu den übrigen Bestimmungen der Ehe blieb verschlossen. Ebenso roh ist es aber, die Ehe bloß als einen bürgerlichen Kontrakt zu begreifen, eine Vorstellung, die auch noch bei Kant vorkommt, wo denn die gegenseitige Willkür über die Individuen sich verträgt und die Ehe zur Form eines gegenseitigen vertragsmäßigen Gebrauchs herabgewürdigt wird. Die dritte ebenso zu verwerfende Vorstellung ist die, welche die Ehe nur in die Liebe setzt, denn die Liebe, welche Empfindung ist, läßt die Zufälligkeit in jeder Rücksicht zu, eine Gestalt, welche das Sittliche nicht haben darf. Die Ehe ist daher näher so zu bestimmen, daß sie die rechtlich sittliche Liebe ist, wodurch das Vergängliche, Launenhafte und bloß Subjektive derselben aus ihr verschwindet.

§ 162

Als subjektiver Ausgangspunkt der Ehe kann mehr die b e s o n d e r e N e i g u n g der beiden Personen, die in dies Verhältnis treten, oder die V o r s o r g e und Veranstaltung der Eltern usf. erscheinen; der objektive Ausgangspunkt aber ist die freie Einwilligung der Personen, und zwar dazu, *eine* P e r s o n a u s z u m a c h e n, ihre natürliche und einzelne Persönlichkeit in jener Einheit aufzugeben, welche nach dieser Rücksicht eine Selbstbeschränkung,

aber eben, indem sie in ihr ihr substantielles Selbstbewußtsein gewinnen, ihre Befreiung ist.

Die objektive Bestimmung, somit die sittliche Pflicht, ist,
in den Stand der Ehe zu treten. [...]

§ 163

Das Sittliche der Ehe besteht in dem Bewußtsein dieser
Einheit als substantiellen Zweckes, hiermit in der Liebe,
dem Zutrauen und der Gemeinsamkeit der ganzen individuellen Existenz, – in welcher Gesinnung und Wirklichkeit
der natürliche Trieb zur Modalität eines Naturmoments,
das eben in seiner Befriedigung zu erlöschen bestimmt ist,
herabgesetzt wird, das geistige Band in seinem Rechte
als das Substantielle, hiermit als das über die Zufälligkeit
der Leidenschaften und des zeitlichen besonderen Belie-
bens Erhabene, an sich Unauflösliche sich heraushebt.

Daß die Ehe nicht das Verhältnis eines Vertrags über ihre
wesentliche Grundlage ist, ist oben bemerkt worden
(§ 75), denn sie ist gerade dies, vom Vertragsstandpunkte
der in ihrer Einzelheit selbständigen Persönlichkeit auszugehen, um ihn aufzuheben. [...]

Zusatz. Die Ehe unterscheidet sich dadurch vom Konkubinat, daß es bei diesem letzteren hauptsächlich auf die
Befriedigung des Naturtriebes ankommt, während dieser
bei der Ehe zurückgedrängt ist. Deswegen wird bei der Ehe
ohne Erröten von natürlichen Ereignissen gesprochen, die
bei unehelichen Verhältnissen ein Schamgefühl hervor-
brächten. Darum ist aber auch die Ehe an sich für unauflöslich zu achten; denn der Zweck der Ehe ist der sittliche,
der so hoch steht, daß alles andere dagegen gewaltlos und
ihm unterworfen erscheint. Die Ehe soll nicht durch Leidenschaft gestört werden, denn diese ist ihr untergeordnet.
Aber sie ist nur an sich unauflöslich, denn wie Christus
sagt: Nur um ihres Herzens Härtigkeit ist die Scheidung
zugestanden. Weil die Ehe das Moment der Empfindung

enthält, ist sie nicht absolut, sondern schwankend und hat die Möglichkeit der Auflösung in sich. Aber die Gesetzgebungen müssen diese Möglichkeit aufs höchste erschweren und das Recht der Sittlichkeit gegen das Belieben aufrechterhalten.

§ 164

Wie die Stipulation des Vertrags schon für sich den wahrhaften Übergang des Eigentums enthält (§ 79), so macht die feierliche Erklärung der Einwilligung zum sittlichen Bande der Ehe und die entsprechende Anerkennung und Bestätigung desselben durch die Familie und Gemeinde (daß in dieser Rücksicht die K i r c h e eintritt, ist eine weitere, hier nicht auszuführende Bestimmung) die förmliche S c h l i e ß u n g und W i r k l i c h k e i t der Ehe aus, so daß diese Verbindung nur durch das V o r a n g e h e n dieser Zeremonie als der Vollbringung des S u b s t a n t i e l l e n durch das Z e i c h e n, die Sprache, als das geistigste Dasein des Geistigen (§ 78), als sittlich konstituiert ist. Damit ist das sinnliche, der natürlichen Lebendigkeit angehörige Moment in sein sittliches Verhältnis als eine Folge und Akzidentalität gesetzt, welche dem äußerlichen Dasein der sittlichen Verbindung angehört, die auch in der gegenseitigen Liebe und Beihilfe allein erschöpft sein kann. [...]

Zusatz. Daß die Zeremonie der Schließung der Ehe überflüssig und eine Formalität sei, die weggelassen werden könnte, weil die Liebe das Substantielle ist und sogar durch diese Feierlichkeit an Wert verliert, ist von F r i e d r i c h v. S c h l e g e l in der *Lucinde* und von einem Nachtreter desselben in den Briefen eines Ungenannten (Lübeck und Leipzig 1800) aufgestellt worden. Die sinnliche Hingebung wird dort vorgestellt als gefordert für den Beweis der Freiheit und Innigkeit der Liebe, eine Argumentation, die Verführern nicht fremd ist. Es ist über das Verhältnis von Mann und Frau zu bemerken, daß das Mädchen in der sinnlichen Hingebung ihre Ehre aufgibt, was bei dem Manne, der noch ein anderes Feld seiner sittlichen Tätigkeit als die Familie hat, nicht so der Fall ist. Die Bestimmung des Mädchens besteht wesentlich nur im Verhältnis der Ehe; die Forderung ist also, daß die Liebe die Gestalt der Ehe erhalte und daß die verschiedenen Momente, die in der Liebe sind, ihr wahrhaft vernünftiges Verhältnis zueinander bekommen.

§ 165

Die natürliche Bestimmtheit der beiden Geschlechter erhält durch ihre Vernünftigkeit intellektuelle und sittliche Bedeutung. Diese Bedeutung ist durch den Unterschied bestimmt, in welchen sich die sittliche Substantialität als Begriff an sich selbst dirimiert, um aus ihm ihre Lebendigkeit als konkrete Einheit zu gewinnen.   [...]

§ 166

Das eine ist daher das Geistige, als das sich Entzweiende in die für sich seiende persönliche Selbständigkeit und in das Wissen und Wollen der freien Allgemeinheit [in] das Selbstbewußtsein des begreifenden Gedankens und [in das] Wollen des objektiven Endzwecks, – das andere das in der Einigkeit sich erhaltende Geistige als Wissen und Wollen des Substantiellen in Form der konkreten Einzelheit und der Empfindung; – jenes im Verhältnis nach außen das Mächtige und Betätigende, dieses das Passive und Subjektive. Der Mann hat daher sein wirkliches substantielles Leben im Staate, der Wissenschaft und dergleichen, und sonst im Kampfe und der Arbeit mit der Außenwelt und mit sich selbst, so daß er nur aus seiner Entzweiung die selbständige Einigkeit mit sich erkämpft, deren ruhige Anschauung und die empfindende subjektive Sittlichkeit er in der Familie hat, in welcher die Frau ihre substantielle Bestimmung und in dieser Pietät ihre sittliche Gesinnung hat.

Die Pietät wird daher in einer der erhabensten Darstellungen derselben, der Sophokleischen A n t i g o n e, vorzugsweise als das Gesetz des Weibes ausgesprochen und als das Gesetz der empfindenden subjektiven Substantialität, der Innerlichkeit, die noch nicht ihre vollkommene Verwirklichung erlangt, als das Gesetz der alten Götter, des Unterirdischen, als ewiges Gesetz, von dem niemand weiß, von wannen es erschien, und im Gegensatz gegen das offenbare, das Gesetz des Staates dargestellt – ein Gegensatz, der der höchste sittliche und darum der höchste tragische und in der Weiblichkeit und Männlichkeit daselbst individualisiert ist; vgl. *Phänomenologie des Geistes* [...]

Zusatz. Frauen können wohl gebildet sein, aber für die höheren Wissenschaften, die Philosophie und für gewisse Produktionen der Kunst, die ein Allgemeines fordern, sind sie nicht gemacht. Frauen können Einfälle, Geschmack, Zierlichkeit haben, aber das Ideale haben sie nicht. Der Unterschied zwischen Mann und Frau ist der des Tieres und der Pflanze: das Tier entspricht mehr dem Charakter des Mannes, die Pflanze mehr dem der Frau, denn sie ist mehr ruhiges Entfalten, das die unbestimmtere Einigkeit der Empfindung zu seinem Prinzip erhält. Stehen Frauen an der Spitze der Regierung, so ist der Staat in Gefahr, denn sie handeln nicht nach den Anforderungen der Allgemeinheit, sondern nach zufälliger Neigung und Meinung. Die Bildung der Frauen geschieht, man weiß nicht wie, gleichsam durch die Atmosphäre der Vorstellung, mehr durch das Leben als durch das Erwerben von Kenntnissen, während der Mann seine Stellung nur durch die Errungenschaft des Gedankens und durch viele technische Bemühungen erlangt.

§ 167

Die Ehe ist wesentlich M o n o g a m i e , weil die Persönlichkeit, die unmittelbare ausschließende E i n z e l h e i t es ist, welche sich in dies Verhältnis legt und hingibt, dessen Wahrheit und I n n i g k e i t (die s u b j e k t i v e F o r m d e r S u b s t a n t i a l i t ä t) somit nur aus der gegenseitigen u n g e t e i l t e n Hingebung dieser Persönlichkeit hervorgeht; diese kommt zu ihrem Rechte, im a n d e r e n ihrer selbst bewußt zu sein, nur insofern das andere als Person, d. i. als atome Einzelheit in dieser Identität ist.

Die Ehe, und wesentlich die Monogamie, ist eines der absoluten Prinzipien, worauf die Sittlichkeit eines Gemeinwesens beruht; die Stiftung der Ehe wird daher als eines der Momente der göttlichen oder heroischen Gründung der Staaten aufgeführt. [...]

§ 168

Weil es ferner diese sich selbst unendlich eigene Persönlichkeit der beiden Geschlechter ist, aus deren f r e i e r H i n - g e b u n g die Ehe hervorgeht, so muß sie nicht innerhalb des schon n a t ü r l i c h - i d e n t i s c h e n , sich bekannten und in aller Einzelheit vertraulichen Kreises, in welchem die Individuen nicht eine sich selbst eigentümliche Persönlichkeit gegeneinander haben, geschlossen werden, sondern aus getrennten Familien und ursprünglich verschiedener Persönlichkeit sich finden. Die Ehe unter B l u t s v e r w a n d t e n ist daher dem Begriffe, welchem die Ehe als eine sittliche Handlung der Freiheit, nicht als eine Verbindung unmittelbarer Natürlichkeit und deren Triebe ist, somit auch wahrhafter natürlicher Empfindung zuwider. [...]

§ 169

Die Familie hat als Person ihre äußerliche Realität in einem E i g e n t u m , in dem sie das Dasein ihrer substantiellen Persönlichkeit nur als in einem V e r m ö g e n hat.

B. Das Vermögen der Familie

§ 170

Die Familie hat nicht nur Eigentum, sondern für sie als allgemeine und fortdauernde Person tritt das Bedürfnis und die Bestimmung eines bleibenden und sicheren Besitzes, eines *Vermögens* ein. Das im abstrakten Eigentum willkürliche Moment des besonderen Bedürfnisses des bloß Einzelnen und die Eigensucht der Begierde verändert sich hier in die Sorge und den Erwerb für ein Gemeinsames, in ein Sittliches.

> Einführung des festen Eigentums erscheint mit Einführung der Ehe in den Sagen von den Stiftungen der Staaten, oder wenigstens eines geselligen gesitteten Lebens, in Verbindung. Worin übrigens jenes Vermögen bestehe und welches die wahrhafte Weise seiner Befestigung sei, ergibt sich in der Sphäre der bürgerlichen Gesellschaft. [...]

§ 171

Die Familie als rechtliche Person gegen andere hat der Mann als ihr Haupt zu vertreten. Ferner kommt ihm vorzüglich der Erwerb nach außen, die Sorge für die Bedürfnisse sowie die Disposition und Verwaltung des Familienvermögens zu. Dieses ist gemeinsames Eigentum, so daß kein Glied der Familie ein besonderes Eigentum, jedes aber sein Recht an das Gemeinsame hat. Dieses Recht und jene dem Haupte der Familie zustehende Disposition können aber in Kollision kommen, indem das in der Familie noch Unmittelbare der sittlichen Gesinnung (§ 158) der Besonderung und Zufälligkeit offen ist. [...]

§ 172

Durch eine Ehe konstituiert sich eine neue Familie, welche ein für sich Selbständiges gegen die Stämme oder Häuser ist, von denen sie ausgegangen ist; die Verbindung mit solchen hat die natürliche Blutsverwandtschaft zur Grundlage, die neue Familie aber die sittliche Liebe. Das Eigentum eines Individuums steht daher auch in wesentlichem Zusammenhang mit seinem Eheverhältnis und nur in entfernterem mit seinem Stamme oder Hause.   [...]

D: Georg Wilhelm Friedrich Hegel: Werke in zwanzig Bänden. Bd. 7: Grundlinien der Philosophie des Rechts oder Naturrecht- und Staatswissenschaft im Grundrisse. Mit Hegels eigenhändigen Notizen und den mündlichen Zusätzen. Frankfurt a. M.: Suhrkamp, 1970. §§ 158–172. (Dritter Teil / Erster Abschnitt.)

Idealisierung des Weiblichen:
Wilhelm von Humboldt

Seit Beginn der 90er Jahre des 18. Jahrhunderts befaßt sich Humboldt intensiv mit Fragen und Problemen einer philosophischen Geschlechtertheorie. Die 1792 publizierte Abhandlung *Ideen zu einem Versuch, die Grenzen des Staates zu bestimmen* widmet sich dieser Thematik im Kontext der politischen Philosophie. Eine Linie dieser Überlegungen, die als Bausteine einer Theorie der Weiblichkeit zu lesen sind, wird in der Rezension zu Jacobis Roman *Woldemar*[1] fortgeführt. 1795 erscheint außer der naturphilosophischen Schrift *Über den Geschlechtsunterschied und dessen Einfluß auf die organische Natur* die Abhandlung *Über die männliche und weibliche Form*[2], und auch der 1797 verfaßte *Plan einer vergleichenden Anthropologie*[3] handelt im VIII. Abschnitt über Geschlechtertheorie.

Im Zentrum von Humboldts Philosophie des Staates steht das Problem, »[...] ob der Staat allein Sicherheit oder überhaupt das ganze physische und moralische Wohl der Nation beabsichten müsse« (21).[4] Zu klären ist dieses Problem für Humboldt nur auf der Grundlage vernünftiger Einsicht in den wahren Zweck des Menschen. Als solcher wird »die höchste und proportionierlichste Bildung seiner Kräfte zu einem Ganzen« erkannt (vgl. 22). Die maximale Ausbildung von Kräften, so jedoch, daß sie sich harmonisch zu einem Ganzen fügen, setzt nach Humboldt zwei-

---

1 W. v. Humboldt, *Rezension von Jacobis Woldemar (1794)*, in: W. v. H., *Werke in fünf Bänden*, hrsg. von A. Flitner und K. Giel, Bd. 1: *Schriften zur Anthropologie und Geschichte*, Darmstadt 1960, S. 241–267.
2 W. v. H., *Ueber den Geschlechtsunterschied und dessen Einfluß auf die organische Natur (1794)*, in: ebd., S. 268–295.
3 W. v. H., *Plan einer vergleichenden Anthropologie*, in: ebd., S. 337–375.
4 Die Zitate mit bloßen Seitenangaben beziehen sich auf die Ausgabe: W. v. H., *Ideen zu einem Versuch, die Grenzen der Wirksamkeit des Staates zu bestimmen*, mit einem Nachw. von Robert Haerdter, Stuttgart 1967.

erlei voraus: Freiheit und »Mannigfaltigkeit der Situationen« (ebd.). Unter Freiheit ist nicht nur negativ die Absenz von äußerem Zwang, sondern auch positiv die selbstbestimmte Wirksamkeit des Individuums zu verstehen. Weil das Individuum als solches beschränkt ist, d. h. nicht die ganze Fülle menschlicher Vollkommenheiten, sondern nur einen Teil repräsentiert, bedarf es »der Mannigfaltigkeit von Situationen« als Voraussetzung für die Bereicherung seiner selbst durch die von anderen ausgeprägten Vollkommenheiten. »Durch Verbindungen also, die aus dem Innren der Wesen entspringen, muß einer den Reichtum des andren sich eigen machen. Eine solche charakterbildende Verbindung ist, nach der Erfahrung aller, auch sogar der rohesten Nationen, z. B. die Verbindung der Geschlechter« (23).

Auf der Grundlage dieser anthropologisch gefaßten Bestimmung des Endzwecks des Menschen lassen sich die Grenzen staatlicher Wirksamkeit abstecken. Humboldt erklärt, »daß jedes Bemühen des Staates verwerflich sei, sich in die Privatangelegenheiten der Bürger überall da einzumischen, wo diese nicht unmittelbaren Bezug auf die Kränkung der Rechte des einen durch den andren haben« (*284*). Das aber heißt für ihn, daß der Staat bloß Garant der Sicherheit seiner Bürger, nicht aber Beförderer ihres »Wohlstands«, d. h. ihres Glücks zu sein hat. Denn unter »Sicherheit« ist nichts anderes als »Gewißheit der gesetzmäßigen Freiheit« (118) zu verstehen. Die These, daß der Zweck des Staates nur darin bestehe, Rechtsverhältnisse und d. h. gesetzliche Freiheit durchzusetzen – ein Zweck, der von den Individuen als solchen, d. h. im Naturzustand, nicht erreichbar ist –, formuliert Humboldt in Anlehnung an Kants Staatsauffassung. Auch bezüglich der geschichtsphilosophischen Perspektive, in die Humboldt seine Staatsbetrachtung rückt, besteht Übereinstimmung mit Kant: die Herstellung von Rechtssicherheit wird als notwendige Voraussetzung für die als Naturzweck angesehene Ausbildung aller Fähigkeiten geltend gemacht.

Welche nachteiligen Folgen von einer das Glück der Bürger beabsichtigenden Wirksamkeit des Staates zu erwarten sind, diskutiert Humboldt in dem hier präsentierten dritten Kapitel seiner Schrift. Ausgangspunkt ist eine allgemeine Betrachtung über das Verhältnis des inneren und äußeren Seins des Menschen. Der seiner Bestimmung gemäß wirkende Mensch bildet eine Mannigfaltigkeit heterogener Anlagen aus, die er zur Einheit seines Charakters zu formen hat. Gelingt dieser Bildungsprozeß, stellt sich zugleich eine Übereinstimmung des Inneren mit der äußeren Lebensweise her: nicht nur stellt sich der innere Mensch im Äußeren dar, er macht die äußere Situation zugleich zum Mittel seiner Selbstvervollkommnung. Wenn es sich so verhält, daß die auf Selbstperfektionierung gerichtete Tätigkeit Endzweck des menschlichen Lebens ist, folgt, daß jede Bewertung dieser Tätigkeit am Maßstab ihrer Resultate eine Verkehrung bedeutet. Demzufolge muß grundsätzlich eine auf die Hervorbringung bestimmter Zustände oder Resultate gerichtete Staatstätigkeit als verfehlt beurteilt werden. Dies gilt natürlich auch dann, wenn das Glück oder der positive Wohlstand Ziel der Staatstätigkeit ist; denn auch diese Tätigkeit des Staates liefe dem wahren Zweck des Menschen zuwider.

Vorausgesetzt nun, die Ehe, definiert als »eine Verbindung von Personen beiderlei Geschlechts, welche sich gerade auf die Geschlechtsverschiedenheit gründet« (292), ist eine äußere Lebensweise, die auf den Charakter der Partner wirkt und die ihrerseits durch diesen geprägt wird, ist der Schluß zwingend, daß staatliche Maßnahmen, die diese Lebensweise und ihre Folgen betreffen, etwa zum Zweck der Wahrung des Kindeswohls oder der Aufrechterhaltung der Institution Familie auszuschließen sind. Der Staat soll also »überhaupt von der Ehe seine ganze Wirksamkeit entfernen und dieselbe vielmehr der freien Willkür der Individuen und der von ihnen errichteten mannigfaltigen Verträge [...] gänzlich überlassen« (295).

Humboldt begreift die Ehe Rousseau folgend als ein auf Neigung und innerer Pflicht, also auf Gefühl und ethischen Pflichten begründetes Verhältnis. Das aber heißt: die Ehe ist ein solches äußeres Verhältnis, das überhaupt erst durch das Innere konstituiert wird. Der tiefere Grund für die Ablehnung anderer als privatrechtlicher Regelungen für dieses Verhältnis wird damit erkennbar: die Gestaltung der äußeren Verhältnisse muß sich an der für die Ehe konstitutiven inneren Situation der Ehepartner als Maßstab ausrichten können und ist daher gänzlich deren Willkür zu unterstellen. Es versteht sich, daß die Ehepartner – als Bürger – den Schutz ihrer gesetzlichen Freiheit durch den Staat damit nicht verlieren; ausgeschlossen wird bloß ein besonderes Eherecht.

Der naheliegende Verdacht, daß die beiden genannten Bestimmungen der Ehe, zum einen die auf der Geschlechtsverschiedenheit begründete Verbindung von Personen, zum anderen die auf Gefühl und Pflicht begründete Gemeinschaft, in einem widersprüchlichen Verhältnis zueinanderstehen, werden doch einmal biologische, einmal moralische Eigenschaften in Ansatz gebracht, läßt sich ausräumen, zieht man die Ausführungen zur Geschlechterdifferenz in der Schrift *Über den Geschlechtsunterschied und dessen Einfluß auf die organische Natur* zu Rate. Folgt man der hier entwickelten Ontologie der Kraft, so sind Natur und Geist in der Weise eins, daß in beiden Sphären einheitliche Gesetze gelten und daß diese Sphären erst zusammen ein Ganzes ausmachen. Der Geschlechtsunterschied ist als Differenz von Kräften definiert, derart, daß die männliche Kraft primär als wirkend und trennend, die weibliche primär als empfangend und verbindend erscheint. Genauer besehen sind durch die Geschlechterdifferenz nur spezifische Arten der Wirksamkeit von Kräften bezeichnet, die für sich selbst je schon als Einheit von Gegensätzen, von aktiv und passiv, von männlich und weiblich bestimmt sind. Die in jedem Geschlecht angelegte Totalität läßt sich jedoch zufolge der jedem eigentümlichen, einseitigen Art der Wirksamkeit nur realisieren durch das Zusammenwirken beider Geschlechter. Zur Herstellung der aktualen Totalität bedarf jedes Geschlecht des anderen. Jedes Geschlecht ist für das andere *complementum ad totum,* sofern jedes für sich schon auf eine Totalität angelegt ist, die erst durch Verbindung mit dem anderen zu realisieren ist. Die so bestimmte Geschlechterdifferenz manifestiert sich ebenso im biologischen Bereich der Fortpflanzung wie im moralischen und psychologischen Charakter der Geschlechter.

Daraus erhellt, daß Humboldts Definition der Ehe als einer auf die Geschlechtverschiedenheit gegründeten Verbindung von Personen nicht biologistisch verkürzt zu lesen ist. Humboldts Charakterisierung der Ehe als der »natürlichsten« Verbindung (*292*) von Menschen ist daher so zu verstehen, daß diese Verbindung durch die Natur des Menschen als eines qua Geschlechtswesen auf Totalität hin angelegten Wesens begründet ist.

Rechtsphilosophisch gesehen ist Humboldts Ehelehre fortschrittlich im Sinne einer konsequent liberalen Fassung dieses Verhältnisses. Um so erstaunlicher ist der Konservatismus der von Humboldt als ideal betrachteten konkreten Ausgestaltung des ehelichen und häuslichen Lebens; die vorgefundenen faktischen Verhältnisse werden nämlich als die richtigen sanktioniert. Und dies gilt auch für die klassische Arbeitsteilung der Geschlechter: »Anordnung der äußeren Geschäfte durch den Mann, Verwaltung des Hauswesens durch die Frau« (*295*). Diese Arbeitsteilung wird legitimiert als die unumgängliche Voraussetzung für die ungehinderte Entfaltung des genuinen weiblichen Geschlechtscharakters. Denn dieses wegen seiner Sensibilität und Passivität nicht zu aktivem Widerstand gegen ungünstige Verhältnisse befähigte Geschlecht bedarf eines gedeihlichen Schonraums, um seine Anlagen optimal entwickeln zu können: »von sehr vielen äußeren Beschäftigungen gänzlich frei; fast nur von solchen umgeben, welche das innere Wesen beinah ungestört sich selbst überlassen [...]« (*293*) – so lautet die Kennzeichnung der idealen weiblichen Sphäre.

Das klassische Theorem, der genuine Ort der Frau sei das Haus und nicht die öffentliche Sphäre, wird jedoch von Humboldt nicht in traditioneller Weise, wie es zunächst scheint, durch die Schwäche des weiblichen Geschlechts begründet. Im Gegenteil erklärt Humboldt: »die Weiber [sind] eigentlich dem Ideale der Menschheit näher als der Mann« (*293*). Zwar hält er an den stereotypen Zuordnungen von Eigenschaften zum weiblichen Geschlecht fest, fokussiert in der Bestimmung des weiblichen Geschlechtscharakters als rezeptiv, aber die herkömmliche Bewertung zugunsten der männlichen Eigenschaften wird umgewertet. Das klassische Schema, demzufolge der Mann das Paradigma des Menschseins ist, verliert seine Gültigkeit. Diese Umwertung ist eine Folge der Neubewertung der Sinnlichkeit. Wenn nämlich das Ideal der Menschheit, die maximale und harmonische Ausbildung von Vollkommenheiten nur durch Aufnahme fremder Vollkommenheiten erreichbar ist, wird das Vermögen der Rezeptivität geadelt zur entscheidenden Tugend des Menschseins. Indem das weibliche Geschlecht in der Lage ist, vieles aufzunehmen, und zugleich »das Empfangene in sich zu bilden und gebildet zurückzugeben« (*293*), entspricht es mehr als das männliche dem Ideal der Menschheit. Die Kehrseite der Affizierbarkeit und innerlichen Wirksamkeit des weiblichen Geschlechts ist indessen seine Gefährdung durch widrige Umstände. Die Situierung der Frau im Haus wird damit erkennbar als das zur Verwirklichung ihres Endzwecks notwendige Mittel, das in der sich selbst überlassenen Dynamik der Geschlechterbeziehung von selbst hervorgebracht wird (vgl. *295*). Der Gedanke, daß die frei wirkenden weiblichen und männlichen Kräfte auch die zur Realisierung ihres Endzwecks unumgänglichen Mittel erwirken, ist die neue Begründung Humboldts für die Konservierung der traditionellen Arbeitsteilung und Sphärentrennung der Geschlechter.

Die freie Entfaltung des weiblichen Geschlechtscharakters ist nicht zuletzt für die Entwicklung der Menschheit von fundamentaler Bedeutung. Weibliche Sensibilität für fremde Vollkommenheiten schafft Verbindung unter den Menschen; indem weibliche Wesen das Aufgenommene durch innere Wirksamkeit bilden und als so geformtes geläutert und bereichert zurückgeben, befördern sie die Kultivierung der Menschheit. Kultivierung und Verbindung der Menschen untereinander setzen ihrerseits unerläßlich die Moralisierung der Menschheit in Gang (vgl. 43).

Insgesamt gesehen erweist sich Humboldts Geschlechtertheorie als paradoxes Gebilde: die progressive, liberale Ehetheorie bringt das neuzeitliche vertragstheoretische Legitimationsmuster konsequent zur Geltung. Der Sache nach beruft sich Humboldt jedoch keineswegs auf diese Begründungsfigur, sondern revitalisiert das naturteleologische Begründungsmuster. Denn zentral für Humboldts Staats- und Ehelehre ist seine Ontologie der Kraft und die damit verbundene Erkenntnis des Endzwecks des Menschen als Bildung zur Totalität.

Marion Heinz

Literaturhinweise

Menze, Clemens: Wilhelm von Humboldt. Denker der Freiheit. Sankt Augustin 1993.

Vogel, Ursula: Humboldt and the Romantics: Neither Hausfrau nor Citoyenne. In: Women in Western Political Philosophy: Kant to Nietzsche. Hrsg. von E. Kennedy und D. Mender. Brighton 1987. S. 106–126.

WILHELM VON HUMBOLDT

Ideen zu einem Versuch, die Grenzen der Wirksamkeit des Staats zu bestimmen

[entst. 1792]

III

Sorgfalt des Staats für das Wohl der Bürger

In einer völlig allgemeinen Formel ausgedrückt, könnte man den wahren Umfang der Wirksamkeit des Staats alles dasjenige nennen, was er zum Wohl der Gesellschaft zu tun vermöchte, ohne jenen eben ausgeführten Grundsatz zu verletzen; und es würde sich unmittelbar hieraus auch die nähere Bestimmung ergeben, daß jedes Bemühen des Staats verwerflich sei, sich in die Privatangelegenheiten der Bürger überall da einzumischen, wo dieselben nicht unmittelbaren Bezug auf die Kränkung der Rechte des einen durch den andren haben. Indes ist es doch, um die vorgelegte Frage ganz zu erschöpfen, notwendig, die einzelnen Teile der gewöhnlichen oder möglichen Wirksamkeit der Staaten genau durchzugehen.

Der Zweck des Staats kann nämlich ein doppelter sein; er kann Glück befördern oder nur Übel verhindern wollen, und im letzteren Fall Übel der Natur oder Übel der Menschen. Schränkt er sich auf das letztere ein, so sucht er nur Sicherheit, und diese Sicherheit sei es mir erlaubt, einmal allen übrigen möglichen Zwecken, unter dem Namen des positiven Wohlstandes vereint, entgegenzusetzen. Auch die Verschiedenheit der vom Staat angewendeten Mittel gibt seiner Wirksamkeit eine verschiedene Ausdehnung. Er sucht nämlich seinen Zweck entweder unmittelbar zu erreichen, sei es durch Zwang – befehlende und verbietende Gesetze, Strafen – oder durch Ermunterung und Beispiel; oder mittelbar, indem er entweder der Lage der Bürger eine demselben günstige Gestalt gibt und sie gleichsam anders zu handlen hindert, oder endlich, indem er sogar, ihre Neigung mit demselben übereinstimmend zu machen, auf ihren Kopf oder ihr Herz zu wirken strebt. Im ersten Falle bestimmt er zunächst nur einzelne Handlungen, im zweiten schon mehr die ganze Handlungsweise und im dritten endlich Charakter und Denkungsart. Auch ist die Wirkung der Einschränkung im ersten Falle am kleinsten, im zweiten größer, im dritten am größten, teils weil auf Quellen gewirkt wird, aus welchen mehrere Handlungen entspringen, teils weil die Möglichkeit der Wirkung selbst mehrere Veranstaltungen erfordert. So verschieden indes hier gleichsam die Zweige der Wirksamkeit des Staats scheinen, so gibt es schwerlich eine Staatseinrichtung, welche nicht zu mehreren zugleich gehörte, da z. B. Sicherheit und Wohlstand so sehr voneinander abhängen, und was auch nur einzelne Handlungen bestimmt, wenn es durch öftere Wiederkehr Gewohnheit hervorbringt, auf den Charakter wirkt. Es ist daher sehr schwierig, hier eine dem Gange der Untersuchung angemessene Einteilung des Ganzen zu finden. Am besten wird es indes sein, zuvörderst zu prüfen, ob der Staat auch den positiven Wohlstand der Nation oder bloß ihre Sicherheit abzwecken soll, bei allen Einrichtungen nur auf das zu sehen, was sie hauptsächlich zum Gegenstande oder zur Folge haben, und bei jedem beider Zwecke zugleich die Mittel zu prüfen, deren der Staat sich bedienen darf.

Ich rede daher hier von dem ganzen Bemühen des Staats, den positiven Wohlstand der Nation zu erhöhen, von aller Sorgfalt für die Bevölkerung des Landes, den Unterhalt der Einwohner teils geradezu durch Armenanstalten, teils mittelbar durch Beförderung des Ackerbaues, der Industrie und des Handels, von allen Finanz- und Münzoperationen, Ein- und Ausfuhrverboten usf. (insofern sie diesen Zweck haben), endlich allen Veranstaltungen zur Verhütung oder

Herstellung von Beschädigungen durch die Natur, kurz von jeder Einrichtung des Staats, welche das physische Wohl der Nation zu erhalten oder zu befördern die Absicht hat. Denn da das moralische nicht leicht um seiner selbst willen, sondern mehr zum Behuf der Sicherheit befördert wird, so komme ich zu diesem erst in der Folge.

Alle diese Einrichtungen nun, behaupte ich, haben nachteilige Folgen und sind einer wahren, von den höchsten, aber immer menschlichen Gesichtspunkten ausgehenden Politik unangemessen.

1. Der Geist der Regierung herrscht in einer jeden solchen Einrichtung, und wie weise und heilsam auch dieser Geist sei, so bringt er Einförmigkeit und eine fremde Handlungsweise in der Nation hervor. Statt daß die Menschen in Gesellschaft treten, um ihre Kräfte zu schärfen, sollten sie auch dadurch an ausschließendem Besitz und Genuß verlieren, so erlangen sie G ü t e r auf Kosten ihrer K r ä f t e. Gerade die aus der Vereinigung m e h r e r e r entstehende Mannigfaltigkeit ist das höchste Gut, welches die Gesellschaft gibt, und diese Mannigfaltigkeit geht gewiß immer in dem Grade der Einmischung des Staats verloren. Es sind nicht mehr eigentlich die Mitglieder einer Nation, die mit sich in Gemeinschaft leben, sondern einzelne Untertanen, welche mit dem Staat, d. h. dem Geiste, welcher in seiner Regierung herrscht, in Verhältnis kommen, und zwar in ein Verhältnis, in welchem schon die überlegene Macht des Staats das freie Spiel der Kräfte hemmt. Gleichförmige Ursachen haben gleichförmige Wirkungen. Je mehr also der Staat mitwirkt, desto ähnlicher ist nicht bloß alles Wirkende, sondern auch alles Gewirkte. Auch ist dies gerade die Absicht der Staaten. Sie wollen Wohlstand und Ruhe. Beide aber erhält man immer in eben dem Grade leicht, in welchem das einzelne weniger miteinander streitet. Allein was der Mensch beabsichtet und beabsichten muß, ist ganz etwas andres, es ist Mannigfaltigkeit und Tätigkeit. Nur dies gibt vielseitige und kraftvolle Charaktere,

und gewiß ist noch kein Mensch tief genug gesunken, um für sich selbst Wohlstand und Glück der Größe vorzuziehen. Wer aber für andre so räsoniert, den hat man, und nicht mit Unrecht, in Verdacht, daß er die Menschheit mißkennt und aus Menschen Maschinen machen will.

2. Das wäre also die zweite schädliche Folge, daß diese Einrichtungen des Staats die Kraft der Nation schwächen. So wie durch die Form, welche aus der selbsttätigen Materie hervorgeht, die Materie selbst mehr Fülle und Schönheit erhält – denn was ist sie anders als die Verbindung dessen, was erst stritt? eine Verbindung, zu welcher allemal die Auffindung neuer Vereinigungspunkte, folglich gleichsam eine Menge neuer Entdeckungen notwendig ist, die immer in Verhältnis mit der größeren, vorherigen Verschiedenheit steigt –, ebenso wird die Materie vernichtet durch diejenige, die man ihr von außen gibt. Denn das Nichts unterdrückt da das Etwas. Alles im Menschen ist Organisation. Was in ihm gedeihen soll, muß in ihm g e s ä e t werden. Alle Kraft setzt Enthusiasmus voraus, und nur wenige Dinge nähren diesen so sehr, als den Gegenstand desselben als ein gegenwärtiges oder künftiges Eigentum anzusehn. Nun aber hält der Mensch das nie so sehr für sein, was er besitzt, als was er tut, und der Arbeiter, welcher einen Garten b e s t e l l t, ist vielleicht in einem wahreren Sinne E i g e n t ü m e r als der müßige Schwelger, der ihn genießt. Vielleicht scheint dies zu allgemeine Räsonnement keine Anwendung auf die Wirklichkeit zu verstatten. Vielleicht scheint es sogar, als diente vielmehr die Erweiterung vieler Wissenschaften, welche wir diesen und ähnlichen Einrichtungen des Staats, welcher allein Versuche im Großen anzustellen vermag, vorzüglich danken, zur Erhöhung der intellektuellen Kräfte und dadurch der Kultur und des Charakters überhaupt. Allein nicht jede Bereicherung durch Kenntnisse ist unmittelbar auch eine Veredlung selbst nur der intellektuellen Kraft, und wenn eine solche wirklich dadurch veranlaßt wird, so ist dies nicht sowohl bei der ganzen Nation als nur vorzüg-

lich bei dem Teile, welcher mit zur Regierung gehört. Überhaupt wird der Verstand des Menschen doch, wie jede andre seiner Kräfte, nur durch eigne Tätigkeit, eigne Erfindsamkeit oder eigne Benutzung fremder Erfindungen gebildet. Anordnungen des Staats aber führen immer mehr oder minder Zwang mit sich, und selbst wenn dies der Fall nicht ist, so gewöhnen sie den Menschen zu sehr, mehr fremde Belehrung, fremde Leitung, fremde Hilfe zu erwarten, als selbst auf Auswege zu denken. Die einzige Art beinah, auf welche der Staat die Bürger belehren kann, besteht darin, daß er das, was er für das Beste erklärt, gleichsam das Resultat seiner Untersuchungen, aufstellt und entweder direkt durch ein Gesetz oder indirekt durch irgendeine die Bürger bindende Einrichtung anbefiehlt oder durch sein Ansehn und ausgesetzte Belohnungen oder andere Ermunterungsmittel dazu anreizt oder endlich es bloß durch Gründe empfiehlt; aber welche Methode er von allen diesen befolgen mag, so entfernt er sich immer sehr weit von dem besten Wege des Lehrens. Denn dieser besteht unstreitig darin, gleichsam alle mögliche Auflösungen des Problems vorzulegen, um den Menschen nur vorzubereiten, die schicklichste selbst zu wählen, oder noch besser, diese Auflösung selbst nur aus der gehörigen Darstellung aller Hindernisse zu e r f i n d e n. Diese Lehrmethode kann der Staat bei erwachsenen Bürgern nur auf eine negative Weise durch Freiheit, die zugleich Hindernisse entstehen läßt und zu ihrer Hinwegräumung Stärke und Geschicklichkeit gibt, auf eine positive Weise aber nur bei den erst sich bildenden durch eine wirkliche Nationalerziehung befolgen. Ebenso wird in der Folge der Einwurf weitläuftiger geprüft werden, der hier leicht entstehen kann, daß es nämlich bei Besorgung der Geschäfte, von welchen hier die Rede ist, mehr darauf ankomme, daß die Sache geschehe, als wie der, welcher sie verrichtet, darüber unterrichtet sei, mehr, daß der Acker wohl gebaut werde, als daß der Ackerbauer gerade der geschickteste Landwirt sei.

Noch mehr aber leidet durch eine zu ausgedehnte Sorgfalt des Staats die Energie des Handelns überhaupt und der moralische Charakter. Dies bedarf kaum einer weiteren Ausführung. Wer oft und viel geleitet wird, kommt leicht dahin, den Überrest seiner Selbsttätigkeit gleichsam freiwillig zu opfern. Er glaubt sich der Sorge überhoben, die er in fremden Händen sieht, und genug zu tun, wenn er ihre Leitung erwartet und ihr folgt. Damit verrücken sich seine Vorstellungen von Verdienst und Schuld. Die Idee des erstern feuert ihn nicht an, das quälende Gefühl der letztern ergreift ihn seltner und minder wirksam, da er dieselbe bei weitem leichter auf seine Lage und auf den schiebt, der dieser die Form gab. Kommt nun noch dazu, daß er die Absichten des Staats nicht für völlig rein hält, daß er nicht seinen Vorteil allein, sondern wenigstens zugleich einen fremdartigen Nebenzweck beabsichtet glaubt, so leidet nicht allein die Kraft, sondern auch die Güte des moralischen Willens. Er glaubt sich nun nicht bloß von jeder Pflicht frei, welche der Staat nicht ausdrücklich auflegt, sondern sogar jeder Verbesserung seines eignen Zustandes überhoben, die er manchmal sogar als eine neue Gelegenheit, welche der Staat benutzen möchte, fürchten kann. Und den Gesetzen des Staats selbst sucht er, soviel er vermag, zu entgehen und hält jedes Entwischen für Gewinn. Wenn man bedenkt, daß bei einem nicht kleinen Teil der Nation die Gesetze und Einrichtungen des Staats gleichsam den Umfang der Moralität abzeichnen, so ist es ein niederschlagender Anblick, oft die heiligsten Pflichten und die willkürlichsten Anordnungen von demselben Munde ausgesprochen, ihre Verletzung nicht selten mit gleicher Strafe belegt zu sehen. Nicht minder sichtbar ist jener nachteilige Einfluß in dem Betragen der Bürger gegeneinander. Wie jeder sich selbst auf die sorgende Hilfe des Staats verläßt, so und noch weit mehr übergibt er ihr das Schicksal seines Mitbürgers. Dies aber schwächt die Teilnahme und macht zu gegenseitiger Hilfsleistung träger. Wenigstens muß die gemeinschaftliche Hilfe da am tätigsten sein, wo das Gefühl am lebendigsten ist, daß auf ihm allein alles beruhe, und die Erfahrung zeigt auch, daß gedrückte, gleichsam von der Regierung verlassene Teile eines Volks immer doppelt fest untereinander verbunden sind. Wo aber der Bürger kälter ist gegen den Bürger, da ist es auch der Gatte gegen den Gatten, der Hausvater gegen die Familie.

Sich selbst in allem Tun und Treiben überlassen, von jeder fremden Hilfe entblößt, die sie nicht selbst sich verschafften, würden die Menschen auch oft, mit und ohne ihre Schuld, in Verlegenheit und Unglück geraten. Aber das Glück, zu welchem der Mensch bestimmt ist, ist auch kein andres, als welches seine Kraft ihm verschafft; und diese Lagen gerade sind es, welche den Verstand schärfen und den Charakter bilden. Wo der Staat die Selbsttätigkeit durch zu spezielles Einwirken verhindert, da – entstehen etwa solche Übel nicht? Sie entstehen auch da und überlassen den einmal auf fremde Kraft sich zu lehnen gewohnten Menschen nun einem weit trostloseren Schicksal. Denn so wie Ringen und tätige Arbeit das Unglück erleichtern, so und in zehnfach höherem Grade erschwert es hoffnungslose, vielleicht getäuschte Erwartung. Selbst den besten Fall angenommen, gleichen die Staaten, von denen ich hier rede, nur zu oft den Ärzten, welche die Krankheit nähren und den Tod entfernen. Ehe es Ärzte gab, kannte man nur Gesundheit oder Tod.

3. Alles, womit sich der Mensch beschäftigt, wenn es gleich nur bestimmt ist, physische Bedürfnisse mittelbar oder unmittelbar zu befriedigen oder überhaupt äußere Zwecke zu erreichen, ist auf das genaueste mit innren Empfindungen verknüpft. Manchmal ist auch neben dem äußeren Endzweck noch ein innerer, und manchmal ist sogar dieser der eigentlich beabsichtete, jener nur notwendig oder zufällig damit verbunden. Je mehr Einheit der Mensch besitzt, desto freier entspringt das äußere Geschäft, das er wählt, aus seinem innren Sein, und desto häufiger und fe-

ster knüpft sich dieses an jenes da an, wo dasselbe nicht frei
gewählt wurde. Daher ist der interessante Mensch in allen
Lagen und allen Geschäften interessant; daher blüht er zu
einer entzückenden Schönheit auf in einer Lebensweise, die
mit seinem Charakter übereinstimmt. [...]

Allein, freilich ist Freiheit die notwendige Bedingung,
ohne welche selbst das seelenvollste Geschäft keine heilsa-
men Wirkungen dieser Art hervorzubringen vermag. Was
nicht von dem Menschen selbst gewählt, worin er auch
nur eingeschränkt und geleitet wird, das geht nicht in sein
Wesen über, das bleibt ihm ewig fremd, das verrichtet er
nicht eigentlich mit menschlicher Kraft, sondern mit me-
chanischer Fertigkeit. Die Alten, vorzüglich die Griechen,
hielten jede Beschäftigung, welche zunächst die körperliche Kraft angeht oder Erwerbung äußerer Güter, nicht
innere Bildung, zur Absicht hat, für schädlich und ent-
ehrend. Ihre menschenfreundlichsten Philosophen billigten
daher die Sklaverei, gleichsam um durch ein ungerechtes
und barbarisches Mittel einem Teile der Menschheit durch
Aufopferung eines andren die höchste Kraft und Schönheit
zu sichern. Allein den Irrtum, welcher diesem ganzen Räsonnement zum Grunde liegt, zeigen Vernunft und Erfahrung leicht. Jede Beschäftigung vermag den Menschen zu
adeln, ihm eine bestimmte, seiner würdige Gestalt zu geben. Nur auf die Art, wie sie betrieben wird, kommt es an;
und hier läßt sich wohl als allgemeine Regel annehmen,
daß sie heilsame Wirkungen äußert, solange sie selbst und
die darauf verwandte Energie vorzüglich die Seele füllt,
minder wohltätige, oft nachteilige hingegen, wenn man
mehr auf das Resultat sieht, zu dem sie führt, und sie
selbst nur als Mittel betrachtet. Denn alles, was in sich
selbst reizend ist, erweckt Achtung und Liebe, was nur als
Mittel Nutzen verspricht, bloß Interesse; und nun wird
der Mensch durch Achtung und Liebe ebensosehr geadelt,
als er durch Interesse in Gefahr ist, entehrt zu werden.
Wenn nun der Staat eine solche positive Sorgfalt übt, als

die, von der ich hier rede, so kann er seinen Gesichtspunkt
nur auf die Resultate richten und nun die Regeln feststellen, deren Befolgung der Vervollkommnung dieser am
zuträglichsten ist.

Dieser beschränkte Gesichtspunkt richtet nirgends größeren Schaden an, als wo der wahre Zweck des Menschen
völlig moralisch oder intellektuell ist oder doch die Sache
selbst, nicht ihre Folgen, beabsichtet und diese Folgen nur
notwendig oder zufällig damit zusammenhängen. So ist
es bei wissenschaftlichen Untersuchungen und religiösen
Meinungen, so mit allen Verbindungen der Menschen untereinander und mit der natürlichsten, die für den einzelnen Menschen wie für den Staat die wichtigste ist, mit
der Ehe.

Eine Verbindung von Personen beiderlei Geschlechts,
welche sich gerade auf die Geschlechtsverschiedenheit
gründet, wie vielleicht die Ehe am richtigsten definiert werden könnte, läßt sich auf ebenso mannigfaltige Weise denken, als mannigfaltige Gestalten die Ansicht jener Verschiedenheit und die aus derselben entspringenden Neigungen
des Herzens und Zwecke der Vernunft anzunehmen vermögen, und bei jedem Menschen wird sein ganzer moralischer Charakter vorzüglich die Stärke und die Art seiner
Empfindungskraft darin sichtbar sein. Ob der Mensch
mehr äußere Zwecke verfolgt oder lieber sein innres Wesen
beschäftigt? ob sein Verstand tätiger ist oder sein Gefühl?
ob er lebhaft umfaßt und schnell verläßt oder langsam ein-
dringt und treu bewahrt? ob er losere Bande knüpft oder
sich enger anschließt? ob er bei der innigsten Verbindung
mehr oder minder Selbständigkeit behält? und eine unendliche Menge andrer Bestimmungen modifizieren anders
und anders sein Verhältnis im ehelichen Leben. Wie dasselbe aber auch immer bestimmt sein mag, so ist die Wirkung
davon auf sein Wesen und seine Glückseligkeit unverkenn-
bar, und ob der Versuch, die Wirklichkeit nach seiner innren Stimmung zu finden oder zu bilden, glücke oder miß-

linge, davon hängt größtenteils die höhere Vervollkommnung oder die Erschlaffung seines Wesens ab. Vorzüglich
stark ist dieser Einfluß bei den interessantesten Menschen,
welche am zartesten und leichtesten auffassen und am tiefsten bewahren. Zu diesen kann man mit Recht im ganzen
mehr das weibliche als das männliche Geschlecht rechnen,
und daher hängt der Charakter des ersteren am meisten
von der Art der Familienverhältnisse in einer Nation ab.
Von sehr vielen äußeren Beschäftigungen gänzlich frei; fast
nur mit solchen umgeben, welche das innere Wesen beinah
ungestört sich selbst überlassen; stärker durch das, was sie
zu sein, als was sie zu tun vermögen; ausdrucksvoller durch
die stille als die geäußerte Empfindung; mit aller Fähigkeit
des unmittelbarsten, zeichenlosesten Ausdrucks, bei dem
zarteren Körperbau, dem beweglicheren Auge, der mehr
ergreifenden Stimme, reicher versehen; im Verhältnis gegen
andre mehr bestimmt, zu erwarten und aufzunehmen als
entgegenzukommen; schwächer für sich und doch nicht
darum, sondern aus Bewunderung der fremden Größe und
Stärke inniger anschließend; in der Verbindung unaufhörlich strebend, mit dem vereinten Wesen zu empfangen, das
Empfangne in sich zu bilden und gebildet zurückzugeben;
zugleich höher von dem Mute beseelt, welchen Sorgfalt der
Liebe und Gefühl der Stärke einflößt, die nicht dem Wider-
stande, aber dem Erliegen im Dulden trotzt – sind die Weiber eigentlich dem Ideale der Menschheit n ä h e r als der
Mann; und wenn es nicht unwahr ist, daß sie es s e l t n e r
erreichen als er, so ist es vielleicht nur, weil es überall
schwerer ist, den unmittelbaren steilen Pfad als den Umweg
zu gehen. Wie sehr aber nun ein Wesen, das so reizbar, so
in sich e i n s ist, bei dem folglich nichts ohne Wirkung
bleibt und jede Wirkung nicht einen Teil, sondern das Ganze ergreift, durch äußre Mißverhältnisse gestört wird, bedarf nicht ferner erinnert zu werden. Dennoch hängt von
der Ausbildung des weiblichen Charakters in der Gesellschaft so unendlich viel ab. Wenn es keine unrichtige Vor-

stellung ist, daß jede Gattung der Trefflichkeit sich – wenn ich so sagen darf – in einer Art der Wesen darstellt, so bewahrt der weibliche Charakter den ganzen Schatz der Sittlichkeit.

Nach Freiheit strebt der Mann, das Weib nach Sitte,

und wenn, nach diesem tief und wahr empfundenen Ausspruch des Dichters, der Mann sich bemüht, die ä u ß e - r e n Schranken zu entfernen, welche dem Wachstum hinderlich sind, so zieht die sorgsame Hand der Frauen die wohltätige i n n e r e, in welcher allein die Fülle der Kraft sich zur Blüte zu läutern vermag, und zieht sie um so feiner, als die Frauen das innre Dasein des Menschen tiefer empfinden, seine mannigfaltigen Verhältnisse feiner durchschauen, als ihnen jeder Sinn am willigsten zu Gebote steht und sie des Vernünftelns überhebt, das so oft die Wahrheit verdunkelt.

Sollte es noch notwendig scheinen, so würde auch die Geschichte diesem Räsonnement Bestätigung leihen und die Sittlichkeit der Nationen mit der Achtung des weiblichen Geschlechts überall in enger Verbindung zeigen. Es erhellt demnach aus dem Vorigen, daß die Wirkungen der Ehe ebenso mannigfaltig sind als der Charakter der Individuen und daß es also die nachteiligsten Folgen haben muß, wenn der Staat eine mit der jedesmaligen Beschaffenheit der Individuen so eng verschwisterte Verbindung durch Gesetze zu bestimmen oder durch seine Einrichtungen von andren Dingen als von der bloßen Neigung abhängig zu machen versucht. Dies muß um so mehr der Fall sein, als er bei diesen Bestimmungen beinah nur auf die Folgen, auf Bevölkerung, Erziehung der Kinder usf., sehen kann. Zwar läßt sich gewiß dartun, daß eben diese Dinge auf dieselben Resultate mit der höchsten Sorgfalt für das schönste innere Dasein führen. Denn bei sorgfältig angestellten Versuchen hat man die ungetrennte dauernde Verbindung e i n e s Mannes mit e i n e r Frau der Bevölkerung am zuträglichsten gefunden, und unleugbar entspringt gleichfalls keine andre aus der wahren, natürlichen, unverstimmten Liebe. Ebensowenig führt diese ferner auf andre als eben die Verhältnisse, welche die Sitte und das Gesetz bei uns mit sich bringen: Kindererzeugung, eigne Erziehung, Gemeinschaft des Lebens, zum Teil der Güter, Anordnung der äußren Geschäfte durch den Mann, Verwaltung des Hauswesens durch die Frau. Allein, der Fehler scheint mir darin zu liegen, daß das Gesetz b e f i e h l t, da doch ein solches Verhältnis nur aus Neigung, nicht aus äußren Anordnungen entstehn kann, und wo Zwang oder Leitung der Neigung w i d e r s p r e c h e n, diese noch weniger zum rechten Wege zurückkehrt. Daher, dünkt mich, sollte der Staat nicht nur die Bande freier und weiter machen, sondern – wenn es mir erlaubt ist, hier, wo ich nicht von der Ehe überhaupt, sondern einem einzelnen, bei ihr sehr in die Augen fallenden Nachteil einschränkender Staatseinrichtungen rede, a l l e i n nach den im Vorigen gewagten Behauptungen zu entscheiden – überhaupt von der Ehe seine ganze Wirksamkeit entfernen und dieselbe vielmehr der freien Willkür der Individuen und der von ihnen errichteten mannigfaltigen Verträge, sowohl überhaupt als in ihren Modifikationen, gänzlich überlassen. Die Besorgnis, dadurch alle Familienverhältnisse zu stören oder vielleicht gar ihre Entstehung überhaupt zu verhindern – so gegründet dieselbe auch bei diesen oder jenen Lokalumständen sein möchte –, würde mich, insofern ich allein auf die Natur der Menschen und Staaten im allgemeinen achte, nicht abschrecken. Denn nicht selten zeigt die Erfahrung, daß gerade, was das Gesetz löst, die Sitte bindet; die Idee des äußren Zwangs ist einem allein auf Neigung und innrer Pflicht beruhenden Verhältnis, wie die Ehe, völlig fremdartig; und die Folgen zwingender Einrichtungen entsprechen der Absicht schlechterdings nicht.

[4. Die Sorgfalt des Staats für das positive Wohl der Bürger ist ferner darum schädlich, weil sie auf eine gemischte

Menge gerichtet werden muß und daher den einzelnen durch Maßregeln schadet, welche auf einen jeden von ihnen nur mit beträchtlichen Fehlern passen.

D: Wilhelm von Humboldt: Ideen zu einem Versuch, die Grenzen der Wirksamkeit des Staats zu bestimmen. Mit einem Nachw. von Robert Haerdter. Stuttgart: Reclam, 1967 [u. ö.]. (Universal-Bibliothek. 1991.) S. 28–42. (III. Übergang zur eigentlichen Untersuchung. Einteilung derselben. Sorgfalt des Staats für das positive, insbesondere physische Wohl der Bürger.)

Monogamie und Privateigentum:
Friedrich Engels

Engels hat in seiner kurz nach dem Tod von Karl Marx verfaßten Schrift *Der Ursprung der Familie, des Privateigentums und des Staats* eine Thematik bearbeitet, die der ver-
storbene Freund ihm als Vermächtnis hinterlassen hatte: Es
galt, die von beiden entwickelte materialistische Geschichtsauffassung für das Gebiet der menschlichen Vorgeschichte fruchtbar zu machen, und zwar im Anschluß an
die Forschungsresultate, die der amerikanische Ethnologe
Lewis H. Morgan in seinen Untersuchungen über die Indianer Nordamerikas erzielt und 1877 in seinem Werk *Ancient Society* veröffentlicht hatte. Morgans gleichsam intui-
tiv praktizierte historisch-materialistische Methode führte
zu Ergebnissen, auf deren Grundlage sich die Entwick-
lungslogik der menschlichen Geschichte von ihren Anfängen, der Stufe der Wildheit über die der Barbarei bis zur
beginnenden Zivilisation erschließen ließ. – Ergänzend zu
Morgans Werk und den Morgan-Exzerpten und Kommen-
tierungen von Marx zitiert Engels Bachofens Forschungen
über die urgeschichtliche »Gynaikokratie«, die dieser im
Rekurs auf klassische literarische Zeugnisse 1861 in seiner
Schrift *Das Mutterrecht* vorlegte.

Mit Bezug auf die drei titelgebenden Institute lautet Engels' These: keine dieser Einrichtungen besteht, wie das liberale Naturrechtsdenken behauptet, »von Ewigkeit her«.
Monogame Einzelfamilie, Privateigentum und Staat entstehen vielmehr erst an der Schwelle der Zivilisation, d. h. auf
einer Entwicklungsstufe, deren Strukturmerkmale sich nur
als Resultat der vorgeschichtlichen Entwicklung begreifen
lassen. Methodische Grundlage dieser These ist die materialistische Auffassung, daß »das in letzter Instanz bestimmende Moment in der Geschichte [...] die Produktion und
Reproduktion des unmittelbaren Lebens« ist. »Diese«,

fährt Engels fort, »ist aber selbst wieder doppelter Art. Einerseits die Erzeugung von Lebensmitteln, von Gegenständen der Nahrung [...]; andererseits die Erzeugung von Menschen selbst, die Fortpflanzung der Gattung« (*305*)[1]. Engels vertritt also die in der Marxismusforschung heftig umstrittene Auffassung, daß die Arbeit, das Medium der Naturaneignung, nur e i n e Art von Produktion ist, der eine zweite, gleichursprüngliche Art von Produktion, nämlich die »Familie« als Medium der »Menschenerzeugung«, an die Seite zu stellen ist. Die in einer Geschichtsepoche herrschende gesellschaftliche Ordnung läßt sich mithin, so folgert Engels, nur im Rückgang auf das Verhältnis beider Arten der Produktion erfassen. Als Grundformel für die Analyse dieses Verhältnisses formuliert er: Je geringer die Produktivität der Arbeit und damit der materielle Reichtum der Gesellschaft, »desto überwiegender erscheint die Gesellschaftsordnung beherrscht durch Geschlechtsbande« (*305*). Ist die Natur noch nicht als Material der Aneignung vergegenständlicht, erscheint sie vielmehr nur erst als unorganische Fortsetzung des menschlichen Leibs, können die gesellschaftlichen Verhältnisse noch nicht durch den Stand der Produktivkräfte bestimmt sein, sondern als Bestimmungsfaktoren überwiegen die Beziehungen, die sich den natürlichen Verhältnissen der Menschen zueinander in der Menschenerzeugung verdanken, d. h. die »Geschlechtsbande« in Form der ursprünglichen Ordnung der Blutsverwandtschaft. Die Grenzen dieser identitätsstiftenden Ordnung sind in vorgeschichtlicher Zeit identisch mit den Grenzen des Stammes. Es sind nun die internen, sich innerhalb der Verwandtschaftsordnung des Stammes entwickeln-

---

1 Soweit der im folgenden abgedruckte Quellentext die in der Einleitung zitierten Textstellen nicht enthält, werden diese nach folgender Ausgabe zitiert: Friedrich Engels, *Der Ursprung der Familie, des Privateigentums und des Staats*, in: Karl Marx / Friedrich Engels, *Werke*, Bd. 21, Berlin 1973. Die Seitenangaben, die sich auf im vorliegenden Band abgedruckte Textausschnitte beziehen, sind kursiv gesetzt.

den Gruppendifferenzierungen, d. i. die Bildung der sog. *Gentes,* denen Engels' Interesse gilt. Der Antrieb zur Entwicklung einer Gentilordnung geht nämlich auf die familialen Beziehungen zurück, die sich im Verhältnis der beiden Geschlechter herausbilden. Engels unterscheidet mit Morgan drei aufeinanderfolgende Familienformen, deren letzte, die monogame Einzelfamilie, zugleich den »Ursprung« von Privateigentum und Staat offenlegt.

Die Urfamilie, die sich freilich als Ausgangspunkt der Entwicklung nur postulieren läßt, ist der Stamm selbst. Aus dieser Annahme läßt sich ein Urzustand erschließen, in dem die geschlechtlichen Beziehungen zwischen Mann und Frau keinerlei Verbotsschranken unterliegen; innerhalb der Stammesgrenzen ist unbeschränkter Geschlechtsverkehr üblich (*306*). Die folgende Entwicklung besteht in einer fortschreitenden Einschränkung der heiratsfähigen Gruppen, d. h. der allmählichen Durchsetzung des Inzestverbots. Die erste Einschränkung liegt im Ausschluß der sexuellen Beziehungen zwischen den Generationen, d. h. zwischen Vor- und Nachfahren; dies führt zur ersten Stufe der Familie im engeren Sinne, für die die Heirat innerhalb derselben Generation, also unter Geschwistern, Regel und Gebot ist. Mit der folgenden Einschränkung unterliegt nun auch die Geschwisterehe dem Verbot: eine Reihe von Schwestern und deren leibliche Brüder bilden eine neue Familie, deren Kinder jeweils nicht mehr Geschwister füreinander sind. Aus dieser Spaltung in zwei Klassen von Geschwisterkindern (46) entwickelt sich die Gens und damit jene Verwandtschaftsordnung, die für die gesellschaftlichen Verhältnisse auf der Stufe der Wildheit bestimmend ist. Da nicht Individuen, sondern Gruppen von Individuen miteinander verheiratet sind, haben die Kinder dieser Gruppenfamilien jeweils viele Väter und Mütter, aber nur eine leibliche Mutter: nach dieser, der Gründerin der Gens, richtet sich die Abstammungsfolge. Die Urform der Gens besteht also aus einer Gruppe von Blutsverwandten weiblicher Linie, die untereinander nicht heiraten dürfen. Dieser Verwandtschaftsordnung entspricht nun die natürliche Arbeitsteilung zwischen den Geschlechtern: den aus fremdem Gentes stammenden Ehemännern obliegt die Beschaffung des Rohstoffs der Nahrung, während die Frauen derselben Gens in »kommunistischer Haushaltung« den Rohstoff für den Verbrauch bearbeiten. Dieses naturwüchsige Entsprechungsverhältnis zwischen ökonomischer und familialer Produktion bildet die Grundlage für eine Verfassung, deren Größe, aber auch Beschränktheit darin liegt, »daß sie für Herrschaft und Knechtschaft keinen Raum hat« (152). Da Männer und Frauen jeweils, wie Engels sagt, »Herr« auf ihrem Gebiet sind (155), keinem der Herrschaftsgebiete also der Primat zukommt, unterscheidet sich diese Form der Arbeitsteilung fundamental von der für die bürgerliche Gesellschaft charakteristischen Trennung zwischen privater und öffentlicher Sphäre, zwischen bloß »privatem« Konsum und »öffentlicher« Produktion. Denn, so Engels, »die den Frauen übergebene Führung des Haushalts [war] ebensogut eine öffentliche, eine gesellschaftlich notwendige Industrie wie die Beschaffung der Nahrungsmittel durch die Männer« (*318*).

Die letzte Stufe der Einschränkung führt zur Paarungsfamilie: Die fortgesetzte Ausschließung erst näherer, dann immer entfernterer Verwandter als potentieller Ehepartner, d. h. die immer rigidere Durchsetzung des Endogamieverbots macht schließlich die Gruppenehe praktisch unmöglich (*310*); die Gruppe ist auf ihre letzte Einheit, das Paar, reduziert, und es entsteht die für die Stufe der Barbarei charakteristische Familienform, die Paarungsfamilie. Durch die Paarung wird nun ein neues Element in die Familie eingeführt: der beglaubigte leibliche Vater (*313*).

Auf der Grundlage der alten, auf weiblicher Abstammungslinie und damit auch mütterlicher Erbfolge beruhenden Gentilordnung sind die leiblichen Kinder des Vaters von der Erbfolge ausgeschlossen. Dieser Sachverhalt allein vermag freilich nicht zu erklären, wie es zum Übergang von der Paarung zur festen Monogamie kommt. Solange sich nämlich die materielle Reproduktion auf der Grundlage einer reinen Subsistenzwirtschaft vollzieht, wird die mütterliche Erbfolge noch nicht zum gesellschaftlich relevanten Problem. Der Umsturz der alten Gentilordnung setzt vielmehr, so Engels, die Wirksamkeit neuer, gesellschaftlicher Triebkräfte voraus (*311*). Diese entstehen zunächst naturwüchsig mit dem Wachstum der Bevölkerung und der Fähigkeit der menschlichen Arbeitskraft, ein über die eigenen Unterhaltungskosten hinausgehendes, beständiges Mehrprodukt zu erzielen. Damit löst sich die für die Subsistenzwirtschaft charakteristische Einheit von Produktion und Konsumtion allmählich auf: Viehzucht und Ackerbau entwickeln sich auf der Stufe der Barbarei als getrennte Produktionszweige. Mit dieser ersten großen gesellschaftlichen Teilung der Arbeit entsteht das Erfordernis, das jeweils erzielte Mehrprodukt zu tauschen. Solange freilich der gesellschaftliche Reichtum Gemeineigentum bleibt und sich der Austausch zwischen den Gemeinwesen vollzieht, bleibt die alte Ordnung in Kraft. Die ökonomischen Voraussetzungen, die die gesellschaftliche Entwicklung in die Richtung der Zivilisation und damit einer neuen Gesellschaftsordnung treiben, sind Privateigentum und Einzelaustausch. Nun gilt, daß auf Basis der natürlichen Arbeitsteilung zwischen den Geschlechtern nur das Herrschaftsgebiet der Männer für die Erwirtschaftung eines Mehrprodukts in Frage kommt. Nach der Ausbildung der Viehzucht als gesondertem Produktionszweig bilden die Herden und – wegen des Bedarfs zusätzlicher Arbeitskräfte – die Sklaven diesen neuen gesellschaftlichen Reichtum: dieser mußte also aus dem Gemeinbesitz der Gens in das Eigentum der einzelnen Familienhäupter übergehen können (157). Auf der Grundlage der mutterrechtlichen Gens war dieser Fortschritt unmöglich: Nach dem Tode des Familienoberhauptes fiel sein Vermögen an die Blutsverwandten seiner Gens, seine leiblichen Kinder aber waren enterbt, weil sie in die Gens der Mutter gehörten. Es genügte, so Engels, ein einfacher Beschluß, um die männliche Abstammungslinie und damit auch das väterliche Erbrecht einzusetzen *(314)*. Damit sind die »neuen gesellschaftlichen Triebkräfte« in Wirksamkeit gesetzt: die Kulturstufe der Zivilisation erhält ihre Signatur durch den Umsturz des Mutterrechts, den Engels als »die weltgeschichtliche Niederlage des weiblichen Geschlechts« *(314f.)* beklagt.

Die neue Familienform, die die monogame Einzelfamilie der Neuzeit bereits in nuce enthält, ist die patriarchale Familie. An die Stelle der auf der Gleichwertigkeit der Arbeitsgebiete beruhenden Gleichberechtigung der Geschlechter tritt die Alleinherrschaft des Mannes, deren klassische Gestalt in der unbedingten Gewalt des römischen *pater familias* gegenüber der Ehefrau, den Kindern und Sklaven besteht. So wird die monogame patriarchale Familie, deren ausdrücklicher Zweck die Erzeugung von Kindern mit unbestrittener Vaterschaft als Erben des väterlichen Vermögens ist *(315)*, zur ersten »Familienform, die nicht auf natürliche, sondern auf ökonomische Bedingungen gegründet war« *(315)*.

Der letzte Entwicklungsschritt, den Engels rekonstruiert, ist die Ersetzung der alten Gentilverfassung durch eine neue, die staatliche Ordnung: Mit dem Übergang des Ackerlandes in das Privateigentum der Familienhäupter und der Etablierung der Einzelfamilien als gesellschaftlicher Organisationseinheiten vollendet sich die Spaltung der Gesellschaft in Klassen. Es entsteht das Erfordernis einer scheinbar über der Gesellschaft stehenden, die Klassenkonflikte der Gesellschaft zügelnden Macht, d.i. die des Staates. Das staatliche Gewaltmonopol ersetzt nun eine Verfassung, die »außer der öffentlichen Meinung« über keine Zwangsmittel verfügte. »Die Gentilverfassung hatte ausgelebt« (164).

Engels' Fazit über die Gleichursprünglichkeit von Klassenspaltung und Monogamie lautet: »Der erste Klassengegensatz, der in der Geschichte auftritt, fällt zusammen mit der Entwicklung des Antagonismus von Mann und Frau in der Einzelehe, und die erste Klassenunterdrückung mit der des weiblichen Geschlechts durch das männliche« (*316*).

Die Einzelehe der bürgerlichen Klassengesellschaft unterscheidet sich nur formal-juristisch von ihrer patriarchalischen Grundform: die Ehe kommt zustande durch einen freiwillig geschlossenen Vertrag. Was sich »hinter den juristischen Kulissen« abspielt und das Gesetz nichts angeht, ist die »offne oder verhüllte Haussklaverei der Frau« (*318*). Freilich bietet der Klassenantagonismus der Moderne für die Proletarierfamilie eine zweifache Chance: Zum einen fehlt hier alles Eigentum, zu dessen Bewahrung und Vererbung die Monogamie und die Männerherrschaft geschaffen wurden (*316*). Entfällt aber die objektive Grundlage dafür, die Ehefrau zum Werkzeug der Kindererzeugung zu machen, dann kann – so Engels – Realität werden, was die bürgerliche Eheideologie seit je als einziges Motiv der Eheschließung unterstellt: die individuelle Geschlechtsliebe. Der Reduktion der weiblichen Sexualität auf Gebärfähigkeit wäre der Boden entzogen. Zum anderen aber wird die Führung des Haushalts – für die Frau des Bourgeois ein »Privatdienst«, der die Gesellschaft nichts mehr angeht (*318*) – für die Proletarierin aufgrund ihrer Integration in die Industrie und damit als Teilhaberin an der gesellschaftlichen Produktion zunehmend bedeutungslos. Für Engels ist denn auch die erste Vorbedingung für die Befreiung der Frau die »Wiedereinführung des ganzen weiblichen Geschlechts in die öffentliche Industrie« (*319*). Dies freilich setzt voraus, daß die Einzelfamilie ihre Funktion verlöre, wirtschaftliche Grundeinheit der Gesellschaft zu sein. Die Privathaushaltung selbst würde sich »in eine öffentliche Industrie« verwandeln, Pflege und Erziehung der Kinder würden zur öffentlichen Angelegenheit (*77*). Diese Vorstellung, so Engels, muß so lange utopisch bleiben, als die Produktionsmittel nicht in Gemeineigentum übergegangen sind und die Klassenspaltung der Gesellschaft fortbesteht.

Sabine Doyé

Literaturhinweise

Beetz, Manuela: Die Produktion und Reproduktion des unmittelbaren Lebens. Das Familien- und Geschlechterverhältnis bei Karl Marx und Friedrich Engels. Köln 1989.

Herrmann, Joachim / Köhn, Jens (Hrsg.): Familie, Staat und Gesellschaftsformation. Grundprobleme vorkapitalistischer Epochen einhundert Jahre nach Friedrich Engels' Werk »Der Ursprung der Familie, des Privateigentums und des Staats«. Berlin 1988.

Der Ursprung der Familie, des Privateigentums und des Staats

[1884]

Zur ersten Auflage 1884

[...] Nach der materialistischen Auffassung ist das in letzter Instanz bestimmende Moment in der Geschichte: die Produktion und Reproduktion des unmittelbaren Lebens. Diese ist aber selbst wieder doppelter Art. Einerseits die Erzeugung von Lebensmitteln, von Gegenständen der Nahrung, Kleidung, Wohnung und den dazu erforderlichen Werkzeugen; andrerseits die Erzeugung von Menschen selbst, die Fortpflanzung der Gattung. Die gesellschaftlichen Einrichtungen, unter denen die Menschen einer bestimmten Geschichtsepoche und eines bestimmten Landes leben, werden bedingt durch beide Arten der Produktion: durch die Entwicklungsstufe einerseits der Arbeit, andrerseits der Familie. Je weniger die Arbeit noch entwickelt ist, je beschränkter die Menge ihrer Erzeugnisse, also auch der Reichtum der Gesellschaft, desto überwiegender erscheint die Gesellschaftsordnung beherrscht durch Geschlechtsbande. Unter dieser, auf Geschlechtsbande begründeten Gliederung der Gesellschaft entwickelt sich indes die Produktivität der Arbeit mehr und mehr; mit ihr Privateigentum und Austausch, Unterschiede des Reichtums, Verwertbarkeit fremder Arbeitskraft und damit die Grundlage von Klassengegensätzen: neue soziale Elemente, die im Lauf von Generationen sich abmühen, die alte Gesellschaftsverfassung den neuen Zuständen anzupassen, bis endlich die Unvereinbarkeit beider eine vollständige Umwälzung herbeiführt. Die alte, auf Geschlechtsverbänden beruhende

Gesellschaft wird gesprengt im Zusammenstoß der neu entwickelten gesellschaftlichen Klassen; an ihre Stelle tritt eine
neue Gesellschaft, zusammengefaßt im Staat, dessen Unter-
einheiten nicht mehr Geschlechtsverbände, sondern Orts-
verbände sind, eine Gesellschaft, in der die Familienordnung ganz von der Eigentumsordnung beherrscht wird und
in der sich nun jene Klassengegensätze und Klassenkämpfe
frei entfalten, aus denen der Inhalt aller bisherigen ge-
schriebnen Geschichte besteht. [...]

II. Die Familie

[...] Die hergebrachte Vorstellung kennt nur die Einzelehe,
daneben Vielweiberei eines Mannes, allenfalls noch Viel-
männerei einer Frau, und verschweigt dabei, wie es dem
moralisierenden Philister ziemt, daß die Praxis sich über
diese von der offiziellen Gesellschaft gebotenen Schranken
stillschweigend aber ungeniert hinwegsetzt. Das Studium
der Urgeschichte dagegen führt uns Zustände vor, wo Männer in Vielweiberei und ihre Weiber gleichzeitig in Viel-
männerei leben und die gemeinsamen Kinder daher auch
als ihnen allen gemeinsam gelten: Zustände, die selbst wieder bis zu ihrer schließlichen Auflösung in die Einzelehe
eine ganze Reihe von Veränderungen durchmachen. Diese
Veränderungen sind der Art, daß der Kreis, den das gemeinsame Eheband umfaßt und der ursprünglich sehr weit
war, sich mehr und mehr verengert, bis er schließlich nur
das Einzelpaar übrigläßt, das heute vorherrscht.

Indem Morgan auf diese Weise die Geschichte der Familie rückwärts konstruiert, kommt er in Übereinstimmung
mit der Mehrzahl seiner Kollegen auf einen Urzustand, wo
unbeschränkter Geschlechtsverkehr innerhalb eines Stammes herrschte, so daß jede Frau jedem Mann und jeder
Mann jeder Frau gleichmäßig gehörte. [...]

Nach Morgan entwickelte sich aus diesem Urzustand des regellosen Verkehrs, wahrscheinlich sehr frühzeitig:

1. Die Blutsverwandtschaftsfamilie, die erste Stufe der Familie. Hier sind die Ehegruppen nach Generationen gesondert: Alle Großväter und Großmütter innerhalb der Grenzen der Familie sind sämtlich untereinander Mann und Frau, ebenso deren Kinder, also die Väter und Mütter, wie deren Kinder wieder einen dritten Kreis gemeinsamer Ehegatten bilden werden, und deren Kinder, die Urenkel der ersten, einen vierten. In dieser Familienform sind also nur Vorfahren und Nachkommen, Eltern und Kinder von den Rechten wie Pflichten (wie wir sagen würden) der Ehe untereinander ausgeschlossen. Brüder und Schwestern, Vettern und Kusinen ersten, zweiten und entfernteren Grades sind alle Brüder und Schwestern untereinander und eben deswegen alle Mann und Frau eins des andern. Das Verhältnis von Bruder und Schwester schließt auf dieser Stufe die Ausübung des gegenseitigen Geschlechtsverkehrs von selbst in sich ein.[1] Die typische Gestalt einer solchen Familie würde bestehn aus der Nachkommenschaft eines Paars, in welcher wieder die Nachkommen jedes einzelnen Grades unter sich Brüder und Schwestern und eben deshalb Männer und Frauen untereinander sind. [...]

2. Die Punaluafamilie. Wenn der erste Fortschritt der Organisation darin bestand, Eltern und Kinder vom gegenseitigen Geschlechtsverkehr auszuschließen, so der zweite in der Ausschließung von Schwester und Bruder. Dieser Fortschritt war, wegen der größern Altersgleichheit

---

1 In einem Brief vom Frühjahr 1882 spricht Marx sich in den stärksten Ausdrücken aus über die im Wagnerschen Nibelungentext herrschende totale Verfälschung der Urzeit. »War es je erhört, daß der Bruder die Schwester bräutlich umfing?« Diesen ihre Liebeshändel ganz in moderner Weise durch ein bißchen Blutschande pikanter machenden »Geilheitsgöttern« Wagners antwortet Marx: »In der Urzeit war die Schwester die Frau, und das war sittlich.« – [...]

der Beteiligten, unendlich viel wichtiger, aber auch schwieriger als der erste. Er vollzog sich allmählich, anfangend wahrscheinlich mit der Ausschließung der leiblichen Geschwister (d. h. von mütterlicher Seite) aus dem Geschlechtsverkehr, erst in einzelnen Fällen, nach und nach Regel werdend (in Hawaii kamen noch in diesem Jahrhundert Ausnahmen vor) und endend mit dem Verbot der Ehe sogar zwischen Kollateralgeschwistern, d. h. nach unsrer Bezeichnung Geschwisterkindern, -enkeln und -urenkeln; [...].

Keine Frage, daß Stämme, bei denen die Inzucht durch diesen Fortschritt beschränkt wurde, sich rascher und voller entwickeln mußten als die, bei denen die Geschwisterehe Regel und Gebot blieb. Und wie gewaltig die Wirkung dieses Fortschritts empfunden wurde, beweist die aus ihm unmittelbar entsprungne, weit über das Ziel hinausschießende Einrichtung der Gens, die die Grundlage der gesellschaftlichen Ordnung der meisten, wo nicht aller Barbarenvölker der Erde bildet und aus der wir in Griechenland und Rom unmittelbar in die Zivilisation hinübertreten.

Jede Urfamilie mußte spätestens nach ein paar Generationen sich spalten. Die ursprüngliche kommunistische Gesamthaushaltung, die bis tief in die mittlere Barbarei hinein ausnahmslos herrscht, bedingte eine, je nach den Verhältnissen wechselnde, aber an jedem Ort ziemlich bestimmte Maximalgröße der Familiengemeinschaft. Sobald die Vorstellung von der Ungebühr des Geschlechtsverkehrs zwischen Kindern e i n e r Mutter aufkam, mußte sie sich bei solchen Spaltungen alter und Gründung neuer Hausgemeinden (die indes nicht notwendig mit der Familiengruppe zusammenfielen) wirksam zeigen. Eine oder mehrere Reihen von Schwestern wurden der Kern der einen, ihre leiblichen Brüder der Kern der andern. So oder ähnlich ging aus der Blutsverwandtschaftsfamilie die von Morgan Punaluafamilie genannte Form hervor. [...]

Bei allen Formen der Gruppenfamilie ist es ungewiß, wer der Vater eines Kindes ist, gewiß aber ist, wer seine Mutter.

Wenn sie auch alle Kinder der Gesamtfamilie ihre Kinder
nennt und Mutterpflichten gegen sie hat, so kennt sie doch
ihre leiblichen Kinder unter den andern. Es ist also klar,
daß, soweit Gruppenehe besteht, die Abstammung nur von
mütterlicher Seite nachweisbar ist, also nur die weibliche Linie anerkannt wird. Dies ist in der Tat bei allen
wilden und der niederen Barbarenstufe angehörigen Völ-
kern der Fall; und dies zuerst entdeckt zu haben, ist das
zweite große Verdienst Bachofens. Er bezeichnet diese aus-
schließliche Anerkennung der Abstammungsfolge nach der
Mutter und die daraus sich mit der Zeit ergebenden Erb-
schaftsbeziehungen mit dem Namen Mutterrecht; ich be-
halte diesen Namen, der Kürze wegen, bei. Er ist aber
schief, denn auf dieser Gesellschaftsstufe ist von Recht im
juristischen Sinne noch nicht die Rede.

Nehmen wir nun aus der Punaluafamilie die eine der beiden Mustergruppen, nämlich die einer Reihe von leiblichen
und entfernteren (d. h. im ersten, zweiten oder entfernteren
Grad von leiblichen Schwestern abstammenden) Schwestern, zusamt ihren Kindern und ihren leiblichen oder entfernteren Brüdern von mütterlicher Seite (die nach unsrer
Voraussetzung nicht ihre Männer sind), so haben wir genau den Umkreis der Personen, die später als Mitglieder einer Gens in der Urform dieser Institution erscheinen. Sie
haben alle eine gemeinsame Stammutter, kraft der Abstammung, von welcher die weiblichen Nachkommen generati-
onsweise Schwestern sind. Die Männer dieser Schwestern
können aber nicht mehr ihre Brüder sein, also nicht von
dieser Stammutter abstammen, gehören also nicht in die
Blutsverwandtschaftsgruppe, die spätere Gens; ihre Kinder
aber gehören in diese Gruppe, da Abstammung von mütterlicher Seite allein entscheidend, weil allein gewiß ist. Sobald die Ächtung des Geschlechtsverkehrs zwischen allen
Geschwistern, auch den entferntesten Kollateralverwandten
mütterlicher Seite, einmal feststeht, hat sich auch obige
Gruppe in eine Gens verwandelt, d. h. sich konstituiert als

ein fester Kreis von Blutsverwandten weiblicher Linie, die untereinander nicht heiraten dürfen, und der von nun an sich mehr und mehr durch andre gemeinsame Einrichtungen gesellschaftlicher und religiöser Art befestigt und von den andern Gentes desselben Stammes unterscheidet. Darüber ausführlich später. Wenn wir aber finden, wie nicht nur notwendig, sondern sogar selbstverständlich die Gens aus der Punaluafamilie sich entwickelt, so liegt es nahe, das ehemalige Bestehn dieser Familienform als fast sicher anzunehmen für alle Völker, bei denen Gentilinstitutionen nachweisbar sind, d. h. so ziemlich für alle Barbaren und Kulturvölker. [...]

3. Die Paarungsfamilie. Eine gewisse Paarung, für kürzere oder längere Zeit, fand bereits unter der Gruppenehe oder noch früher statt; der Mann hatte eine Hauptfrau (man kann noch kaum sagen Lieblingsfrau) unter den vielen Frauen, und er war für sie der hauptsächlichste Ehemann unter den andern. Dieser Umstand hat nicht wenig beigetragen zu der Konfusion bei den Missionaren, die in der Gruppenehe bald regellose Weibergemeinschaft, bald willkürlichen Ehebruch sehn. Eine solche gewohnheitsmäßige Paarung mußte aber mehr und mehr sich befestigen, je mehr die Gens sich ausbildete und je zahlreicher die Klassen von »Brüdern« und »Schwestern« wurden, zwischen denen Heirat nun unmöglich war. Der durch die Gens gegebne Anstoß der Verhinderung der Heirat zwischen Blutsverwandten trieb noch weiter. So finden wir, daß bei den Irokesen und den meisten andern auf der Unterstufe der Barbarei stehenden Indianern die Ehe verboten ist zwischen allen Verwandten, die ihr System aufzählt, und das sind mehrere hundert Arten. Bei dieser wachsenden Verwicklung der Eheverbote wurden Gruppenehen mehr und mehr unmöglich; sie wurden verdrängt durch die Paarungsfamilie. Auf dieser Seite lebt ein Mann mit einer Frau zusammen, jedoch so, daß Vielweiberei und gelegentliche Untreue Recht der Männer bleibt, wenn erstere auch

aus ökonomischen Gründen selten vorkommt; während von den Weibern für die Dauer des Zusammenlebens meist strengste Treue verlangt und ihr Ehebruch grausam bestraft wird. Das Eheband ist aber von jedem Teil leicht löslich, und die Kinder gehören nach wie vor der Mutter allein. [...]

Die Paarungsfamilie entsprang an der Grenze zwischen Wildheit und Barbarei, meist schon auf der Oberstufe der Wildheit, hier und da erst auf der Unterstufe der Barbarei. Sie ist die charakteristische Familienform für die Barbarei, wie die Gruppenehe für die Wildheit und die Monogamie für die Zivilisation. Um sie zur festen Monogamie weiterzuentwickeln, bedurfte es andrer Ursachen als derjenigen, die wir bisher wirkend fanden. Die Gruppe war in der Paarung bereits auf ihre letzte Einheit, ihr zweiatomiges Molekül, herabgebracht: auf einen Mann und eine Frau. Die Naturzüchtung hatte in der immer weiter geführten Ausschließung von der Ehegemeinschaft ihr Werk vollbracht; in dieser Richtung blieb nichts mehr für sie zu tun. Kamen also nicht neue, g e s e l l s c h a f t l i c h e Triebkräfte in Wirksamkeit, so war kein Grund vorhanden, warum aus der Paarung eine neue Familienform hervorgehn sollte Aber diese Triebkräfte traten in Wirksamkeit.

Wir verlassen jetzt Amerika, den klassischen Boden der Paarungsfamilie. Kein Anzeichen läßt schließen, daß dort eine höhere Familienform sich entwickelt, daß dort vor der Entdeckung und Eroberung jemals irgendwo feste Monogamie bestanden habe. Anders in der alten Welt.

Hier hatte die Zähmung der Haustiere und die Züchtung von Herden eine bisher ungeahnte Quelle des Reichtums entwickelt und ganz neue gesellschaftliche Verhältnisse geschaffen. Bis auf die Unterstufe der Barbarei hatte der ständige Reichtum bestanden fast nur in dem Haus, der Kleidung, rohem Schmuck und den Werkzeugen zur Erringung und Bereitung der Nahrung: Boot, Waffen, Hausrat einfachster Art. Die Nahrung mußte Tag um Tag neu errungen werden. Jetzt, mit den Herden der Pferde, Kamele, Esel, Rinder, Schafe, Ziegen und Schweine hatten die vordringenden Hirtenvölker – die Arier im indischen Fünfstromland und Gangesgebiet wie in den damals noch weit wasserreicheren Steppen am Oxus und Jaxartes, die Semiten am Euphrat und Tigris – einen Besitz erworben, der nur der Aufsicht und rohesten Pflege bedurfte, um sich in stets vermehrter Zahl fortzupflanzen und die reichlichste Nahrung an Milch und Fleisch zu liefern. Alle früheren Mittel der Nahrungsbeschaffung traten nun in den Hintergrund; die Jagd, früher eine Notwendigkeit, wurde nun ein Luxus.

Wem gehörte aber dieser neue Reichtum? Unzweifelhaft ursprünglich der Gens. Aber schon früh muß sich Privateigentum an den Herden entwickelt haben. Es ist schwer zu sagen, ob dem Verfasser des sog. ersten Buchs Mosis der Vater Abraham erschien als Besitzer seiner Herden kraft eignen Rechts als Vorstand einer Familiengemeinschaft oder kraft seiner Eigenschaft als tatsächlich erblicher Vorsteher einer Gens. Sicher ist nur, daß wir ihn uns nicht als Eigentümer im modernen Sinn vorstellen dürfen. Und sicher ist ferner, daß wir an der Schwelle der beglaubigten Geschichte die Herden schon überall in Sondereigentum von Familienvorständen finden, ganz wie die Kunsterzeugnisse der Barbarei, Metallgerät, Luxusartikel und endlich das Menschenvieh – die Sklaven.

Denn jetzt war auch die Sklaverei erfunden. Dem Barbaren der Unterstufe war der Sklave wertlos. Daher auch die amerikanischen Indianer mit den besiegten Feinden ganz anders verfuhren, als auf höherer Stufe geschah. Die Männer wurden getötet oder aber in den Stamm der Sieger als Brüder aufgenommen; die Weiber wurden geheiratet oder sonst mit ihren überlebenden Kindern ebenfalls adoptiert. Die menschliche Arbeitskraft liefert auf dieser Stufe noch keinen beachtenswerten Überschuß über ihre Unterhaltskosten. Mit der Einführung der Viehzucht, der Metallbearbeitung, der Weberei und endlich des Feldbaus wurde das

anders. Wie die früher so leicht zu erlangenden Gattinnen
jetzt einen Tauschwert bekommen hatten und gekauft wurden, so geschah es mit den Arbeitskräften, besonders seitdem die Herden endgültig in Familienbesitz übergegangen
waren. Die Familie vermehrte sich nicht ebenso rasch wie
das Vieh. Mehr Leute wurden erfordert, es zu beaufsichti-
gen; dazu ließ sich der kriegsgefangne Feind benutzen, der
sich außerdem ebensogut fortzüchten ließ wie das Vieh
selbst.

Solche Reichtümer, sobald sie einmal in den Privatbesitz
von Familien übergegangen und dort rasch vermehrt, gaben
der auf Paarungsehe und mutterrechtliche Gens gegründeten Gesellschaft einen mächtigen Stoß. Die Paarungsehe
hatte ein neues Element in die Familie eingeführt. Neben
die leibliche Mutter hatte sie den beglaubigten leiblichen
Vater gestellt, der noch dazu wahrscheinlich besser beglau-
bigt war als gar manche »Väter« heutzutage. Nach der damaligen Arbeitsteilung in der Familie fiel dem Mann die
Beschaffung der Nahrung und der hiezu nötigen Arbeits-
mittel, also auch das Eigentum an diesen letzteren zu; er
nahm sie mit, im Fall der Scheidung, wie die Frau ihren
Hausrat behielt. Nach dem Brauch der damaligen Gesellschaft also war der Mann auch Eigentümer der neuen Nah-
rungsquelle, des Viehs, und später des neuen Arbeitsmit-
tels, der Sklaven. Nach dem Brauch derselben Gesellschaft
aber konnten seine Kinder nicht von ihm erben, denn damit stand es folgendermaßen.

Nach Mutterrecht, also solange Abstammung nur in
weiblicher Linie gerechnet wurde, und nach dem ursprünglichen Erbgebrauch in der Gens erbten anfänglich die Gentilverwandten von ihrem verstorbnen Gentilgenossen. Das
Vermögen mußte in der Gens bleiben. Bei der Unbedeu-
tendheit der Gegenstände mag es von jeher in der Praxis an
die nächsten Gentilverwandten, also an die Blutsverwandten mütterlicher Seite, übergegangen sein. Die Kinder des
verstorbnen Mannes aber gehörten nicht seiner Gens an,

sondern der ihrer Mutter; sie erbten, anfangs mit den übrigen Blutsverwandten der Mutter, später vielleicht in erster Linie, von dieser; aber von ihrem Vater konnten sie nicht erben, weil sie nicht zu seiner Gens gehörten, sein Vermögen aber in dieser bleiben mußte. Bei dem Tode des Herdenbesitzers wären also seine Herden übergegangen zunächst an seine Brüder und Schwestern und an die Kinder seiner Schwestern oder an die Nachkommen der Schwestern seiner Mutter. Seine eignen Kinder aber waren enterbt.

In dem Verhältnis also, wie die Reichtümer sich mehrten, gaben sie einerseits dem Mann eine wichtigere Stellung in der Familie als der Frau und erzeugten andrerseits den Antrieb, diese verstärkte Stellung zu benutzen, um die hergebrachte Erbfolge zugunsten der Kinder umzustoßen. Dies ging aber nicht, solange die Abstammung nach Mutterrecht galt. Diese also mußte umgestoßen werden, und sie wurde umgestoßen. Es war dies gar nicht so schwer, wie es uns heute erscheint. Denn diese Revolution – eine der einschneidendsten, die die Menschen erlebt haben – brauchte nicht ein einziges der lebenden Mitglieder einer Gens zu berühren. Alle ihre Angehörigen konnten nach wie vor bleiben, was sie gewesen. Der einfache Beschluß genügte, daß in Zukunft die Nachkommen der männlichen Genossen in der Gens bleiben, die der weiblichen aber ausgeschlossen sein sollten, indem sie in die Gens ihres Vaters übergingen. Damit war die Abstammungsrechnung in weiblicher Linie und das mütterliche Erbrecht umgestoßen, männliche Abstammungslinie und väterliches Erbrecht eingesetzt. Wie sich diese Revolution bei den Kulturvölkern gemacht hat, und wann, darüber wissen wir nichts. Sie fällt ganz in die vorgeschichtliche Zeit. Daß sie sich aber gemacht, ist mehr als nötig erwiesen durch die namentlich von Bachofen gesammelten reichlichen Spuren von Mutterrecht; [...].

Der Umsturz des Mutterrechts war die weltgeschichtliche Niederlage des weiblichen Geschlechts. Der Mann ergriff das Steuer auch im Hause, die Frau wurde entwürdigt, geknechtet, Sklavin seiner Lust und bloßes Werkzeug der Kinderzeugung. Diese erniedrigte Stellung der Frau, wie sie namentlich bei den Griechen der heroischen und noch mehr der klassischen Zeit offen hervortritt, ist allmählich beschönigt und verheuchelt, auch stellenweise in mildere Form gekleidet worden; beseitigt ist sie keineswegs. [...]

4. Die monogame Familie. Sie entsteht aus der Paarungsfamilie, wie gezeigt, im Grenzzeitalter zwischen der mittleren und der oberen Stufe der Barbarei; ihr endgültiger Sieg ist eins der Kennzeichen der beginnenden Zivilisation. Sie ist gegründet auf die Herrschaft des Mannes, mit dem ausdrücklichen Zweck der Erzeugung von Kindern mit unbestrittener Vaterschaft, und diese Vaterschaft wird erfordert, weil diese Kinder dereinst als Leibeserben in das väterliche Vermögen eintreten sollen. Sie unterscheidet sich von der Paarungsehe durch weit größere Festigkeit des Ehebandes, das nun nicht mehr nach beiderseitigem Gefallen lösbar ist. [...]

[Die Monogamie] war die erste Familienform, die nicht auf natürliche, sondern auf ökonomische Bedingungen gegründet war, nämlich auf den Sieg des Privateigentums über das ursprüngliche naturwüchsige Gemeineigentum. Herrschaft des Mannes in der Familie und Erzeugung von Kindern, die nur die seinigen sein konnten und die zu Erben seines Reichtums bestimmt waren – das allein waren die von den Griechen unumwunden ausgesprochenen ausschließlichen Zwecke der Einzelehe. Im übrigen war sie ihnen eine Last, eine Pflicht gegen die Götter, den Staat und die eignen Vorfahren, die eben erfüllt werden mußte. In Athen erzwang das Gesetz nicht nur die Verheiratung, sondern auch die Erfüllung eines Minimums der sogenannten ehelichen Pflichten von seiten des Mannes.

So tritt die Einzelehe keineswegs ein in die Geschichte als die Versöhnung von Mann und Weib, noch viel weniger als ihre höchste Form. Im Gegenteil. Sie tritt auf als Unterjochung des einen Geschlechts durch das andre, als Proklamation eines bisher in der ganzen Vorgeschichte unbekannten Widerstreits der Geschlechter. In einem alten, 1846 von Marx und mir ausgearbeiteten, ungedruckten Manuskript finde ich: »Die erste Teilung der Arbeit ist die von Mann und Weib zur Kinderzeugung.« Und heute kann ich hinzusetzen: Der erste Klassengegensatz, der in der Geschichte auftritt, fällt zusammen mit der Entwicklung des Antagonismus von Mann und Weib in der Einzelehe, und die erste Klassenunterdrückung mit der des weiblichen Geschlechts durch das männliche. Die Einzelehe war ein großer geschichtlicher Fortschritt, aber zugleich eröffnet sie neben der Sklaverei und dem Privatreichtum jene bis heute dauernde Epoche, in der jeder Fortschritt zugleich ein relativer Rückschritt, in dem das Wohl und die Entwicklung der einen sich durchsetzt durch das Wehe und die Zurückdrängung der andern. Sie ist die Zellenform der zivilisierten Gesellschaft, an der wir schon die Natur der in dieser sich voll entfaltenden Gegensätze und Widersprüche studieren können. [...]

Wirkliche Regel im Verhältnis zur Frau wird die Geschlechtsliebe und kann es nur werden unter den unterdrückten Klassen, also heutzutage im Proletariat – ob dies Verhältnis nun ein offiziell konzessioniertes oder nicht. Hier sind aber auch alle Grundlagen der klassischen Monogamie beseitigt. Hier fehlt alles Eigentum, zu dessen Bewahrung und Vererbung ja gerade die Monogamie und die Männerherrschaft geschaffen wurden, und hier fehlt damit auch jeder Antrieb, die Männerherrschaft geltend zu machen. Noch mehr, auch die Mittel fehlen; das bürgerliche Recht, das diese Herrschaft schützt, besteht nur für die Besitzenden und deren Verkehr mit den Proletariern; es kostet Geld und hat deshalb armutshalber keine Geltung für die Stellung des Arbeiters zu seiner Frau. Da entscheiden ganz andere persönliche und gesellschaftliche Verhältnisse. Und vollends seitdem die große Industrie die Frau aus dem Hause auf den Arbeitsmarkt und in die Fabrik versetzt hat und sie oft genug zur Ernährerin der Familie macht, ist dem letzten Rest der Männerherrschaft in der Proletarierwohnung aller Boden entzogen – es sei denn etwa noch ein Stück der seit Einführung der Monogamie eingerissenen Brutalität gegen Frauen. So ist die Familie des Proletariers keine monogamische im strengen Sinn mehr, selbst bei der leidenschaftlichsten Liebe und festesten Treue b e i d e r und trotz aller etwaigen geistlichen und weltlichen Einsegnung. Daher spielen auch die ewigen Begleiter der Monogamie, Hetärismus und Ehebruch, hier nur eine fast verschwindende Rolle; die Frau hat das Recht der Ehetrennung tatsächlich wieder erhalten, und wenn man sich nicht vertragen kann, geht man lieber auseinander. Kurz, die Proletarierehe ist monogam im etymologischen Sinn des Worts, aber durchaus nicht in seinem historischen Sinn.

Unsre Juristen finden allerdings, daß der Fortschritt der Gesetzgebung den Frauen in steigendem Maß jeden Grund zur Klage entzieht. Die modernen zivilisierten Gesetzsysteme erkennen mehr und mehr an, erstens, daß die Ehe, um gültig zu sein, ein von beiden Teilen freiwillig eingegangner Vertrag sein muß, und zweitens, daß auch während der Ehe beide Teile einander mit gleichen Rechten und Pflichten gegenüberstehn sollen. Seien diese beiden Forderungen aber konsequent durchgeführt, so hätten die Frauen a l l e s, was sie verlangen können.

Diese echt juristische Argumentation ist genau dieselbe, womit der radikale republikanische Bourgeois den Proletarier ab- und zur Ruhe verweist. Der Arbeitsvertrag soll ein von beiden Teilen freiwillig eingegangner sein. Aber er gilt als für freiwillig eingegangen, sobald das Gesetz beide Teile a u f d e m P a p i e r gleichstellt. Die Macht, die die verschiedne Klassenstellung dem einen Teil gibt, der Druck, den sie auf den andern Teil ausübt – die wirkliche ökonomische Stellung b e i d e r –, das geht das Gesetz nichts an.

Und während der Dauer des Arbeitsvertrags sollen beide Teile wiederum gleichberechtigt sein, sofern nicht einer oder der andre ausdrücklich verzichtet hat. Daß die ökonomische Sachlage den Arbeiter zwingt, sogar auf den letzten Schein von Gleichberechtigung zu verzichten, dafür kann das Gesetz wiederum nichts.   [...]

Nicht besser steht es mit der juristischen Gleichberechtigung von Mann und Frau in der Ehe. Die rechtliche Ungleichheit beider, die uns aus früheren Gesellschaftszuständen vererbt, ist nicht die Ursache, sondern die Wirkung der ökonomischen Unterdrückung der Frau. In der alten kommunistischen Haushaltung, die viele Ehepaare und ihre Kinder umfaßte, war die den Frauen übergebne Führung des Haushalts ebensogut eine öffentliche, eine gesellschaftlich notwendige Industrie wie die Beschaffung der Nahrungsmittel durch die Männer. Mit der patriarchalischen Familie und noch mehr mit der monogamen Einzelfamilie wurde dies anders. Die Führung des Haushalts verlor ihren öffentlichen Charakter. Sie ging die Gesellschaft nichts mehr an. Sie wurde ein Privatdienst; die Frau wurde erste Dienstbotin, aus der Teilnahme an der gesellschaftlichen Produktion verdrängt. Erst die große Industrie unsrer Zeit hat ihr – und auch nur der Proletarierin – den Weg zur gesellschaftlichen Produktion wieder eröffnet. Aber so, daß, wenn sie ihre Pflichten im Privatdienst der Familie erfüllt, sie von der öffentlichen Produktion ausgeschlossen bleibt und nichts erwerben kann; und daß, wenn sie sich an der öffentlichen Industrie beteiligen und selbständig erwerben will, sie außerstand ist, Familienpflichten zu erfüllen. Und wie in der Fabrik, so geht es der Frau in allen Geschäftszweigen, bis in die Medizin und Advokatur hinein. Die moderne Einzelfamilie ist gegründet auf die offne oder verhüllte Haussklaverei der Frau, und die moderne Gesellschaft ist eine Masse, die aus lauter Einzelfamilien als ihren Molekülen sich zusammensetzt. Der Mann muß heutzutage in der großen Mehrzahl der Fälle der Erwerber, der Ernährer der Familie sein, wenigstens in den besitzenden Klassen, und das gibt ihm eine Herrscherstellung, die keiner juristischen Extrabevorrechtung bedarf. Er ist in der Familie der Bourgeois, die Frau repräsentiert das Proletariat. In der industriellen Welt tritt aber der spezifische Charakter der auf dem Proletariat lastenden ökonomischen Unterdrückung erst dann in seiner vollen Schärfe hervor, nachdem alle gesetzlichen Sondervorrechte der Kapitalistenklasse beseitigt und die volle juristische Gleichberechtigung beider Klassen hergestellt worden; die demokratische Republik hebt den Gegensatz beider Klassen nicht auf, sie bietet im Gegenteil erst den Boden, worauf er ausgefochten wird. Und ebenso wird auch der eigentümliche Charakter der Herrschaft des Mannes über die Frau in der modernen Familie und die Notwendigkeit wie die Art der Herstellung einer wirklichen gesellschaftlichen Gleichstellung beider erst dann in grelles Tageslicht treten, sobald beide juristisch vollkommen gleichberechtigt sind. Es wird sich dann zeigen, daß die Befreiung der Frau zur ersten Vorbedingung hat die Wiedereinführung des ganzen weiblichen Geschlechts in die öffentliche Industrie, und daß dies wieder erfordert die Beseitigung der Eigenschaft der Einzelfamilie als wirtschaftlicher Einheit der Gesellschaft.

D: Friedrich Engels: Der Ursprung der Familie, des Privateigentums und des Staats. Im Anschluß an Lewis H. Morgans Forschungen. In: Karl Marx / F. E.: Werke. Hrsg. vom Institut für Marxismus-Leninismus beim ZK der SED. Bd. 21. Berlin: Dietz, 1973. S. 27–76 [S. 27–76].

Lebensphilosophische Geschlechtermetaphysik:
Georg Simmel

Georg Simmel hat ein vielschichtiges und facettenreiches, ein regelrecht »interdisziplinäres« Gesamtwerk hinterlassen. Unbestreitbar kann er als einer der Begründer der modernen Soziologie angesehen werden. Was die Philosophie betrifft, so liegt der Schwerpunkt seiner Arbeiten auf dem Gebiet der Kulturphilosophie; in seiner letzten Schaffensperiode schloß er sich verstärkt lebensphilosophischen Positionen in der Tradition Diltheys und Bergsons an. Der Begriff des Lebens und der Begriff der Kultur stehen für Simmel in einem unmittelbaren Zusammenhang: »Kultur« steht für das Gesamt menschlicher Wirklichkeitsverarbeitung und Wirklichkeitskonstitution, und im vorderhand amorphen Begriff des Lebens versucht Simmel die konkrete Lebendigkeit menschlicher Subjektivität zu fassen, die in ihrer Kulturtätigkeit in Wirklichkeit verwoben ist und »als Wirklichkeit ihrerseits Wirklichkeit im Ganzen lebendig bestimmt«.[1]

Die Prozeßhaftigkeit des Lebens in ihrer Wechselwirkung mit der kulturschaffenden Geistigkeit, dieses Grundthema des Simmelschen Denkens gibt auch dem nachstehenden Text zur Geschlechterproblematik *Das Relative und das Absolute im Geschlechter-Problem* seine Prägung; mehr noch: Simmel versucht die Geschlechter aus ihrer spezifischen Stellung in Hinblick auf die fundamentale Dynamik des Lebens einerseits und die menschliche Kulturproduktion andererseits heraus zu begreifen.

Georg Simmel hat sich zeit seines Lebens mit Problemen der Geschlechterbeziehung und Fragen der Frauenemanzi-

---

1 Ernst Wolfgang Orth, »Georg Simmel als Kulturphilosoph zwischen Lebensphilosophie und Neukantianismus«, in: *Georg Simmels Philosophie des Geldes*, hrsg. von J. Kintzelé und P. Schneider, Frankfurt a. M. 1993, S. 88–113, hier S. 95.

pation beschäftigt; versammelt sind seine Beiträge in einem gesonderten Band mit dem Titel *Schriften zur Philosophie und Soziologie der Geschlechter*. Und auch diese Sammlung von Artikeln und Aufsätzen spiegelt in der methodischen Vielfalt der ethnologischen, soziologischen und philosophischen Fragestellungen die weitgefächerte Interessenlage Simmels. Aber bereits die aus aktuellem politischen Anlaß verfaßten Artikel zur Frauenbewegung, darunter der Essay *Weibliche Kultur* von 1902, lassen den Versuch erkennen, über die rein empirische Analyse hinaus Umrisse einer philosophisch-metaphysischen Bestimmung von Weiblichkeit zu gewinnen. Dieser Versuch findet im vorliegenden späten Text von 1911 eine reife und mit der Ausweitung der Perspektive auf das Mann-Frau-Verhältnis als Ganzes auch umfassende Form. Methodisch allerdings bleibt der Text schwer bestimmbar. Eine kritische Analyse der bestehenden gesellschaftlichen Geschlechterrealität ist nur im Ansatz durchgeführt, auch liefert Simmel keinen eigenständigen systematischen Entwurf einer möglichen Geschlechterkonzeption, eher scheinen seine Betrachtungen im Ausgang von einer Art Alltagsphänomenologie der Geschlechtersphären in eine Wesensmetaphysik der Geschlechtscharaktere einzumünden.

Die Eröffnungspassagen des Essays lassen Radikalität nicht vermissen: die historisch verwirklichte Kultur ist eine durchgängig männliche. Ganz allgemein ist nach Simmel zu beobachten, daß Macht dazu tendiert, sich in Recht zu transformieren; entsprechend haben es die Männer aus ihrer geschichtlichen Vormachtstellung heraus erfolgreich verstanden, ihre spezifisch männlichen Leistungen und Werke ihrer Form nach als allgemeinmenschliche und geschlechtsneutrale, wie auch ihre männlich-partikularen Normen und Werte als objektive und allgemeingültige zu etablieren.

Wenn aber männlich menschlich bedeutet und vice versa, dann stellt sich das Problem, ob und in welchem Sinne überhaupt von einer »weiblichen Kultur« gesprochen werden kann. Das Dilemma, das sich hier auftut, und das Simmel hellsichtig beschreibt, ist bis in die feministischen Debatten der jüngsten Zeit hinein virulent. Entweder werden Leistungen der Frauen nach dem absoluten, männlichen Maßstab beurteilt bzw. nur solche überhaupt anerkannt, welche sich in die herrschende Normierung fügen, was bedeutet, daß spezifisch weibliche Kulturleistungen entweder gar nicht sichtbar werden können oder daß sie nach den gängigen Kriterien bestenfalls als zweitrangig eingestuft werden. Parallel dazu besteht aber ein zweiter alternativer Beurteilungsrahmen, der Frauen in ihren Möglichkeiten und Fähigkeiten auf eine ausschließlich kompensatorische Ergänzungsfunktion ebenfalls zu den etablierten männlichen Standards festlegt. Es ist offensichtlich, daß im einen wie im anderen Fall der männliche Maßstab als absoluter leitend bleibt und daß unter diesen Bedingungen autonome, eigenständige und eigengesetzliche Beiträge der Frauen zur Kultur keine gesellschaftliche Realität erlangen können.

Ausgehend von dieser Bestandsaufnahme, unternimmt Simmel den Versuch, jenseits dieser faktischen, d. h. nur »äußeren, kulturgeschichtlichen Entwicklung«, die in »überhistorischer Basis wurzelnde Bestimmtheit« der Geschlechter herauszuarbeiten, wobei weiterhin der Gegensatz von absolut und relativ als formaler Leitfaden seiner Überlegungen dient. Konvention und Alltagsbewußtsein tendieren unreflektierterweise dazu, die Frau als ein Wesen, das »an sich nichts ist«, nur aus ihrer Relativität zum Mann zu bestimmen, der seinerseits den absoluten Pol der Beziehung verkörpert. Eine tiefergehende Betrachtung läßt aber die Vertauschung der Bestimmungen als berechtigt erscheinen. Werden Mann und Frau auf ihre Geschlechtlichkeit hin betrachtet, so ist es die Frau, die in absoluter Weise als Geschlechtswesen existiert, der Mann hingegen nur gelegentlich und in Relation auf die Frau. Simmel verteilt die menschliche Geschlechtlichkeit in ihren Formen von Eros, Sexualität, Generativität und Elternschaft in entmischter

Form dergestalt auf die Geschlechter, daß im Falle des Mannes seine erotische Vitalität ihm eine sinnlich-geistige Doppelnatur vorschreibt, deren rein sexuelle Seite ihn an die Frau verweist, während er andererseits mittels seiner ausdifferenzierten Sublimationsmöglichkeiten über die gesamte Sphäre der Geistigkeit und der Kulturproduktion verfügt. Im Gegensatz zu dieser männlichen Extravertiertheit kennzeichnet die Frau ein tiefes, »alles Außersich ablehnende Eingesenktsein« in ihr geschlechtliches Sein, das sich weder in der Heterosexualität, noch weniger im »Erkennen und Schaffen«, sondern allein in der Mutterschaft erfüllt. Aus dieser Positionierung der Geschlechter zum Faktum der Geschlechtlichkeit entwickelt Simmel im weiteren alle Bestimmungen einer Geschlechtertypologie, deren Zuschnitt in fortschreitendem Maße durch die metaphysische Polarität von Geist und Leben, Kultur und Natur bestimmt ist. Die Sphäre des Mannes als die Dimension des Geistes ist durch Spaltung, Differenzierung und Individuierung gekennzeichnet. Erkennend und produzierend lebt der Mann in der Entgegensetzung von Subjekt und Objekt, sein Verhältnis zur Welt und zu seinesgleichen wird von der Zweck-Mittel-Relation dominiert, und die Vielzahl seiner schöpferischen Entfaltungsmöglichkeiten läßt den Aspekt des Gattungshaft-Männlichen zugunsten der jeweiligen Einzigartigkeit seines personalen Individuiert-Seins zurücktreten. Demgegenüber nimmt das Frau-Sein die Form einer undifferenzierten, in sich geschlossenen Totalität an, die, vergleichbar der menschlichen Seele oder dem Kunstwerk, als ein Teil der Welt diese zugleich vollständig in sich befaßt und in ihrer ungeschiedenen Einheit spiegelt. Zwischen dem gattungsmäßigen Frau-Sein und dem individuell gelebten Schicksal, eine Frau zu sein, ist die Differenz verschwindend klein; allein in herausragenden dramatischen Einzelgestalten der Weltliteratur wie Desdemona, Kordelia und Gretchen kann die Spezifizität des Frau-Seins eine exemplarische Verkörperung finden.

Kann diese Geschlechtertypologie mit ihren latent kulturkritischen Untertönen noch als eine Beschreibung der konkreten historischen Ausprägung des Geschlechterverhältnisses gewertet werden, so setzt sich Simmel jedoch mit der These, daß die Stiftung der objektiven Welt notwendig dem männlichen Prinzip überlassen werden muß, dem Zwang zur Begründung aus. Die letzten Passagen des Textes, in denen er eine dualistische Geschlechtermetaphysik im Ausgang vom Phänomen der Mutterschaft entwickelt, sind im Zusammenhang mit diesem Begründungsanspruch zu lesen. War bereits zuvor entwickelt worden, daß Frau- und Geschlechtlich-Sein mit Mutter-Sein identisch sind, so wird nun in einem weiteren Schritt die Mutterschaft als die Metaphorisierung der Prozeßhaftigkeit des Lebens betrachtet, als die Erneuerung des Lebensstroms, die sich in den Frauen als Müttern unendlich wiederholt. In jeder konkreten Mutterschaft aktualisiert sich das fundamentale Faktum des Lebens in dem Sinne, daß sich »aus dem dunklen und ungeschiedenen Grunde des Daseins die Einseitigkeit und Bewegtheit des individuellen Gebildes abspaltet und heraushebt«. Durch diesen unaufkündbaren Bezug zur Urdimension des Seins erwächst der Frau die Bestimmung, in einem absoluten und fundamentalen Sinne über die konkrete Mann-Frau-Beziehung hinaus als konstitutive Matrix für den in Geist und Kultur gipfelnden Prozeß menschlicher Sinnstiftung zu fungieren. Jedem der Geschlechter eignet durch seine genuin geschlechtliche Existenzform die Möglichkeit, eine das Geschlechtliche hinter sich lassende Ebene des menschlich Allgemeinen zu erreichen: die Frau »wohnt« im Allgemeinen als dem Urgrund des substantiell einheitlichen und sich fortzeugenden Lebensstroms, der Mann verwirklicht in tragischer Zerrissenheit zwischen unendlicher Idee und endlicher Realisierung das Allgemeine auf der Ebene von Abstraktion und Objektivation.

Simmels Geschlechtermetaphysik sieht sich einem Einwand ausgesetzt, den er selbst argumentativ vorbereitet hat.

Zu fragen ist nämlich, inwieweit seine Hypostasierung von Weiblichkeit zum Seinsgrund und mütterlichen Gegenpol männlicher Kulturarbeit nicht wenig mehr als eine männlich-bürgerliche Projektion ist, aus kompensatorischen Wünschen und Sehnsüchten geboren, und in dieser Form die Verabsolutierung der männlichen Perspektive auf das andere Geschlecht auch auf dem Feld der Philosophie reproduziert und perpetuiert.

Vergleichbar den Ausführungen Freuds zur Weiblichkeit wird man Simmels Text zu großen Teilen als eine aussagkräftige Studie bezüglich der bürgerlichen Geschlechterverhältnisse und ihrer ideologischen Aufladungen lesen können. Ihrerseits zur Ideologie werden diese Texte allerdings dort, wo sie, ohne die eigenen kritischen Ansätze produktiv zu verarbeiten, die Resultate aufmerksamer Beobachtung und Beschreibung affirmativ in der Form unverrückbarer Wesenseinsichten festschreiben.

Friederike Kuster

Literaturhinweise

Simmel, Georg: Weibliche Kultur. In: G. S.: Schriften zur Philosophie und Soziologie der Geschlechter. Hrsg. und eingel. von H.-J. Dahme [u. a.]. Frankfurt a. M. 1985. S. 159–177.
– Bruchstücke aus einer Psychologie der Frauen. In: Ebd. S. 177–183.

Bennent, Heidemarie: Galanterie und Verachtung. Eine philosophiegeschichtliche Untersuchung zur Stellung der Frau in Gesellschaft und Kultur. Frankfurt a. M. / New York 1995. S. 206–216.
Coser, Lewis A.: Simmels vernachlässigter Beitrag zur Soziologie der Frau. In: Georg Simmel und die Moderne. Neue Interpretationen und Materialien. Hrsg. von H.-J. Dahme. Frankfurt a. M. 1984. S. 80–90.
Klinger, Cornelia: Frau – Landschaft – Kunstwerk. Gegenwelten oder Reservoire des Patriarchats? In: »Das Weib existiert nicht für sich«. Hrsg. von H. Dienst und E. Saurer. Wien 1990. S. 41–63.

GEORG SIMMEL

Das Relative und das Absolute
im Geschlechter-Problem

[1911]

Auf allen Gebieten des inneren Daseins wie auf denen, die aus dem erkennenden und handelnden Verhältnis der Innerlichkeit zur Welt erwachsen, ergreifen wir den Sinn und den Wert eines einzelnen Elementes durchgängig in seinem Verhältnis oder als sein Verhältnis zu einem anderen Element – zu einem anderen, das seinerseits sein Wesen an jenem bestimmt. In dieser Relativität aber beharren sie nicht beide, sondern eines von ihnen, mit dem anderen alternierend, wächst zu einem Absoluten auf, das die Relation trägt oder normiert. Alle großen Relationspaare des Geistes: Ich und Welt, Subjekt und Objekt, Individuum und Gesellschaft – haben dies Schicksal erfahren, daß jede ihrer Seiten einmal zu einem breiten und tiefen Sinn aufwuchs, mit dem diese Seite ihre eigene engere Bedeutung und ihren Gegensatz zugleich umfaßt.

Die Grundrelativität im Leben unserer Gattung besteht zwischen der Männlichkeit und der Weiblichkeit, und auch an ihr tritt jenes typische Absolutwerden der einen Seite eines Paares relativer Elemente in die Erscheinung. Wir messen die Leistung und die Gesinnung, die Intensität und die Ausgestaltungsformen des männlichen und des weiblichen Wesens an bestimmten Normen solcher Werte; aber diese Normen sind nicht neutral, dem Gegensatz der Geschlechter enthoben, sondern sie selbst sind männlichen Wesens. Ich lasse für jetzt Ausnahmen, Umkehrungen, Weiterentwicklungen dieses Verhaltens beiseite. Die künstlerischen Forderungen und der Patriotismus, die allgemeine Sittlichkeit und die besonderen sozialen Ideen, die Gerechtigkeit

des praktischen Urteils und die Objektivität des theoretischen Erkennens, die Kraft und die Vertiefung des Lebens
– all diese Kategorien sind zwar gleichsam ihrer Form und
ihrem Anspruch nach allgemein menschlich, aber in ihrer
tatsächlichen historischen Gestaltung durchaus männlich.
Nennen wir solche als absolut auftretenden Ideen einmal
das Objektive schlechthin, so gilt im geschichtlichen Leben
unserer Gattung die Gleichung: objektiv = männlich. Jene
durchgehend menschliche, wohl in tiefen metaphysischen
Gründen verankerte Tendenz, aus einem Paar polarer Begriffe, die ihren Sinn und ihre Wertbestimmung aneinander
finden, den einen herauszuheben, um ihn noch einmal, jetzt
in einer absoluten Bedeutung, das ganze Gegenseitigkeits-
oder Gleichgewichtsspiel umfassen und dominieren zu lassen, hat sich an der geschlechtlichen Grundrelation der
Menschen ein historisches Paradigma geschaffen.

Daß das männliche Geschlecht nicht einfach dem weiblichen relativ überlegen ist, sondern zum Allgemein-
Menschlichen wird, das die Erscheinungen des einzelnen
Männlichen und des einzelnen Weiblichen gleichmäßig
normiert – dies wird, in mannigfachen Vermittlungen, von
der Machtstellung der Männer getragen. Drückt man
das geschichtliche Verhältnis der Geschlechter einmal kraß
als das des Herrn und des Sklaven aus, so gehört es zu den
Privilegien des Herrn, daß er nicht immer daran zu denken
braucht, daß er Herr ist, während die Position des Sklaven
dafür sorgt, daß er seine Position nie vergißt. Es ist gar
nicht zu verkennen, daß die Frau außerordentlich viel seltner ihr Frau-Sein aus dem Bewußtsein verliert als der Mann
sein Mann-Sein. Unzählige Male scheint der Mann rein
Sachliches zu denken, ohne daß seine Männlichkeit gleichzeitig irgendeinen Platz in seiner Empfindung einnähme;
dagegen scheint es, als würde die Frau niemals von einem
deutlicheren oder dunkleren Gefühle, daß sie Frau ist, verlassen; dieses bildet den niemals ganz verschwindenden
Untergrund, auf dem alle Inhalte ihres Lebens sich abspie-

len. Da das differentielle, das Männlichkeits-Moment in den Vorstellungsbildern und Normsetzungen, in den Werken und Gefühlskombinationen, dem Bewußtsein seiner Träger leichter entschwindet, als das entsprechende an dem Weiblichkeitsmoment geschieht, – denn für den Mann als den Herrn knüpft sich innerhalb seiner Lebensbetätigungen kein so vitales Interesse an seine Relation zum Weiblichen, wie die Frau es an ihrer Relation zum Männlichen haben muß – so heben sich die männlichen Wesensäußerungen für uns leicht in die Sphäre einer überspezifischen, neutralen Sachlichkeit und Gültigkeit (denen die spezifisch männliche Färbung, wo sie etwa bemerkt wird, als etwas Individuelles und Zufälliges subordiniert wird). Dies offenbart sich in der unendlich häufigen Erscheinung, daß Frauen gewisse Urteile, Institutionen, Bestrebungen, Interessen als durchaus und charakteristisch männlich empfinden, die die Männer sozusagen naiv für einfach sachlich halten. Von der gleichen Grundlage der männlichen Herrschaft drängt eine andere Tendenz auf das gleiche Resultat. Von jeher hat jede auf subjektiver Übergewalt beruhende Herrschaft es sich angelegen sein lassen, sich eine objektive Grundlage zu geben, das heißt: Macht in Recht zu transformieren. Die Geschichte der Politik, des Priestertums, der Wirtschaftsverfassungen, des Familienrechts ist voll von Beispielen. Insofern der Wille des *pater familias*, der dem Hause auferlegt ist, als »Autorität« erscheint, ist er nicht mehr willkürlicher Ausnutzer der Macht, sondern der Träger einer objektiven Gesetzlichkeit, die auf das Überpersönlich-Allgemeine der Familieninteressen geht. Nach dieser Analogie und oft in eben diesem Zusammenhang entwickelt sich die psychologische Superiorität, die das Herrschaftsverhältnis zwischen Männern und Frauen den männlichen Wesensäußerungen verschafft, sozusagen in eine logische; diese verlangen normative Bedeutung daraufhin, daß sie die sachliche, für alle, ob männliche, ob weibliche Individuen gleichmäßig gültige Wahrheit und Richtigkeit offenbaren.

Daß so das Männliche zu dem schlechthin Objektiven und sachlich Maßgebenden verabsolutiert wird – und zwar nicht nur dessen empirische Gegebenheit, sondern daß auch die aus dem Männlichen und für das Männliche erwachsenden Ideen und idealen Forderungen zu übergeschlechtlich-absoluten werden – das hat für die Beurteilung der Frauen verhängnisvolle Folgen. Hier entsteht auf der einen Seite die mystisierende Überschätzung der Frau. Sobald man nämlich dennoch zu dem Gefühl gelangt ist, daß hier, trotz allem, eine Existenz auf völlig selbständiger, normativer Basis vorliegt, fehlt nun jedes Kriterium, und die Möglichkeit zu jeder Übersteigerung und jedem Respekt vor dem Unbekannten und Unverstandenen ist eröffnet. Auf der andern Seite aber, näherliegend, erheben sich alle Mißverständnisse und Unterschätzungen daraus, daß ein Wesen nach Kriterien beurteilt wird, die für ein entgegengesetztes kreiert sind. Von hier aus kann die Selbständigkeit des weiblichen Prinzips gar nicht anerkannt werden. So lange es sich einfach um eine Brutalisierung der weiblichen Wesensäußerungen (nach Wirklichkeit und Wert) durch die in derselben Ebene liegenden männlichen handelt, so lange war von einem Appell an eine über beiden gelegene Instanz des Geistes Gerechtigkeit zu hoffen. Sobald aber diese höhere Instanz selbst wieder männlich ist, ist nicht abzusehen, wie die weibliche Wesensart zu einer Beurteilung nach Normen kommen soll, die auf sie anwendbar wären. Tritt hiermit den Frauen, ihren Leistungen, Überzeugungen, praktischen und theoretischen Lebensinhalten der absolute Maßstab entgegen (den die für die Männer gültigen Kriterien bilden), so setzt sich dem zugleich ein relativer zur Seite oder gegenüber, der nicht weniger aus der Prärogative der Männer stammt und oft die genau gegenteiligen Forderungen stellt. Denn der Mann fordert von der Frau doch auch, was ihm, nun gleichsam als einseitiger Partei, in seiner polaren Beziehung zu ihr wünschenswert ist, das im traditionellen Sinne Weibliche, das aber nicht eine selbstgenugsame, in sich zentrierende Eigenart bedeutet, sondern das auf den Mann Orientierte, das ihm gefallen, ihm dienen, ihn ergänzen soll. Indem die Prärogative der Männer den Frauen diese Doppelheit der Maßstäbe auferlegt, den männlichen, als übergeschlechtlich Objektives auftretenden, und den zu diesem gerade korrelativen, oft ihm genau entgegengesetzten, spezifisch weiblichen – können sie eigentlich von keinem Standpunkt aus vorbehaltlos gewertet werden. Die spöttisch kritische Attitüde gegenüber den Frauen ist deshalb so durchgehend, aber auch so banal und billig, weil, sobald man sie von einem jener Kriterienkreise aus wertet, der entgegengesetzte auftaucht, von dem aus sie insoweit gerade entwertet werden müssen. Und nun setzt sich diese Doppelheit einander ausschließender Ansprüche, gleichsam ihre Form bewahrend und nur ihre Dimensionen ändernd, innerhalb des inneren Bedürfnisses fort, mit dem der Mann als einzelner sich an die Frau wendet. Ist der Mann – was erst später zu seinen tieferen Folgen kommen wird – das im äußeren und inneren Sinne zur Arbeitsteilung und durch Arbeitsteilung bestimmte Wesen, so wird der so vereinseitigte Einzelne in der Frau die Ergänzung seiner einseitigen Qualitäten suchen, also auch in ihr ein differentielles Wesen, das diese Ergänzung durch die mannigfaltigsten Grade von annähernder Gleichheit bis zu radikaler Gegensätzlichkeit zu leisten hat: die inhaltliche Besonderheit der Individualität fordert eine ihr korrelative inhaltliche Besonderheit von der Frau. Daneben aber verlangt die Differenziertheit als Lebensform überhaupt ihre Ergänzung und Korrelation: das einheitliche, womöglich zu gar keinem besonders betonten Inhalt zugespitzte, in dem undifferenzierten Naturgrunde wurzelnde Wesen. Es ist das Verhängnis stark besonderter Individualisierung, daß sie diese beiden einander ausschließenden Ansprüche oft mit gleicher Stärke stellt, einerseits auf eine andere, ebenso entschiedene Individualisiertheit, nur gleichsam mit umgekehrtem Vorzeichen und Inhalt, andererseits auf die prinzipielle Aufhebung solcher Individualisiertheit überhaupt. Der jeweilige besondere Inhalt und die allgemeine Form des männlichen Lebens bedürfen zu ihrer Ergänzung, ihrem Frieden, ihrer Erlösung zweier Korrelate, die untereinander entgegengesetzt sind. Es ist oft die Problematik, ja die mehr oder weniger entwickelte Tragödie von Verhältnissen, daß der Mann die Erfüllung des einen dieser Bedürfnisse durch die Frau als selbstverständlich hinnimmt und sein Bewußtsein ganz durch das Fehlen der andern beherrschen läßt, die logisch mit jener gar nicht simultan sein kann. Nur den Frauen von sozusagen genialer Weiblichkeit scheint es gegeben, zugleich als durchaus differentielle Individualisiertheit und als Einheit, deren Tiefenschicht die Kräfte aller Besonderungen noch in voller Ungeschiedenheit enthält, zu wirken – analog dem großen, in eben dieser Zweiheit wirkenden Kunstwerk und gleichgültig gegen deren begriffliche Unverträglichkeit; in den typischen Fällen ist diese indes hinreichend wirksam, um durch den Wechsel des fordernden Standpunktes die Frau in jedem Fall als das Wesen erscheinen zu lassen, demgegenüber der Mann noch das Recht der Forderung, der Beurteilung aus der Höhenlage objektiver Normierung heraus besitzt.

Die mit alledem angedeutete äußere und kulturgeschichtliche Entwicklung ist doch wohl das Phänomen einer in der überhistorischen Basis des Geschlechtsunterschiedes wurzelnden Bestimmtheit. Das entscheidende Motiv des ganzen Erscheinungskreises ist das oben angedeutete: der Geschlechtsunterschied, scheinbar eine Relation zweier logisch äquivalenter, polarer Parteien, ist dennoch für die Frau typischerweise etwas Wichtigeres als für den Mann, es ist ihr wesentlicher, daß sie Frau ist, als es für den Mann ist, daß er Mann ist. Für den Mann ist die Geschlechtlichkeit sozusagen ein Tun, für die Frau ein Sein. Aber dennoch oder vielmehr gerade damit ist jene Bedeutsamkeit des Geschlechts u n t e r s c h i e d e s für sie, genau angesehen, nur eine sekundäre Tatsache; sie ruht in ihrem Weibtum als in einer absoluten Wesenssubstanz und – etwas paradox ausgedrückt – gleichgültig dagegen, ob es Männer gibt oder nicht. Für den Mann gibt es diese zentripetale, für sich seiende Geschlechtlichkeit gar nicht. Seine Männlichkeit (im sexuellen Sinne) ist viel durchgehender mit der Beziehung zu der Frau verbunden, als die Weiblichkeit der Frau mit der zum Manne. Die Selbständigkeit des Geschlechtlichen an der Frau zeigt sich am extensivsten an dem von aller weiterer Beziehung zum Manne unabhängigen Verlaufe der Schwangerschaft und daran, daß es in den Urzeiten der Menschheit offenbar sehr lange gedauert hat, ehe man überhaupt die Verursachung der Schwangerschaft durch den Geschlechtsakt erkannte. Daß die Frau in der tiefsten Identität von Sein und Weibsein lebt, in der Absolutheit des in sich bestimmten Geschlechtlichen, das für seine Charakterwesentlichkeit der Relation zum anderen Geschlecht nicht bedarf, das macht ihr freilich, nun von einer anderen Schicht aus gesehen, in der singulären historischen Erscheinung auch diese Relation, gleichsam den soziologischen Ort ihres metaphysischen Wesens, besonders wichtig; während für den Mann, dessen spezifische Geschlechtlichkeit sich nur an dieser Relation aktualisiert, sie eben deshalb nur ein Lebenselement unter anderen ist, kein *character indelebilis* wie dort – so daß die Beziehung zur Frau trotz ihrer, für seine Geschlechtlichkeit entscheidenden Bedeutung doch im ganzen nicht jene vitale Wichtigkeit für ihn besitzt. Der Mann mag durch Erlebnisse des erotischen Gebietes zur Raserei oder zum Selbstmord gebracht werden, er fühlt dennoch, daß sie ihn im tiefsten nichts angehen – soweit solche Dinge, die ihre Beweislast nicht tragen können, ausgesprochen werden können. Selbst in den Äußerungen so erotischer Naturen wie Michelangelo, Goethe, Richard Wagner finden sich genug Imponderabilien, die auf diese Rangierung des erotischen Erlebnisses in ihnen hinweisen. Ein in der Realität ganz einfaches Verhalten wird

hier in seinem begrifflichen Ausdruck diffizil und leicht
verwirrbar. Indem der Mann sein Leben und Leisten in die
Form der Objektivität und damit über die Gegensatztatsa-
che der Geschlechtlichkeit hinweghebt, besteht diese letztere für ihn wirklich nur in der Relation, als die Relation zu
den Frauen. Für diese aber, mit ihren letzten Wurzeln in die
Tatsache ihres Frauentums verwachsen oder mit ihr identisch, ist die Geschlechtlichkeit ein Absolutes, ein Für-sich-
Seiendes geworden, das in der Beziehung zum Manne nur
eine Äußerung, eine empirische Realisierung gewinnt. Innerhalb ihres Bezirkes aber hat diese Beziehung – weil sie
eben das Phänomen des fundamentalen Seins der Frau ist –
für sie die unvergleichlichste Bedeutung und hat deshalb zu
dem im tieferen Sinne ganz irrigen Urteil geführt, daß das
definitive Wesen der Frau, statt in sich selbst zu ruhen, mit
dieser B e z i e h u n g zusammenfiele, sich in ihr erschöpfte.
Die Frau bedarf gar nicht so sehr des Mannes *in genere*,
weil sie das sexuelle Leben schon sozusagen in sich hat, als
das in sich beschlossene Absolute ihres Wesens; um so
mehr bedarf sie, wenn dies Wesen in die Erscheinung treten
soll, des Mannes als Individuum. Der Mann, der viel leichter sexuell zu erregen ist, weil es sich dabei für ihn nicht um
eine Bewegtheit der Wesenstotalität, sondern nur einer Teil-
funktion handelt, hat dazu nur eine ganz generelle Anre-
gung nötig. Daraus wird es verständlich, daß die Frau mehr
an dem einzelnen Manne, der Mann mehr an der Frau im
allgemeinen hängt.

Aus dieser fundamentalen Struktur wird es verständlich,
daß einerseits der psychologische Instinkt von jeher die
Frau als das Geschlechtswesen bezeichnet hat und daß andererseits die Frauen selbst sich so oft dagegen auflehnen
und diese Bezeichnung als irgendwie unzutreffend empfinden. Dies liegt daran, daß man unter Geschlechtswesen – in
Übertragung dessen, was dies für den männlichen Standpunkt bedeuten könnte – ein solches zu verstehen pflegt,
das primär und in seiner Basis auf das andere Geschlecht

gerichtet ist. Dies aber gilt typischerweise für die Frau nicht. Ihre Geschlechtlichkeit ist gerade viel zu sehr ihre immanente Beschaffenheit, macht viel zu unbedingt und unmittelbar ihr urtümliches Sein aus, als daß sie erst in der Intentionierung auf den Mann hin oder als solche Intentionierung entstehen oder ihr Wesen gewinnen sollte. Am einleuchtendsten wird dies vielleicht an dem Bilde der alten Frau. In viel früheren Jahren als der Mann überschreitet die Frau die obere Grenze des erotischen Reizes im aktiven wie im passiven Sinne. Aber abgesehen von seltensten Ausnahmefällen und den Verfallserscheinungen des ganz hohen Alters, wird sie dadurch keineswegs vermännlicht, oder was hier wichtiger ist, geschlechtslos. Nun alle auf den Mann hinzielende Sexualität als solche erloschen ist, bleibt ihrem gesamten Wesen das weibliche Cachet unverändert erhalten. Alles an ihr, was vielleicht bis dahin an der erotischen Beziehung zum Manne Ziel und Sinn zu besitzen schien, enthüllt sich jetzt als ganz jenseits dieser Beziehung gestellt, als ein eigenzentraler, aus sich selbst bestimmter Besitz ihres Wesens. Darum erscheint es mir auch keineswegs erschöpfend, wenn man ebendieses Wesen, statt in die Relation zum Manne, nun in die zum Kinde auflösen wollte. Natürlich ist die unermeßliche Bedeutung, die diese Relation ebenso wie die andere für die Frau hat, gar nicht diskutabel. Allein wie sie gewöhnlich behauptet wird, ist sie auch nur eine Definition vom Standpunkt des sozialen Interesses aus, eine Abwandlung jener anderen Einstellung der Frau in einen von ihr abführenden Zweckzusammenhang, bestenfalls eine Projizierung ihres eigensten und einheitlichen Wesens in die Zeitreihe und eine außerhalb ihrer gelegene Vielfachheit. Dies alles sind nur Erscheinungen des metaphysischen Wesens der Frau, in denen dieses in seiner Geschlossenheit und seinem Beisichsein dennoch nicht aufgeht. Freilich ist dieses Wesen bis in seine letzt ergründbare Tiefe hinein ganz und gar weiblich, aber diese Weiblichkeit ist nicht in demselben Sinne Erscheinung,

nichts Relatives, also etwas »für andere« – so wenig damit,
um Mißverständnissen vorzubeugen, etwa ein Egoismus
gemeint ist; schon weil Egoismus immer eine Beziehung zu
anderen ist, ein Sich-nicht-genügen an dem eigenen Sein,
ein Hinsehen auf ein Außerhalb, das man erst in dieses Sein
einsaugen möchte. Obgleich es der populären Ansicht widerstreitet: dem tiefsten Wesen des Mannes liegt dieses
Sich-zum-Mittel-machen, dieses Verlassen des eigenen Zentrums viel näher als dem der Frau. Er schafft das Objektive
oder wirkt in das Objektive hinein, sei es in den Erkennt-
nisformen der Vorstellung, sei es in schöpferischer Gestaltung gegebener Elemente. Sein theoretisches wie sein prak-
tisches Ideal enthält ein Element von Entselbstung. Er legt
sich immer in eine irgendwie extensive Welt auseinander, so
sehr er sie mit seiner Persönlichkeit durchdringen mag, er
fügt sich mit seinem Tun in historische Ordnungen ein, innerhalb deren er bei aller Macht und Souveränität als Mittel
und Glied gelten kann – ganz anders als die Frau, deren
Sein sich sozusagen auf rein intensiven Voraussetzungen
aufbaut, die vielleicht in ihrer Peripherie störbarer und zer-
störbarer ist als der Mann, aber, so eng mit dem Mittelpunkt verbunden sich diese Peripherie auch zeigen mag –
und in der Frage dieser Verbindung der Kern aller Frauen-
Psychologie –, in diesem Mittelpunkt expansionsloser und
allen außerhalb gelegenen Ordnungen entzogener ruht.

Mag man das Leben als subjektiv innerliche Gerichtet-
heit, mag man es in seinem Ausdruck an den Dingen erfassen, immer erscheint das männliche Individuum nach zwei
Seiten bewegt, in deren Polarität die Frau nicht hineingezogen ist. In jener ersteren Hinsicht ist der Mann einmal nach
dem rein Sinnlichen hingerissen (im Unterschied zu der tieferen weiblichen Sexualität, die eben deshalb, weil sie weniger *affaire d'epiderme* ist, im allgemeinen weniger spezifisch sinnlich ist), der Wille zieht ihn, das Einsaugen und
Beherrschenwollen – und dann wieder reißt es ihn zum
Geistigen, zur absoluten Form, zu der Unbegehrlichkeit

des Transzendenten. Demgegenüber verbleibt die Frau in sich, ihre Welt gravitiert nach dem dieser Welt eigenen Zentrum. Indem die Frau jenseits jener beiden eigentlich exzentrischen Bewegungen, der begehrlich sinnlichen und der transzendent formalen steht, könnte man gerade sie als den eigentlichen »Menschen«, als die im umgrenztest Menschlichen Wohnhafte bezeichnen, während der Mann »halb Tier, halb Engel« ist. Und nun in der Wendung zum Objekt: das männliche Werk – vom Schuster und Tischler bis zum Maler und Dichter – ist die vollkommene Bestimmung der objektiven Form durch die subjektive Kraft, aber auch das vollkommene Objektivwerden des Subjekts. So rastlos und selbstlos tätig aber die Frau sei, von so reichem Wirken und »Schaffen« innerhalb ihrer Sphäre, von so entschiedener Fähigkeit, ein Haus, ja einen ganzen Kreis auf den Ton ihrer Persönlichkeit zu stimmen, so ist die Produktivität im Sinne jenes Ineinandereingehens und gleichzeitigen Selbständigseins von Subjekt und Objekt doch nicht ihre Sache. Erkennen und Schaffen sind Relationsbewegtheiten, mit denen sozusagen unser Sein aus sich herausgeführt wird, ein Verlegen des Zentrums, ein Aufheben jener letzten Geschlossenheit des Wesens, die eben dem weiblichen Typus bei aller äußeren Geschäftigkeit und aller Hingebung an praktische Aufgaben den Lebenssinn konstituiert. Das Verhältnis zu den Dingen, das in irgend einer Weise zu haben allgemeine Notwendigkeit ist, gewinnt die Frau, sozusagen ohne das Sein, in dem sie ruht, zu verlassen – durch eine unmittelbarere, instinktivere, gewissermaßen naivere Berührung, ja Identität. Ihre Existenzform geht nicht auf jene besondere Trennung von Subjekt und Objekt, die erst in den besonderen Formen von Erkennen und Schaffen wieder ihre Synthese erfährt.

So ist eigentlich der Mann, der denkende, produzierende, sozial betätigte, trotz aller Verabsolutierung seiner seelischen Inhalte, zu der gerade sein Dualismus disponiert, viel mehr ein Relativitätswesen als die Frau, und so ist auch sei-

ne Geschlechtlichkeit nur eine in der ersehnten oder voll-
zogenen Relation zu der Frau entwickelte – während das
im tiefsten Sinne bedürfnislosere Sein der Frau (trotz aller
»Bedürftigkeit« ihrer oberflächlicheren Schichten) die Geschlechtlichkeit sozusagen unmittelbar in sich schließt; in
diesem umfriedeten Sein hat sie ihr metaphysisches Wesen
zwar sich eng verschmolzen, aber dem inneren Sinne nach
durchaus zu unterscheiden von all ihren Relationen und ihrem Mittelsein in physiologischen, psychologischen, sozialen Hinsichten. Fast alle Erörterungen über die Frauen stellen nur dar, was sie in ihrem – realen, ideellen, wertmäßigen
– Verhältnis zum Manne sind; keine fragt, was sie für sich
sind; freilich begreifbar genug, weil die männlichen Nor-
mierungen und Forderungen eben nicht als spezifisch
männliche, sondern als das Objektive und schlechthin allgemein Gültige gelten. Und weil man von vornherein nur
nach dieser Relation fragt, weil man die Frau wesentlich
oder ausschließlich in diesem Ver hältnis subsistieren
läßt, schließt man am Ende, daß sie für sich n i c h t s ist –
womit man nur das beweist, was man in der Fragestellung
schon vorausgesetzt hat. Allerdings wäre auch jene voraus-
setzungslose Frage: was die Frau denn für sich oder absolut
genommen ist, falsch gestellt oder falsch beantwortet, wenn
man dabei von ihrem Frauentum absehen wollte. Denn das
Frauentum – und dies ist der ganz und allein entscheidende
Punkt – kommt nicht ihr, als einem sozusagen metaphysisch farblosen Wesen, erst durch jene Relation zu, sondern
ist von vornherein ihr Sein überhaupt, ein absolutes, das
nicht, wie das männliche über den Geschlechtsgegensatz zu
stehen kommt, sondern – weiteres vorbehalten – jenseits
seiner.

So liegt allerdings in dem männlichen Wesen ein formales
Moment, das seine Aufgipfelung über sich selbst zu einer
unpersönlichen, ja überrealen Idee und Norm vorbereitet.
Das über sich selbst Hinausgreifen in aller Produktion, die
durchgehende Beziehung zu einem Gegenüber, dem sich

der Mann mit seiner Einordnung in weit erstreckte reale und ideale Reihen ergibt, enthält von vornherein einen Dualismus, ein Auseinandergehen des einheitlichen Lebens in die Formen des Oben und Unten, des Subjekts und Objekts, des Richters und des Gerichteten, des Mittels und des Zwecks. Indem das weibliche Wesen diesen ganzen Gegensätzlichkeiten und Überbauten, diesen Distanzen zwischen Subjektivem und Objektivem seine fundamentale, man möchte fast sagen immanent transzendente Einheitlichkeit gegenüberstellt, offenbart sich die typische Tragik jedes der beiden Geschlechter.

Für den Mann ist es das Verhältnis der endlichen Leistung zur unendlichen Forderung. Diese Forderung steht auf zwei Seiten; sie kommt vom Ich her, insofern es nur aus sich heraus will, nur schaffend leben und sich bewähren will; in diesem Aktus kommt seiner Intention nach eine Grenze nicht in Frage. Auch von seiten der objektiven Idee, die ihre Realisierung fordert, besteht keine Einschränkung, in jedem Werke ist die Absolutheit einer Vollendung ideell angelegt. Indem nun aber diese beiden Unendlichkeiten aneinandergeraten, entstehen durchgängige Hemmungen. Die subjektive Energie, die rein von innen her sich keiner Beschränkung, ja keines Maßes bewußt ist, erfährt ihre Grenze in dem Augenblick, wo sie sich an die Welt wendet und in ihr ein Objekt schaffen will; denn alles Schaffen ist nur im Kompromiß mit den Mächten der Welt möglich. Und die Idee des Werkes selbst erleidet dadurch, daß es durch psychische und nun in ihrem Realwerden notwendig endliche Kräfte hergestellt werden kann, Einschränkung und Verendlichung. Diese Herabsetzung, Störung, Zerstörung, die alle Produktion trifft, ist in den Voraussetzungen dieser Produktion selbst angelegt, die Struktur von Seele und Welt, die alles Schaffen ermöglicht, schlägt dieses Schaffen selbst mit dem Widerspruch, daß die immanente Forderung seiner Unendlichkeit mit der immanenten Unmöglichkeit, diese Forderung zu erfüllen, *a priori* verbunden ist. Freilich ist dies eine allgemein menschliche Tragik, insofern alles praktisch produktive Verhältnis zwischen Mensch und Welt mit ihr belastet ist. Aber nur für das Geschlecht, das aus seinen letzten Notwendigkeiten heraus dieses Verhältnis herstellt, dem das Leben am Objekt, dem gegebenen und dem zu schaffenden, aus dem eigensten Wurzelgrunde kommt, wächst aus eben diesem jene Tragik.

Gegenüber dieser tiefen inneren Notwendigkeit entsteht die typische Tragik des weiblichen Geschlechts aus ihrer historischen Situation oder wenigstens aus den mehr äußeren Schichten ihres Lebens. Hier fehlt der die Wurzeln der Existenz spaltende Dualismus, der jene sozusagen autochthone Tragik bedingt, das Leben wird als ein in sich ruhender Wert gelebt und gefühlt und ist seinem Sinne nach so in seinen Mittelpunkt gesammelt, daß selbst der Ausdruck, daß es Selbstzweck sei, es noch zu sehr auseinanderzieht. Die ganze Kategorie von Mittel und Zweck, die sich so tief im männlichen Wesen gründet, ist auf die gleiche Tiefenschicht des weiblichen überhaupt nicht anzuwenden. Und nun tritt die Komplikation ein, daß gerade diese Existenzen nach ihren zeitlichen, sozialen, physiologischen Schicksalen als bloße Mittel behandelt und gewertet, ja sich selber als solche bewußt werden: Mittel für den Mann, für das Haus, für das Kind. Man möchte dies vielleicht eher traurig als tragisch nennen. Denn Tragik liegt doch wohl nur da vor, wo ein zerstörendes, gegen den Lebenswillen des Subjekts gerichtetes Schicksal dennoch aus einem letzten Zuge dieses Subjekts, aus einer Tiefe dieses Lebenswillens selbst gekommen ist – während rein äußere Mächte, so furchtbar, quälend oder vernichtend sie seien, ein bis zum Extrem trauriges, aber nie im eigentlichen Sinne tragisches Los bewirken können. Der Fall der Frauen aber liegt ganz besonders. Jenes Herausgehen über sich selbst, jenes Verlassen der tiefen Gesammeltheit des Lebens, um sich in eine weiterrollende Reihe einzustellen und ihr und ihren anderen Elementen zu dienen, ist hier doch keine schlechthin äußere Vergewaltigung. Es ist zwar nicht in dem metaphysischen Lebenssinn der Frauen angelegt, aber doch darin, daß sie überhaupt in einer Welt stehen, die voll von »anderem« ist, zu der ein Verhältnis zu haben unvermeidlich das reine Ruhen im inneren Zentrum durchbricht. Nicht innerhalb des tiefsten Beisichseins des Wesens, wie für die Männer, sondern in der Tatsache des Hineingesetztseins des Wesens in die naturhafte und geschichtliche Welt entspringt der Dualismus, der die typische Tragik der Weiblichkeit trägt.

Daß jene sozusagen natürliche Tragik nur im Wesen des Mannes begründet liegt (indem, wenn einmal die etwas verschwommenen Ausdrücke gestattet sind, das Naturhafte zu sehr metaphysische Wesensgrundlage der Frau ist, um hier einen tragischen Dualismus zu entfalten), ist vielleicht auch so ausdrückbar. Der Mann mag noch so sehr für eine Idee leben und sterben, er hat sie doch immer sich gegenüber, sie ist ihm die unendliche Aufgabe, er bleibt im ideellen Sinne immer der Einsame. Da dies Darüber und Gegenüber die einzige Form ist, in der der Mann die Idee denken kann und erlebt, so scheint es ihm, als ob die Frauen »keiner Ideen fähig« wären (Goethe). Allein für die Frau ist ihr Sein und die Idee unmittelbar eines, sie ist, trotzdem eine schicksalshafte Vereinsamung gelegentlich über sie Herr werden mag, typischerweise nie so einsam wie der Mann, sie ist immer bei sich selbst zu Hause, während der Mann sein »Haus« außerhalb seiner hat. [...]

―――――――

Die tiefe, alles Außersich ablehnende Eingesenktheit der Frau in das eigene Sein, das ein reines und absolutes Weibsein ist, soll hier die Lösung dieses letzteren aus der bloßen Relation zum Manne, aus der es sein Wesen empfinge, darlegen, dadurch aber zugleich begründen, wieso das Frauentum, trotz dieser inneren Absolutheit doch dem männlichen Prinzip die übergeschlechtlich objektive Welt, die theoretische und die normative, zu stiften überlassen muß. Noch einmal: gerade die fundamentale, ja absolute Einheit von Sein und Geschlechtlichsein der Frau macht die Sexualität in dem gewöhnlichen männlichen Relationssinne für sie zu etwas Sekundärem – so ungeheuer wichtig diese Relation für sie werden mag, weil sie jenes Absolute in der Erscheinung und Praxis vollkommen in sich hineinnimmt. Der Erfolg davon ist, daß alle Äußerungen der Frauen, alle Erscheinungen und Objektivierungen ihres Wesens nicht als allgemein menschlich, sondern zugleich als spezifisch weiblich empfunden werden, gegenüber den als rein sachlich charakterisiert empfundenen Wesensäußerungen des Mannes. Alle historischen Machtverhältnisse, die diesen letzteren die Prärogative des objektiv Bestimmten, in sachlicher Absolutheit den Geschlechtsgegensatz Dominierenden, weil von ihm nicht Berührten, gegeben haben, vollstrecken damit nur in den Ordnungen der Zeit den inneren charakterologischen Unterschied, den das Verhältnis des Geschlechtsmomentes zur Wesenstotalität bei Männern und Frauen aufweist. So sehen wir das Schicksal der einzelnen Frau typischerweise – natürlich unter Ablenkung wie Bereicherung durch vieles Dazukommende – im wesentlichen dadurch bestimmt, daß sie eben Frau ist; wozu das entsprechende beim Manne keineswegs der Fall ist. Die wichtigsten Momente im Leben der Frau, sowohl die subjektiv wie die objektiv wichtigsten, pflegen solche zu sein, in denen ihr Weibtum die Hauptsache, der eigentliche Gegenstand des Erlebnisses oder wenigstens der Träger des im übrigen individuell oder sachlich bestimmten Geschehnisses ist.

Bleibe es indes dahingestellt, in welchem Maße und welchem gegenseitigen Verhältnis historisch bedingte Entwicklungen und Notwendigkeiten aus den tiefsten Strukturunterschieden heraus zusammenwirkten, um das männliche Prinzip über sich selbst hinaus in das objektiv Allgemeine zu führen, das weibliche in dem einheitlichen Sein des

Weibtums zu halten; dieser Unterschied, wie auch zu deuten, findet sozusagen seinen logischen Ausdruck in der viel größeren Schwierigkeit, das typisch männliche Wesen als das weibliche begrifflich festzulegen, zu definieren. Das allgemein Menschliche, von dem die geschlechtliche Spezialität ein Sonderfall sein soll, ist mit dem männlichen derart solidarisch, daß keine spezifische Differenz gegen dieses an ihm angegeben werden kann: das schlechthin Allgemeine läßt sich nicht definieren. Führt man dennoch gewisse Züge als schlechthin männliche an, so überzeugt ein genaueres Hinsehen, daß damit immer nur Differenzen gegen spezifisch weibliche Züge gemeint sind. Diese aber haben ihr Wesen nicht entsprechend in dem bloßen Gegensatz gegen die männlichen, sondern werden mehr als ein für sich Seiendes, für sich Bestimmtes empfunden, als eine besondere, keineswegs nur durch einen Gegensatz zu fixierende Art des Menschentums. Die alte Meinung, von der Schicht brutaler und ignoranter Selbstüberschätzung bis zu der der sublimsten philosophischen Spekulation reichend: daß nur der Mann der eigentliche Mensch sei, – findet in dieser größeren Leichtigkeit, das Wesen der Frau als das des Mannes zu definieren, sein begriffliches Pendant. Daher es denn auch unzählige Frauenpsychologien, aber kaum eine Männerpsychologie gibt. Es ist ohne weiteres begreiflich, daß dieses Verhältnis der Definitionsmöglichkeiten sich umkehrt, sobald es sich statt um den Geschlechtstypus um Individuen handelt: den einzelnen Mann kann man im großen und ganzen besser beschreiben als die einzelne Frau. Das liegt nicht nur daran, daß die ganze sprachliche Begriffsbildung unserer Kultur, wegen der sozialen Prärogative des Mannes, auf die männliche Färbung seelischer Vorgänge eingestellt ist. Das Genus Frau ist zwar wichtig genug, um bestimmende Begriffe zu fordern; aber auf ihre Individualisierungen hat sich die Sprachschöpfung nicht eingelassen, und die feinen Nuancen, auf die es hier ankäme, versagen ebensooft für die psychologische Schilderung der einzelnen

Frauen, wie sie diesen selbst fehlen, um sich den Männern ganz verständlich zu machen; mit dem Bilde eines Mannes verglichen, hat man deshalb im ganzen eine Frau mehr in der Anschauung als im Begriff, und dies ist einer der Gründe, wenngleich ein negativer, aus denen die Frau schon von Natur dem Kunstwerk verwandt erscheint. Aber dies gehört zu der Oberflächenschicht der Erscheinungen. Tiefer liegt ein anderer Zusammenhang: die individuelle Frau ist eben deshalb schwerer zu definieren als der individuelle Mann, weil sie als Genus leichter zu definieren ist. Wo schon der allgemeine Begriff als etwas Besonderes, differentiell Bestimmtes empfunden wird, da ist die Individualisiertheit gewissermaßen in das Generelle hineingezogen und hat sich an ihm erschöpft, so daß für die weitere Individualisierung nicht mehr recht Raum und Interesse übrig bleibt. Deshalb gehören in diesen Zusammenhang die Phänomene eines tiefsten Wesenszuges der Frau: daß das Generelle bei ihr viel mehr als beim Mann in der Form des persönlich Individuellen lebt. In der typisch vollendeten Frau wird vieles ganz Gattungsmäßige, eigentlich Unpersönliche, zu etwas völlig Persönlichem, so innerlich erzeugt, als träte es hier zum ersten Male aus dem Einzigkeitspunkt der Persönlichkeit heraus in die Welt. [...] Aus diesen Inkarnationen des Allgemeinen im Persönlichen ist ohne weiteres begreiflich, daß dieses Wesen zwar in seiner Typik bestimmt werden kann, daß dagegen sein Persönliches sich als solches leicht der Definition entzieht. Wo dagegen das Generelle eines Wesens so schlechthin generell ist wie beim Manne, – so daß seine männliche Besonderheit als solche zum historischen Synonym der menschlichen Allgemeinheit wird, – da ist die Bestimmung seiner als einer Individualität eher und schärfer zu treffen, es ist mehr Platz für sie vorhanden. So ist es leichter, die Frau zu definieren als den Mann; aber schwerer, eine Frau zu definieren als einen Mann. Und auch dies hat sich als ein Ausdruck der grundlegenden Konfiguration enthüllt, die diesen Fall in einen unendlich viel weiter ausgreifenden Typus der menschlichen Geistigkeit überhaupt einstellt: daß aus der Relativität oder gegenseitigen Bestimmtheit, in der das männliche und das weibliche Wesen sich darbietet, das erstere in die Kategorie des Absoluten aufrückt und so seinerseits die ganze Relativität beherrscht, von der es selbst ein Glied ist.

Diese, der männlichen überall entgegengesetzte Grundstruktur: daß die persönliche Beschaffenheit der Frau enger an das Generelle ihres Typus gebunden ist, daß dafür aber dieser Typus selbst etwas Individuelleres innerhalb des allgemein Menschlichen ist, – diese Grundstruktur, an den Besonderheiten der Definition des Weiblichen ihren logischen Ausdruck findend, gewinnt einen künstlerischen an einem dramatischen Phänomen. In den typischen und am höchsten geschätzten Frauenrollen: Desdemona, Kordelia, Gretchen (und dasselbe würde gegebenenfalls für Ottilie gelten) ist der Schauspielerin viel mehr für die Ausgestaltung der Rolle, für die Realisierung eines individuellen Maßes von Reiz und Bedeutsamkeit der Figur überlassen, als in Männerrollen der Fall ist. Dem liegt der Instinkt des Dichters zugrunde, daß es für die Frau mehr auf die Darbietung ihres Seins in seiner Ganzheit als auf seine Entfaltung in einzelnen, die Persönlichkeit individuell festlegenden Äußerungen ankommt. Das, was der Dichter jede dieser Frauen wirklich sagen läßt, was also ihr Wesen zu dokumentieren scheint, ist gar nicht sehr wichtig, sie ist die in sich geschlossene, undifferenzierte Seele, die sich an den einfachsten, unpersönlichsten Äußerungen ebenso, ja besser geben kann als in sachlich bedeutsamen, weil sie sich überhaupt nicht in ihnen gibt, sondern dies nur die zufälligen Gelegenheiten sind, bei denen sie ihr immer gleiches, in Äußerungen überhaupt nicht aufgehendes Sein darstellt. [...]

Ich habe oben darauf hingedeutet, daß die Verabsolutierung der einen Seite einer Korrelation über deren zweiseitigem Ganzen in der Regel nicht auf jene beschränkt bleibt, sondern daß verschiedene Parteiungen bald die eine, bald die andere, verschiedene Standpunkte sowohl die eine wie die andere mit dem Akzent des Absoluten auszustatten pflegen. Die eigentümliche Stellung des Geistes zu den Weltinhalten charakterisiert sich damit, daß jedes Absolute irgendwie als ein Relatives, d. h. aus der Beziehung zu einem anderen sein Wesen Bestimmendes, begriffen werden, jedes Relative aber sich über seine Relation hinweg in ein Fürsichsein und Absolutes erheben kann. So nimmt, nach allem bisherigen, das männliche Prinzip, nun aber auch das weibliche seine Stellung jenseits der Relativität, die auf den ersten Blick beiden erst ihren Sinn gibt, nimmt sie nicht nur, wie in der früheren Skizzierung, in der Selbstgenugsamkeit des Weiblichen als solchen und unter Gleichgültigkeit gegen seine Relation zur Männlichkeit, sondern in einem positiven Jenseits des menschlichen Differenziertheitkomplexes, der Männliches und Weibliches umfaßt. Wenn der Mann insoweit über der geschlechtlichen Gegensätzlichkeit steht, als die objektiven Normen selbst männlich sind (was der Erscheinung nach oft nur eine historische Vergewaltigung, in seiner Tiefe aber in der Struktur des männlichen Geistes präformiert ist), so steht die Frau jenseits ihrer, weil sie ihrem Sein nach unmittelbar in und von der Quelle lebt, aus der beide Seiten des Gegensatzes fließen. Wie der Mann aus jenem Zusammenhang heraus mehr ist als männlich, so ist die Frau mehr als weiblich, weil sie die allgemeine, die Geschlechter substantiell oder genetisch zusammenfassende Grundlage darstellt, weil sie die Mutter ist. Wie das Absolute dort sich als übergeschlechtlich Objektives erhebt, das männlich ist, so hier als übergeschlechtlich Fundamentales, das weiblich ist. [...] Das eigenartig mystische Gefühl, durch das jederzeit eine typische Attitüde den Frauen gegenüber charakterisiert ist, findet vielleicht eben hierin einen ausdrückbaren Grund: in dem dunkeln Bewußtsein, daß diese Wesen fester, vollständiger, einheitlicher in ihrem Sein stehen als der Mann, daß alle

Unruhe des Werdens und des Tuns und des Außereinanders der Dinge, ebenso wie des Lebens den substantiellen Grund ihres Seins weniger berührt, weniger in sich einzieht, daß sie in der letzten Instanz ihres eigenen Wesens unerschütterlicher und tiefer eingesenkt ruhen – und daß ihnen eben durch dies und in ebendiesem Maße der Grund der Dinge überhaupt, die verborgene unbenennbare Einheit des Lebens, der Natur, der Welt der eigene Wurzelgrund ist: je tiefer ein Wesen in seinem eigenen, unzerlegten, in die Mannigfaltigkeit nicht aufgestiegenen Sein lebt, um so tiefer reicht es damit in die Identität alles Seins hinunter, erlebt in unmittelbarer Einheit das eigene Sein als das Sein überhaupt. Daß die Frau ihrem echtesten Wesen nach – soweit es also nicht durch historische Vergewaltigungen und Verschiebungen, durch Einflüsse, die ihr aus der Relation der Geschlechter kommen, abgelenkt ist – mehr als der Mann aus ihrem eigenen Grunde herauslebt, wäre bedeutungslos, wenn dieser Grund nicht zugleich irgendwie der Grund der Dinge wäre. Die Verbindung zwischen beidem liegt in der Mütterlichkeit; aber mit dieser wird doch nur in der Form der Zeit und des an Materie gebundenen Lebens auseinandergelegt, was eine letzte metaphysische Einheit ist. Nur gleichsam einen anderen Umriß erhält derselbe Inhalt, wenn statt des metaphysischen Begriffes des Seins der mehr psychologische oder, wenn man will, formale des Geschlossenseins der Existenz eingeführt wird. Der Mann empfindet wohl im allgemeinen aus der Dualistik seines Wesens heraus die Frau, so oft er selbst, die Kultur und das Schicksal sie auch in eine ebensolche hineinreißen mag, als das geschlossene Wesen; das heißt, als ein solches, dessen einzelne Wesensteile nicht gegeneinander Partei bilden, sondern in denen die unter allem einzelnen bestehende, nicht weiter benennbare Seinseinheit sich als unmittelbar enger assoziativer Zusammenhang des Seelischen äußert. Und nun ist das Merkwürdige, daß gerade die Geschlossenheit eines Daseins in sich eine stärkste, symbo-

lische oder metaphysische Anweisung auf die Welttotalität
außerhalb seiner oder deren Element es selbst ist, enthält.

Im absoluten Sinne besteht freilich nur eine einzige wirkliche Geschlossenheit, eben die der Welttotalität. Nur innerhalb des Ganzen des Daseins gibt es kein Element, das
für seine Herkunft oder seine Hinkunft auf einen anderen
Komplex hinweisen müßte, – denn einen anderen als die
Gesamtheit der Dinge überhaupt gibt es ja nicht. Dieses logisch Notwendige, daß diese Gesamtheit eben nur eine sein
kann, sprechen wir in der Voraussetzung unseres Weltbil-
des aus: daß in ihm jedes Element mit jedem in irgendeiner,
irgendwie vermittelten Beziehung und Wechselwirkung
steht. Eben darum sind die Erscheinungen in dem Maße, in
dem sie sich der Geschlossenheit in sich nähern, Sinnbilder
der Daseinstotalität oder stehen in einem besonderen,
durch die relative Gleichheit der Form getragenen Verhältnis zu ihr. Dies ist die erste und prinzipielle Symbolik jedes
Kunstwerkes: dadurch daß seine Teile ein in sich zurück-
laufendes Ganzes bilden, – was sie ersichtlich auch in den
Künsten zeitlichen Ablaufes tun, – daß seine Selbstgenugsamkeit alles Verflochtensein in die Existenz außerhalb seiner ablehnt, daß es sozusagen allein auf der Welt ist – dadurch wiederholt es die Form des Weltganzen. [...] Die
zweite Erscheinung, deren tiefe Beziehung zu der Welttotalität von der Tatsache ihres Insichgeschlossenseins und also
ihrer Analogie zu dieser getragen wird, ist die menschliche
Seele. [...]

Diese Gesamtform der Seelenhaftigkeit überhaupt aber
umfaßt eine Stufenfolge seelischer Existenzen, in denen die
innere Geschlossenheit in einem engeren und nun relativen
Sinne ganz verschiedene Grade zeigen kann. Wir sprechen
von gespaltenen, von dualistischen, von zusammenhangslo-
sen Seelen im Gegensatz zu den geschlossenen, auch wenn
innerhalb einer anderen Betrachtungsschicht, an andern
Gegensätzen gemessen, die Seele in jedem Fall ein in sich
geschlossenes Gebilde ist. So vergleichsweise also gespro-

chen, erscheint die Frau als das in sich geschlossene Wesen, unbeschadet dessen, daß sie das hingebendere Wesen ist; denn einerseits ist die Hingebung selbst eines ihrer zu enger Einheitlichkeit verbundenen Wesenselemente, andrerseits ist es ein durchgehendes Gefühl, daß auch die vollkommenste Hingabe einer Frau ein heimliches Sichselbstgehören und Insichgeschlossensein ihrer Seele nicht auflöste; sie setzt zwar auch dieses in den Tausch ein, aber es öffnet sich nicht zu dem andern hin, sondern, obgleich ihm zu eigen geworden, beharrt es unentwurzelt in seinem seelischen Grunde. Ähnlich wie das Kunstwerk in der undurchbrechlichen Begrenztheit durch seinen Rahmen sich von der vielfältigen Zerstreutheit der Dinge scheidet, so stellt die Frau eine Einheit dem Manne gegenüber dar, der in die Vielheit des zersplitterten Lebens verflochten ist. Es ist zwar zunächst nur die Äußerlichkeit der Sitte, die ihr die weit ausholenden Bewegungen, die aggressiven Worte, das rücksichtslose Aussichheraustreten von jeher verbietet [...]. Allein daß dieses Vermeiden aller zentrifugalen Äußerungen, diese Zusammengehaltenheit des ganzen Seins die Form ihrer Sitte wurde, dies ist der historische Ausdruck für jene Wesensgeschlossenheit, die alle psychologischen Einzelzustände als ein Tieferes und Allgemeineres fundiert. Und darum gibt diese Daseinsform dem weiblichen Wesen die dunkel empfundene, die wunderlichsten Reaktionen veranlassende Beziehung zu dem Ganzen des Seins. Wie das Kunstwerk und wie die Seele, obgleich Teile der Welttotalität, doch durch ihre Geschlossenheit wie Gegenstücke zu ihr sind und damit auf ein nicht aussprechbares Metaphysisches unter ihnen hinweisen, das diese Gleichheit der Form trägt, so wird es auch diese Geschlossenheitsform des weiblichen Wesens sein, die von jeher einen Hauch von kosmischer Symbolik über die Frau gelegt hat – als hätte sie über alle greifbaren Einzelheiten hinweg eine Beziehung zu dem Grund und dem Ganzen der Dinge überhaupt. [...] Nach unseren bestehenden Denkgewohn-

heiten – wie asymptotisch oder symbolisch sie sich auch
zur Wirklichkeit verhalten – müssen wir das Vielspältige,
Bewegte, Einseitige von einer gleichsam ruhenden Einheit
fundamentieren lassen, einer Einheit, die im männlichen
Wesen von jenen dualistischen und differenziellen Lebensformen und Bewährungen sozusagen aufgesogen ist, im
weiblichen aber als dessen fühlbare Substanz weiterbesteht.
Und dieses Sein der Persönlichkeit, unberührt von allem
Werden und Vergehen ihrer Einzeläußerungen, die es bei
dem Manne in sich eingezogen und aufgelöst haben, scheint
uns in einer nicht weiter bezeichenbaren Weise in die Einheit des Seins überhaupt eingesenkt oder von ihr nicht gelöst zu sein, und als wiederholte die Frau mit jeder Mutterschaft den Prozeß, der aus dem dunkeln ungeschiedenen
Grunde des Daseins die Einseitigkeit und Bewegtheit des
individuellen Gebildes abspaltete und heraushöbe.   [...]

D: Georg Simmel: Das Relative und das Absolute im Geschlechter-
problem. In: Frauen-Zukunft 2 (1911). H. 3. S. 157–172. – H. 4.
S. 253–265. (Wiederabgedr. in: G. S.: Schriften zur Philosophie
und Soziologie der Geschlechter. Hrsg. und eingel. von. H.-J.
Dahme [u. a.]. Frankfurt a. M. 1985. S. 200–224.)

Eine Theorie der Geschlechtlichkeit:
Sigmund Freud

Als Sigmund Freud das Erscheinungsjahr seines Buches *Die Traumdeutung* auf das Jahr 1900 vordatierte, leitete ihn die ebenso unbescheidene wie berechtigte Ahnung, ein epochemachendes Werk verfaßt zu haben. Freud hat die Psychoanalyse begründet. Diese Tatsache allein als eine Neuerung im Rahmen der Psychologie und als eine Innovation in der Behandlungstechnik psychischer Störungen werten zu wollen, greift indes zu kurz.

Im Zentrum von Freuds Theorie steht der Mensch als ein sozial geprägtes und sich auf einen Sinn hin entwerfendes Individuum; beständig in Kommunikation mit seiner Umgebung stehend, von einem Ensemble bewußter und unbewußter Bedeutungen ausgehend und dabei bleibend geleitet von narzißtischen und erotischen Bedürfnissen, die der Interferenz von biologischen Vorgaben, familialen Prägungen und gesellschaftlichen Verhaltensmustern entspringen.[1] Dies von Freud begründete anthropologische Paradigma sprengt die Grenzen der herkömmlichen akademischen Disziplinen. Entsprechend haben seine Forschungen und Schriften im Lauf des Jahrhunderts in allen Zweigen der Human- und Kulturwissenschaft vorrangig interdisziplinär ihren Einfluß entfaltet. Die spezifisch philosophische Relevanz Freuds liegt neben seinem maßgeblichen Beitrag zur philosophischen Anthropologie in der folgenreichen Revision eines durch den klassischen Rationalismus geprägten Verständnisses der menschlichen Vernunft. Freud neben Nietzsche und Darwin zu den »maîtres du soupçon«, den »Meistern des Verdachts« bezüglich der Reichweite des menschlichen Vernunftvermögens zu zählen, erhält seinen vollen Sinn allerdings erst aus der Tatsache, daß Freud in

---

1 Vgl. Wolfgang Mertens, *Psychoanalyse*, Stuttgart [u. a.] ⁵1996, S. 13.

seiner »Verdächtigung« des überzogenen Herrschaftsanspruchs der Vernunft letztlich einem aufklärerischen Geist verpflichtet bleibt. Dabei zielt seine Intention jedoch weniger auf eine Aufklärung der Vernunft durch sich selbst, als vielmehr auf die Erhellung des Prozesses, durch welchen sich die Vernunft zu den ihrem unmittelbaren Zugriff entzogenen Dimensionen der menschlichen Existenz in ein Verhältnis setzen kann. Freuds Konzeption des Unbewußten hat seine Stärke darin, daß es nicht als eine vitalistisch-irrationalistische Größe gegen einen abstrakt-formalen Vernunftbegriff ins Feld geführt wird, sondern den Gegensatz von vernünftigem Bewußtsein einerseits und irrationalem Unbewußtem andererseits als ganzen unterläuft. Die Vernunft ist von der Dynamik des Unbewußten durchkreuzt, wie seinerseits das Unbewußte selbst eine Struktur aufweist, die mit den Mitteln der Vernunft rekonstruierbar ist. Vernunft und Unvernünftiges werden mithin auf einer mittleren Ebene des Verstehens und Auslegens von Sinn in Beziehung zueinander gesetzt. An dieser Stelle setzt begründeterweise die philosophische Rezeption ein. Neben emanzipativen gesellschaftstheoretischen Ansätzen, wie der sog. Frankfurter Schule, die vorrangig den aufklärerischen Gestus und kulturkritischen Geist der Freudschen Theorie beerben, findet die philosophische Rezeption der Psychoanalyse Freuds gegenwärtig v. a. in der Form ihrer struktural-linguistischen Fortschreibung durch Jacques Lacan in den phänomenologisch und existentialhermeneutisch orientierten Richtungen der Philosophie statt.

Trotz der weitgefächerten und divergenten Entwicklungen, die im Ausgang von Freuds Grundlegung stattgefunden haben, behauptet sich Konstanz hinsichtlich der primären Gegenstände der psychoanalytischen Theorie und Praxis: es sind dies das Unbewußte und die menschliche Sexualität. Den komplexen Zusammenhang beider Bereiche zu entfalten, kann hier nicht geleistet werden; nur soviel: der psychoanalytische Begriff der Sexualität steht quer zu populären Auffassungen, sofern diese ausschließlich einen biologischen Trieb oder genitale Funktionen bezeichnen. Nach Freud muß Sexualität als Psychosexualität verstanden werden: das menschliche Begehren ist ein Ensemble bewußter und unbewußter Erregungen, Phantasien und Strebungen, die auf eine Lustgewinnung zielen, die über die Befriedigung des physiologischen Bedürfnisses weit hinausgeht. In psychoanalytischer Betrachtungsweise erweist sich jeder Mensch als von seiner Sexualität durchformt, wobei das psychosexuelle Schicksal des Einzelnen seine grundlegende Gestalt im Kreuzungspunkt der zwei Achsen der Geschlechtlichkeit, der vertikalen der Generativität und der horizontalen der sexuellen Differenz, erhält. Anders ausgedrückt: jede Person individuiert sich aus und in ihrer unhintergehbaren Position zu ihren geschlechtlichen Erzeugern und infolgedessen aus ihrer Position zum Gegengeschlecht.

Die *Drei Abhandlungen zur Sexualtheorie* von 1905 können als der grundlegende Text zu Freuds Sexualtheorie betrachtet werden. Der nachstehende Text *Die Weiblichkeit* stammt aus Freuds später, sich in der Form von fiktiven Vorlesungen an ein Laienpublikum richtenden Darstellung der Psychoanalyse von 1933. Ungeachtet des eher volkstümlichen Charakters gerade auch dieser 33. Vorlesung, sind in ihr alle vorangegangenen entscheidenden Ergebnisse von Freuds Forschung zur Sexualität, und hier nun im besonderen der weiblichen Sexualität, festgehalten. Einsichten, die Licht in das von Freud selbst beharrlich beklagte Forschungsdunkel um die weibliche Sexualität bringen sollten, hatte er bereits 1925 unter dem Titel *Einige psychische Folgen des anatomischen Geschlechtsunterschieds* und 1931 mit dem Text *Über die weibliche Sexualität* veröffentlicht.

Die Vorlesung mit dem Titel *Die Weiblichkeit* läßt sich thematisch in drei Teile gliedern: Im ersten Teil wird zunächst das allgemeine Problem des Geschlechtscharak-

ters und spezieller dann die Frage nach der weiblichen
Geschlechtsspezifik aufgeworfen, eine Frage, auf welche
Freud im zweiten Teil im Rahmen seiner theoretischen
Möglichkeiten antwortet, um schließlich den Text mit eini-
gen bis dato unpublizierten Überlegungen zur Charakter-
physiognomie der erwachsenen Frau abzuschließen.

Die theoretischen Prämissen, mit denen Freud seine Vorlesung beginnt, können mit Recht als revolutionär angesehen werden. Im Zuge der Erforschung der sogenannten
Perversionen, darunter auch die Homosexualität, hatte sich
für Freud zunehmend die als normal erachtete Heterosexualität als nicht weniger erklärungsbedürftig herausge-
stellt. Das heterosexuelle Begehren funktioniert nicht nach
dem Modell eines Naturinstinktes, die Vorstellung eines
angeborenen sexuell differenzierten Triebes ist unhaltbar,
zwischen Anatomie und Geschlechtscharakter besteht kein
kausaler Zusammenhang, kurz: Weiblichkeit ist, wie auch
Männlichkeit, kein biologisches Faktum, sondern das Ergebnis einer Genese, einer Geschichte. Entsprechend lautet
die leitende Frage des vorliegenden Textes nicht: »Was ist
eine Frau?«, sondern: »Wie wird man eine Frau?«.

Freuds Antwort auf diese Frage kondensiert im Konzept
des Kastrationskomplexes. Hier ist es nun hilfreich, die entscheidenden Bestandteile dieses Theorems herauszustellen:
Weiblichkeit und Männlichkeit bestehen nicht in der Weise
von Wesenheiten, sondern allein in der Form einer strukturellen Differenz – männlich ist nicht weiblich und vice versa. Die Wahrnehmung dieser sexuellen Differenz konfrontiert das kindliche Individuum mit einer, konkret: seiner
Andersartigkeit, in Freudschen Termini: mit dem Faktum
der Kastration. Da Freud den Gegensatz der Geschlechter
als einen kontradiktorischen und nicht als einen konträren
bestimmt und zudem ein anatomisches Zeichen privilegiert,
ergibt sich daraus, daß der Mann, der kleine Junge, das Geschlecht hat, welches die Frau, das kleine Mädchen, nicht
hat. Entsprechend sind die Geschlechter in bezug auf das

für jeden Menschen unausweichliche Kastriert-Sein verschieden positioniert. Die Frau ist kastriert, da sie das männliche Geschlecht nicht besitzt, der Mann bleibt seinerseits zeitlebens von der am Gegengeschlecht ablesbaren Kastration bedroht. Das weitere psychosexuelle Schicksal der geschlechtlichen Individuen bleibt demzufolge männlicherseits durch die Kastrationsdrohung, weiblicherseits durch den sogenannten Penisneid bestimmt. Im Fortgang der Vorlesung zeichnet Freud die vom Penisneid strukturierte Entwicklung zur »normalen« Frau, die sich im Mutter-Sohn-Verhältnis vollendet und die möglichen Devianzen dieser Entwicklung nach, um schließlich im letzten Teil die überindividuell-typischen Merkmale der Frau in psychosexuellem Hinblick zu umreißen. Dabei zeigt Freuds Bild von der Frau ein Wesen, das ohne eigenes Geschlecht und ohne autonomes sexuelles Begehren lebenslang auf narzißtische Stützung und Komplettierung angewiesen ist und für sich selbst keine vom Mann unabhängigen oder über die familiären Alltagsaufgaben hinausreichenden Wünsche und Interessen entwickeln kann.

Freuds Theorie der weiblichen Sexualität entfachte bereits zu seinen Lebzeiten kontroverse Reaktionen und ist bis heute nachhaltiger Kritik ausgesetzt. Sofern diese Kritik nicht auf die Verwerfung der Psychoanalyse als ganzer zielt, betreibt sie einerseits die Konzeptualisierung von klinischem Material, das den Freudschen Annahmen über die psychosexuelle Entwicklung des Mädchens widerspricht, oder auf einer anders gelagerten Ebene die Entlarvung unbefragter, sprich: patriarchaler Parameter in der Theoriebildung selbst. Freuds Vorlesung *Die Weiblichkeit* kann als eine aufschlußreiche Beschreibung der Tatbestände gewertet werden, die das individuelle und gesellschaftliche Schicksal der Frau in der konkreten historischen Konstellation einer männlich dominierten Gesellschaft bestimmen. Als problematisch muß jedoch die über eine reine Deskription hinauszielende und aus dem ahistorischen Charakter der Betrachtung resultierende normative Intention des Textes betrachtet werden. Freud ist in der Betrachtung der patriarchalen Organisation der Beziehung der Geschlechter bis zu einem letzten Zeichen zurückgeschritten: dem männlichen Geschlechtsorgan, von welchem aus er die sexuelle und generative Anordnung der Geschlechter in Form einer »Narration der Kultur in anatomischer Verkleidung«[2] normativ rekonstruiert.

Schließlich zeichnet sich im Ringen Freuds um eine adäquate Theorie der Weiblichkeit auch eine Schwierigkeit ab, welche das Verhältnis von Autor und Theorie in einer grundsätzlichen Weise betrifft. Bekanntlich steht Freuds Theorie mit ihrem Begründer durch seine Selbstanalyse in einem intimen Verhältnis. Daß Freuds Entwurf der menschlichen Sexualität durch seine eigene geschlechtliche Existenz perspektiviert sein könnte, hat er selbst nicht mehr ernsthaft in Rechnung gestellt. Sofern aktuelle feministische Ansätze Freuds Überlegungen zum »dark continent« der Weiblichkeit an diesem Punkt theorieimmanent einer Revision unterziehen, folgen sie darin nicht zuletzt Freuds ureigenster Intention. In diesem Reflexionsansatz drückt sich eine Sensibilisierung für die Fragestellung aus, inwieweit die geschlechtliche Differenz nicht nur einen Gegenstand von Theorie bildet, sondern möglicherweise auch konstitutiv in den Prozeß der Theoriebildung selbst mit einfließt.

Friederike Kuster

---

2 Thomas Laqueur, *Auf den Leib geschrieben*, Frankfurt a. M. / New York 1992, S. 267. Vgl. auch Rohde- Dachser: »Die psychoanalytische Theorie des Ödipuskomplexes läßt sich demnach als eine Sozialisationstheorie beschreiben, die den je unterschiedlichen Weg der beiden Geschlechter hinein in die patriarchalische Kultur zur Darstellung bringt. Sie beschreibt diesen Weg als Errungenschaft dieser Kultur und gleichzeitig als dessen Voraussetzung – nicht als, aber doch wie ein Naturgesetz.« (S. 3)

Literaturhinweise

Freud, Sigmund: Drei Abhandlungen zur Sexualtheorie (1905). In: S. F.: Studienausgabe. Hrsg. von A. Mitscherlich [u. a.]. Bd. 5. Frankfurt a. M. 1972. S. 37–147.
– Einige psychische Folgen des anatomischen Geschlechtsunterschieds (1925). In: Ebd. S. 253–267.
– Über die weibliche Sexualität (1931). In: Ebd. S. 273–295.

Chasseguet-Smirgel, Janine (Hrsg.): Psychoanalyse der weiblichen Sexualität. Frankfurt a. M. 1974.
Irigaray, Luce: Speculum – Spiegel des anderen Geschlechts. Frankfurt a. M. 1980. S. 11–167.
Mitscherlich, Margarete / Rohde-Dachser, Christa (Hrsg.): Psychoanalytische Diskurse über die Weiblichkeit von Freud bis heute. Stuttgart 1996.
Rohde-Dachser, Christa: Expedition in den dunklen Kontinent. Weiblichkeit im Diskurs der Psychoanalyse. Berlin/Heidelberg 1991. Bes. S. 55–76.
Vetter, Helmuth / Nagl, Ludwig (Hrsg.): Die Philosophen und Freud. Wien/München 1988.

Die Weiblichkeit

[1933]

[...] Über das Rätsel der Weiblichkeit haben die Menschen zu allen Zeiten gegrübelt:

[...] Auch Sie werden sich von diesem Grübeln nicht ausgeschlossen haben, insoferne Sie Männer sind; von den Frauen unter Ihnen erwartet man es nicht, sie sind selbst dieses Rätsel. Männlich oder weiblich ist die erste Unterscheidung, die Sie machen, wenn Sie mit einem anderen menschlichen Wesen zusammentreffen, und Sie sind gewöhnt, diese Unterscheidung mit unbedenklicher Sicherheit zu machen. Die anatomische Wissenschaft teilt Ihre Sicherheit in einem Punkt und nicht weit darüber hinaus. Männlich ist das männliche Geschlechtsprodukt, das Spermatozoon und sein Träger, weiblich das Ei und der Organismus, der es beherbergt. Bei beiden Geschlechtern haben sich Organe gebildet, die ausschließlich den Geschlechtsfunktionen dienen, wahrscheinlich aus der nämlichen Anlage zu zwei verschiedenen Gestaltungen entwickelt. Bei beiden zeigen außerdem die anderen Organe, die Körperformen und Gewebe eine Beeinflussung durch das Geschlecht, aber diese ist inkonstant und ihr Ausmaß wechselnd, die sogenannten sekundären Geschlechtscharaktere. Und dann sagt Ihnen die Wissenschaft etwas, was Ihren Erwartungen zuwiderläuft und wahrscheinlich geeignet ist, Ihre Gefühle zu verwirren. Sie macht Sie darauf aufmerksam, daß Teile des männlichen Geschlechtsapparats sich auch am Körper des Weibes finden, wenngleich in verkümmertem Zustand, und das gleiche im anderen Falle. Sie sieht in diesem Vorkommen das Anzeichen einer Zwiegeschlechtigkeit, B i s e - x u a l i t ä t, als ob das Individuum nicht Mann oder Weib wäre, sondern jedesmal beides, nur von dem einen so viel

mehr als vom andern. Sie werden dann aufgefordert, sich
mit der Idee vertraut zu machen, daß das Verhältnis, nach
dem sich Männliches und Weibliches im Einzelwesen ver-
mengt, ganz erheblichen Schwankungen unterliegt. Da aber
doch, von allerseltensten Fällen abgesehen, bei einer Person
nur einerlei Geschlechtsprodukte – Eier oder Samenzellen
– vorhanden sind, müssen Sie an der entscheidenden Bedeutung dieser Elemente irrewerden und den Schluß ziehen, das, was die Männlichkeit oder die Weiblichkeit ausmache, sei ein unbekannter Charakter, den die Anatomie
nicht erfassen kann.

Kann es vielleicht die Psychologie? Wir sind gewohnt,
männlich und weiblich auch als seelische Qualitäten zu gebrauchen, und haben ebenso den Gesichtspunkt der Bisexualität auf das Seelenleben übertragen. Wir sprechen also
davon, daß ein Mensch, ob Männchen oder Weibchen, sich
in diesem Punkt männlich, in jenem weiblich benehme.
Aber Sie werden bald einsehen, das ist bloß Gefügigkeit gegen die Anatomie und gegen die Konvention. Sie können
den Begriffen männlich und weiblich k e i n e n neuen Inhalt geben. Die Unterscheidung ist keine psychologische;
wenn Sie männlich sagen, meinen Sie in der Regel »aktiv«,
und wenn Sie weiblich sagen, »passiv«. Nun ist es richtig,
daß eine solche Beziehung besteht. Die männliche Ge-
schlechtszelle ist aktiv beweglich, sucht die weibliche auf,
und diese, das Ei, ist unbeweglich, passiv erwartend. Dies
Verhalten der geschlechtlichen Elementarorganismen ist sogar vorbildlich für das Benehmen der Geschlechtsindividu-
en beim Sexualverkehr. Das Männchen verfolgt das Weibchen zum Zweck der sexuellen Vereinigung, greift es an,
dringt in dasselbe ein. Aber damit haben Sie eben für die
Psychologie den Charakter des Männlichen auf das Moment der Aggression reduziert. Sie werden zweifeln, ob Sie
damit etwas Wesentliches getroffen haben, wenn Sie erwä-
gen, daß in manchen Tierklassen die Weibchen die stärke-

ren und aggressiven sind, die Männchen nur aktiv bei dem einen Akt der geschlechtlichen Vereinigung. So ist es z. B. bei den Spinnen. Auch die Funktionen der Brutpflege und Aufzucht, die uns als so exquisit weiblich erscheinen, sind bei Tieren nicht regelmäßig an das weibliche Geschlecht geknüpft. Bei recht hochstehenden Arten beobachtet man, daß die Geschlechter sich in die Aufgabe der Brutpflege teilen oder selbst, daß das Männchen sich allein ihr widmet. Selbst auf dem Gebiet des menschlichen Sexuallebens merken Sie bald, wie unzureichend es ist, das männliche Benehmen durch Aktivität, das weibliche durch Passivität zu decken. Die Mutter ist in jedem Sinn aktiv gegen das Kind, selbst vom Saugakt können Sie ebensowohl sagen, sie säugt das Kind als sie läßt sich vom Kinde säugen. Je weiter Sie sich dann vom engeren sexuellen Gebiet entfernen, desto deutlicher wird jener »Überdeckungsfehler«. Frauen können große Aktivität nach verschiedenen Richtungen entfalten, Männer können nicht mit ihresgleichen zusammenleben, wenn sie nicht ein hohes Maß von passiver Gefügigkeit entwickeln. Wenn Sie jetzt sagen, diese Tatsachen enthielten eben den Beweis, daß Männer wie Weiber im psychologischen Sinn bisexuell sind, so entnehme ich daraus, daß Sie bei sich beschlossen haben, »aktiv« mit »männlich«, »passiv« mit »weiblich« zusammenfallen zu lassen. Aber ich rate Ihnen davon ab. Es scheint mir unzweckmäßig und es bringt keine neue Erkenntnis.

Man könnte daran denken, die Weiblichkeit psychologisch durch die Bevorzugung passiver Ziele zu charakterisieren. Das ist natürlich nicht dasselbe wie die Passivität; es mag ein großes Stück Aktivität notwendig sein, um ein passives Ziel durchzusetzen. Vielleicht geht es so zu, daß sich beim Weib von ihrem Anteil an der Sexualfunktion her eine Bevorzugung passiven Verhaltens und passiver Zielstrebungen ein Stück weit ins Leben hinein erstreckt, mehr oder weniger weit, je nachdem sich diese Vorbildlichkeit des Sexuallebens begrenzt oder ausbreitet. Dabei müssen wir aber achthaben, den Einfluß der sozialen Ordnungen nicht zu unterschätzen, die das Weib gleichfalls in passive Situationen drängen. Das ist alles noch sehr ungeklärt. Eine besonders konstante Beziehung zwischen Weiblichkeit und Triebleben wollen wir nicht übersehen. Die dem Weib konstitutionell vorgeschriebene und sozial auferlegte Unterdrückung seiner Aggression begünstigt die Ausbildung starker masochistischer Regungen, denen es ja gelingt, die nach innen gewendeten destruktiven Tendenzen erotisch zu binden. Der Masochismus ist also, wie man sagt, echt weiblich. Wenn Sie aber dem Masochismus, wie so häufig, bei Männern begegnen, was bleibt Ihnen übrig, als zu sagen, diese Männer zeigen sehr deutliche weibliche Züge?

Nun sind Sie bereits vorbereitet darauf, daß auch die Psychologie das Rätsel der Weiblichkeit nicht lösen wird. Diese Aufklärung muß wohl anderswoher kommen und kann nicht kommen, ehe wir erfahren haben, wie die Differenzierung der lebenden Wesen in zwei Geschlechter überhaupt entstanden ist. Nichts wissen wir darüber, und die Zweigeschlechtlichkeit ist doch ein so auffälliger Charakter des organischen Lebens, durch den es sich scharf von der unbelebten Natur scheidet. Unterdes finden wir an jenen menschlichen Individuen, die durch den Besitz von weiblichen Genitalien als manifest oder vorwiegend weiblich charakterisiert sind, genug zu studieren. Der Eigenart der Psychoanalyse entspricht es dann, daß sie nicht beschreiben will, was das Weib ist, – das wäre eine für sie kaum lösbare Aufgabe, – sondern untersucht, wie es wird, wie sich das Weib aus dem bisexuell veranlagten Kind entwickelt. Wir haben darüber einiges in letzter Zeit erfahren, dank dem Umstande, daß mehrere unserer trefflichen Kolleginnen in der Analyse begonnen haben, diese Frage zu bearbeiten. Die Diskussion darüber hat aus dem Unterschied der Geschlechter einen besonderen Reiz bezogen, denn jedesmal, wenn eine Vergleichung zu Ungunsten ihres Geschlechts auszufallen schien, konnten unsere Damen den Verdacht äußern, daß wir, die männlichen Analytiker, gewisse tief eingewurzelte Vorurteile gegen die Weiblichkeit nicht überwunden hätten, was sich nun durch die Parteilichkeit unserer Forschung strafte. Wir hatten es dagegen auf dem Boden der Bisexualität leicht, jede Unhöflichkeit zu vermeiden. Wir brauchten nur zu sagen: Das gilt nicht für Sie. Sie sind eine Ausnahme, in diesem Punkt mehr männlich als weiblich.

Mit zwei Erwartungen treten wir auch an die Untersuchung der weiblichen Sexualentwicklung heran: Die erste, daß auch hier die Konstitution sich nicht ohne Sträuben in die Funktion fügen wird. Die andere, daß die entscheidenden Wendungen bereits vor der Pubertät angebahnt oder vollzogen sein werden. Beide sind bald bestätigt. Des weiteren sagt uns der Vergleich mit den Verhältnissen beim Knaben, daß die Entwicklung des kleinen Mädchens zum normalen Weib die schwierigere und kompliziertere ist, denn sie umfaßt zwei Aufgaben mehr, zu denen die Entwicklung des Mannes kein Gegenstück zeigt. Verfolgen wir die Parallele von ihrem Anfang an. Gewiß ist schon das Material bei Knabe und Mädchen verschieden; um das festzustellen, braucht es keine Psychoanalyse. Der Unterschied in der Bildung der Genitalien wird von anderen körperlichen Verschiedenheiten begleitet, die zu bekannt sind, als daß sie der Erwähnung bedürften. Auch in der Triebanlage treten Differenzen hervor, die das spätere Wesen des Weibes ahnen lassen. Das kleine Mädchen ist in der Regel weniger aggressiv, trotzig und selbstgenügsam, es scheint mehr Bedürfnis nach Zärtlichkeit zu haben, die man ihm erweisen soll, darum abhängiger und gefügiger zu sein. Daß es sich leichter und schneller zur Beherrschung der Exkretionen erziehen läßt, ist sehr wahrscheinlich nur die Folge dieser Gefügigkeit; Harn und Stuhl sind ja die ersten Geschenke, die das Kind seinen Pflegepersonen macht, deren Beherrschung die erste Konzession, die sich das kindliche

Triebleben abringen läßt. Man empfängt auch den Eindruck, daß das kleine Mädchen intelligenter, lebhafter ist als der gleichaltrige Knabe, es kommt der Außenwelt mehr entgegen, macht zur gleichen Zeit stärkere Objektbesetzungen. Ich weiß nicht, ob dieser Vorsprung der Entwicklung durch exakte Feststellungen erhärtet worden ist, jedenfalls steht es fest, daß das Mädchen nicht intellektuell rückständig genannt werden kann. Aber diese Geschlechtsunterschiede kommen nicht sehr in Betracht, sie können durch individuelle Variationen aufgewogen werden. Für die Absichten, die wir zunächst verfolgen, können wir sie vernachlässigen.

Die frühen Phasen der Libidoentwicklung scheinen beide Geschlechter in gleicher Weise durchzumachen. Man hätte erwarten können, daß sich beim Mädchen bereits in der sadistisch-analen Phase ein Zurückbleiben der Aggression äußert, aber das trifft nicht ein. Die Analyse des Kinderspiels hat unseren weiblichen Analytikern gezeigt, daß die aggressiven Impulse der kleinen Mädchen an Reichlichkeit und Heftigkeit nichts zu wünschen übrig lassen. Mit dem Eintritt in die phallische Phase treten die Unterschiede der Geschlechter vollends gegen die Übereinstimmung zurück. Wir müssen nun anerkennen, das kleine Mädchen sei ein kleiner Mann. Diese Phase ist beim Knaben bekanntlich dadurch ausgezeichnet, daß er sich von seinem kleinen Penis lustvolle Sensationen zu verschaffen weiß und dessen erregten Zustand mit seinen Vorstellungen von sexuellem Verkehr zusammenbringt. Das nämliche tut das Mädchen mit ihrer noch kleineren Klitoris. Es scheint, daß sich bei ihr alle onanistischen Akte an diesem Penisäquivalent abspielen, daß die eigentlich weibliche Vagina noch für beide Geschlechter unentdeckt ist. Vereinzelte Stimmen berichten zwar auch von frühzeitigen vaginalen Sensationen, aber es dürfte nicht leicht sein, solche von analen oder Vorhofsensationen zu unterscheiden; auf keinen Fall können sie eine große Rolle spielen. Wir dürfen daran festhalten, daß in der phallischen Phase des Mädchens die Klitoris die leitende erogene Zone ist. Aber so soll es ja nicht bleiben, mit der Wendung zur Weiblichkeit soll die Klitoris ihre Empfindlichkeit und damit ihre Bedeutung ganz oder teilweise an die Vagina abtreten, und dies wäre die eine der beiden Aufgaben, die von der Entwicklung des Weibes zu lösen sind, während der glücklichere Mann zur Zeit der Geschlechtsreife nur fortzusetzen braucht, was er in der Periode der sexuellen Frühblüte vorgeübt hatte.

Wir werden auf die Rolle der Klitoris noch zurückkommen, wenden uns jetzt zur zweiten Aufgabe, mit der die Entwicklung des Mädchens belastet ist. Das erste Liebesobjekt des Knaben ist die Mutter, sie bleibt es auch in der Formation des Ödipuskomplexes, im Grunde genommen durchs ganze Leben hindurch. Auch fürs Mädchen muß die Mutter – und die mit ihr verschmelzenden Gestalten der Amme, Pflegerin – das erste Objekt sein; die ersten Objektbesetzungen erfolgen ja in der Anlehnung an die Befriedigung der großen und einfachen Lebensbedürfnisse, und die Verhältnisse der Kinderpflege sind für beide Geschlechter die gleichen. In der Ödipussituation ist aber für das Mädchen der Vater das Liebesobjekt geworden, und wir erwarten, daß sie bei normalem Ablauf der Entwicklung vom Vaterobjekt aus den Weg zur endgültigen Objektwahl finden wird. Das Mädchen soll also im Wandel der Zeiten erogene Zone und Objekt tauschen, die beide der Knabe beibehält. Es entsteht dann die Frage, wie geht das vor sich, im besonderen: wie kommt das Mädchen von der Mutter zur Bindung an den Vater, oder mit anderen Worten: aus ihrer männlichen in die ihr biologisch bestimmte weibliche Phase?

Nun wäre es eine Lösung von idealer Einfachheit, wenn wir annehmen dürften, von einem bestimmten Alter an mache sich der elementare Einfluß der gegengeschlechtlichen Anziehung geltend und dränge das kleine Weib zum Mann, während dasselbe Gesetz dem Knaben das Beharren bei der

Mutter gestatte. Ja man könnte hinzunehmen, daß die Kinder dabei den Winken folgen, die ihnen die geschlechtliche Bevorzugung der Eltern gibt. Aber so gut sollen wir es nicht haben, wir wissen kaum, ob wir an jene geheimnisvolle, analytisch nicht weiter zersetzbare Macht, von der die Dichter soviel schwärmen, im Ernst glauben dürfen. Wir haben eine Auskunft ganz anderer Art aus mühevollen Untersuchungen gewonnen, für welche wenigstens das Material leicht zu beschaffen war. Sie müssen nämlich wissen, daß die Zahl der Frauen, die bis in späte Zeiten in der zärtlichen Abhängigkeit vom Vaterobjekt, ja noch vom realen Vater verbleiben, eine sehr große ist. An solchen Frauen mit intensiver und lang andauernder Vaterbindung haben wir überraschende Feststellungen gemacht. Wir wußten natürlich, daß es ein Vorstadium von Mutterbindung gegeben hatte, aber wir wußten nicht, daß es so inhaltsreich sein, so lang anhalten, so viel Anlässe zu Fixierungen und Dispositionen hinterlassen könne. Während dieser Zeit ist der Vater nur ein lästiger Rivale; in manchen Fällen überdauert die Mutterbindung das vierte Jahr. Fast alles, was wir später in der Vaterbeziehung finden, war schon in ihr vorhanden und ist nachher auf den Vater übertragen worden. Kurz, wir gewinnen die Überzeugung, daß man das Weib nicht verstehen kann, wenn man nicht diese Phase der präödipalen Mutterbindung würdigt.

Nun wollen wir gerne wissen, welches die libidinösen Beziehungen des Mädchens zur Mutter sind. Die Antwort lautet: sie sind sehr mannigfaltig. Da sie durch alle drei Phasen der kindlichen Sexualität gehen, nehmen sie auch die Charaktere der einzelnen Phasen an, drücken sich durch orale, sadistisch-anale und phallische Wünsche aus. Diese Wünsche vertreten sowohl aktive als passive Regungen; wenn man sie auf die später auftretende Differenzierung der Geschlechter bezieht, was man aber möglichst vermeiden soll, kann man sie männliche und weibliche heißen. Sie sind überdies voll ambivalent, ebensowohl zärtlicher als feindselig-aggressiver Natur. Die letzteren kommen oft erst zum Vorschein, nachdem sie in Angstvorstellungen verwandelt worden sind. Es ist nicht immer leicht, die Formulierung dieser frühen Sexualwünsche aufzuzeigen; am deutlichsten drückt sich der Wunsch aus, der Mutter ein Kind zu machen, wie der ihm entsprechende, ihr ein Kind zu gebären, beide der phallischen Zeit angehörig, befremdend genug, aber durch die analytische Beobachtung über jeden Zweifel festgestellt. Der Reiz dieser Untersuchungen liegt in den überraschenden Einzelfunden, die sie uns bringen. So z. B. entdeckt man die Angst, umgebracht oder vergiftet zu werden, die später den Kern einer paranoischen Erkrankung bilden kann, schon in dieser präödipalen Zeit auf die Mutter bezogen. Oder ein anderer Fall: Sie erinnern sich an eine interessante Episode aus der Geschichte der analytischen Forschung, die mir viele peinliche Stunden verursacht hat. In der Zeit, da das Hauptinteresse auf die Aufdeckung sexueller Kindheitstraumen gerichtet war, erzählten mir fast alle meine weiblichen Patienten, daß sie vom Vater verführt worden waren. Ich mußte endlich zur Einsicht kommen, daß diese Berichte unwahr seien, und lernte so verstehen, daß die hysterischen Symptome sich von Phantasien, nicht von realen Begebenheiten ableiten. Später erst konnte ich in dieser Phantasie von der Verführung durch den Vater den Ausdruck des typischen Ödipuskomplexes beim Weibe erkennen. Und nun findet man in der präödipalen Vorgeschichte der Mädchen die Verführungsphantasie wieder, aber die Verführerin ist regelmäßig die Mutter. Hier aber berührt die Phantasie den Boden der Wirklichkeit, denn es war wirklich die Mutter, die bei den Verrichtungen der Körperpflege Lustempfindungen am Genitale hervorrufen, vielleicht sogar zuerst erwecken mußte.

Ich erwarte, daß Sie zu dem Verdacht bereit seien, diese Schilderung von der Reichhaltigkeit und der Stärke der sexuellen Beziehungen des kleinen Mädchens zu seiner Mutter sei sehr überzeichnet. Man hat doch Gelegenheit, kleine Mädchen zu sehen, und merkt ihnen nichts dergleichen an. Aber der Einwand trifft nicht zu; man kann genug an den Kindern sehen, wenn man zu beobachten versteht, und überdies wollen Sie bedenken, wie wenig von seinen sexuellen Wünschen das Kind zu vorbewußtem Ausdruck bringen oder gar mitteilen kann. Wir bedienen uns dann nur eines guten Rechts, wenn wir nachträglich die Residuen und Konsequenzen dieser Gefühlswelt an Personen studieren, bei denen diese Entwicklungsvorgänge eine besonders deutliche oder selbst eine übermäßige Ausbildung erreicht hatten. Die Pathologie hat uns ja immer den Dienst geleistet, durch Isolierung und Übertreibung Verhältnisse kenntlich zu machen, die in der Normalität verdeckt geblieben wären. Und da unsere Untersuchungen keineswegs an schwer abnormen Menschen ausgeführt worden sind, meine ich, wir dürfen ihre Ergebnisse für glaubwürdig halten.

Wir werden jetzt unser Interesse auf die eine Frage richten, woran denn diese mächtige Mutterbindung des Mädchens zugrunde geht. Wir wissen, das ist ihr gewöhnliches Schicksal; sie ist dazu bestimmt, der Vaterbindung den Platz zu räumen. Da stoßen wir auf eine Tatsache, die uns den weiteren Weg weist. Es handelt sich bei diesem Schritt in der Entwicklung nicht um einen einfachen Wechsel des Objekts. Die Abwendung von der Mutter geschieht im Zeichen der Feindseligkeit, die Mutterbindung geht in Haß aus. Ein solcher Haß kann sehr auffällig werden und durchs ganze Leben anhalten, er kann später sorgfältig überkompensiert werden, in der Regel wird ein Teil von ihm überwunden, ein anderer Teil bleibt bestehen. Darauf haben die Begebenheiten späterer Jahre natürlich starken Einfluß. Wir beschränken uns aber darauf, ihn zur Zeit der Wendung zum Vater zu studieren und nach seinen Motivierungen zu befragen. Wir hören dann eine lange Liste von Anklagen und Beschwerden gegen die Mutter, die die feindseligen Gefühle des Kindes rechtfertigen sollen, von sehr verschiedenem Wert, deren Würdigung wir nicht unterlassen werden. Manche sind offenkundige Rationalisierungen, die wirklichen Quellen der Feindschaft haben wir zu finden. [...]

Der Vorwurf gegen die Mutter, der am weitesten zurückgreift, lautet, daß sie dem Kind zu wenig Milch gespendet hat, was ihr als Mangel an Liebe ausgelegt wird. [...]

Die nächste Anklage gegen die Mutter flammt auf, wenn das nächste Kind in der Kinderstube erscheint. Wenn möglich, hält sie den Zusammenhang mit der oralen Versagung fest. Die Mutter konnte oder wollte dem Kind nicht mehr Milch geben, weil sie die Nahrung für das neu Angekommene brauchte. [...]

Eine reichliche Quelle für die Feindseligkeit des Kindes gegen die Mutter ergeben seine mannigfachen, je nach der Libidophase wechselnden Sexualwünsche, die meist nicht befriedigt werden können. Die stärkste dieser Versagungen ereignet sich in der phallischen Zeit, wenn die Mutter die lustvolle Betätigung am Genitale verbietet, – oft unter harten Drohungen und mit allen Zeichen des Unwillens, – zu der sie doch das Kind selbst angeleitet hatte. Man sollte meinen, das wären Motive genug, die Abwendung des Mädchens von der Mutter zu begründen. Man würde dann urteilen, diese Entzweiung folge unvermeidlicherweise aus der Natur der kindlichen Sexualität, aus der Unmäßigkeit der Liebesansprüche und der Unerfüllbarkeit der Sexualwünsche. Ja vielleicht denkt man, diese erste Liebesbeziehung des Kindes sei zum Untergang verurteilt, eben darum, weil sie die erste ist, denn diese frühzeitigen Objektbesetzungen sind regelmäßig im hohen Grade ambivalent; neben der starken Liebe ist immer eine starke Aggressionsneigung vorhanden, und je leidenschaftlicher das Kind sein Objekt liebt, desto empfindlicher wird es gegen Enttäuschungen und Versagungen von dessen Seite. Endlich muß die Liebe der angehäuften Feindseligkeit erliegen. Oder man kann eine solche ursprüngliche Ambivalenz der Liebesbesetzungen ablehnen und darauf hinweisen, daß es die besondere Natur des Mutter-Kind-Verhältnisses ist, die mit der gleichen Unvermeidlichkeit zur Störung der kindlichen Liebe führt, denn auch die mildeste Erziehung kann nicht anders als Zwang ausüben und Einschränkungen einführen, und jeder solcher Eingriff in seine Freiheit muß beim Kind als Reaktion die Neigung zur Auflehnung und Aggression hervorrufen. Ich meine, die Diskussion dieser Möglichkeiten könnte sehr interessant werden, aber da stellt sich plötzlich ein Einwand ein, der unser Interesse in eine andere Richtung drängt. Alle diese Momente, die Zurücksetzungen, Liebesenttäuschungen, die Eifersucht, die Verführung mit nachfolgendem Verbot, kommen doch auch im Verhältnis des Knaben zur Mutter zur Wirksamkeit und sind doch nicht imstande, ihn dem Mutterobjekt zu entfremden. Wenn wir nicht etwas finden, was für das Mädchen spezifisch ist, beim Knaben nicht oder nicht so vorkommt, haben wir den Ausgang der Mutterbindung beim Mädchen nicht erklärt.

Ich meine, wir haben dies spezifische Moment gefunden, und zwar an erwarteter Stelle, wenn auch in überraschender Form. An erwarteter Stelle, sage ich, denn es liegt im Kastrationskomplex. Der anatomische [Geschlechts]Unterschied muß sich doch in psychischen Folgen ausprägen. Eine Überraschung war es aber, aus den Analysen zu erfahren, daß das Mädchen die Mutter für seinen Penismangel verantwortlich macht und ihr diese Benachteiligung nicht verzeiht.

Sie hören, wir schreiben auch dem Weib einen Kastrationskomplex zu. Mit gutem Grund, aber er kann nicht denselben Inhalt haben wie beim Knaben. Bei diesem entsteht der Kastrationskomplex, nachdem er durch den Anblick eines weiblichen Genitales erfahren hat, daß das von ihm so hoch geschätzte Glied nicht notwendig mit dem Körper beisammen sein muß. Er entsinnt sich dann der

Drohungen, die er sich durch seine Beschäftigung mit dem Glied zugezogen, fängt an, ihnen Glauben zu schenken, und gerät von da an unter den Einfluß der Kastrationsangst, die der mächtigste Motor seiner weiteren Entwicklung wird. Auch der Kastrationskomplex des Mädchens wird durch den Anblick des anderen Genitales eröffnet. Es merkt sofort den Unterschied und – man muß es zugestehen – auch seine Bedeutung. Es fühlt sich schwer beeinträchtigt, äußert oft, es möchte »auch so etwas haben« und verfällt nun dem Penisneid, der unvertilgbare Spuren in seiner Entwicklung und Charakterbildung hinterlassen, auch im günstigsten Fall nicht ohne schweren psychischen Aufwand überwunden werden wird. Daß das Mädchen die Tatsache ihres Penismangels anerkennt, will nicht etwa besagen, daß sie sich ihr leichthin unterwirft. Im Gegenteil, sie hält noch lange an dem Wunsch fest, auch so etwas zu bekommen, glaubt an diese Möglichkeit bis in unwahrscheinlich weite Jahre, und noch zu Zeiten, wenn das Wissen um die Realität die Erfüllung dieses Wunsches längst als unerreichbar beiseite geworfen hat, kann die Analyse nachweisen, daß er im Unbewußten erhalten geblieben ist und eine ansehnliche Energiebesetzung bewahrt hat. Der Wunsch, den ersehnten Penis endlich doch zu bekommen, kann noch seinen Beitrag zu den Motiven leisten, die das gereifte Weib in die Analyse drängen, und was sie verständigerweise von der Analyse erwarten kann, etwa die Fähigkeit, einen intellektuellen Beruf auszuüben, läßt sich oft als eine sublimierte Abwandlung dieses verdrängten Wunsches erkennen. [...]

Die Entdeckung seiner Kastration ist ein Wendepunkt in der Entwicklung des Mädchens. Drei Entwicklungsrichtungen gehen von ihr aus; die eine führt zur Sexualhemmung oder zur Neurose, die nächste zur Charakterveränderung im Sinne eines Männlichkeitskomplexes, die letzte endlich zur normalen Weiblichkeit. Über alle drei haben wir ziemlich viel, wenn auch nicht alles erfahren. Der wesentliche Inhalt der ersten ist, daß das kleine Mädchen, welches bisher männlich gelebt hatte, sich durch Erregung seiner Klitoris Lust zu verschaffen wußte und diese Betätigung mit seinen oft aktiven Sexualwünschen, die der Mutter galten, in Beziehung brachte, sich durch den Einfluß des Penisneides den Genuß seiner phallischen Sexualität verderben läßt. Durch den Vergleich mit dem so viel besser ausgestatteten Knaben in seiner Selbstliebe gekränkt, verzichtet es auf die masturbatorische Befriedigung an der Klitoris, verwirft seine Liebe zur Mutter und verdrängt dabei nicht selten ein gutes Stück seiner Sexualstrebungen überhaupt. Die Abwendung von der Mutter erfolgt wohl nicht mit einem Schlag, denn das Mädchen hält seine Kastration zuerst für ein individuelles Unglück, erst allmählich dehnt sie dieselbe auf andere weibliche Wesen, endlich auch auf die Mutter aus. Ihre Liebe hatte der p h a l l i s c h e n Mutter gegolten; mit der Entdeckung, daß die Mutter kastriert ist, wird es möglich, sie als Liebesobjekt fallenzulassen, so daß die lange angesammelten Motive zur Feindseligkeit die Oberhand gewinnen. Das heißt also, daß durch die Entdeckung der Penislosigkeit das Weib dem Mädchen ebenso entwertet wird wie dem Knaben und später vielleicht dem Manne.

Sie wissen alle, welche überragende ätiologische Bedeutung unsere Neurotiker ihrer Onanie einräumen. Sie machen sie für alle ihre Beschwerden verantwortlich, und wir haben große Mühe, sie glauben zu machen, daß sie im Irrtum sind. Aber eigentlich sollten wir ihnen zugestehen, daß sie im Recht sind, denn die Onanie ist die Exekutive der kindlichen Sexualität, an deren Fehlentwicklung sie allerdings leiden. Nun beschuldigen die Neurotiker meist die Onanie der Pubertätszeit; die frühkindliche, auf die es in Wirklichkeit ankommt, haben sie meist vergessen. Ich wollte, ich hätte einmal die Gelegenheit, Ihnen ausführlich darzulegen, wie wichtig alle tatsächlichen Einzelheiten der frühen Onanie für die spätere Neurose oder den Charakter des Einzelnen werden, ob sie entdeckt wurde oder nicht, wie die Eltern sie bekämpften oder zuließen, ob es ihm selbst gelang, sie zu unterdrücken. Das alles hat unvergängliche Spuren in seiner Entwicklung hinterlassen. Aber ich bin vielmehr froh, daß ich dies nicht zu tun brauche; es wäre eine schwere, langwierige Aufgabe, und am Ende würden Sie mich in Verlegenheit bringen, weil Sie ganz gewiß praktische Ratschläge von mir forderten, wie man sich als Elternteil oder als Erzieher gegen die Onanie der kleinen Kinder verhalten soll. In der Entwicklung der Mädchen, die ich Ihnen vorführe, hören Sie nun ein Beispiel dafür, daß das Kind sich selbst um die Befreiung von der Onanie bemüht. Aber es gelingt ihm nicht immer. Wo der Penisneid einen starken Impuls gegen die klitoridische Onanie erweckt hat und diese doch nicht weichen will, entspinnt sich ein heftiger Befreiungskampf, in dem das Mädchen gleichsam die Rolle der jetzt abgesetzten Mutter selbst aufnimmt und seine ganze Unzufriedenheit mit der minderwertigen Klitoris im Widerstreben gegen die Befriedigung an ihr zum Ausdruck bringt. Noch viele Jahre später, wenn die onanistische Betätigung längst unterdrückt ist, setzt sich ein Interesse fort, das wir als Abwehr einer noch immer gefürchteten Versuchung deuten müssen. Es äußert sich im Auftauchen von Sympathie für Personen, denen man ähnliche Schwierigkeiten zumutet, es geht als Motiv in die Eheschließung ein, ja es kann die Wahl des Ehe- oder Liebespartners bestimmen. Die Erledigung der frühkindlichen Masturbation ist wahrlich keine leichte oder gleichgültige Sache.

Mit dem Aufgeben der klitoridischen Masturbation wird auf ein Stück Aktivität verzichtet. Die Passivität hat nun die Oberhand, die Wendung zum Vater wird vorwiegend mit Hilfe passiver Triebregungen vollzogen. Sie erkennen, daß ein solcher Entwicklungsschub, der die phallische Aktivität aus dem Weg räumt, der Weiblichkeit den Boden ebnet. Wenn dabei nicht zuviel durch Verdrängung verlorengeht, kann diese Weiblichkeit normal ausfallen. Der Wunsch, mit dem sich das Mädchen an den Vater wendet, ist wohl ursprünglich der Wunsch nach dem Penis, den ihr die Mutter versagt hat und den sie nun vom Vater erwartet. Die weibliche Situation ist aber erst hergestellt, wenn sich der Wunsch nach dem Penis durch den nach dem Kind ersetzt, das Kind also nach alter symbolischer Äquivalenz an die Stelle des Penis tritt. Es entgeht uns nicht, daß sich das Mädchen schon früher, in der ungestörten phallischen Phase, ein Kind gewünscht hatte; das war ja der Sinn ihres Spieles mit Puppen. Aber dies Spiel war nicht eigentlich der Ausdruck ihrer Weiblichkeit, es diente der Mutteridentifizierung in der Absicht der Ersetzung der Passivität durch Aktivität. Sie spielte die Mutter und die Puppe war sie selbst; nun konnte sie an dem Kind all das tun, was die Mutter an ihr zu tun pflegte. Erst mit dem Einmünden des Peniswunsches wird das Puppenkind ein Kind vom Vater und von da an das stärkste weibliche Wunschziel. Das Glück ist groß, wenn dieser Kinderwunsch später einmal seine reale Erfüllung findet, ganz besonders aber, wenn das Kind ein Knäblein ist, das den ersehnten Penis mitbringt. In der Zusammenstellung »Ein Kind vom Vater« ruht der Akzent häufig genug auf dem Kind und läßt den Vater unbetont. So schimmert der alte männliche Wunsch nach dem Besitz des Penis noch durch die vollendete Weiblichkeit durch. Aber vielleicht sollten wir diesen Peniswunsch eher als einen exquisit weiblichen anerkennen.

Mit der Übertragung des Kind-Penis-Wunsches auf den Vater ist das Mädchen in die Situation des Ödipuskomplexes eingetreten. Die Feindseligkeit gegen die Mutter, die nicht erst neu geschaffen zu werden brauchte, erfährt jetzt eine große Verstärkung, denn sie wird zur Rivalin, die vom Vater all das erhält, was das Mädchen von ihm begehrt. Der Ödipuskomplex des Mädchens hat uns lange den Einblick in dessen präödipale Mutterbindung verhüllt, die doch so wichtig ist und so nachhaltige Fixierungen hinterläßt. Für das Mädchen ist die Ödipussituation der Ausgang einer langen und schwierigen Entwicklung, eine Art vorläufiger Erledigung, eine Ruheposition, die man nicht so bald verläßt, besonders da der Beginn der Latenzzeit nicht fern ist. Und nun fällt uns im Verhältnis des Ödipuskomplexes zum Kastrationskomplex ein Unterschied zwischen den Geschlechtern auf, der wahrscheinlich folgenschwer ist. Der Ödipuskomplex des Knaben, in dem er seine Mutter begehrt und seinen Vater als Rivalen beseitigen möchte, entwickelt sich natürlich aus der Phase seiner phallischen Sexualität. Die Kastrationsdrohung zwingt ihn aber, diese Einstellung aufzugeben. Unter dem Eindruck der Gefahr, den Penis zu verlieren, wird der Ödipuskomplex verlassen, verdrängt, im normalsten Falle gründlich zerstört, und als sein Erbe ein strenges Über-Ich eingesetzt. Was beim Mädchen geschieht, ist beinahe das Gegenteil. Der Kastrationskomplex bereitet den Ödipuskomplex vor anstatt ihn zu zerstören, durch den Einfluß des Penisneides wird das Mädchen aus der Mutterbindung vertrieben und läuft in die Ödipussituation wie in einen Hafen ein. Mit dem Wegfall der Kastrationsangst entfällt das Hauptmotiv, das den Knaben gedrängt hatte, den Ödipuskomplex zu überwinden. Das Mädchen verbleibt in ihm unbestimmt lange, baut ihn nur spät und dann unvollkommen ab. Die Bildung des Über-Ichs muß unter diesen Verhältnissen leiden, es kann nicht die Stärke und die Unabhängigkeit erreichen, die ihm seine kulturelle Bedeutung verleihen und – Feministen hören es nicht gerne, wenn man auf die Auswirkungen dieses Moments für den durchschnittlichen weiblichen Charakter hinweist.

Um nun zurückzugreifen: als die zweite der möglichen Reaktionen nach der Entdeckung der weiblichen Kastration haben wir die Entwicklung eines starken Männlichkeitskomplexes erwähnt. Damit ist gemeint, daß das Mädchen sich gleichsam weigert, die unliebsame Tatsache anzuerkennen, in trotziger Auflehnung seine bisherige

Männlichkeit noch übertreibt, an seiner klitoridischen Betätigung festhält und seine Zuflucht zu einer Identifizierung mit der phallischen Mutter oder dem Vater nimmt.
Was kann für diesen Ausgang entscheidend sein? Wir können uns nichts anderes vorstellen als einen konstitutionel-
len Faktor, ein größeres Ausmaß von Aktivität, wie es sonst
für das Männchen charakteristisch ist. Das Wesentliche des
Vorgangs ist doch, daß an dieser Stelle der Entwicklung der
Passivitätsschub vermieden wird, der die Wendung zur
Weiblichkeit eröffnet. Als die äußerste Leistung dieses
Männlichkeitskomplexes erscheint uns die Beeinflussung
der Objektwahl im Sinne einer manifesten Homosexualität.
Die analytische Erfahrung lehrt uns zwar, daß die weibliche
Homosexualität selten oder nie die infantile Männlichkeit
gradlinig fortsetzt. Es scheint dazuzugehören, daß auch
solche Mädchen für eine Weile den Vater zum Objekt nehmen und sich in die Ödipussituation begeben. Dann aber
werden sie durch die unausbleiblichen Enttäuschungen am
Vater zur Regression auf ihren frühen Männlichkeitskomplex gedrängt. Man darf die Bedeutung dieser Enttäuschungen nicht überschätzen; sie bleiben auch dem zur Weiblichkeit bestimmten Mädchen nicht erspart, ohne den gleichen
Erfolg zu haben. Die Übermacht des konstitutionellen Moments scheint unbestreitbar, aber die zwei Phasen in der
Entwicklung der weiblichen Homosexualität spiegeln sich
sehr schön in den Praktiken der Homosexuellen, die ebenso oft und ebenso deutlich Mutter und Kind miteinander
spielen wie Mann und Weib.

Was ich Ihnen da erzählt habe, ist sozusagen die Vorgeschichte des Weibes. [...]
Ich habe versprochen, Ihnen noch einige psychische Besonderheiten der reifen Weiblichkeit, vorzuführen, wie sie
uns in der analytischen Beobachtung entgegentreten. Mehr
als durchschnittlichen Wahrheitswert nehmen wir für diese
Behauptungen nicht in Anspruch; auch ist es nicht immer

leicht auseinanderzuhalten, was dem Einfluß der Sexualfunktion und was der sozialen Züchtung zuzuschreiben ist.
Wir schreiben also der Weiblichkeit ein höheres Maß von
Narzißmus zu, das noch ihre Objektwahl beeinflußt, so
daß geliebt zu werden dem Weib ein stärkeres Bedürfnis ist
als zu lieben. An der körperlichen Eitelkeit des Weibes ist
noch die Wirkung des Penisneides mitbeteiligt, da sie ihre
Reize als späte Entschädigung für die ursprüngliche sexuelle Minderwertigkeit um so höher einschätzen muß. Der
Scham, die als eine exquisit weibliche Eigenschaft gilt, aber
weit mehr konventionell ist, als man denken sollte, schreiben wir die ursprüngliche Absicht zu, den Defekt des Genitales zu verdecken. Wir vergessen nicht, daß sie späterhin
andere Funktionen übernommen hat. Man meint, daß die
Frauen zu den Entdeckungen und Erfindungen der Kultur-
geschichte wenig Beiträge geleistet haben, aber vielleicht
haben sie doch eine Technik erfunden, die des Flechtens
und Webens. Wenn dem so ist, so wäre man versucht, das
unbewußte Motiv dieser Leistung zu erraten. Die Natur
selbst hätte das Vorbild für diese Nachahmung gegeben, indem sie mit der Geschlechtsreife die Genitalbehaarung
wachsen ließ, die das Genitale verhüllt. Der Schritt, der
dann noch zu tun war, bestand darin, die Fasern aneinander
haften zu machen, die am Körper in der Haut staken und
nur miteinander verfilzt waren. Wenn Sie diesen Einfall als
phantastisch zurückweisen und mir den Einfluß des Penismangels auf die Gestaltung der Weiblichkeit als eine fixe
Idee anrechnen, bin ich natürlich wehrlos.

Die Bedingungen der Objektwahl des Weibes sind häufig
genug durch soziale Verhältnisse unkenntlich gemacht. Wo
sie sich frei zeigen darf, erfolgt sie oft nach dem narzißtischen Ideal des Mannes, der zu werden das Mädchen gewünscht hatte. Ist das Mädchen in der Vaterbindung, also
im Ödipuskomplex, verblieben, so wählt es nach dem Va-
tertypus. Da bei der Wendung von der Mutter zum Vater
die Feindseligkeit der ambivalenten Gefühlsbeziehung bei

der Mutter verblieben ist, sollte eine solche Wahl eine glückliche Ehe versichern. Aber sehr oft tritt der Ausgang ein, der eine solche Erledigung des Ambivalenzkonflikts im allgemeinen bedroht. Die zurückgelassene Feindseligkeit kommt der positiven Bindung nach und greift auf das neue Objekt über. Der Ehemann, der zunächst vom Vater geerbt hatte, tritt mit der Zeit auch das Muttererbe an. So kann es leicht geschehen, daß die zweite Hälfte des Lebens einer Frau von dem Kampf gegen ihren Mann erfüllt wird wie die kürzere erste von der Auflehnung gegen ihre Mutter. Nachdem die Reaktion ausgelebt worden ist, kann sich eine zweite Ehe leicht sehr viel befriedigender gestalten. Eine andere Wandlung im Wesen der Frau, für die die Liebenden nicht vorbereitet sind, mag eintreten, nachem in der Ehe das erste Kind geboren worden ist. Unter dem Eindruck der eigenen Mutterschaft kann eine Identifizierung mit der eigenen Mutter wiederbelebt werden, gegen die sich das Weib bis zur Ehe gesträubt hatte, und alle verfügbare Libido an sich reißen, so daß der Wiederholungszwang eine unglückliche Ehe der Eltern reproduziert. Daß das alte Moment des Penismangels seine Kraft noch immer nicht eingebüßt hat, zeigt sich in der verschiedenen Reaktion der Mutter auf die Geburt eines Sohnes oder einer Tochter. Nur das Verhältnis zum Sohn bringt der Mutter uneingeschränkte Befriedigung; es ist überhaupt die vollkommenste, am ehesten ambivalenzfreie aller menschlichen Beziehungen. Auf den Sohn kann die Mutter den Ehrgeiz übertragen, den sie bei sich unterdrücken mußte, von ihm die Befriedigung all dessen erwarten, was ihr von ihrem Männlichkeitskomplex verblieben ist. Selbst die Ehe ist nicht eher versichert, als bis es der Frau gelungen ist, ihren Mann auch zu ihrem Kind zu machen und die Mutter gegen ihn zu agieren.

Die Mutteridentifizierung des Weibes läßt zwei Schichten erkennen, die prädipale, die auf der zärtlichen Bindung an die Mutter beruht und sie zum Vorbild nimmt, und die spätere aus dem Ödipuskomplex, die die Mutter beseitigen und beim Vater ersetzen will. Von beiden bleibt viel für die Zukunft übrig, man hat wohl ein Recht zu sagen, keine wird im Laufe der Entwicklung in ausreichendem Maße überwunden. Aber die Phase der zärtlichen präödipalen Bindung ist die für die Zukunft des Weibes entscheidende; in ihr bereitet sich die Erwerbung jener Eigenschaften vor, mit denen sie später ihrer Rolle in der Sexualfunktion genügen und ihre unschätzbaren sozialen Leistungen bestreiten wird. In dieser Identifizierung gewinnt sie auch die Anziehung für den Mann, die dessen ödipale Mutterbindung zur Verliebtheit entfacht. Nur daß dann so häufig erst der Sohn das erhält, um was er für sich geworben hatte. Man hat den Eindruck, die Liebe des Mannes und die der Frau sind um eine psychologische Phasendifferenz auseinander.

Daß man dem Weib wenig Sinn für Gerechtigkeit zuerkennen muß, hängt wohl mit dem Überwiegen des Neids in ihrem Seelenleben zusammen, denn die Gerechtigkeitsforderung ist eine Verarbeitung des Neids, gibt die Bedingung an, unter der man ihn fahrenlassen kann. Wir sagen auch von den Frauen aus, daß ihre sozialen Interessen schwächer und ihre Fähigkeit zur Triebsublimierung geringer sind als die der Männer. Das erstere leitet sich wohl vom dissozialen Charakter ab, der allen Sexualbeziehungen unzweifelhaft eignet. Liebende finden aneinander Genüge, und noch die Familie widerstrebt der Aufnahme in umfassendere Verbände. Die Eignung zur Sublimierung ist den größten individuellen Schwankungen unterworfen. Hingegen kann ich es nicht unterlassen, einen Eindruck zu erwähnen, den man immer wieder in der analytischen Tätigkeit empfängt. Ein Mann um die Dreißig erscheint als ein jugendliches, eher unfertiges Individuum, von dem wir erwarten, daß es die Möglichkeiten der Entwicklung, die ihm die Analyse eröffnet, kräftig ausnützen wird. Eine Frau um die gleiche Lebenszeit aber erschreckt uns häufig durch ihre psychische Starrheit und Unveränderlichkeit. Ihre Libido hat endgültige Positionen eingenommen und scheint unfähig, sie gegen andere zu verlassen. Wege zu weiterer Entwicklung ergeben sich nicht; es ist, als wäre der ganze Prozeß bereits abgelaufen, bliebe von nun an unbeeinflußbar, ja als hätte die schwierige Entwicklung zur Weiblichkeit die Möglichkeiten der Person erschöpft. Wir beklagen diesen Sachverhalt als Therapeuten, selbst wenn es uns gelingt, dem Leiden durch die Erledigung des neurotischen Konflikts ein Ende zu machen. [...]

D: Sigmund Freud: 33. Vorlesung: Die Weiblichkeit. In: S. F.: Studienausgabe. Bd. 1: Vorlesungen zur Einführung in die Psychoanalyse. Und Neue Folge. Hrsg. von Alexander Mitscherlich, Angela Richards und James Strachey †. Frankfurt a. M.: S. Fischer, 1969. S. 544–565. (Neue Folge der Vorlesungen zur Einführung in die Psychoanalyse / 33. Vorlesung.) – © 1969 S. Fischer Verlag GmbH, Frankfurt a. M.

Autoritäre Familienstruktur und bürgerliche Ordnung: Max Horkheimer

Die für die »Kritische Theorie« der 30er Jahre charakteristischen programmatischen Vorstellungen hat Max Horkheimer entwickelt. Als Leiter des Frankfurter Instituts für Sozialforschung sieht er sich vor die Aufgabe gestellt, der zunehmend sich vertiefenden Dissoziation von Sozialphilosophie und Fachsoziologie entgegenzuwirken. Während letztere sich unkritisch am Objektivitätsideal der Naturwissenschaften orientiert, gerät die deutsche Sozialphilosophie in ihrer Abwehr reiner Tatsachenforschung auf das Gleis einer bloß bekenntnishaft motivierten Neometaphysik. Die Forderung nach d i a l e k t i s c h e r D u r c h d r i n g u n g von empirischer Sozialforschung und philosophischer Konstruktion ist nun, so Horkheimer, einzulösen, wenn sie sich am Leitfaden einer materialistischen Dialektik orientiert. Der Bezugsrahmen marxistischer Grundtheoreme erlaubt es, die disparaten sozialwissenschaftlichen Themengebiete zu integrieren und eröffnet damit dem Projekt einer kritischen, interdisziplinär angelegten Theorie der gegenwärtigen Gesellschaft eine methodisch gesicherte Realisierungschance. – Die im amerikanischen Exil 1935 abgeschlossenen und 1936 in Paris veröffentlichten *Studien über Autorität und Famili*e versuchen diesen Anspruch einzulösen. Die hier abgedruckten Textabschnitte stammen aus dem von Horkheimer verfaßten »Allgemeinen Teil«, mit dem die erste Abteilung des Bandes (»Theoretische Entwürfe«) eingeleitet wird.

Horkheimer entwickelt seine Überlegungen vor dem Hintergrund der Frage, wie sich die »notwendige Herrschaft von Menschen über Menschen, welche die bisherige Gestalt der Geschichte bestimmt, im Herzen der Beherrschten selbst« befestigt (357)[1]. Herrschaftsverhältnisse sind den

---

1 Soweit der im folgenden abgedruckte Quellentext die in der Einleitung zitierten Textstellen nicht enthält, werden diese nach folgender Ausgabe zitiert:

beherrschten Individuen in der Form der Abhängigkeit von Instanzen bewußt, die Autorität verkörpern. Soll solche Abhängigkeit nicht nur passiv hingenommen, sondern bejaht werden, kann die »Unterwerfung unter fremde Instanzen« nicht Folge unmittelbaren Zwangs sein; sie muß vielmehr als Bedingung der Stabilität der gesellschaftlichen Ordnung erscheinen. Mit anderen Worten: die Abhängigkeit von Autoritäten ist im Bewußtsein der Individuen an die Legitimität der bestehenden Herrschaftsverhältnisse geknüpft. In traditionalen Gesellschaften ist diese durch die Geltung religiöser und metaphysischer Weltbilder gesichert. Die Aufklärung unterzieht diese herrschaftslegitimierenden Weltbilder einer unnachsichtigen Kritik; einzig »die Vernunft in jedem Individuum« gilt als legitime »Quelle von Recht und Wahrheit« (362). An die Stelle der durch Tradition sanktionierten gesellschaftlichen Ordnung tritt nun der durch die freien und gleichen Individuen in freier Vereinbarung selbst gesetzte gesellschaftliche Zusammenhang. Das einzelne Individuum freilich – so lautet nun Horkheimers Überlegung – kann sich selbst nicht als aktiver Teilnehmer an der die bürgerliche Gesellschaft konstituierenden Ordnung begreifen: ihm begegnet der gesellschaftliche Zusammenhang nur noch als fertiges Resultat und somit als »an sich seiende Wirklichkeit« (368). Darin nun erkennt Horkheimer das Phänomen der Autorität in der bürgerlichen Gesellschaft; die Instanz, die Autorität verkörpert, hat ihre Modalität geändert: die gesellschaftlichen Verhältnisse selbst werden »autoritativ«. Diese gelten dem bürgerlichen Denken ebenso als objektiv bestehend wie die Erscheinungen der äußeren Natur. Den Grund für diese Objektivitätshörigkeit entdeckt Horkheimer im dualistischen Charakter der neuzeitlichen Philosophie: wird das Attribut der Souveränität einzig der Subjektivität zugesprochen, erscheint

Max Horkheimer, Autorität und Familie, in: M. H., Gesammelte Schriften, Bd. 3, Frankfurt a. M. 1988. Die Seitenangaben, die sich auf im vorliegenden Band abgedruckte Textausschnitte beziehen, sind kursiv gesetzt.

nicht nur der Gegenstandsbereich der Natur, sondern auch der der Gesellschaft als gegeben, als Inbegriff des bloß faktisch Existierenden, das hinzunehmen ist.

Vor dem Hintergrund einer Gesellschaft von Warenproduzenten läßt sich nun die Objektivität der gesellschaftlichen Verhältnisse als Verdinglichung charakterisieren: weil durch den Warentausch vermittelt, erscheinen den Individuen ihre eigenen gesellschaftlichen Verhältnisse als gesellschaftliche Verhältnisse von Dingen. Im Rekurs auf diese von Marx im Fetischcharakter der Ware entdeckten Verkehrung kann Horkheimer festhalten: An die Stelle der alten Autoritäten tritt die durch eine »seelenlose ökonomische Dynamik« bestimmte gesellschaftliche Wirklichkeit als »neue und machtvolle Autorität«. Dem »blinden ökonomischen Mechanismus« sich zu widersetzen gilt dem handelnden Subjekt als ebenso unvernünftig wie der Widerstand gegen die Gesetze der bewußtlosen Natur. Als vernünftig erscheint vielmehr die »möglichst vollständige Anpassung des Subjekts an die verdinglichte Autorität der Ökonomie« (372f.).

Die gesellschaftliche Institution F a m i l i e nun kommt in den Blick, wenn man, so Horkheimer, nach den Mechanismen fragt, welche die Reproduktion der bürgerlichen Ordnung gewährleisten. Die Familie ist der Ort, in dem die individuellen Verhaltensdispositionen herangebildet werden, die der ideologischen Grundstruktur des bürgerlichen Bewußtseins entsprechen. »Die Familie besorgt [...] die Reproduktion der menschlichen Charaktere, wie sie das gesellschaftliche Leben erfordert, und gibt ihnen [...] die unerläßliche Fähigkeit zu dem besonders gearteten autoritären Verhalten, von dem die bürgerliche Ordnung [...] abhängt« (*386*). Aus der Sicht der Gesellschaft fungiert die Familie also als gesellschaftliche Sozialisationsagentur. Die Rede von der Funktionalisierung der Familie für die Zwecke der Gesellschaft wäre freilich leer, käme der Familie nicht ein ihr eigener Zweck zu; diesen Zweck nun attestiert ihr

Horkheimer im Rekurs auf Hegels *Phänomenologie des Geistes*: es ist »der Einzelne als solcher«. Während für die bürgerliche Gesellschaft als Sphäre der Warenproduktion und des Warentauschs die Abstraktion von der individuellen Besonderheit ihrer Träger konstitutiv ist, die Individuen einander als gleiche, und das heißt als »vertretbare Repräsentanten ökonomischer Faktoren« begegnen, liegt das Prinzip der familialen Beziehungen gerade in der Wahrung der Singularität und damit der Unvertretbarkeit der Individuen (405). Vor dem Hintergrund dieser der Familie eigenen Zweckbestimmung kann Horkheimer festhalten, daß die Familie »auch in einem antagonistischen Verhältnis« (392) zur Gesellschaft steht. Daß dieser Antagonismus die Gesellschaft freilich nicht bedroht, begründet Horkheimer wiederum im Rückgriff auf Hegel: Das »Prinzip der Liebe zum ganzen Menschen« wird innerhalb der Familie einseitig vertreten, nämlich durch die »Weiblichkeit«; die »Männlichkeit« hingegen vertritt das gegen die Familie gerichtete negative Prinzip, daher kommt dem Vater die Funktion zu, die männlichen Nachkommen zu »sozialisieren«, d. h., in ihnen jene autoritäre Gesinnung zu erzeugen, die sie befähigt, als Träger der bürgerlichen Ordnung zu fungieren. Das durch die Frau verkörperte Prinzip fügt der Familie also an sich ein »antiautoritäres Moment« (394) bei, das aber faktisch, d. h. unter den Bedingungen der »bürgerlichen Männergesellschaft« nicht zur Entfaltung kommen kann: Weil die Frau gesellschaftlich und rechtlich unter der Botmäßigkeit des Mannes steht, stärkt ihre familiale Rolle die Autorität des Bestehenden, »und die Kinder erleben in der mütterlichen Erziehung unmittelbar die Einwirkung eines der herrschenden Ordnung ergebenen Geistes« (395).

Als gesellschaftliches Fundament und machtvollste Stütze des gesellschaftlichen Autoritätsprinzips gilt Horkheimer nun die Einrichtung der Monogamie. In der Folge der christlichen Vorstellung von der in der weiblichen Hälfte der Gattung inkarnierten sinnlich-triebhaften Natur des

Menschen kommt es zu jener »Entwertung des Genusses aus reiner Sinnlichkeit«, die mit der monogamen Ehekonzeption unlösbar verbunden ist. Die Scheidung von »idealischer Hingabe und sexueller Begierde«, die von den Eltern durch die Verbergung ihres Geschlechtslebens vor den Kindern praktiziert wird, begegnet dem Sohn in Form des Gebots, jedes sinnliche Moment aus der der Mutter zugewandten Zärtlichkeit zu bannen. Was von seiten der Mutter als gesellschaftlich bedingte Unfähigkeit erschien, dem antiautoritären Prinzip der Liebe zum ganzen Menschen Geltung zu verschaffen, wiederholt sich im Verhältnis des Sohnes zur Mutter; diesem bleibt versagt, die Mutter »in ihrer konkreten Existenz«, »als dieses bestimmte soziale und geschlechtliche Wesen« achten zu lernen. Nicht nur, daß diese frühe Versagung einen bedeutenden Teil jener psychischen Energie auf Dauer absorbiert, die der »aktiven Gestaltung der Welt zugute kommen könnte«: die Mutter wird zum Symbol des Bestehenden und zu Bewahrenden, ihre Unantastbarkeit verleiht der herrschenden Ordnung die quasimetaphysische Dignität des Immerseienden und Unveränderbaren (ebd.).

Am Ende seiner Studie hebt Horkheimer noch einmal den der Familie eigenen Zweck hervor. Trotz der lückenlosen Funktionalisierung der Familie für die repressiven Zwecke der bürgerlichen Gesellschaft bleibt sie für ihn der Ort, wo der Einzelne »nicht bloß als Funktion, sondern als Mensch« zu wirken vermag: Die Möglichkeiten eines humanen Umgangs verdanken sich jenen Potentialen, die in der Geschlechtsliebe der Frau und vor allem in der »mütterlichen Sorge« angelegt sind; insofern, resümiert Horkheimer, führt die Familie nicht »zur bürgerlichen Autorität, sondern zur Ahnung eines besseren menschlichen Zustands« (*393*).

Sabine Doyé

Literaturhinweise

Institut für Sozialforschung, Familie. In: Soziologische Exkurse. Nach Vorträgen und Diskussionen. Hrsg. vom Institut für Sozialforschung. Frankfurt a. M. 1956. S. 116–132.

Kulke, Christine / Scheich, Elvira (Hrsg.): Zwielicht der Vernunft. Die Dialektik der Aufklärung aus der Sicht von Frauen. Pfaffenweiler 1992.

Milhoffer, Petra: Familie und Klasse. Ein Beitrag zu den politischen Konsequenzen familialer Sozialisation. Frankfurt a. M. 1973.

Autorität und Familie

[1936]

III. Familie

Das Verhältnis der Individuen zur Autorität, das durch die besondere Art des Arbeitsprozesses in der neueren Zeit vorgezeichnet ist, bedingt ein dauerndes Zusammenwirken der gesellschaftlichen Institutionen zur Erzeugung und Festigung der ihm entsprechenden Charaktertypen. Diese Wirksamkeit erschöpft sich nicht in bewußten Maßnahmen von Kirche, Schule, sportlichen und politischen Verbänden, Theater, Presse und so fort, sondern mehr noch als durch die absichtlich auf Menschenbildung gerichteten Akte wird diese Funktion durch den stetigen Einfluß der herrschenden Zustände selbst, durch die gestaltende Kraft des öffentlichen und privaten Lebens, durch das Vorbild von Personen, die im Schicksal des Einzelnen eine Rolle spielen, kurz, auf Grund vom Bewußtsein nicht kontrollierter Prozesse ausgeübt. Ich betrachte den Menschen, sagt Helvétius[1], »als Schüler aller Gegenstände, die ihn umgeben, aller Situationen, in die ihn der Zufall stellt, endlich aller Ereignisse, die ihm begegnen«. Wenn der Hunger und die Angst vor einer elenden Existenz die Einzelnen zur Arbeit zwingen, so müssen doch die gesamten wirtschaftlichen und kulturellen Mächte an jeder Generation aufs neue ihr Werk verrichten, um sie zu dieser Arbeit in ihren jeweiligen Formen zu befähigen. »Geist und Geschicklichkeit sind bei den Menschen immer nur das Produkt ihrer Wünsche und

---

1 Claude Adrien Helvétius, *De l'homme*, in: *Œuvres complètes*, Bd. 5, London 1778, S. 188 [Übersetzung von M. H.].

ihrer besonderen Lage.«[2] Und selbst die Wünsche werden durch die gesellschaftliche Situation und alle verschiedenartigen Bildungsmächte, die sich in ihr treffen, in bestimmter Weise gestaltet. Unter den Verhältnissen, welche die seelische Prägung des größten Teils aller Individuen sowohl durch bewußte als auch unbewußte Mechanismen entscheidend beeinflussen, hat die Familie eine ausgezeichnete Bedeutung. Die Vorgänge in ihr formen das Kind von seinem zartesten Alter an und spielen bei der Entfaltung seiner Fähigkeiten eine ausschlaggebende Rolle. So wie im Medium dieses Kreises die Wirklichkeit sich spiegelt, erfährt das Kind, das in ihm aufwächst, ihren Einfluß. Die Familie besorgt, als eine der wichtigsten erzieherischen Agenturen, die Reproduktion der menschlichen Charaktere, wie sie das gesellschaftliche Leben erfordert, und gibt ihnen zum großen Teil die unerläßliche Fähigkeit zu dem spezifisch autoritären Verhalten, von dem der Bestand der bürgerlichen Ordnung weitgehend abhängt. [...]

In der Entwicklungsgeschichte der Familie von der absolutistischen zur liberalistischen Periode tritt ein neues Moment in der Erziehung zur Autorität immer stärker hervor. Es wird nicht mehr unmittelbar der Gehorsam, sondern im Gegenteil der Gebrauch der Vernunft gefordert. Wer nur nüchtern die Welt betrachtet, wird einsehen, daß der Einzelne sich fügen und unterordnen muß. Wer es zu etwas bringen, ja, überhaupt, wer nicht untergehen will, muß lernen, es anderen recht zu machen. Auch diese Erziehung zur Realitätsgerechtigkeit, auf die in den entwickelteren Phasen der bürgerlichen Gesellschaft jeder gute pädagogische Wille hinausläuft, ist in der protestantischen Familienauffassung vorbereitet. Sie ist in dem »eigentlichsten Grundgedanken des Luthertums gegeben, welches die von Natur gesetzte körperliche Überlegenheit als Ausdruck eines von Gott gewollten Überordnungsverhältnisses und fe-

2 Ebd., Bd. 3, S. 137.

ste Ordnung als den Hauptzweck aller sozialen Organisationen ansieht. Der Hausvater ist der Rechtsvertreter, der nicht kontrollierte Gewaltinhaber, der Brotherr, der Seelsorger und Priester seines Hauses.«[3] Diese Naturtatsache, die physische Stärke des Vaters, erscheint im Protestantismus zugleich als ein moralisches, ein zu respektierendes Verhältnis. Weil der Vater *de facto* mächtiger ist, darum ist er es auch *de iure*; das Kind soll dieser Überlegenheit nicht bloß Rechnung tragen, sondern sie zugleich achten, indem es ihr Rechnung trägt. In dieser familialen Situation, die für die Entwicklung des Kindes bestimmend ist, wird bereits die Autoritätsstruktur der Wirklichkeit außerhalb der Familie weitgehend vorweggenommen: die herrschenden Verschiedenheiten der Existenzbedingungen, die das Individuum in der Welt vorfindet, sind einfach hinzunehmen, es muß unter ihrer Voraussetzung seinen Weg machen und soll nicht daran rütteln. Tatsachen erkennen, heißt, sie anerkennen. Von der Natur gesetzte Unterschiede sind von Gott gewollt, und in der bürgerlichen Gesellschaft erscheinen auch Reichtum und Armut als naturgegeben. Indem das Kind in der väterlichen Stärke ein sittliches Verhältnis respektiert und somit das, was es mit seinem Verstand als existierend feststellt, mit seinem Herzen lieben lernt, erfährt es die erste Ausbildung für das bürgerliche Autoritätsverhältnis.

Der Vater hat moralischen Anspruch auf Unterordnung unter seine Stärke, nicht weil er sich als würdig erweist, sondern er erweist sich als würdig, weil er der Stärkere ist. Zu Beginn der bürgerlichen Ordnung war die väterliche Hausgewalt zweifellos eine unerläßliche Bedingung des Fortschritts. Die Selbstzucht des Individuums, der Sinn für Arbeit und Disziplin, die Fähigkeit, an bestimmten Ideen festzuhalten, Folgerichtigkeit im praktischen Leben, An-

---

3 Ernst Troeltsch, *Die Soziallehren der christlichen Kirchen und Gruppen*, Tübingen 1923, S. 557 f.

wendung des Verstandes, Ausdauer und Freude an konstruktiver Tätigkeit konnten bei den gegebenen Verhältnissen einzig unter dem Diktat und der Leitung des Vaters, der selbst die Schule des Lebens an sich erfuhr, entwickelt werden. Weil aber diese Zweckmäßigkeit nicht in ihren wahren gesellschaftlichen Ursachen erkannt, sondern durch religiöse oder metaphysische Ideologien verschleiert wird und notwendig undurchsichtig bleibt, kann sie auch zu einer Zeit noch ideal erscheinen, in der die Kleinfamilie in der Mehrzahl aller Fälle, gemessen an den pädagogischen Möglichkeiten der Gesellschaft, elende Bedingungen für die menschliche Erziehung bietet. [...]

Infolge der scheinbaren Natürlichkeit der väterlichen Macht, die aus der doppelten Wurzel seiner ökonomischen Position und seiner juristisch sekundierten physischen Stärke hervorgeht, bildet die Erziehung in der Kleinfamilie eine ausgezeichnete Schule für das spezifisch autoritäre Verhalten in dieser Gesellschaft. Auch im siebzehnten und achtzehnten Jahrhundert, wo die Ideen von Freiheit und Gerechtigkeit noch nicht in einer auch dem Kinde fühlbaren Weise relativiert oder von den Eltern offenkundig als sekundär betrachtet wurden, lernen die bürgerlichen Söhne und Töchter trotz alles Redens von diesen Idealen, die sie in ihr eigenes Innere aufnahmen, daß die Erfüllung aller Wünsche in Wirklichkeit von Geld und Stellung abhängt. »Wenn man seit meiner Kindheit«, fragt Helvétius, »die Vorstellung von Reichtum mit derjenigen des Glücks in meinem Gedächtnis verkoppelt hat, wo wäre dann das Mittel, sie in einem späteren Alter wieder zu trennen? Weiß man denn nicht, was die Verbindung bestimmter Ideen vermag? Wenn ich auf Grund einer bestimmten Regierungsform die Großen sehr zu fürchten habe, werde ich die Größe auch noch mechanisch in einem fremden Herrn respektieren, der gar nichts über mich vermag.«[4] Die Wege, die

---

4 Helvétius (s. Anm. 1) Bd. 2, S. 213 f. [Übersetzung von M. H.].

zur Macht führen, sind in der bürgerlichen Welt nicht durch Verwirklichung moralischer Werturteile, sondern durch geschickte Anpassung an die Verhältnisse vorgezeichnet. Das erfährt der Sohn recht eindrucksvoll aus den Zuständen in seiner Familie. Mag er über den Vater wie auch immer denken: wenn er nicht schwere Versagungen und Konflikte heraufbeschwören will, muß er sich unterordnen und seine Zufriedenheit erwerben. Ihm gegenüber hat der Vater schließlich immer recht; er stellt Macht und Erfolg dar, und die einzige Möglichkeit für den Sohn, in seinem Innern die Harmonie zwischen den Idealen und dem folgsamen Handeln aufrechtzuerhalten, die bis zum Abschluß der Pubertät des öfteren erschüttert wird, ist die Ausstattung des Vaters, das heißt des Starken und Vermögenden, mit allen Qualitäten, die man als positive anerkennt. Weil nun die wirtschaftliche und erzieherische Leistung des Vaters für die Kinder in der Tat bei den gegebenen Verhältnissen unentbehrlich ist, weil in seiner erziehenden und verwaltenden Funktion, selbst in seiner Strenge bis zur Veränderung der Gesamtgesellschaft sich ein wirkliches gesellschaftliches Bedürfnis, wenn auch in problematischer Weise, durchsetzt, so läßt sich auch in der Achtung seiner Kinder das rationale vom irrationalen Element nicht trennen, und es wird die Kindheit in der Kleinfamilie zur Gewöhnung an eine Autorität, welche die Ausübung einer qualifizierten gesellschaftlichen Funktion mit der Macht über Menschen in undurchsichtiger Weise vereinigt.

Die bewußten Erziehungsmaßnahmen, die den Geist des Respekts gegenüber dem Bestehenden und die Fähigkeit, sich einzufügen, befördern, werden somit durch die suggestive Wirksamkeit der Situation in der Kleinfamilie ergänzt.[5] Tritt, wo die Familie noch Produktionsgemeinschaft

---

5 Zum Begriff der sozialen Suggestion im allgemeinen vgl. Ludwig Gumplowicz, *Die soziologische Staatsidee*, Innsbruck 1902, S. 205 ff.

ist, das Oberhaupt in seiner produktiven gesellschaftlichen Leistung unmittelbar vor Augen, so ist seine Position in der zur Konsumtionsgemeinschaft eingeschrumpften Familie wesentlich durch das von ihm hereingebrachte Geld vermittelt und für die Seinen um so schicksalhafter. Infolge dieser raumzeitlichen Trennung von beruflicher und familialer Existenz kann nun jeder bürgerliche Vater, auch wenn er im sozialen Leben eine armselige Stellung hat und den Rücken krümmen muß, zu Haus als Herr auftreten und die höchst wichtige Funktion ausüben, die Kinder an Bescheidung und Gehorsam zu gewöhnen. So wird es möglich, daß nicht nur aus großbürgerlichen Schichten, sondern auch aus vielen Gruppen der Arbeiter und Angestellten immer wieder Generationen hervorgehen, welche die Struktur des Wirtschafts- und Gesellschaftssystems nicht in Frage stellen, sondern als natürlich und ewig anerkennen und selbst noch ihre Unzufriedenheit und Rebellion zu vollstreckenden Kräften der herrschenden Ordnung machen lassen.

Die einzelnen Mechanismen, welche bei der autoritären Charakterbildung in der Familie wirksam sind, hat vornehmlich die moderne Tiefenpsychologie untersucht. Sie hat gezeigt, wie einerseits die Unselbständigkeit, das tiefe Minderwertigkeitsgefühl der meisten Menschen, die Zentrierung des ganzen Seelenlebens um die Begriffe von Ordnung und Unterordnung, andererseits jedoch auch die kulturellen Leistungen der Menschen durch die Beziehungen des Kindes zu den Eltern oder ihren Vertretern und zu den Geschwistern bedingt sind. Die Begriffe von Verdrängung und Sublimierung als Ergebnissen des Konflikts mit der gesellschaftlichen Realität haben das Verständnis dieser Vorgänge weitgehend gefördert. Für die Herausbildung des autoritären Charakters ist besonders entscheidend, daß die Kinder unter dem Druck des Vaters lernen, jeden Mißerfolg nicht bis zu seinen gesellschaftlichen Ursachen zurückzuführen, sondern bei den individuellen stehenzubleiben und diese entweder religiös als Schuld oder naturalistisch als mangelnde Begabung zu hypostasieren. Das in der Familie ausgebildete schlechte Gewissen fängt unendlich viele Energien auf, die sich sonst gegen die beim eigenen Versagen mitsprechenden gesellschaftlichen Zustände richten könnten. Das Ergebnis der väterlichen Erziehung sind Menschen, welche von vornherein den Fehler bei sich selbst suchen. Das ist zu Zeiten eine produktive Eigenschaft gewesen, solange nämlich das Schicksal der Individuen und das Wohl des Ganzen wenigstens zum Teil von ihrer Tüchtigkeit abhing. In der Gegenwart vereitelt das zwangsmäßige Schuldgefühl als andauernde Opferbereitschaft die Kritik an der Wirklichkeit, und das Prinzip zeigt wesentlich seine negative Seite so lange, bis es in richtiger Gestalt zum allgemeinen wird: als das in jedem Glied der sich selbst bestimmenden menschlichen Gesellschaft lebendige Bewußtsein, daß alles Glück Ergebnis der gemeinsamen Arbeit sei. Die heute vorherrschenden Menschentypen sind nicht dazu erzogen, den Dingen auf den Grund zu gehen, und nehmen die Erscheinung für das Wesen. Durch theoretisches Denken selbständig über die bloße Feststellung, das heißt die Aufnahme des Stoffs in konventionelle Begriffe, hinauszugehen, vermögen sie nicht, auch die religiösen und sonstigen Kategorien, in denen man sich aufzuschwingen getraut, liegen schon bereit; man hat es gelernt, sich ihrer kritiklos zu bedienen. Die Grausamkeit, nach Nietzsche das »Heilmittel des verletzten Stolzes«[6], fließt in andere Kanäle als die der Arbeit und Erkenntnis, wohin eine vernünftige Erziehung sie freilich lenken könnte.   [...]

Solange die grundlegende Struktur des gesellschaftlichen Lebens und die auf ihr beruhende Kultur der gegenwärtigen Weltepoche sich nicht entscheidend verändern, wird die Familie als Produzentin von bestimmten autoritären

---

6 Nietzsche, in: Friedrich Nietzsche, *Gesammelte Werke*, Musarionausgabe, Bd. 11, S. 251.

Charaktertypen ihre unentbehrliche Wirkung üben. Sie bildet ein wichtiges Moment des gesetzmäßigen Zusammenhangs, der diesen historischen Abschnitt beherrscht. Alle folgerichtigen politischen, moralischen, religiösen Bewegungen, welche die Kräftigung und Erneuerung dieser Einheit zum Ziel hatten, sind sich über die fundamentale Funktion der Familie als Erzeugerin autoritärer Gesinnung im klaren gewesen und haben die Stärkung der Familie mit allen ihren Voraussetzungen wie Verpönung des außerehelichen Geschlechtsverkehrs, Propaganda für Kinderzeugung und Aufzucht, Beschränkung der Frau auf den Haushalt sich zur Pflicht gemacht. Des weiteren ist auch die Konzeption der Sozialpolitik wesentlich durch die Einsicht in die Unentbehrlichkeit der Familie bedingt. [...]

Ebenso wie die anderen Elemente des gegenwärtigen kulturellen Zusammenhangs befindet sich die Familie zu ihnen wie zum Ganzen nicht bloß in einem fördernden, sondern auch in einem antagonistischen Verhältnis. Wenn selbst in der Blütezeit der bürgerlichen Ordnung das gesellschaftliche Leben nur unter den größten Entbehrungen für die Mehrzahl der Menschen sich erneuert hat, so war die Familie ein Ort, wo sich das Leid frei ausgesprochen und das verletzte Interesse der Individuen einen Hort des Widerstands gefunden hat. Die Verdinglichung des Menschen in der Wirtschaft zur bloßen Funktion einer ökonomischen Größe, des Vermögens, oder einer technisch geforderten Hand- oder Kopfarbeit setzt sich zwar auch in der Familie fort, soweit der Vater zum Geldverdiener, die Frau zum Geschlechtsobjekt oder zur häuslichen Leibeigenen und die Kinder, sei es zu Erben des Vermögens oder zu lebendigen Versicherungen werden, von denen man alle Mühe später mit Zinsen zurück erwartet. Im Gegensatz zum öffentlichen Leben hat jedoch der Mensch in der Familie, wo die Beziehungen nicht durch den Markt vermittelt sind und sich die Einzelnen nicht als Konkurrenten gegenüberstehen, stets auch die Möglichkeit besessen, nicht bloß als

Funktion, sondern als Mensch zu wirken. Während im bürgerlichen Leben das gemeinschaftliche Interesse, selbst wo es wie bei Naturkatastrophen, Kriegen oder der Unterdrückung von Revolutionen nicht durch Vertrag vermittelt ist, einen wesentlich negativen Charakter trägt und in der Abwehr von Gefahren sich betätigt, hat es in der Geschlechtsliebe und vor allem in der mütterlichen Sorge eine positive Gestalt. Die Entfaltung und das Glück des anderen wird in dieser Einheit gewollt. Dadurch entsteht der Gegensatz zwischen ihr und der feindlichen Wirklichkeit, und die Familie führt insofern nicht zur bürgerlichen Autorität, sondern zur Ahnung eines besseren menschlichen Zustands. In der Sehnsucht mancher Erwachsenen nach dem Paradies ihrer Kindheit, in der Art, wie eine Mutter von ihrem Sohn, auch wenn er mit der Welt in Konflikt gekommen ist, zu sprechen vermag, in der bergenden Liebe einer Frau für ihren Mann sind Vorstellungen und Kräfte lebendig, die freilich nicht an die Existenz der gegenwärtigen Familie gebunden sind, ja, unter dieser Form zu verkümmern drohen, aber im System der bürgerlichen Lebensordnung selten eine andere Stätte haben als eben die Familie. [...]

Indem Hegel das Prinzip der Liebe zum ganzen Menschen, wie sie in der Geschlechtsgemeinschaft herrscht, von der »Weiblichkeit« und das Prinzip der staatlichen Unterordnung von der »Männlichkeit« vertreten läßt, hat er in gewisser Weise das an Bachofen und Morgan anknüpfende Interesse am Problem des Matriarchats begründet. Morgan bezeichnet die künftige Stufe der Zivilisation »als eine Wiederbelebung ... – aber in höherer Form – der Freiheit, Gleichheit und Brüderlichkeit der alten Gentes«[7], und ebenso hat Engels das Matriarchat, welches die alte, auf Geschlechtsverbänden beruhende Gesellschaft kennzeichnet, unter dem Aspekt einer, freilich unentfalteten, Gesell-

7 Lewis Henry Morgan, *Die Urgesellschaft*, übers. von W. Eichhoff, Stuttgart 1921, S. 475.

schaft ohne Klassengegensätze und Verdinglichung des Menschen angesehen.[8] Den Übergang zum Vaterrecht nennt er eine Revolution, »eine der einschneidendsten, die die Menschen erlebt haben«[9]. Mit dem patriarchalischen System tritt der Gegensatz der Klassen, die Spaltung von öffentlichem und familialem Leben in die Welt, und auch in der Familie selbst wird das Prinzip der schroffen Autorität angewandt. »Der Umsturz des Mutterrechts war die weltgeschichtliche Niederlage des weiblichen Geschlechts.«[10] Soweit in der modernen Familie ein anderes Prinzip als das der Unterordnung herrscht, wird demnach durch die mütterliche und schwesterliche Liebe der Frau ein hinter die historische Antike zurückreichendes gesellschaftliches Prinzip am Leben erhalten, das Hegel »als das Gesetz der alten Götter, des Unterirdischen«[11], das heißt des Vorgeschichtlichen begreift.

Wenn somit die gegenwärtige Familie kraft der durch die Frau bestimmten menschlichen Beziehungen ein Reservoir von Widerstandskräften gegen die völlige Entseelung der Welt ausmacht und ein antiautoritäres Moment in sich enthält, hat freilich die Frau infolge ihrer Abhängigkeit ihr eigenes Wesen verändert. Indem sie gesellschaftlich und rechtlich weitgehend unter der Botmäßigkeit des Mannes steht und auf ihn angewiesen ist, also das Gesetz dieser anarchischen Gesellschaft selbst an sich erfährt, wird ihre eigene Entfaltung dauernd gehemmt. Der Mann, und zwar der durch die bestehenden Verhältnisse geprägte, herrscht in doppelter Weise über sie: indem das gesellschaftliche Leben wesentlich von Männern in Gang gehalten wird und es der Mann ist, welcher der Familie vorsteht. [...]

---

8 Vgl. dazu Erich Fromm, »Die sozialpsychologische Bedeutung der Mutterrechtstheorie«, in: *Zeitschrift für Sozialforschung* 3 (1934) S. 196 ff.
9 Friedrich Engels, *Der Ursprung der Familie, des Privateigentums und des Staats*, Zürich 1934, S. 40.
10 Ebd., S. 41.
11 G. W. F. Hegel, *Grundlinien der Philosophie des Rechts*, § 166.

In doppelter Weise stärkt die familiale Rolle der Frau die Autorität des Bestehenden. Als abhängig von der Stellung und vom Verdienst des Mannes ist sie darauf angewiesen, daß der Hausvater sich den Verhältnissen fügt, unter keinen Umständen sich gegen die herrschende Gewalt auflehnt, sondern alles aufbietet, um in der Gegenwart vorwärtszukommen. Ein tiefes ökonomisches, ja, physiologisches Interesse verbindet die Frau mit dem Ehrgeiz des Mannes. Vor allem ist es ihr jedoch um die eigene ökonomische Sicherheit und die ihrer Kinder zu tun. Die Einführung des Wahlrechts der Frau hat auch in den Staaten, wo eine Stärkung der Arbeitergruppen erwartet wurde, den konservativen Mächten Gewinn gebracht.

Das Gefühl der wirtschaftlichen und sozialen Verantwortung für Frau und Kind, das in der bürgerlichen Welt notwendig zu einem Wesenszug des Mannes wird, gehört zu den wichtigsten zusammenhaltenden Funktionen der Familie in dieser Gesellschaft. Wenn das Sich-Einfügen in die bestehenden Autoritätsverhältnisse für den Gatten und Vater aus Liebe zu den Seinen ratsam wird, so bringt ihn schon der bloße Gedanke an Widerstand vor den qualvollsten Gewissenskonflikt. Aus einer Sache des persönlichen Muts verwandelt sich der Kampf gegen bestimmte historische Zustände in eine Aufopferung der geliebten Personen. Die Existenz mancher Staaten in der neueren Geschichte, insbesondere der streng autoritären, ist aufs engste mit diesen tiefen Hemmungen und ihrer fortwährenden Reproduktion verknüpft. Ihr Wegfall oder auch nur ihre Minderung bedeutete für diese Staaten die unmittelbarste Gefahr. Nicht allein durch die Sorge um die Familie selbst, sondern auch durch die beständig ausgesprochene und stumme Mahnung der Frau wird der Gatte dem Bestehenden verhaftet, und die Kinder erleben in der mütterlichen Erziehung unmittelbar das Einwirken eines der herrschenden Ordnung ergebenen Geistes, wenngleich andererseits die Liebe zu der vom Vater beherrschten Mutter auch den Keim zu einem dau-

ernd oppositionellen Charakterzug in sie legen kann. Aber
nicht nur auf diesem unmittelbaren Weg übt die Frau eine
autoritätsstärkende Funktion aus, sondern ihre ganze Stellung in der Kleinfamilie hat eine Fesselung wichtiger seelischer Energien, die der aktiven Gestaltung der Welt zugute
kommen könnten, notwendig zur Folge. Die Monogamie in
der bürgerlichen Männergesellschaft setzt die Entwertung
des Genusses aus reiner Sinnlichkeit voraus. Es wird daher
nicht nur das Geschlechtsleben der Gatten den Kindern gegenüber mit Geheimnis umgeben, sondern von aller der
Mutter zugewandten Zärtlichkeit des Sohnes muß aufs
strengste jedes sinnliche Moment gebannt werden. Sie und
die Schwester haben auf reine Gefühle, unbefleckte Verehrung und Wertschätzung Anspruch. Die erzwungene, vom
Weibe selbst und erst recht vom Vater nachdrücklich vertre-
tene Scheidung von idealischer Hingabe und sexueller Begierde, von zärtlichem Gedenken und bloßem Interesse,
von himmlischer Innerlichkeit und irdischer Leidenschaft
bildet eine psychische Wurzel des in Widersprüchen aufge-
spaltenen Daseins. Indem das Individuum unter dem Druck
der Familienverhältnisse die Mutter nicht in ihrer konkreten Existenz, das heißt nicht als dieses bestimmte soziale
und geschlechtliche Wesen begreifen und achten lernt, wird
es nicht bloß dazu erzogen, mit seinen gesellschaftlich
schädlichen Regungen fertig zu werden, was eine ungeheure
kulturelle Bedeutung hat, sondern weil diese Erziehung in
der problematischen, verhüllenden Weise geschieht, geht in
der Regel dem Einzelnen die Verfügung über einen Teil seiner psychischen Kräfte dauernd verloren. Die Vernunft und
die Freude an ihr werden beschränkt, und die gehemmte
Neigung zur Mutter kehrt in der schwärmerischen, senti-
mentalen Empfänglichkeit für alle Symbole dunkler, mütterlicher, erhaltender Mächte wieder.[12] Dadurch daß die

---

12 Vgl. die Forschungen der modernen Tiefenpsychologie, vor allem Freuds
   Kapitel »Über die allgemeinste Erniedrigung des Liebeslebens«, in: *Gesam-*

Frau sich dem Gesetz der patriarchalischen Familie beugt, wird sie selbst zu einem die Autorität in dieser Gesellschaft reproduzierenden Moment. Hegel weist mit Begeisterung auf die letzten Worte der Antigone in der sophokleischen Tragödie hin: »Wenn dies den Göttern so gefällt, gestehen wir, daß, da wir leiden, wir gefehlt.«[13] Indem sie so auf jeden Widerstand verzichtet, nimmt sie zugleich das Prinzip der männlich-bürgerlichen Welt auf sich: wen das Los trifft, der ist auch schuldig.

Die Rolle der kulturellen Institutionen bei der Aufrechterhaltung einer bestimmten Gesellschaft pflegt denjenigen, deren Existenz besonders eng mit ihr verknüpft ist, instinktiv und schließlich auch begrifflich wohl bekannt zu sein. Sie hängen mit Inbrunst an den Lebensformen, deren Geltung ein Element der für sie günstigen Weltordnung bildet. Aber die Kraft der Selbstreproduktion dieser Institutionen stammt nur zum geringen Teil aus der absichtlichen Förderung von oben. Während sie aus der grundlegenden Struktur der Gesellschaft, zu deren Festigung sie selbst beitragen, neues Leben ziehen, stärken sie überdies auch unmittelbar die auf ihre Erhaltung gerichteten Kräfte. Die religiösen Vorstellungen zum Beispiel erzeugen sich immer wieder gleichsam natürlich aus dem Lebensschicksal der Menschen in der gegenwärtigen Gesellschaft. Andererseits verstärkt die Religion selbst die Tendenz zur religiösen Verarbeitung der Erlebnisse, indem sie das Individuum von Kindheit an dazu präformiert und die den jeweiligen Erfordernissen angepaßten Methoden bereitstellt. Ebenso wirkt die autoritätsfördernde Funktion der Familie auf sie selbst doppelt zurück: die von ihr mitbedingte ökonomische Struktur der Gesellschaft macht den Vater zum Herrn, und beim Nachwuchs schafft sie unmittelbar die Disposition

melte Werke, Bd. 7, Frankfurt a. M. ⁵1967, S. 78 ff.; und die Arbeiten von Wilhelm Reich.

13 Hegel, *Vorlesungen über die Geschichte der Philosophie*, in: *Sämtliche Werke*, hrsg. von H. Glockner, Bd. 18, S. 114.

zur Gründung eines neuen Hausstands. Unternehmer und Gehaltsempfänger war bis auf die jüngste Zeit in der bürgerlichen Familie der Mann. Die ohnehin spät und nur in Stufen vor sich gehende Emanzipation der Frau, ihre Tätigkeit im Erwerbsleben, bedeutete einesteils in dieser Ordnung der Dinge von Anfang an einen bloßen Ersatz. Der »Beruf« der Frau, auf den sie durch ihre bürgerliche Erziehung und Charakterbildung innerlich angewiesen ist, treibt sie nicht hinter den Verkaufsstand des Warenhauses oder an die Schreibmaschine, sondern zu einer glücklichen Ehe, in der sie selbst versorgt wird und sich um ihre Kinder kümmern kann. Andernteils kommt diese Emanzipation zu spät. Sie erfolgt in einer Periode der gegenwärtigen Gesellschaft, in der die Arbeitslosigkeit bereits strukturell geworden ist. Die Frau ist hier aufs höchste unwillkommen, und die Gesetze mancher Staaten, welche die weibliche Berufstätigkeit beschränken, zeigen an, daß es mit ihren Aussichten in dieser Hinsicht schlecht bestellt ist. Von der maßgeblichen Stellung des Mannes in der Familie hängt im wesentlichen die autoritätsfördernde Wirkung ab, seine häusliche Machtstellung folgt aus der Rolle als Ernährer. Wenn er aufhört, Geld zu verdienen oder zu besitzen, wenn er seine soziale Position verliert, kommt auch sein Prestige in der Familie in Gefahr. Das Gesetz der bürgerlichen Welt übt dann seine Wirkung an ihm aus. Nicht bloß, weil Achtung und Liebe sich überhaupt nach dem Erfolg zu richten pflegen, sondern auch weil die Familie dann in Verzweiflung und Verfall gerät und zu jenen positiven Gefühlen unfähig wird. Die Autoritätsstruktur einer gegebenen Familie kann jedoch stark genug sein, daß der Vater seine Rolle behält, auch wenn die materielle Grundlage dafür geschwunden ist, wie auch in der Gesellschaft bestimmte Gruppen weiter herrschen können, wenn sie dem Ganzen nur noch wenig zu bieten haben. Die psychische und physische Gewalt, die aus der ökonomischen entstanden sind, erweisen dann ihre Resistenzfähigkeit. Sie stammen zwar ursprünglich aus der materiellen Grundlage der Gesellschaft, der Stellung des Menschen bei dieser Art der Produktion, aber die Folgen dieser allgemeinen Abhängigkeit können im Einzelfall noch zu einem Zeitpunkt wirken, in dem der Vater den Beruf schon längst verloren hat, sei es, daß er seine Macht tief genug in die Seelen der Seinen einsenken konnte, als er noch tatsächlich der Ernährer war, sei es, daß die allgemeine, fest eingewurzelte Überzeugung von der Rolle des Vaters das ihre tut, um Frau und Kinder bei der Stange zu halten. Die Abhängigkeit ist nicht mechanisch, sondern durch die Totalität der Verhältnisse, durch ein Zueinander von Spannungen und Gegensätzen vermittelt. Das Tempo und die zahlreichen Formen, in denen sich der ökonomische Faktor bei den einzelnen Familientypen geltend macht, sind höchst verschieden; die ihm entgegenwirkenden Faktoren bilden einen Hauptgegenstand der im Gang befindlichen Forschungen.[14] Die intermittierenden kulturellen Mächte bestimmen zwar den Typus, wie die Regel in den besonderen Fällen sich durchsetzt, welche Hemmungen ihr entgegenstehen; ihre allgemeine geschichtliche Geltung schmälern sie nicht. Die Idealisierung der väterlichen Autorität, als gehe sie aus göttlichem Ratschluß, aus der Natur der Dinge oder aus der Vernunft hervor, erweist sich bei näherer Prüfung als Verklärung einer wirtschaftlich bedingten Institution. [...]

Die Familie ist in der bürgerlichen Epoche ebensowenig eine Einheit wie etwa der Mensch oder der Staat. Sowohl nach einzelnen Perioden als auch nach sozialen Gruppen ändert die Familie ihre Struktur und ihre Funktion. Insbesondere hat sie sich unter den Einwirkungen der industriellen Entwicklung entschieden gewandelt. Die Folgen der Technisierung des Haushalts für die Beziehungen der Familienmitglieder werden in der soziologischen Literatur eingehend erörtert. Trotzdem lassen sich Züge und Tenden-

14 Vgl. hierzu die *Studien über Autorität und Familie*, Paris 1936, S. 231 ff.

zen der bürgerlichen Familie bezeichnen, welche von der Grundlage der bürgerlichen Gesellschaft nicht abzulösen sind. Die Erziehung autoritärer Charaktere, zu welcher sie auf Grund ihrer eigenen Autoritätsstruktur befähigt ist, gehört nicht zu den vorübergehenden Erscheinungen, sondern zum relativ dauernden Bestand. Je mehr freilich diese Gesellschaft den ihr immanenten Gesetzen zufolge in einen krisenhaften Zustand gerät, um so weniger vermag die Familie ihrer Aufgabe in dieser Hinsicht gerecht zu werden. Die daraus hervorgehende Notwendigkeit, daß der Staat in stärkerem Maße als früher die Erziehung zur Autorität selbst besorgt und wenigstens die Zeit, die der Familie wie auch der Kirche zur Verfügung stand, beschneidet, ist oben angedeutet worden. Dieser neue Zustand gehorcht jedoch ebenso wie der Typus des autoritären Staatswesens, das ihn herbeiführt, einer tieferliegenden und freilich unaufhaltsamen Bewegung. Es ist die aus der Wirtschaft selbst hervorgehende Tendenz zur Auflösung aller kulturellen Werte und Institutionen, die das Bürgertum geschaffen und am Leben erhalten hat. Die Mittel, dieses kulturelle Ganze zu schützen und weiterzuentwickeln, geraten immer mehr in Widerspruch mit seinem eigenen Inhalt. Wenn auch die Form der Familie selbst durch die neuen Maßnahmen schließlich gefestigt wird, so verliert sie doch mit der abnehmenden Bedeutung des gesamten mittleren Bürgerstands ihre selbsttätige, auf der freien beruflichen Arbeit des Mannes beruhende Kraft. Es muß am Ende alles mehr und mehr künstlich gestützt und zusammengehalten werden. Die kulturellen Mächte selbst erscheinen gegenüber diesem Willen zur Erhaltung schließlich als widerstrebende, zu regulierende Gegenkräfte. Während in der bürgerlichen Blüteperiode zwischen Familie und Gesellschaft die fruchtbare Wechselwirkung stattfand, daß die Autorität des Vaters durch seine Rolle in der Gesellschaft begründet und die Gesellschaft mit Hilfe der patriarchalischen Erziehung zur Autorität erneuert wurde, wird nunmehr die freilich

unentbehrliche Familie ein Problem bloßer Regierungs-
technik. Die Totalität der Verhältnisse im gegenwärtigen
Zeitalter, dieses Allgemeine, war durch ein Besonderes in
ihm, die Autorität, gestärkt und gefestigt worden, und dieser Prozeß hat sich wesentlich in dem Einzelnen und Konkreten, der Familie, abgespielt. Sie bildete die »Keimzelle«
der bürgerlichen Kultur, welche ebenso wie die Autorität in
ihr lebendig war. Dieses dialektische Ganze von Allgemeinheit, Besonderheit und Einzelheit[15] erweist sich nun als
Einheit auseinanderstrebender Kräfte. Das sprengende Moment der Kultur tritt gegenüber dem zusammenhaltenden
stärker hervor.

D: Max Horkheimer: Autorität und Familie. In: M. H.: Gesammelte Schriften. Bd. 3: Schriften 1931–1936. Hrsg. von Alfred
Schmidt und Gunzelin Schmid Noerr. Frankfurt a. M.: Fischer
Taschenbuch Verlag, 1988. S. 387–417. 1988 Fischer Taschenbuch Verlag.

15 Vgl. Hegel, *Enzyklopädie der philosophischen Wissenschaften im Grundrisse*, § 164.

Die Utopie der androgynen Gesellschaft:
Herbert Marcuse

Neben Theodor W. Adorno und Max Horkheimer gehört Herbert Marcuse zu den wirkmächtigsten Theoretikern der »Frankfurter Schule«. Wie diese geht er davon aus, daß die Kategorien der Marxschen Politischen Ökonomie die für die Epoche des Spätkapitalismus charakteristischen Herrschaftsstrukturen nur noch unzureichend erfassen: nicht mehr der für den klassischen Konkurrenzkapitalismus bestimmende Antagonismus von Lohnarbeit und Kapital mit der diesem inhärenten revolutionären Potenz des Proletariats prägt den Grundcharakter der Epoche, sondern ein lückenlos geschlossener Herrschaftszusammenhang, der alle Lebenssphären der Gesellschaft durchdringt und das Bedürfnis nach Befreiung buchstäblich utopisch, weil ortlos erscheinen läßt. Diesen neuartigen Typus totaler Herrschaft verfolgt die *Dialektik der Aufklärung* bis in die Anfänge menschlicher Geschichte zurück und entdeckt seinen Ursprung in der subjektiven, sich als Instrument der Herrschaft gegenüber der äußeren und inneren Natur etablierenden Vernunft selber. Marcuse teilt die These vom repressiven Charakter der auf ihre kognitiv-instrumentelle Dimension verkürzten Vernunft: Vor dem Hintergrund der amerikanischen Kulturindustrie der Nachkriegszeit entwirft er im *Eindimensionalen Menschen* das Bild einer Gesellschaft, deren Mitglieder sich bis in die Tiefenschichten ihrer Persönlichkeit mit den Imperativen technischer Rationalität identifizieren. Gleichwohl gewinnt Marcuse eine Perspektive, die es ihm erlaubt, den von den Autoren der *Dialektik der Aufklärung* beschriebenen totalen Zwangszusammenhang aufzubrechen und das Bild einer befreiten Gesellschaft zu entwerfen: es ist gerade die Tiefendimension der menschlichen Triebstruktur, in der Marcuse das Potential einer anderen, nicht-repressiven Vernunft aufzu-

spüren sucht. Bei dieser Suche wird die kritische Auseinandersetzung mit der Lehre Freuds zentral. Es gilt, so lautet
die für *Triebstruktur und Gesellschaft* leitende Fragestellung, die in den psychologischen Begriffsbildungen verborgene »politische und soziologische Substanz« zu entdecken.[1] Gelingt dies, so Marcuse, dann läßt sich Freuds
berüchtigtes Diktum von der Unerfüllbarkeit des vom
Lustprinzip geforderten individuellen Glücksanspruchs historisch relativieren.

Zunächst betont Marcuse mit Freud den gesellschaftlichen Sinn des Übergangs vom Lust- zum Realitätsprinzip:
Es geht darum, den Organismus »aus einem Subjekt-Objekt der Lust in ein Subjekt-Objekt der Arbeit zu verwandeln«. Aufgrund dieser traumatischen Verwandlung wird
der Mensch nicht nur kooperations- und damit lebensfähig;
allein dem Medium der Arbeit verdankt er auch seine spezifisch humane Glücksfähigkeit: »erst der verhaltene und
gemeisterte Trieb erhöht die bloß natürliche Bedürfnisbe-
friedigung zur empfundenen und begriffenen Lust – zum
Glück«[2]. Das heißt aber: nur dieses auf repressive Triebver-
wandlung gegründete Glück ist »gesellschaftsfähig«; individuelle Glücksansprüche, die mit den gesellschaftlich
sanktionierten nicht vereinbar sind, bleiben – so Freud –
unerfüllbar. Diese Folgerung nun hält Marcuse für nicht
zwingend; zwar ist Triebrepression die unvermeidliche Bedingung des Übergangs von der Natur zur Kultur und insoweit ist Herrschaft »vernünftig«: nach der Errichtung
der Kultur aber läßt sich Herrschaft als Fortschrittsprinzip
nicht mehr legitimieren. Die heutige Gesellschaft steht vor
der historischen Möglichkeit, die Errungenschaften der un-
terdrückenden Kultur selbst als Mittel gegen die Fortsetzung der Unterdrückung einzusetzen. Dann aber gilt: der

---

1 Herbert Marcuse, *Triebstruktur und Gesellschaft. Ein philosophischer Beitrag
    zu Sigmund Freud*, Frankfurt a. M. 1971, S. 7.
2 Herbert Marcuse, »Trieblehre und Freiheit«, in: H. M., *Psychoanalyse und
    Politik*, Frankfurt a. M. 1968, S. 10 f.

von Freud als invariante Bedingung menschlichen Daseins apostrophierte Zwangszusammenhang von Kultur und Unterdrückung läßt sich durchbrechen; Triebrepression als Voraussetzung des kulturellen Fortschritts ist einzuschränken auf eine »spezifisch historische Organisation des menschlichen Daseins«[3]. Im Zuge dieser Überlegung zeichnet sich die historisch begründete Möglichkeit einer Entsublimierung ab, die zugleich die Exposition des Begriffs einer nicht-repressiven, libidinösen Vernunft erlaubt.

Die theoretischen Annahmen, auf deren Grundlage sich der Gedanke einer Kultur ohne Unterdrückung entwickeln läßt, gewinnt Marcuse nun im Rückgriff auf Freud selbst: in Anlehnung an die späte Fassung seiner Trieblehre macht er sich die Vorstellung eines den Sexualtrieb integrierenden umfassenden Urtriebs des Eros zu eigen. Die entscheidende Überlegung lautet: Was für den Organismus gilt, daß nämlich allen organischen Lebensprozessen die vereinigende Kraft des Eros zugrunde liegt, ist als umfassende libidinöse Energie anzusetzen, d. h. als Lebensprinzip auch der menschlich-gesellschaftlichen Welt: Das Streben des Eros, »das Organische zu immer größeren Einheiten zusammenzufassen«, ist, so Marcuse, »in jedem lebenerhaltenden Prozeß wirksam, von der ersten Vereinigung von Keimzellen bis zur Bildung von kulturellen Gemeinschaften«.[4]

Ist die primäre Erfahrung der Wirklichkeit die einer libidinösen Einheit, die als Erfahrung narzißtisch-mütterlicher Einheit ihren ontogenetischen Realitätsgrund hat, dann könnte dieser »primäre Narzißmus« den Keim eines andersartigen Realitätsprinzips enthalten: primär wäre nicht die Erfahrung einer bedrohlichen Realität, die das Ich in den Kampf um Selbstbehauptung treibt, sondern einer Realität, die lustvolle Entgrenzung zuläßt. Angesichts des herrschenden väterlichen Realitätsprinzips erlebt das erwachse-

---

3 H. M., *Triebstruktur und Gesellschaft* (s. Anm. 1), S. 10.
4 H. M., »Trieblehre und Freiheit« (s. Anm. 2), S. 26.

ne Ich den Impuls, die verlorene Einheit wiederzugewin-
nen, freilich als bedrohlich: die Sehnsucht nach Vereinigung
wird verdrängt durch die Angst vor dem Verlust der eigenen Identität, die lustvolle Erfahrung narzistisch-mütterli-
cher Einheit weicht der Vorstellung vom Verschlungenwer-
den im überwältigenden mütterlichen Schoß.[5]

Hat sich aber nun, so lautet Marcuses Überlegung, die
Herrschaft des geltenden Realitätsprinzips angesichts einer
entwickelten Kultur historisch überholt, könnte die Erinnerung an jene primäre Einheit statt als bedrohliche Regression als das Versprechen geglückten Lebens verstanden
werden: eines Glücks, das, statt zu Untätigkeit und Stagnation zu führen, die kulturstiftende Produktivität des Menschen erst eigentlich freisetzen würde. Nach der Ablösung
des väterlichen Realitätsprinzips nämlich wäre jene Dese-
xualisierung des Organismus rückgängig zu machen, die
zum Primat der genitalen Sexualität geführt hatte und damit die Tauglichkeit des Körpers als Instrument entfremdeter Arbeit gewährleistete. Mit der Reaktivierung der präge-
nitalen, polymorph-narzißtischen Sexualität und das heißt:
der Wiedergewinnung des Eros als den ganzen Organismus
durchwaltenden Lebenstriebs würde die Arbeit selber Ausdruck des Lebenstriebs: »Spiel seiner Fähigkeiten und Erfüllung seiner Lebensbedürfnisse – nicht Mittel zum Leben,
sondern Leben selbst«[6].

Im nachfolgenden Text, der revidierten Fassung eines
1974 auf Einladung des *Center for Research on Women* der
Stanford University gehaltenen Vortrags, begründet Marcuse nun die Überzeugung, daß die Frauen dazu berufen sind,
die Ablösung des herrschenden Realitätsprinzips voranzu-
treiben: Sie nämlich sind an sich die Trägerinnen jenes andersartigen, nicht-repressiven Realitätsprinzips; die Erwartung, daß sie es auch für sich werden, daß sie die Potenz als

---

5 H. M., *Triebstruktur und Gesellschaft* (s. Anm. 1), S. 227.
6 H. M., »Trieblehre und Freiheit« (s. Anm. 2), S. 27.

umwälzende Kraft ergreifen, stützt Marcuse auf die Praxis der »Frauenbefreiungsbewegung«, in der die Frauen sich zum politisch handelnden Subjekt formiert haben. Die Analogie zur Arbeiterbewegung darf freilich nicht dazu führen, Frauen in der Weise als homogenes Subjekt anzusetzen, daß ihnen Rolle und Funktion eines neuartigen Klassensubjekts zukäme; was es vielmehr erlaubt, Frauen den Charakter eines Kollektivsubjekts zuzusprechen, ist einzig der negative, die patriarchale Zivilisation als solche definierende Grundsachverhalt: die Ausgrenzung der Frauen aus allen den Fortschritt der menschlichen Geschichte bestimmenden Tätigkeitsfeldern. Vor dem Hintergrund dieser für die weibliche Identität konstitutiven Marginalisierung kann Marcuse nun den unvermittelten Zugriff auf vermeintlich natürliche, dem Geschlechtscharakter geschuldete »weibliche Qualitäten« als das kenntlich machen, was er ist: als Affirmation patriarchaler Herrschaft. Die essentialistische Annahme weiblicher Wesenseigenschaften unterschlägt, daß sich die Prävalenz weiblicher Qualitäten wie Rezeptivität und Sensitivität der Gettoisierung der Frauen im privaten Sektor verdankt.

Patriarchalen Geschlechtertheorien dieses Zuschnitts ist nun freilich durch die Entwicklungsdynamik des kapitalistischen Fortschritts selbst der Boden entzogen: die Rekrutierungsbasis für entfremdete Arbeit, so Marcuse, erweitert sich ständig. Die zunehmende Beteiligung der Frauen am industriellen Produktionsprozeß führt schließlich zur Forderung nach voller Gleichberechtigung auf ökonomischem, sozialem und kulturellem Gebiet. Mit dieser Forderung sieht sich Marcuse nun dem klassischen Dilemma aller Partizipation einklagenden Emanzipationsbewegungen konfrontiert: Worin soll der Sinn der Forderung nach Gleichberechtigung in einer Gesellschaft bestehen, die doch *in toto* der Kritik verfällt? Volle Partizipation setzt die Übernahme des männlichen Leistungsprinzips durch die Frauen voraus, macht diese mithin zu Komplizen einer Gesellschaft, deren Stabilität auf der Totalisierung der Aggressivität und Repression beruht. Das anvisierte Ziel, der Aufbau einer Gesellschaft, die von einem anderen als dem bisherigen Realitätsprinzip geprägt ist, scheint also verstellt: Wie läßt sich – fragt Marcuse – die Ebene »jenseits der Gleichberechtigung« gleichwohl im Blick behalten? Gleichberechtigung, betont er, entsteht weder als naturwüchsiges Resultat kapitalistischer Entwicklung noch läßt sie sich als Effekt verstehen, der sich einstellt, wenn sich Einzelleistungen kumulieren, die Frauen aufgrund individueller Anpassung an das männliche Leistungsprinzip erbringen; Gleichberechtigung wird vielmehr kollektiv erkämpft. Die in diesem Kampf entwickelten aggressiven Energien haben eine andere Zielrichtung und damit auch eine andere Qualität als die vom Leistungsprinzip geforderte, auf individuelle Selbstbehauptung im kapitalistischen Konkurrenzkampf zielende Aggressivität. Was den Blick auf eine qualitativ andere Gesellschaft freigibt, ist eben jenes Element, das dem kollektiven Kampf um Gleichberechtigung innewohnt: der Kampf gegen die männliche Vorherrschaft, und das heißt, gegen die »repressiven und ausbeuterischen Werte der patriarchalen Zivilisation«.

Es ist die Vorstellung eines »feministischen Sozialismus«, in deren Licht sich zeigt, was jenseits der Gleichberechtigung liegt. Während der Sozialismus Marxscher Prägung noch den Werten funktionaler Rationalität verhaftet bleibt, streben die im Kampf um Gleichberechtigung entwickelten Qualitäten einem Fluchtpunkt zu, in dem der Dualismus von Sinnlichkeit und Vernunft, von Rezeptivität und Spontaneität aufgehoben ist: die dem Eros verbundenen libidinösen Triebkräfte werden eine Form gewinnen, die Marcuse im Unterschied zur »produktiven Aggressivität« instrumenteller Vernunft als »kreative Rezeptivität« bezeichnet; dieses Vermögen ist das einer libidinösen Vernunft, deren Grundzüge Marcuse bereits in Schillers Begriff des Spieltriebs entfaltet sieht. Schillers Versuch, den Spieltrieb als

Prinzip einer herrschaftsfreien Kultur zur Geltung zu bringen, wurde in der Folge freilich allein für die Theorie der Kunst fruchtbar gemacht und ist damit seiner praktisch-politischen Sprengkraft beraubt worden.[7] In Anknüpfung an diese verschüttete philosophische Tradition gilt es nun, im Projekt des feministischen Sozialismus den Gedanken einer durch die Kraft libidinöser Vernunft ermöglichten gesellschaftsverändernden Praxis erneut zu erproben; deren unabdingbare Voraussetzung bestünde darin, das den Frauen eigene Vermögen kreativer Rezeptivität freizusetzen und zur gesellschaftlichen Produktivkraft zu machen. Auf diese Weise würde der technische Fortschritt nicht rückgängig gemacht, aber um sein destruktives Potential gebracht und von seiner kapitalistischen Erscheinungsweise befreit.

In dem Grade nun, in dem die femininen Qualitäten in die Infrastruktur der Gesellschaft als ganze eingehen, hören sie auf, spezifisch feminine zu sein. Mit dieser abschließenden Überlegung umreißt Marcuse die Idee, mit der seine Vorstellung des feministischen Sozialismus konvergiert: die Idee einer »androgynen Gesellschaft«, in der die Antithese »feminin-maskulin« zur Synthese geworden wäre. Am Leitfaden einer solchen Synthese werden Verhältnisse denkbar, in denen die Verdinglichung der Subjekte zu Männern und Frauen, zu Trägern einander ausschließender Qualitäten aufhört, gesellschaftlich prägende Kraft zu sein und die Subjekte sich als individuierte menschliche Wesen und in wechselseitiger Anerkennung ihrer unvertretbaren Individualitäten begegnen können.

Sabine Doyé

---

7 Vgl. *Triebstruktur und Gesellschaft* (s. Anm. 1), S.171–194.

Literaturhinweise

Benjamin, Jessica: Die Antinomien patriarchalischen Denkens. Kritische Theorie und Psychoanalyse. In: Sozialforschung als Kritik. Zum sozialwissenschaftlichen Potential der Kritischen Theorie. Hrsg. von W. Bonß und A. Honneth. Frankfurt a. M. 1982. S. 426–455.

Brick, Barbara: Marcuses Rekurs auf das verdrängte Weibliche. In: Kritik und Utopie im Werk Herbert Marcuses. Hrsg. vom Institut für Sozialforschung. Frankfurt a. M. 1992. S. 154–170.

Marxismus und Feminismus
[1974]

[...] Ich bin der Auffassung, daß die Frauenbefreiungsbewegung (*Women's Liberation Movement*) derzeit die vielleicht wichtigste und potentiell radikalste politische Bewegung ist, auch wenn das Bewußtsein dieser Tatsache die Bewegung als ganze noch nicht durchdrungen hat.

Kurze Erklärung einiger Begriffe:

Realitätsprinzip:

Die Gesamtsumme der Normen und Werte, die das Verhalten in einer gegebenen Gesellschaft beherrschen, verkörpert in deren Institutionen, menschlichen Beziehungen usw.

Leistungsprinzip:

Ein Realitätsprinzip, das auf der Effizienz und der Fähigkeit beruht, in der Konkurrenz erfolgreich zu bestehen.

Eros, im Unterschied zur Sexualität:

Sexualität: Partialtrieb; libidinöse Energie, die sich auf die erogenen Zonen des Körpers beschränkt und konzentriert, hauptsächlich: genitale Sexualität.

Eros: Libidinöse Energie, die im Kampf mit der aggressiven Energie nach Intensivierung, Erfüllung und Vereinheitlichung von Leben und Umwelt strebt: Lebenstrieb gegen Todestrieb (Freud).

Verdinglichung:

Das Erscheinen von Menschen und zwischenmenschlichen Beziehungen als Objekte, Dinge und als Verhältnisse zwischen Objekten, Dingen.

Nun zwei Vorbemerkungen zur Lage der Frauenbefreiungsbewegung, wie ich sie sehe. Erstens: Die Bewegung entstand und entfaltet sich in einer patriarchalischen Zivilisation; daraus folgt, daß zunächst mit Begriffen diskutiert werden muß, die dem gegenwärtigen Status der Frauen in dieser Zivilisation entsprechen. Z w e i t e n s entwickelt sich die Bewegung in einer Klassengesellschaft; darin liegt das erste Problem. Frauen sind keine Klasse im Marxschen Sinne des Begriffs. Die Beziehung zwischen Mann und Frau geht quer durch die Klassen, aber die unmittelbaren Bedürfnisse und Möglichkeiten der Frauen sind weitgehend von ihrer Klassenzugehörigkeit geprägt. Gleichwohl kann man die umfassende Kategorie »Frau« mit gutem Grund der Kategorie »Mann« gegenüberstellen. Besonders der lange historische Prozeß, in dem die sozialen, mentalen und sogar die physiologischen Merkmale der Frauen sich als von denen der Männer verschiedene und ihnen entgegengesetzte herausbildeten, rechtfertigt diese Antithese.

Hier ein Wort zu der Frage, ob die »femininen« oder »weiblichen« Qualitäten sozial bedingt oder »natürliche«, »biologische« seien. Meine Antwort lautet: Jenseits der offensichtlichen physiologischen Unterschiede zwischen Mann und Frau sind die femininen Qualitäten sozial determiniert. Durch den Jahrtausende währenden Prozeß sozialer Determinierung können diese Qualitäten freilich zur »zweiten Natur« werden, die sich nicht von selbst mit dem Entstehen neuer Institutionen ändert. Auch sozialistische Institutionen können Frauen diskriminieren.

In der patriarchalischen Zivilisation wurden und werden die Frauen einer spezifischen Repression unterworfen, ihre geistige und physische Entwicklung wurde und wird in eine spezifische Richtung gelenkt. Aus diesem Grund ist eine eigenständige Frauenbewegung nicht nur gerechtfertigt, sondern notwendig. Aber gerade die Zielsetzungen dieser Bewegung implizieren so radikale Veränderungen sowohl der materiellen als auch der intellektuellen Kultur, daß sie nur durch Veränderung des gesamten Gesellschaftssystems erreicht werden können. Über und durch ihre eigene Dynamik ist die Frauenbewegung mit dem politischen Kampf um die Revolutionierung der bestehenden Lebensverhältnisse und menschlichen Verkehrsformen, für die Freiheit von Männern und Frauen verbunden. Denn hinter der Dichotomie Mann–Frau verbirgt sich das beiden, Mann und Frau, gemeinsame Interesse an der Durchsetzung einer menschenwürdigen Existenzweise, deren Verwirklichung immer noch aussteht.

Die Frauenbewegung agiert auf zwei Ebenen, erstens auf der Ebene des Kampfes um volle ökonomische, soziale und kulturelle Gleichberechtigung. Zu fragen ist, ob solche ökonomische, soziale und kulturelle Gleichberechtigung im Rahmen des Kapitalismus erreichbar ist. Ich werde auf die Frage zurückkommen, will aber schon jetzt eine vorläufige Hypothese vorlegen: Es gibt keine stichhaltigen ökonomischen Gründe, aus denen diese Gleichberechtigung im Rahmen des Kapitalismus – eines allerdings erheblich modifizierten – nicht durchgesetzt werden könnte. Die Möglichkeiten und die Ziele der Frauenbewegung reichen allerdings – und dies ist die zweite Ebene – über dieses Programm weit hinaus, nämlich in Bereiche, die weder unter kapitalistischen Verhältnissen noch unter denen einer anderen Klassengesellschaft erschlossen werden können. Ihre Verwirklichung bedürfte eines zweiten Schritts, in dem die Bewegung ihre erste Struktur und Zielsetzung transzendiert. Auf dieser Stufe »jenseits der Gleichberechtigung« beinhaltet Befreiung den Aufbau einer Gesellschaft, die von einem anderen als dem bisherigen Realitätsprinzip geprägt ist, einer Gesellschaft, in der die bestehende Dichotomie Mann–Frau in den neuen sozialen und personellen Beziehungen überwunden ist.

In diesem Sinne meint die Bewegung selbst die Vorstellung nicht nur neuer gesellschaftlicher Institutionen, sondern auch eines differenten Bewußtseins und einer differenten Triebstruktur in Männern und Frauen, die von den Erfordernissen der Herrschaft und Ausbeutung frei sind. Genau darin beruht das radikale, subversive Potential der Frauenbewegung. Es bedeutet nicht nur ein Bekenntnis zum Sozialismus (volle Gleichberechtigung der Frauen war immer eine grundlegende sozialistische Forderung), sondern auch zu einer besonderen Form des Sozialismus, die »feministischer Sozialismus« genannt worden ist. Ich werde auf diese Idee zurückkommen.

Das Wesentliche an dieser Transzendierung ist die Umwälzung der ausbeuterischen und repressiven Werte der patriarchalischen Zivilisation, die Negation ihrer aggressiven Produktivität, die diese Gesellschaft, in der Form des Kapitalismus, auf erweiterter Stufenleiter reproduziert. Eine derart fundamentale Umwälzung kann allerdings nie und nimmer ein bloßes Nebenprodukt neuer gesellschaftlicher Institutionen sein; sie muß ihre Wurzeln in den Männern und Frauen haben, die die neuen Institutionen errichten.

Was ist der Inhalt dieser Umwälzung der Werte im Übergang zum Sozialismus? Und ist dieser Übergang in irgendeiner Hinsicht gleichbedeutend mit der Freisetzung und der Entfaltung s p e z i f i s c h f e m i n i n e r Eigenschaften in gesellschaftlichem Maßstab? Die dem kapitalistischen Realitätsprinzip eigentümlichen Werte sind das Leistungsprinzip, die Herrschaft funktionaler Rationalität, die die Emotionen unterdrückt, eine doppelte Moral, die »Arbeitsethik«, die für die große Mehrheit der Bevölkerung Verurteilung zu entfremdeter und entwürdigender Arbeit bedeutet; und der Wille zur Macht, die Zurschaustellung von ›Stärke‹, Virilität.

In dieser Wertehierarchie äußert sich eine Triebstruktur, in der primäre aggressive Energie dazu tendiert, die Lebenstriebe, das heißt die erotische Energie, zu reduzieren und zu schwächen. Nach Freud werden die destruktiven Tendenzen in der Gesellschaft an Stärke gewinnen; die Zivilisation muß notwendig die Repression intensivieren, um die Herrschaft angesichts der zunehmend realistischeren Möglichkeiten der Befreiung aufrechtzuerhalten, und die gesteigerte Repression führt ihrerseits zur zusätzlichen Aktivierung von Aggressivität und zu deren Kanalisierung in sozial nützliche Aggression.

Die Mobilisierung der Aggressivität ist uns heute nur allzu vertraut: Militarisierung, Brutalisierung der Kräfte von »law and order«, die Fusion von Sexualität und Gewalt, die Gegenoffensive gegen den den Lebenstrieben dienenden Kampf für den Umweltschutz usw.

Diese Tendenzen sind in der Infrastruktur des fortgeschrittenen Kapitalismus verwurzelt. Die sich verschärfende ökonomische Krise, die intensivierte Ausbeutung, die Reproduktion der bestehenden Gesellschaft durch Vergeudung und Vernichtung erfordern verstärkte und ausgefeilte Kontrollen, um die Bevölkerung »bei der Stange zu halten« – Kontrollen, die bis in die Tiefen der Triebstruktur reichen. In dem Maße, in dem die Totalisierung der Aggressivität und Repression heute die gesamte Gesellschaft durchdringt, wandeln sich die Vorstellungen vom Sozialismus in einem wichtigen Punkt. Der Sozialismus als eine q u a l i t a t i v andere Gesellschaft muß die Antithese, die bestimmte Negation der aggressiven und repressiven Bedürfnisse und Werte des Kapitalismus als einer vom Mann beherrschten Kultur verkörpern.

Die objektiven Bedingungen für eine derartige Antithese und Umwälzung der Werte reifen heran und ermöglichen – zumindest in einer Übergangsphase – die Realisierung von Qualitäten, die in der langen Geschichte der patriarchalischen Gesellschaft eher der Frau als dem Mann zugeschrieben wurden. Als Antithese zu den herrschenden maskulinen formuliert, wären solche femininen Qualitäten: Rezeptivität, Sensitivität, Gewaltlosigkeit, Zärtlichkeit usw. Diese Qualitäten erscheinen in der Tat als der Herrschaft und Ausbeutung entgegengesetzt. Auf der primären psychologischen Ebene rechnet man sie gewöhnlich dem Bereich des Eros zu; sie stehen für die Kraft der Lebenstriebe, gegen den Todestrieb und gegen die Destruktion.

Und hier erhebt sich die Frage, warum diese Qualitäten als spezifisch f e m i n i n e gelten und erscheinen. Warum formten sie nicht auch die dominante männliche Triebstruktur?

Dieser Prozeß hat eine jahrtausendealte Geschichte, in der die Verteidigung der jeweils bestehenden Gesellschaft und ihrer Hierarchie ursprünglich von physischer Kraft abhing. Eben dies bestimmte und prägte die Rolle der Frau, die, verpflichtet auf Schwangerschaften und die Aufzucht der Kinder, gesellschaftlich benachteiligt war. Die Frau wurde als dem Mann unterlegen betrachtet, als schwächer, als Hilfe oder Anhängsel des Mannes, als Sexualobjekt, als Werkzeug der Reproduktion. Einzig als Arbeiterin erreichte sie eine Art Gleichberechtigung, eine repressive Gleichberechtigung mit dem Mann. Ihr Körper, ihr Geist wurden verdinglicht, wurden zu Objekten. Ihre intellektuelle wie ihre erotische Entwicklung wurde blockiert; Sexualität wurde als Mittel zum Zweck der Fortpflanzung oder Prostitution objektiviert. [...]

Aber mit der Entwicklung der Industriegesellschaft wandelte sich allmählich auch die Stellung der Frau. Im Zeichen des technischen Fortschritts hängt die soziale Reproduktion immer weniger von physischer Kraft und Geschicklichkeit im Krieg, im materiellen Produktionsprozeß oder im Geschäftsleben ab. In der Folge wurden immer mehr Frauen als Arbeitsinstrumente ausgebeutet. Die Schwächung der sozialen Position der männlichen Herrschaft verhinderte indes nicht ihre Fortsetzung durch die neue herrschende Klasse. Die steigende Beteiligung der Frauen am industriellen Arbeitsprozeß erweiterte die Rekrutierungsbasis der Ausbeutung neben der zusätzlichen Ausbeutung der Frau als Hausfrau, Mutter, Dienstmädchen. Der fortgeschrittene Kapitalismus schuf jedoch allmählich die Bedingungen, um die Ideologie der weiblichen Qualitäten in Realität umzusetzen, um die Schwäche, die ihnen anhaftete, in Stärke zu verwandeln, das sexuelle Objekt zum Subjekt werden zu lassen. Auf Grund der Errungenschaften des Kapitalismus kann der Feminismus zu einer politischen Kraft im Konflikt mit dem Kapitalismus werden. Gerade angesichts dieser Möglichkeiten spricht Angela Davis in ihrem Aufsatz *Women and Capitalism* (Dezember 1971), den sie im Gefängnis von Palo Alto schrieb, von der revolutionären Funktion der Frau als der Antithese zum Leistungsprinzip.

Die Ausgangsbedingungen für eine solche Entwicklung sind im wesentlichen folgende:

- die Erleichterung schwerer körperlicher Arbeit;
- die Verringerung der Arbeitszeit und der mögliche Sieg über die Armut;
- die Produktion von angenehmer und billiger Kleidung;
- die Liberalisierung der sexuellen Moral;
- Geburtenkontrolle;
- allgemeine Bildung.

Diese Faktoren bezeichnen die technisch-soziale Basis der Antithese zum Leistungsprinzip, der Emanzipation der weiblichen Sinnlichkeit und Intelligenz: Versinnlichung der Intelligenz, der Ratio. Gleichzeitig wird diese Emanzipation von der Gesellschaft gefesselt, manipuliert und ausgenutzt; denn der Kapitalismus kann den Aufstieg libidinöser Qualitäten, die die rigide Arbeitsethik des Leistungsprinzips und die Reproduktion dieser Arbeitsethik durch die Individuen selbst gefährden, nicht zulassen. So werden die befreienden Tendenzen auf dieser Stufe in ihrer manipulierten Form Teil der Reproduktion des bestehenden Systems: sie werden zu Tauschwerten, die das System verkaufen und die das System verkauft. Die Austauschgesellschaft erreicht mit der Kommerzialisierung der Sexualität ihren Höhepunkt; der weibliche Körper ist nicht nur eine Ware, sondern auch ein entscheidender Faktor bei der Realisierung des Mehrwerts. Und die berufstätigen Frauen leiden in immer größerer Zahl unter der doppelten Last als Arbeiterin und Hausfrau. So verewigt sich die Verdinglichung der Frau auf eine äußerst effektive Art und Weise. Wie kann diese Verdinglichung aufgehoben werden? Wie kann die Emanzipation der Frau zu einer entscheidenden Kraft beim

Aufbau des Sozialismus als einer qualitativ anderen Gesellschaft werden?

Gehen wir zurück auf die erste Stufe in der Entwicklung dieser Bewegung, und nehmen wir an, die vollständige Gleichberechtigung wäre durchgesetzt. Als Gleichberechtigte in der Wirtschaft und Politik des Kapitalismus müßten die Frauen die wettbewerblichen und aggressiven Qualitäten, die erforderlich sind, um sich in einer Stellung zu halten oder im Beruf vorwärtszukommen, mit den Männern teilen. Es würden das Leistungsprinzip und die ihm inhärente Entfremdung auch von den Frauen aufrechterhalten und reproduziert. Um die Gleichberechtigung zu erreichen, die eine entscheidende Voraussetzung für die Befreiung ist, muß auch die Frauenbewegung aggressiv sein. Aber Gleichberechtigung ist noch keine Freiheit. Als gleichberechtigtes ökonomisches und politisches Subjekt kann die Frau als Frau eine führende Rolle in einer radikalen Rekonstruktion der Gesellschaft übernehmen.

Der Übergang zu einem Bereich »jenseits der Gleichberechtigung« ist als ein bloßes Resultat quantitativen Fortschritts nicht vorstellbar. Er gebietet die Herausbildung einer anderen Qualität. Jene Werte der Frauenbewegung, die die bestehende Gesellschaft transzendieren, müssen sich bereits im Kampf für die ökonomische und kulturelle Gleichberechtigung spiegeln. Wie aber können diese Werte, die eine reale Antithese zu den vorherrschenden sind, in Kombination mit der wettbewerbsorientierten Aggressivität »praktiziert« werden, die mit der Erreichung der Gleichberechtigung erforderlich ist? Hier liegt die große Aufgabe für die Frauenbewegung. Es ist denkbar, daß mit der wachsenden Anzahl der Frauen, die in der ökonomischen und kulturellen Sphäre tätig sind, allmählich ein Wandel in der Art der Ausübung des Berufs, ein Wandel in der Art der Arbeit eintreten könnte. [...]

Im Schritt über die Gleichberechtigung hinaus würde die Befreiung die bestehende Hierarchie umstürzen – ein Umsturz, der zum Aufbau einer Gesellschaft führen würde, die von einem neuen Realitätsprinzip geleitet wäre. Und gerade darin erblicke ich das revolutionäre Potential des feministischen Sozialismus. Seine Verwirklichung wäre weit mehr als die Ersetzung einer Hierarchie durch eine andere. Die Frauenbewegung verfällt heute oft eben jenem Biologismus, den sie am patriarchalischen Bild der Frau zu Recht kritisiert: »der Mann« ist identifiziert mit Unterdrückung und Aggression – trotz der evidenten und zahlreichen »Ausnahmen«. Dieses Bild vom Mann schreibt ihm als biologisch-physiologischem Wesen Qualitäten zu, die gesellschaftlich determiniert sind, und es konstruiert eine Kategorie »Frau« als Frau, als wesentliche Antithese zum »Mann«. Eine Gesellschaft jedoch, in der die Frau dominiert, eine Art Matriarchat als geschichtliche Nachfolge des Patriarchats wäre noch nicht per se eine bessere und gerechtere Gesellschaft. Erst und nur dann, wenn die weiblichen Qualitäten, die wirklich antithetisch zu Unterdrückung und Aggression stehen, durch die Emanzipation der Frau zu gesellschaftlichen Qualitäten werden (bestimmend in der Gesellschaft als ganzer), wäre das Patriarchat tatsächlich überwunden. Ein einziger Blick auf die Photographien weiblicher Aufseher in Konzentrationslagern zeigt, bis zu welchem Grade auch Frauen in der kapitalistischen Gesellschaft funktionalisiert und dehumanisiert werden können. Und der Gegensatz zwischen den für ihre Emanzipation kämpfenden Frauen und denen der herrschenden Cliquen mag schärfer sein als der zwischen »Mann« und »Frau«. So wie diese Gesellschaft Frau gegen Frau setzt (trotz aller biologisch-physiologischen Gleichheit), so schafft sie auch die Basis für den gemeinsamen Befreiungskampf von Männern und Frauen, trotz aller biologisch-physiologischen Differenz.

Die Ablehnung solcher Zusammenarbeit, die Verwerfung des Mannes als Mann, ist in aller Regel Ausdruck der Revolte gegen das patriarchalische Bild der Frau als libidinöses Objekt, als sexuelles Objekt. Der Kapitalismus belohnt weibliche Schönheit, indem er sie zur Ware macht. Frauen, die dieses Bild nicht verkörpern oder nicht akzeptieren, werden benachteiligt, erniedrigt. Doch die bloße Negation des geltenden Schönheitsideals verfehlt ihr Ziel, wenn sie nicht die emanzipatorische Funktion von Schönheit erkennt und anerkennt. Der gesellschaftliche Wert der Schönheit ist wesentlich ambivalent: einerseits verziert und »verkauft« sie das bestehende System, sie hat hohen Tauschwert; andererseits aktiviert sie, im Bereich des Eros, die triebhafte Rebellion gegen das aggressive Realitätsprinzip.

Im Bereich des Eros erscheint Schönheit in der patriarchalischen Gesellschaft primär als die fast unsublimierte sinnliche Qualität des weiblichen Körpers. (Mit dem Wachstum des Warenreichtums wächst allerdings auch der Marktwert des männlichen Körpers.) Doch selbst der Kult weiblicher Schönheit in Warenform könnte zu einer Kraft werden, die ihre kapitalistische Realisierung transzendiert. Weibliche Sinnlichkeit könnte die repressive Ratio und Arbeitsethik des Kapitalismus unterminieren. Dann würden die herrschenden Standards von Schönheit eine gründliche Umwertung erfahren, entsprechend der Entwicklung der Frau vom Sexualobjekt zum erotischen Subjekt. Die Sinnlichkeit des weiblichen Körpers gründet nicht in »plastischer« Schönheit; diese ist vielmehr repressiv und von geringem erotischen Wert. Die Emanzipation der Frau würde die individuellen, eigenen erotischen Qualitäten entgegen den herrschenden Normen befreien.

Feministischer Sozialismus: Ich sprach von einer notwendigen Modifikation des Sozialismusbegriffs, weil ich glaube, daß es im Marxschen Konzept vom Sozialismus Überbleibsel, fortwirkende Elemente des Leistungsprinzips und seiner Werte gibt. Diese Elemente sehe ich zum Beispiel in der Betonung einer immer effektiveren Entfaltung der Produktivkräfte, einer immer produktiveren Ausbeutung der Natur, einer Trennung des »Reichs der Freiheit« von der Arbeitswelt.

Die Möglichkeiten des Sozialismus heute transzendieren diese Vorstellungen. Der Sozialismus als eine andere Lebensform würde die Produktivkräfte nicht nur zur Verminderung der entfremdeten Arbeit und der Arbeitszeit verwenden, sondern auch dazu, das Leben zu einem Zweck an sich zu machen, die Sinne und den Intellekt zur Befriedung der Aggressivität zu entfalten. Das wäre die Emanzipation der Sinnlichkeit und der Vernunft von der Rationalität der Herrschaft: kreative Rezeptivität versus repressive Produktivität. In diesem Zusammenhang erscheint die Befreiung der Frau in der Tat »als die Antithese zum Leistungsprinzip«, als die revolutionäre Funktion der Frau in der Rekonstruktion der Gesellschaft. Weit davon entfernt, Unterwürfigkeit und Schwäche zu begünstigen, würden die femininen Qualitäten in dieser Rekonstruktion aggressive Energie entfalten – allerdings gegen Herrschaft und Ausbeutung. Sie träten als Bedürfnisse und Befriedigungen in der sozialistischen Organisation der Produktion auf, in der gesellschaftlichen Arbeitsteilung und bei der Festlegung der gesellschaftlichen, politischen, kulturellen Prioritäten, wenn die Armut dereinst überwunden sein wird. Und wenn dann die femininen Qualitäten in die Infrastruktur der Gesellschaft als ganze eingehen, hören sie auf, spezifisch feminine zu sein. Die primäre Aggressivität würde zwar weiterbestehen, aber sie könnte sehr wohl die spezifisch männliche Form der Herrschaft und Ausbeutung ablegen. Der technische Fortschritt, der hauptsächliche Träger der produktiven Aggressivität, würde seine kapitalistischen Erscheinungsweisen, seine Destruktivität hinter sich lassen.

Ich denke, es gibt gute Gründe dafür, diese Vorstellung von einer sozialistischen Gesellschaft »feministischer Sozialismus« zu nennen: die Frau hätte in der allgemeinen Ausbildung ihrer Fähigkeiten die volle ökonomische, politische und kulturelle Gleichberechtigung erreicht, und auf der Basis dieser Gleichberechtigung wären sowohl soziale als

auch persönliche Beziehungen, der Mensch und sein Verhalten zur Natur, durchdrungen von der rezeptiven Sinnlichkeit, die unter männlicher Herrschaft größtenteils in
der Frau konzentriert war: die Antithese »maskulin-femi-
nin« wäre dann zu einer Synthese geworden – die legendäre
Vorstellung vom Androgynismus.

Ich will einige Worte über diese extrem mythologische
Konzeption sagen, von der ich freilich meine, daß sie weder
gänzlich extrem noch völlig mythologisch ist. Der Idee des
Androgynismus kann unmöglich eine andere rationale Bedeutung zugesprochen werden als die der gesellschaftlichen
Fusion der Qualitäten, die in der patriarchalischen Zivilisation bei Männern und Frauen ungleichmäßig entwickelt
waren, einer Fusion, in der feminine Charakteristika sich
mit der Aufhebung der männlichen Vorherrschaft frei entfalten. Aber auf keiner Stufe der androgynen Fusion werden jemals die natürlichen Unterschiede zwischen Mann
und Frau als Individuen erlöschen. Unaufgehoben und un-
angetastet bliebe diese Differenz in der Beziehung zum anderen, von dem man ein Teil werden will und von dem man
will, daß er ein Teil von einem selbst wird, und der doch
niemals ein Teil von einem selbst werden kann und werden
wird: der auch im Eros unaufhebbare Widerspruch. Der feministische Sozialismus würde also zwar weiterhin von den
Konflikten erschüttert, die aus diesem Widerspruch her-
rühren, den unlösbaren Konflikten von Bedürfnissen und
Werten; aber der androgyne Charakter der Gesellschaft
könnte die Gewaltsamkeit und die Erniedrigung dieser
Konflikte vermindern.

Der Feminismus ist eine Revolte gegen den verfallenden
Kapitalismus, gegen die historische Überfälligkeit der kapitalistischen Produktionsweise. Dies ist das prekäre Bindeglied zwischen der Utopie und der Realität: Der soziale
Boden für die Bewegung als einer potentiell radikalen und
revolutionären Kraft ist bereitet; das ist der harte Kern des
Traums. Aber der Kapitalismus ist noch immer in der Lage,

ihn einen Traum bleiben zu lassen, die Kräfte zu unterdrücken, die auf den Sturz der menschenfeindlichen Werte
unserer Zivilisation drängen.   [...]

Zum Schluß wieder eine persönliche Bemerkung. Wenn
Sie wollen, können Sie sie als eine Kapitulationserklärung
auffassen oder als ein Bekenntnis. Ich bin der Meinung, daß
wir Männer für die Sünden der patriarchalischen Zivilisation und deren Tyrannei bezahlen müssen: die Frauen müssen frei werden, um ihr eigenes Leben selbst zu bestimmen,
nicht als Ehefrau, nicht als Mutter, nicht als Hausfrau, nicht
als Freundin, sondern als individuelle, menschliche Wesen.
Das wird ein Kampf sein voll von bitteren Konflikten,
Qual und Leiden. Ein Beispiel sind die Spannungen in den
erotischen Beziehungen, die im Verlauf der Befreiung unweigerlich auftreten werden. Sie können weder auf leichte,
spielerische Art noch durch Brutalität, noch dadurch gelöst
werden, daß man Tauschbeziehungen eingeht. Der feministische Sozialismus wird seine eigene Moral begründen und
entwickeln müssen, die mehr und etwas anderes zu sein
hätte als die bloße Absage an die bürgerliche Moral.

Die Befreiung der Frau wird ein schmerzhafter Prozeß
sein; aber sie wird ein notwendiger, ein entscheidender
Schritt sein auf dem Weg zu einer besseren Gesellschaft für
Männer u n d Frauen.

D: Herbert Marcuse: Marxismus und Feminismus. In: H. M.:
    Schriften. Bd. 9: Konterrevolution und Revolte. Zeit-Messun-
    gen. Die Permanenz der Kunst. Frankfurt a. M.: Suhrkamp,
    1987. S. 131–142. – © 1987 Suhrkamp Verlag, Frankfurt a. M.

Humanistischer Feminismus:
Simone de Beauvoir

Simone de Beauvoirs 1949 erschienene Abhandlung *Le Deuxième Sexe* hat für die sogenannte zweite Welle der Frauenbewegung in diesem Jahrhundert eine kaum zu überschätzende politische und theoretische Bedeutung gehabt. Provozierend, anstößig und befreiend zugleich, wirkten ihre Darstellungen und Diagnosen zur Situation der Frau nicht zuletzt deshalb, weil sich Frauen gerade in den Beschreibungen ihrer fraglos-selbstverständlichen Alltäglichkeit als Frauen erkennen konnten, und d. h. als Opfer männlicher Herrschaft und Komplizen zumal. Der inzwischen zur Redewendung geronnene Kernsatz »Man kommt nicht als Frau zur Welt, man wird es« (334)[1] bringt mit der Betonung der Priorität kultureller und sozialer Produktion von Geschlecht vor allen biologischen, psychischen und ökonomischen Determinanten zugleich die Möglichkeit radikaler Veränderbarkeit gegebener Verhältnisse zur Geltung.

Diese Einsichten werden auf der Grundlage der existenzialistischen Ethik entwickelt; es ist dieser Bezugsrahmen, der es erlaubt, Geschlecht, anders als die von Beauvoir kritisierten Ansätze der Biologie, Psychologie und des historischen Materialismus, nicht reduktionistisch als Fatum, sondern als Angelegenheit freier Subjekte zu analysieren und zu beurteilen. Damit gewinnt Beauvoir Kategorien, die deskriptive und normative Funktionen zugleich erfüllen.

---

1 Soweit der im folgenden abgedruckte Quellentext die in der Einleitung zitierten Textstellen nicht enthält, werden diese nach folgender Ausgabe zitiert: Simone de Beauvoir, *Das andere Geschlecht. Sitte und Sexus der Frau*, aus dem Franz. von Uli Aumüller und Grete Osterwald, Neuausg., Reinbek bei Hamburg 2000. Die Seitenangaben, die sich auf im vorliegenden Band abgedruckte Textausschnitte beziehen, sind kursiv gesetzt.

Freiheit und Transzendenz sind die zentralen Kategorien dieser Philosophie: Freiheit ist die Grundbestimmung des Menschen als eines Seienden, dessen Auszeichnung darin besteht, nicht in die Grenzen eines festgelegten Wesens, einer Essenz, verwiesen zu sein, sondern sich selbst durch eigene Entwürfe definieren zu können, aber auch zu müssen. Als freies Wesen ist der Mensch nie in bruchloser, schierer Tatsächlichkeit er selbst, sondern ist unaufhörlich unterwegs zu sich, indem er jede Faktizität in einer unendlich geöffneten Zukunft auf neue Möglichkeiten seiner selbst hin übersteigt (vgl. S. 25). Dieser Vorzug des Menschen, als unablässig sich transzendierende Freiheit zu existieren, impliziert indessen auch die Gefahr der Verfehlung dieses Seins, die Beauvoir als Absturz der Existenz in ein Ansichsein oder als Verfallen der Transzendenz in die Immanenz beschreibt (vgl. ebd.). »Dieses Zurückfallen ist, wenn das Subjekt es bejaht, eine moralische Verfehlung; wird es ihm auferlegt, führt es zu Frustration und Bedrückung, in beiden Fällen ist es ein absolutes Übel.« (Ebd.)

Auf dieser Grundlage entwickelt Beauvoir ihre Hauptthese über das Verhältnis von Mann und Frau: Als freie, autonome Subjekte sind Mann und Frau prinzipiell gleich; faktisch besteht jedoch ein Verhältnis hierarchischer Ungleichheit derart, daß die Frau als das Andere zum sich als transzendierende Freiheit setzenden und verwirklichenden Mann und d. h. als Wesen der Immanenz bestimmt ist. »Was nun die Situation der Frau in einzigartiger Weise definiert, ist, daß sie sich – obwohl wie jeder Mensch eine autonome Freiheit – in einer Welt entdeckt und wählt, in der die Männer ihr vorschreiben, die Rolle des Anderen zu übernehmen; sie soll zum Objekt erstarren und zur Immanenz verurteilt sein, da ihre Transzendenz fortwährend von einem essentiellen, souveränen anderen Bewußtsein transzendiert wird. Das Drama der Frau besteht in diesem Konflikt zwischen dem fundamentalen Anspruch jedes Subjekts, das sich immer als das Wesentliche setzt, und den

Anforderungen einer Situation, die sie als unwesentlich konstituiert« (25 f.).

Um diese Fundamentalthese zu begründen, nimmt Beauvoir im ersten, »Fakten und Mythen« überschriebenen Buch von *Das andere Geschlecht* eine auf der Begrifflichkeit existenzialistischer Ethik basierende geschichtliche Rekonstruktion der Entstehung des Patriarchats (vgl. hierzu den zweiten Teil: »Geschichte«) und seines konstitutiven, Herrschaft stabilisierenden Mythos vom ewig Weiblichen (vgl. hierzu den dritten Teil: »Mythos«) vor. Im zweiten Buch »Gelebte Erfahrung« geht es darum, auf der Grundlage umfassenden literarischen, biographischen und klinischen Materials die Lebenssituation des weiblichen Individuums präzise und facettenreich zu beschreiben, und zwar nicht zuletzt in der Absicht, aus dieser Analyse Schlußfolgerungen für eine emanzipatorische Praxis auf individueller und auf gesellschaftlicher Ebene ziehen zu können. Die Auswahl der hier präsentierten Texte verfolgt vor allem die Intention, das philosophische Grundgerüst der Geschlechtertheorie Beauvoirs sichtbar werden zu lassen. Der erste und der zweite Text der präsentierten Auswahl handeln von der im Rekurs auf Hegels Philosophie gewonnenen, für Beauvoirs Geschlechtertheorie zentralen Kategorie des Anderen und von dem dialektischen Verhältnis zwischen Ich und Anderem. Der dritte und der vierte Text geben Aufschluß über die Motive des Mannes für die Unterdrückung der Frau. Der letzte Text behandelt die Ambivalenzen und Schwierigkeiten der beginnenden Emanzipation von Frauen.

Beauvoir zufolge entwickelt sich die Herrschaft des Mannes über die Frau aufgrund der differenten Beiträge der Geschlechter zur Reproduktion der Gattung: Während die Frau passives Medium der Erhaltung der Art im biologischen Sinne ist, gelingt es dem Mann, durch Erfindung von Werkzeugen und durch eine das eigene Leben riskierende Tätigkeit das rein animalische Leben zu überschreiten, um sich als auf Zwecke und damit auf Zukunft bezogenes Sub-

jekt zu setzen. In eins damit wird die Existenz selbst zum
Wert und das bloße Leben zum Unwert dergestalt erklärt,
daß sich diese Wertsetzung in den Geschlechtern manifestiert: indem sich der Mann als Subjekt setzt, setzt er die Frau
als sein Anderes, d. h. setzt sie herab zu »seinem« Objekt.

Diese Spaltung der Menschheit in die so verstandenen
Geschlechter des Männlichen und Weiblichen ist für Beauvoir weder ein zufälliges historisches Ereignis noch eine
Folge unabänderlicher Wesenheiten. Es kommt für Beauvoir darauf an, die Logik ihrer Entstehung und die Hartnäckigkeit ihres Fortbestands aus den Grundstrukturen der
Subjektivität selbst plausibel zu machen, um durch diese
Diagnose der Ursachen des Übels zugleich Möglichkeiten
seiner Überwindung ausfindig machen zu können. Um die
in der Subjektivität selbst liegenden Quellen des hierarchischen Geschlechterverhältnisses zu entdecken, ist zunächst
die dialektische Struktur des Selbstbewußtseins vor Augen
zu führen. Mit Hegel erkennt Beauvoir, daß im Bewußtsein
selbst »eine grundlegende Feindseligkeit gegenüber jedem
anderen Bewußtsein« liegt; das »Subjekt setzt sich nur, indem es sich entgegen-setzt: es hat den Anspruch, sich als
das Wesentliche zu behaupten und das Andere als das Unwesentliche, als Objekt zu konstituieren.« (S. 13) Um sich
seiner selbst bewußt werden zu können, muß das Subjekt
sich von anderem unterscheiden, also etwas als anderes seiner selbst, als Objekt setzen. Indem dieses als durch und
für das Bewußtsein Gesetztes durchschaut wird, behauptet
sich das Subjekt als das Wesentliche und macht den Gegenstand zum Unwesentlichen. So notwendig dieser Zwiespalt
im Bewußtsein für das Subjekt ist, so beunruhigend und
quälend ist er auch: Mangel und Unruhe sind für das Leben
des Bewußtseins konstitutiv. Erfüllung und Ruhe verspricht allein das Verhältnis wechselseitiger Anerkennung
autonomer Subjekte. Indessen impliziert das Verhältnis von
Ich und Anderem als solches zugleich die Gefahr der Verdinglichung: Die Tatsache, daß das Subjekt durch den Be-

zug auf ein anderes Bewußtsein oder Alter ego unweigerlich zum Objekt wird, enthält die Möglichkeit, daß der
eigene Anspruch auf Wesentlichkeit der Übermacht des
Anderen erliegt, so daß ein Verhältnis von Herrschaft und
Knechtschaft daraus resultiert. Die eigene Subjektivität
steht aber außerdem von sich her in der Gefahr, sich im
Verhältnis zum Alter ego als das Wesentliche aufzugeben,
indem das Subjekt sich selbst als das begreift, als was es
vom Anderen definiert wird. Diese im Subjekt selbst liegende Tendenz zur Flucht in Selbstentfremdung resultiert
aus der mit Freiheit verknüpften Angst vor dem Freisein
als solchem. Gelingt es jedoch, im Verhältnis zum Anderen,
daß »jeder gleichzeitig sich und den anderen in einem
wechselseitigen Hin und Her als Objekt und Subjekt setzt«
(*437*), wird ein Verhältnis wechselseitiger Anerkennung gestiftet, in dem die Subjekte sich gewinnen und vollenden,
indem sie im Anderen bei sich sind, so daß Versöhnung an
die Stelle von Kampf tritt.

Diese Analyse des Bewußtseins und der Dialektik von
Ich und Anderem zeigt zwar die Möglichkeit und die Tendenz der Verdinglichung des Anderen, kann aber noch
nicht die für das Geschlechterverhältnis kennzeichnende
Tatsache begründen, daß das Verhältnis von Mann und
Frau bislang überhaupt noch kein Verhältnis freier Subjekte
zueinander war, so daß also ein Kampf um Anerkennung
mit der möglichen Folge der Unterlegenheit des Einen gar
nicht stattgefunden haben kann. Erklärungsbedürftig ist
demnach in erster Linie, warum das weibliche Geschlecht,
obwohl ontologisch gleich verfaßt wie das männliche, seine
Objektivierung kampf- und widerstandslos erduldet. Zwar
ist das Bedürfnis des Mannes, die Frau als Unwesentliches,
als Objekt und d. h. als Immanenz zu setzen, aus der allgemeinen Struktur der Subjektivität plausibel zu machen,
aber gleichwohl verlangt auch der darin sich manifestieren-
de und festgeschriebene Mangel an Versöhnung und Vollendung, die eben nur durch den Bezug auf ein sich selbst

als Transzendenz realisierendes Subjekt zu erreichen sind, noch genaueren Aufschluß über die zugrundeliegenden Motive. Aus dieser Perspektive stellt sich die Frage so: Was hindert den Mann, den Subjektstatus der Frau anzuerkennen, nimmt er sich damit doch selbst die Chance der Erfüllung und höchsten Vollendung des Menschseins?

Das von dem männlichen Subjekt gesetzte Andere ist zunächst die äußere Natur, die das Subjekt sich aneignet, d. h., verbraucht und damit vernichtet. In dieser Assimilation der Natur behauptet sich das Subjekt zwar als das Wesentliche, findet sich jedoch in seiner Freiheit nicht durch ein anderes Bewußtsein bestätigt, so daß es unweigerlich in die leere Immanenz seines eigenen Bewußtseins zurückfallen muß. Sofern das Streben nach Anerkennung an den permanenten Kampf, das unaufhörliche Austragen der Dialektik von Herrschaft und Knechtschaft gebunden bleibt, sucht der Mann dieser Unruhe zu entfliehen; er träumt von der »Ruhe in der Unruhe«. »Die Verkörperung dieses Traums ist eben die Frau: sie ist der ersehnte Mittelweg zwischen der dem Mann fremden Natur und dem Gleichen, der zu identisch mit ihm ist« (*438*). Mit dieser Überlegung hat Beauvoir in einem ersten Schritt geklärt, warum der Mann der Frau den Subjektstatus verweigert: indem die Frau als zur »Transparenz von Bewußtsein erhobene Natur, [...] ein von Natur aus untergeordnetes Bewußtsein« (192) gesetzt wird, glaubt der Mann seinen Traum von der »Ruhe in der Unruhe« realisieren zu können.

Die verborgenen Motive dieser männlichen Selbstverabsolutierung kommen freilich erst ans Licht, wenn das Individuum selbst als Verhältnis von Geist und Natur betrachtet wird. Im Verhältnis zu seinem Leib als geschlechtlichem erfährt der Mann Beauvoir zufolge die abgründige Ambivalenz seines Seins: So erfolgreich er auch die Natur außer ihm ebenso wie seinen eigenen Leib zum Mittel seiner Aktivität und Selbstbehauptung macht, so unausweichlich findet er sich durch seine Geschlechtlichkeit selbst als Passivi-

tät, Natur und animalisches Leben bestimmt. Indem dieses
um keinen Preis zuzulassende, die eigene Subjektivität be-
drohende Andere seiner selbst, das doch zugleich das Eigene ist, in Gestalt der Frau externalisiert wird, wird es faßbar
und beherrschbar. Ist dieses Verhältnis etabliert, steigert es
nur die Selbstherrlichkeit des Mannes, die Frau zu erhöhen,
in ihr sogar seinesgleichen anzuerkennen, bemißt sich doch
der Status der Macht an dem des Beherrschten.

Wie aber verhält es sich mit der Frau, wodurch ist ihre
Duldung des Objektstatus motiviert? Pauschal gesagt: Versucht der Mann, der Natur zu entfliehen, so versucht die
Frau, ihrer Freiheit zu entkommen. »Neben dem ethischen
Anspruch jedes Individuums, sich als Subjekt zu behaupten, gibt es in ihm die Versuchung, seine Freiheit zu fliehen
und sich als Ding zu konstituieren: ein unheilvoller Weg,
denn passiv, entfremdet, verloren, ist es fremden Willen
ausgeliefert, von seiner Transzendenz abgeschnitten, jedes
Wertes beraubt. Aber es ist ein bequemer Weg: man ver-
meidet so die Angst und Spannung einer selbstverantwort-
lichen Existenz« (17).

Um sich zu emanzipieren, d. h. sich als Subjekt eigener
Tätigkeit zu realisieren, muß die Frau den männlichen Weg
der Arbeit wählen, der allein ökonomische Unabhängigkeit
und Verwirklichung der Subjektivität ermöglicht (vgl.
841 f.). Konsequent zu Ende gedacht, verlangt die Befreiung der Frau indessen die radikale Transformation der Gesellschaft: Nur durch die Einführung des Sozialismus kann
Arbeit zur Befreiung führen, unter kapitalistischen Bedingungen hingegen muß sich das arbeitende Subjekt verskla-
ven und entfremden. Die Geschlechterhierarchie zu beseitigen, erfordert aber nicht nur, die ökonomischen Strukturen
zu verändern, sondern das gesamte kulturelle und soziale
System der Produktion des männlichen und weiblichen
Geschlechtscharakters zu beseitigen (vgl. 892 f.). Andern-
falls bleibt die Frau auch unter der Voraussetzung ökonomischer und rechtlicher Gleichstellung ein lebendiger Wi-

derspruch: gespalten in ein tätiges, autonomes Menschen-
wesen und ein nach wie vor zur Passivität verurteiltes Geschlechtswesen Frau (vgl. 844).

Diese geschichtsphilosophische Konstruktion einer befreiten Menschheit als Resultat einer auf dem Begriff von
Freiheit basierenden Geschlechtertheorie geht allerdings
mit einer unüberhörbar skeptischen Beurteilung ihrer realen Chancen einher: Kompliziert ist die Auflösung der
hierarchischen Geschlechterordnung deshalb, weil sie nicht
Ergebnis einer mehr oder weniger zufälligen historischen
Unterwerfung einer Gruppe von Menschen durch eine andere ist, sondern eine in der Grundstruktur des Menschseins wurzelnde »notwendige Etappe der menschlichen
Evolution« (885). Die Gefahr ihrer keineswegs notwendigen Perpetuierung begründet sich aus der uneingestande-
nen Komplizenschaft der Geschlechter, sich wechselseitig
die je eigene Weise der Flucht vor der durch Unruhe und
Angst bestimmten Freiheit zu ermöglichen: »Die Frau verfolgt einen Traum der Selbstaufgabe und der Mann einen
Traum der Entfremdung« *(448)*.

Marion Heinz

Literaturhinweise

Butler, Judith: Sex and Gender in Simone de Beauvoir's Second Sex.
In: Simone de Beauvoir: Witness to a Century. [Hrsg. von Hélène
Vivienne Wenzel.] New Haven (Mass.) 1987. S. 35–49.

Evans, Mary: Simone de Beauvoir. London [u. a.] 1996.

Fallaize, Elizabeth (Hrsg.): Simone de Beauvoir. A Critical Reader.
London / New York 1998.

Kaufmann McCall, Dorothy: Simone de Beauvoir, The Second Sex,
and Jean-Paul Sartre. In: Signs 5 (1979). S. 209–223.

Lundgren-Gothlin, Eva: The Master-Slave Dialectic in The Second
Sex. In: Simone de Beauvoir. A Critical Reader. London / New
York 1998. S. 93–108.

SIMONE DE BEAUVOIR

Das andere Geschlecht

Sitte und Sexus der Frau

[1949]

Diese Welt hat immer den Männern gehört: keiner der Gründe, die dafür angegeben werden, erscheint ausreichend. Wir werden verstehen können, wie die Hierarchie der Geschlechter zustande kam, wenn wir die prähistorischen und ethnologischen Gegebenheiten im Lichte der Existenzphilosophie betrachten. Ich habe bereits die These aufgestellt, daß, wenn zwei menschliche Kategorien da sind, jede der anderen ihre Souveränität aufzwingen will. Sind beide imstande, diesen Anspruch aufrechtzuerhalten, so entsteht zwischen ihnen eine feindselige oder freundschaftliche, immer aber spannungsvolle Wechselbeziehung. Ist eine von beiden irgendwann im Vorteil, trägt sie den Sieg über die andere davon und bemüht sich, diese in Unterdrückung zu halten. So wird verständlich, daß der Mann den Willen hatte, die Frau zu beherrschen: welcher Vorteil aber hat ihm erlaubt, diesen Willen durchzusetzen? [...]

Es gibt Tierweibchen, für die die Mutterschaft vollständige Autonomie mit sich bringt. Warum ist es der Frau nicht gelungen, diese Stufe zu erklimmen? Selbst in den Zeiten, in denen die Menschheit am dringlichsten nach Geburten verlangte, da der Bedarf an Arbeitskräften größer war als der an Rohstoffen, selbst in den Epochen, in denen die Mutterschaft höchste Verehrung genoß, hat sie den Frauen keinen Vorrang verschafft. Das liegt daran, daß die Menschheit nicht einfach eine natürliche Spezies ist: sie strebt nicht danach, sich als bloße Art zu erhalten; ihr Entwurf ist nicht die Stagnation, sondern sie trachtet danach, sich zu überschreiten.

Die Urhorden interessierten sich kaum für ihre Nachkommenschaft. Da sie an kein festes Gebiet gebunden waren, nichts besaßen, sich in keinem beständigen Ding verkörpert sahen, konnten sie keine konkrete Vorstellung des Fortbestands ausbilden. Sie hatten nicht das Anliegen, sich zu überleben, und sie erkannten sich in ihren Nachkommen nicht wieder. Sie fürchteten weder den Tod, noch verlangten sie nach Erben. Kinder stellten für sie eine Belastung und keinen Reichtum dar. Der Beweis dafür ist, daß Kindesmorde bei Nomadenvölkern immer zahlreich waren; viele der Neugeborenen, die nicht umgebracht wurden, starben inmitten allgemeiner Gleichgültigkeit mangels Hygiene. Die ein Kind austragende Frau kannte also nicht den Stolz auf die Schöpfung. Sie fühlte sich als passiver Spielball dunkler Kräfte, und die schmerzhafte Niederkunft war für sie ein unnötiger oder sogar lästiger Vorfall. Später wurde dem Kind ein höherer Wert beigemessen.

In jedem Fall aber sind Austragen und Stillen keine A k - t i v i t ä t e n, sondern natürliche Funktionen. Kein Entwurf ist darin einbezogen: deshalb findet die Frau darin kein Motiv für eine stolze Bestätigung ihrer Existenz; sie erduldet passiv ihr biologisches Schicksal. Die häuslichen Arbeiten, denen sie nachgeht, weil nur sie mit den Belastungen der Mutterschaft vereinbar sind, halten sie in der Wiederholung und in der Immanenz gefangen. Diese Arbeiten kehren Tag für Tag in der gleichen Form wieder, die fast unverändert von Jahrhundert zu Jahrhundert fortbesteht; sie produzieren nichts Neues.

Beim Mann ist es völlig anders; er ernährt die Gemeinschaft nicht nach Art der Arbeitsbiene in einem bloßen vitalen Prozeß, sondern durch Akte, die sein Tier-sein transzendieren. Der *homo faber* ist von Anbeginn der Zeiten ein Erfinder: schon der Stock, die Keule, mit denen er seinen Arm ausrüstet, um Früchte vom Baum zu schlagen, um Tiere totzuschlagen, sind Werkzeuge, durch die er seinen Zugriff auf die Welt vergrößert. Er begnügt sich nicht damit, aus dem Meer geholte Fische nach Hause zu tragen: zuvor muß er den Bereich der Gewässer erobern, indem er Einbäume aushöhlt. Um sich die Reichtümer der Welt anzueignen, bemächtigt er sich der Welt selbst. In diesem Handeln empfindet er seine Macht; er setzt Ziele; er entwirft Wege zu ihnen: er verwirklicht sich als Existierender. Um zu erhalten, schöpft er; er geht über die Gegenwart hinaus, er eröffnet die Zukunft. Deshalb haben Fischzüge und Jagden einen heiligen Charakter. Ihr erfolgreicher Ausgang wird mit Festen und Triumphzügen gefeiert; der Mann erkennt in ihnen seine Menschlichkeit. Diesen Stolz zeigt er noch heute, wenn er einen Staudamm, einen Wolkenkratzer oder einen Atommeiler gebaut hat. Er hat nicht nur daran gearbeitet, die gegebene Welt zu erhalten: er hat ihre Grenzen gesprengt, hat die Grundlagen für eine neue Zukunft gelegt.

Seine Tätigkeit hat noch eine Dimension, die ihr höchste Würde verleiht: sie ist oft gefährlich. Wäre das Blut nur Nahrung, hätte es keinen höheren Wert als die Milch; aber der Jäger ist kein Schlachter: im Kampf mit den wilden Tieren setzt er sich Gefahren aus. Der Krieger setzt, um das Ansehen der Horde, des Clans, dem er angehört, zu vergrößern, sein Leben aufs Spiel und beweist damit unübersehbar, daß für den Mann nicht das Leben der höchste Wert ist, sondern daß es wichtigeren Zielen dienen muß. Der schlimmste Fluch, der auf der Frau lastet, ist, daß sie von den Kriegszügen ausgeschlossen ist. Nicht indem er Leben schenkt, sondern indem er es einsetzt, erhebt sich der Mensch über das Tier. Deshalb wird innerhalb der Menschheit der höchste Rang nicht dem Geschlecht zuerkannt, das gebiert, sondern dem, das tötet.

Das ist der Schlüssel zu dem ganzen Geheimnis. Auf biologischer Ebene erhält sich eine Art nur, indem sie sich neu erschafft. Aber diese Schöpfung ist nur eine Wiederholung des gleichen Lebens in verschiedenen Gestalten. Indem der Mensch das Leben durch die Existenz transzendiert, sichert er die Wiederholung des Lebens: durch dieses Überschreiten schafft er Werte, die der bloßen Wiederholung jeden Wert absprechen. Beim Tier bleiben die Grundlosigkeit, die Vielfalt der männlichen Aktivitäten vergeblich, weil ihm kein Entwurf innewohnt. Wenn es nicht der Art dient, ist das, was es tut, nichtig. Der männliche Mensch dagegen dient der Art, indem er das Antlitz der Welt gestaltet, neue Werkzeuge erschafft, die Zukunft erfindet und formt. Wenn er sich als souverän setzt, findet er das Einverständnis der Frau selbst: denn auch sie ist ein Existierendes, die Transzendenz wohnt ihr inne, und ihr Entwurf ist nicht die Wiederholung, sondern deren Überschreitung auf eine andere Zukunft hin; sie findet im innersten ihres Wesens die Bestätigung der männlichen Ansprüche. Bei den Festen, die die Erfolge und Siege der Männer feiern, schließt sie sich ihnen an. Ihr Unglück ist, daß sie biologisch zur Wiederholung des Lebens bestimmt ist, obwohl doch in ihren eigenen Augen das Leben seine Seinsgründe nicht in sich trägt und diese wichtiger sind als das Leben selbst.

Manche Passagen der Dialektik Hegels, in denen er das Verhältnis von Herr und Knecht definiert, könnte man viel besser auf das von Mann und Frau anwenden. Hegel zufolge entsteht das Privileg des Herrn dadurch, daß er, indem er sein Leben aufs Spiel setzt, den Geist gegen das Leben durchsetzt: tatsächlich aber trägt der besiegte Sklave das gleiche Risiko. Die Frau dagegen ist ursprünglich ein Existierendes, das d a s Leben schenkt und s e i n Leben nicht aufs Spiel setzt. Zwischen ihr und dem Mann hat es nie einen Kampf gegeben. Hegels Definition läßt sich ausgezeichnet auf sie anwenden: »Die andere (Gestalt des Bewußtseins ist) das unselbständige, dem das Leben oder das Sein für ein Anderes das Wesen ist.« Dieses Verhältnis unterscheidet sich jedoch von dem Unterdrückungsverhältnis, weil auch die Frau die Werte anvisiert und anerkennt, die von den Männern konkret erreicht werden. Der Mann eröffnet die Zukunft, auf die hin auch sie sich transzendiert. In Wirklichkeit haben die Frauen den männlichen Werten nie weibliche entgegengesetzt; es waren Männer, die die männlichen Vorrechte wahren wollten, von denen diese Trennung erfunden wurde; sie haben nur deshalb eine weibliche Domäne – ein Reich des Lebens, der Immanenz – herstellen wollen, um die Frau darin einzusperren. Das Existierende aber sucht seine Rechtfertigung jenseits jeder geschlechtlichen Spezifizierung in der Bewegung seines sich Transzendierens: die Unterordnung der Frauen ist der Beweis dafür. Was sie heute fordern, ist, mit dem gleichen Recht wie die Männer als Existierende anerkannt zu werden und nicht die Existenz dem Leben, den Menschen seiner animalischen Natur unterzuordnen.

Durch diese existentielle Betrachtungsweise ist verständlich geworden, wie die biologische und ökonomische Situation der Urhorden die Vorherrschaft der Männer herbeiführen mußte. Der weibliche Mensch ist unmittelbarer der Art ausgeliefert als der männliche. Die Menschheit hat von jeher danach gestrebt, ihrem spezifischen Schicksal zu entrinnen; durch die Erfindung des Werkzeugs ist der Lebensunterhalt für den Mann Tätigkeit und Entwurf geworden, während die Frau durch die Mutterschaft an ihren Körper gefesselt blieb wie das Tier. Weil die Menschheit sich in ihrem Sein in Frage stellt, das heißt Lebensgründe höher bewertet als das Leben selbst, hat der Mann sich der Frau gegenüber als Herr gesetzt. Der Entwurf des Mannes besteht nicht darin, sich in der Zeit zu wiederholen, sondern den Augenblick zu beherrschen und die Zukunft zu erfinden. Das männliche Handeln hat in der Schaffung von Werten die Existenz selbst als Wert konstituiert: es hat den Sieg über die verworrenen Kräfte des Lebens davongetragen; es hat die Natur und die Frau unterjocht. Nun muß untersucht werden, wie sich diese Situation durch die Jahrhunderte fortgepflanzt und weiterentwickelt hat. Welchen Platz hat die Menschheit diesem Teil ihrer selbst eingeräumt, der sich innerhalb von ihr als das Andere definiert hat? Welche Rechte wurden ihm zuerkannt? Wie haben die Männer ihn definiert?

———

Der geschichtliche Überblick hat gezeigt, daß die Männer immer alle konkrete Macht in Händen hatten. Seit den frühesten Zeiten des Patriarchats haben sie es für nützlich befunden, die Frau in einem Zustand von Abhängigkeit zu halten. Ihre Gesetze wurden gegen die Frau eingeführt, und auf diese Weise ist sie praktisch als das Andere konstituiert worden. Diese Situation diente den ökonomischen Interessen der Männer; sie entsprach aber auch ihren ontologischen und moralischen Prätentionen. Sobald das Subjekt sich zu behaupten sucht, braucht es das Andere, das es begrenzt und negiert: nur über diese Realität, die nicht es ist, gelangt es zu sich selbst. Deshalb ist das Leben des Menschen nie Fülle und Ruhe, es ist Mangel und Bewegung, es ist Kampf. Als Gegenüber begegnet dem Menschen die Natur: er hat Gewalt über sie und versucht sie sich anzueignen. Aber sie kann ihn nicht ausfüllen. Entweder verwirklicht sie sich nur als abstrakter Widerstand, ist Hindernis und bleibt fremd, oder sie gibt passiv dem Verlangen des Menschen nach und läßt sich von ihm vereinnahmen. Er besitzt sie nur, indem er sie verbraucht, das heißt zerstört. In beiden Fällen bleibt er allein: er ist allein, wenn er einen Stein berührt, allein, wenn er eine Frucht verdaut. Es gibt nur Gegenwart des anderen, wenn der andere bei sich anwesend ist: d. h. die wirkliche Alterität ist die eines von meinem getrennten und mit ihm identischen Bewußtseins. Es ist die Existenz der anderen Menschen, die jeden einzelnen Menschen aus seiner Immanenz herausreißt und es ihm ermöglicht, die Wahrheit seines Seins zu erfüllen, sich als Transzendenz, als Sichentgehen auf das Objekt hin, als Entwurf zu erfüllen. Aber diese fremde

Freiheit, die meine Freiheit bestätigt, gerät auch in Konflikt mit ihr: das ist die Tragödie des unglücklichen Bewußtseins. Jedes Bewußtsein strebt danach, sich allein als souveränes Subjekt zu setzen. Jedes versucht, sich selbst zu erfüllen, indem es das andere knechtet. Aber der Knecht empfindet sich durch die Arbeit und die Angst auch als wesentlich, und in einer dialektischen Umkehrung erscheint der Herr als das Unwesentliche. Das Drama kann durch das freie Sicherkennen jedes Individuums im anderen überwunden werden, indem jeder gleichzeitig sich und den anderen in einem wechselseitigen Hin und Her als Objekt und als Subjekt setzt. Aber Freundschaft und Hingabe, die diese Anerkennung der Freiheiten praktisch verwirklichen, sind keine leichten Tugenden: sie sind ganz sicher die höchste Vollendung des Menschen, durch sie gelangt er zu seiner Wahrheit. Aber diese Wahrheit ist die eines unentwegt aufgenommenen, unentwegt zunichte gemachten Kampfes: sie verlangt, daß der Mensch sich in jedem Augenblick überschreitet. Anders ausgedrückt erreicht der Mensch eine gültige moralische Haltung, wenn er auf das bloße S e i n verzichtet und seine Existenz auf sich nimmt. Mit dieser Umstellung verzichtet er auch auf jeden Besitz, da Besitz eine Form ist, nach dem Sein zu trachten. Aber die Veränderung, durch die er die wahre Weisheit erlangt, ist nie abgeschlossen, sie muß ständig vollzogen werden und erfordert eine dauernde Spannung, so daß der Mensch, der unfähig ist, sich in der Einsamkeit zu erfüllen, in den Beziehungen zu seinesgleichen unaufhörlich in Gefahr ist: sein Leben ist ein schwieriges Unterfangen, dessen Gelingen nie gesichert ist.

Aber er mag Schwieriges nicht und hat Angst vor Gefahr. Paradoxerweise strebt er nach Leben u n d nach Ruhe, nach der Existenz u n d nach dem Sein. Er weiß zwar, daß die »Unruhe des Geistes« der Preis für seine Entwicklung, daß seine Distanz zum Objekt der Preis für seine Anwesenheit bei sich ist, träumt aber von Ruhe in der Unruhe und von einer opaken Fülle, in der dennoch Bewußtsein herrscht. Die Verkörperung dieses Traums ist eben die Frau: sie ist der ersehnte Mittelweg zwischen der dem Mann fremden Natur und dem Gleichen, der zu identisch mit ihm ist. »Die Frau ist nicht etwa die unnütze Wiederholung des Mannes, sondern der verwunschene Ort, an dem sich die lebendige Verbindung des Mannes mit der Natur vollzieht. Verschwindet sie, so sind die Männer einsam, wie Fremde ohne Reisepaß in einer eisigen Welt. Sie ist die auf die höchste Höhe des Lebens gehobene Erde selbst, die empfindsam und fröhlich gewordene Erde. Ohne sie ist die Erde für den Mann stumm und tot«, schreibt Michel Carrouges. Die Frau setzt dem Mann weder das feindselige Schweigen der Natur noch den rigorosen Anspruch einer wechselseitigen Anerkennung entgegen. Aufgrund eines einzigartigen Vorzugs ist sie ein Bewußtsein, und dennoch scheint es möglich, sie in ihrem Fleische zu besitzen. Dank ihr gibt es einen Weg, der unerbittlichen Dialektik von Herr und Knecht zu entgehen, die ihren Ursprung in der Wechselseitigkeit der Freiheiten hat.

Wie gesagt hat es keineswegs ursprünglich freie Frauen gegeben, die von den Männern unterjocht worden wären, noch hat die Unterteilung in Geschlechter jemals eine Unterteilung in Kasten begründet. Es ist falsch, die Frau mit dem Sklaven gleichzusetzen: unter den Sklaven hat es zwar Frauen gegeben, aber es gab immer freie Frauen, d. h. mit einer religiösen und sozialen Würde ausgestattete Frauen. Sie akzeptierten die Souveränität des Mannes, und dieser fühlte sich nicht durch eine Revolte bedroht, die ihn seinerseits zum Objekt hätte machen können. So erschien die Frau als das Unwesentliche, das nie zum Wesentlichen wird, als das absolute Andere ohne Wechselseitigkeit. Alle Schöpfungsmythen bringen diese dem Mann teure Überzeugung zum Ausdruck, unter anderem die Legende der

Genesis, die durch das Christentum in den westlichen Kulturen fortbesteht. [...]

Jeder Mythos impliziert ein Subjekt, das seine Hoffnungen und Ängste auf einen transzendenten Himmel hin projiziert. Da die Frauen sich nicht als Subjekt setzen, haben sie keinen männlichen Mythos geschaffen, in dem sich ihre Entwürfe spiegeln. Sie haben keine Religion und keine Dichtung, die ihnen selbst gehört: sogar wenn sie träumen, tun sie es auf dem Weg über die Träume der Männer. Die Götter, die sie anbeten, sind von den Männern erfunden. Diese haben sich zu ihrer Selbstverherrlichung die großen Männergestalten ausgedacht: Herkules, Prometheus, Parzival: im Schicksal dieser Helden spielt die Frau nur eine Nebenrolle. Es gibt wohl stilisierte Darstellungen des Mannes, die ihn in seinen Beziehungen zur Frau zeigen: als Vater, Verführer, Ehemann, als Eifersüchtigen, als guten oder bösen Sohn. Aber auch sie sind von Männern festgehalten worden und erreichen nicht die Würde des Mythos, sondern sind allenfalls Klischees. Die Frau dagegen wird ausschließlich in ihrer Beziehung zum Mann definiert. Die Asymmetrie der Kategorien männlich und weiblich tritt in der Einseitigkeit der sexuellen Mythen zutage. Man sagt im Französischen manchmal einfach *le sexe*, um die Frau zu bezeichnen; sie ist das Fleischliche, seine Wonnen und seine Gefahren. Die Wahrheit, daß für die Frau der Mann sexuell und körperlich anziehend ist, wurde nie verkündet, weil es niemanden gab, sie zu verkünden. Die Vorstellung von der Welt ist, wie die Welt selbst, das Produkt der Männer: sie beschreiben sie von ihrem Standpunkt aus, den sie mit dem der absoluten Wahrheit gleichsetzen.

Es ist immer schwierig, einen Mythos zu beschreiben: er läßt sich weder erfassen noch einkreisen, er geistert in den Bewußtseinen umher, ohne ihnen je als festes Objekt gegenüberzustehen. Er ist so schillernd, so widersprüchlich, daß man seine Einheitlichkeit zuerst einmal gar nicht bemerkt: in den Gestalten von Dalila und Judith, Aspasia und

Lucrezia, Pandora und Athene ist die Frau zugleich Eva
und die Jungfrau Maria. Sie ist Idol und Dienerin, Quelle
des Lebens und Macht der Finsternis; sie ist das elementare
Schweigen der Wahrheit und ist Arglist, Geschwätz und
Lüge; sie ist Heilerin und Hexe; sie ist die Beute des Mannes und sein Verderben, sie ist alles, was er nicht ist und
was er haben will, seine Negation und sein Seinsgrund.

»Ein Weib zu sein«, sagt Kierkegaard, »ist etwas so Selt-
sames, so Gemischtes, so Zusammengesetztes, daß kein
Prädikat es ausdrückt, und die vielen Prädikate, wenn man
sie brauchte, einander so widersprechen, daß nur ein Weib
es aushalten könnte.« Das liegt daran, daß sie nicht positiv
gesehen wird, so wie sie für sich ist, sondern negativ, so wie
sie dem Mann erscheint. Denn wenn die Frau auch nicht
das einzige A n d e r e ist, wird sie nichtsdestoweniger immer als Anderes definiert. Und ihre Zweideutigkeit ist eben
die, die in der Idee des Anderen steckt: die des Menschseins, sofern es sich in seiner Beziehung zum Anderen definiert. Wie gesagt ist das Andere das Böse. Da es aber für
das Gute notwendig ist, wendet es sich zum Guten. Durch
es gelange ich zum Ganzen, aber es trennt mich auch davon. Es ist das Tor zum Unendlichen und das Maß meiner
Endlichkeit. Deshalb verkörpert die Frau kein festes Konzept: über sie vollzieht sich unentwegt der Übergang von
der Hoffnung zum Scheitern, vom Haß zur Liebe, vom
Guten zum Bösen und vom Bösen zum Guten. Unter welchem Aspekt man sie auch betrachtet, immer fällt als erstes
diese Ambivalenz auf.

Der Mann sucht in der Frau das Andere als Natur und als
seinesgleichen. Doch man weiß, welche ambivalenten Gefühle die Natur im Mann erregt. Er beutet sie aus, aber sie
drückt ihn nieder, er wird aus ihr geboren und stirbt in ihr;
sie ist der Ursprung seines Seins und das Reich, das er seinem Willen unterwirft. Sie ist ein schweres Ganggestein, in
dem die Seele gefangen ist, und sie ist die höchste Realität.

Sie ist Kontingenz und Idee, Endlichkeit und Totalität. Sie ist das, was sich dem Geist widersetzt, und er selbst. Abwechselnd Verbündete und Feindin, erscheint sie als das finstere Chaos, aus dem das Leben hervorquillt, als dieses Leben selbst und als das Jenseits, dem es entgegenstrebt: die Frau ist als Mutter, Gattin und Idee eine Zusammenfassung der Natur. Diese Gestalten vermischen sich bald, bald stehen sie sich gegenüber, und jede von ihnen hat zwei Gesichter.

Der Mann senkt seine Wurzeln in die Natur; er wurde erzeugt wie die Tiere und Pflanzen; er weiß, daß er nur existiert, solange er lebt. Aber seit dem Aufkommen des Patriarchats hat das Leben für ihn einen zweifachen Aspekt angenommen: es ist Bewußtsein, Wille, Transzendenz, ist Geist, und es ist Materie, Passivität, Immanenz, ist Fleisch. [...]

––––––

Wenn er sein eigenes Geschlecht entdeckt, entdeckt er die Frau, selbst wenn sie ihm weder in Fleisch und Blut noch als Bild zur Verfügung steht, und umgekehrt ist die Frau insofern furchterregend, als sie die Sexualität verkörpert. Man kann den immanenten und den transzendenten Aspekt der lebendigen Erfahrung nie trennen: was ich fürchte oder begehre, ist immer eine Spielart meiner eigenen Existenz, aber alles widerfährt mir über das, was nicht ich ist. Das Nicht-Ich ist in der nächtlichen Pollution, in der Erektion enthalten, wenn auch nicht direkt in Gestalt der Frau, so doch zumindest als Natur und als Leben: das Individuum fühlt sich von einer fremden Magie besessen.

Daher kommt die Ambivalenz seiner Gefühle gegenüber der Frau auch in der Einstellung zu seinem eigenen Geschlechtsteil vor: er ist stolz darauf, er lacht darüber, er schämt sich seiner. Der kleine Junge vergleicht seinen Penis herausfordernd mit dem seiner Kameraden. Seine erste Erektion erfüllt ihn mit Stolz und erschreckt ihn gleichzeitig. Der reife Mann betrachtet sein Genitale als Symbol der

Transzendenz und der Macht. Er bildet sich darauf sowohl als aderigen Muskel wie als magische Gnade etwas ein: es ist eine Freiheit, die die ganze Kontingenz des Gegebenen enthält, eines frei gewollten Gegebenen. Unter diesem widersprüchlichen Aspekt freut er sich daran, aber er verdächtigt es auch des Schwindels: dieses Organ, durch das er sich behaupten will, gehorcht ihm nicht. Prall von unbefriedigtem Begehren, unvorhersehbar erigierend und sich manchmal im Traum entladend, bekundet es eine verdächtige, launenhafte Vitalität. Der Mann hat die Absicht, den Geist über das Leben, die Aktivität über die Passivität triumphieren zu lassen. Sein Bewußtsein hält die Natur auf Distanz, sein Wille formt sie, aber in Gestalt des Genitals findet er in sich selbst das Leben, die Natur und die Passivität vor. »Die Geschlechtsteile«, schreibt Schopenhauer, »sind der eigentliche Brennpunkt des Willens und folglich der entgegengesetzte Pol des Gehirns.« Was er Wille nennt, ist das Festhalten am Leben, welches Leiden und Tod ist, wohingegen das Gehirn das Denken ist, das sich vom Leben löst, indem es sich dieses vorstellt: die sexuelle Scham ist ihm zufolge die Scham, die wir angesichts unserer blöden fleischlichen Hartnäckigkeit empfinden. Selbst wenn man den Pessimismus seiner Theorien ablehnt, muß man ihm darin recht geben, daß er in dem Gegensatz von Geschlecht und Gehirn den Ausdruck der Dualität des Menschen sieht. Als Subjekt setzt er die Welt, und indem er außerhalb von ihr bleibt, macht er sich zu ihrem Herrscher. Wenn er sich aber als Körper, als etwas Geschlechtliches erfaßt, ist er nicht mehr autonomes Bewußtsein, transparente Freiheit: er ist in die Welt engagiert, ist ein begrenztes, vergängliches Objekt. Und zweifellos überschreitet der Zeugungsakt die Grenzen des Körpers, konstituiert sie aber gleichzeitig. Der Penis, Vater der Generationen, entspricht dem mütterlichen Uterus. Aus einem im Leib der Frau genährten Keim hervorgegangen, ist der Mann selbst Träger von Keimen, und durch diesen lebenspendenden Samen

wird auch sein eigenes Leben verneint. Die Geburt der
Kinder sei der Tod der Eltern, sagt Hegel. Die Ejakulation
ist eine Todesverheißung, sie behauptet die Art gegen das
Individuum. Die Existenz des Geschlechts und seine Aktivität verneinen die stolze Einzigartigkeit des Subjekts.
Eben dieses Infragestellen des Geistes macht das Geschlecht zu etwas Anstößigem. Der Mann verherrlicht den
Phallus, sofern er ihn als Transzendenz und Aktivität, als
Mittel zur Aneignung des anderen begreift, aber er schämt
sich seiner, wenn er in ihm nur ein passives Stück Fleisch
sieht, durch das er ein Spielball der dunklen Kräfte des Lebens wird. Diese Scham tarnt sich gern mit Ironie. Das Geschlecht anderer erregt leicht Gelächter: dadurch daß die
Erektion eine beabsichtigte Regung nachahmt und dabei
doch unwillkürlich ist, wirkt sie oft lächerlich. Das bloße
Vorhandensein der Geschlechtsorgane erregt schon bei ihrer Erwähnung Heiterkeit. Malinowski berichtet, daß es bei
den Wilden, unter denen er lebte, genügte, den Namen dieser »beschämenden Teile« auszusprechen, um endloses Gelächter hervorzurufen. Mit vielen frivolen Witzen oder Zo-
ten ist es auch nicht weiter her als mit solchen rudimentä-
ren Wortspielen. Bei manchen Primitiven haben die Frauen
an den Tagen, wenn die Gärten gejätet werden, das Recht,
jeden Fremden, der sich in das Dorf wagt, brutal zu vergewaltigen. Sie greifen ihn alle zusammen an und lassen ihn
oft halbtot liegen: die Männer des Stammes lachen über
diese Heldentat. Durch die Vergewaltigung ist das Opfer
als passiver, abhängiger Körper konstituiert worden: er ist
von den Frauen und über sie von ihren Männern in Besitz
genommen worden, während sich beim normalen Koitus
der Mann als Besitzer behaupten will.

Aber gerade dann erfährt der Mann am deutlichsten die
Zweideutigkeit seines Körperseins. Er bejaht seine Sexualität nur voller Stolz, sofern sie ein Mittel zur Aneignung des
Anderen ist, und dieser Traum vom Besitzen ist zum Scheitern verurteilt. Im echten Besitzen hebt sich der andere als

solcher auf, er wird vereinnahmt und zerstört. Einzig der Sultan in *Tausendundeine Nacht* hat die Macht, seinen Geliebten den Kopf abzuschlagen, sobald das Morgengrauen sie von seinem Lager vertreibt. Die Frau überlebt die Umarmung des Mannes und entzieht sich ihm damit: sobald er die Arme von seiner Beute genommen hat, wird sie ihm wieder fremd. Sie ist wieder neu, unversehrt und bereit, von einem neuen Liebhaber ebenso vorübergehend besessen zu werden. Ein Männertraum ist es, die Frau so zu »zeichnen«, daß sie immer sein bleibt. Aber selbst der Anmaßendste weiß genau, daß er immer nur Erinnerungen in ihr hinterläßt und daß die glühendsten Bilder im Vergleich mit einer wirklichen Empfindung kalt sind. Ein ganzer Literaturzweig hat dieses Scheitern aufgezeigt. Es wird in der Frau dingfest gemacht, die als unbeständig und verräterisch bezeichnet wird, weil ihr Körper sie dem Mann allgemein zuweist und nicht einem einzelnen Mann. Ihr Verrat geht noch weiter: sie macht ihrerseits den Liebhaber zur Beute. Nur ein Körper kann einen Körper berühren: der Mann beherrscht das begehrte Fleisch nur, wenn er selbst Fleisch wird. Eva wird Adam zugesellt, damit er in ihr seine Transzendenz verwirkliche, und sie zieht ihn in die Nacht der Immanenz. Mit dem opaken Lehm jenes düsteren Ganggesteins, das die Mutter für ihren Sohn ausbildete und aus dem er entfliehen will, umschließt die Geliebte ihn im Rausch der Lust. Er wollte besitzen, und auf einmal ist er selbst ein Besessener. Bis hin zum Geruch, zum Schwitzen, zur Erschöpfung und zum Überdruß haben zahllose Bücher diese trübe Leidenschaft eines Fleisch werdenden Bewußtseins beschrieben. Das Begehren, das oft den Ekel verhüllt, wird wieder zu Ekel, wenn es befriedigt ist. »*Post coitum homo animal triste.*« – »*La chair est triste.*« Und dabei hat der Mann in den Armen der Geliebten nicht einmal eine endgültige Befriedigung gefunden. Bald erwacht das Verlangen wieder in ihm, und oft ist es nicht nur das Verlangen nach der Frau allgemein, sondern nach einer bestimmten. Das verleiht ihr eine besonders beunruhigende Macht. Denn im Körper des Mannes kommt das sexuelle Bedürfnis nur als allgemeines Bedürfnis wie Hunger oder Durst vor, das kein bestimmtes Objekt hat: das Band, das ihn an diesen einen weiblichen Körper fesselt, ist also vom Anderen ausgegangen. Es ist so geheimnisvoll wie der unreine fruchtbare Leib, in dem es seine Wurzeln hat, eine Art passive Kraft: es ist magisch.

Das abgedroschene Vokabular von Fortsetzungsromanen, in denen die Frau als Hexe, als Zauberin dargestellt wird, die den Mann bannt und verhext, spiegelt den ältesten und universellsten aller Mythen wider. Die Frau ist der Magie geweiht. Die Magie, sagt Alain, ist der in den Dingen umherschweifende Geist. Eine Handlung ist magisch, wenn sie, statt von einem Handelnden herbeigeführt zu werden, von einer Passivität ausgeht. Nun haben die Männer die Frau immer gerade als Immanenz des Gegebenen betrachtet: wenn sie Ernten und Kinder hervorbringt, so geschieht dies nicht durch einen Willensakt: sie ist nicht Subjekt, Transzendenz, Schöpferkraft, sondern ein mit Flüssigkeiten gefülltes Objekt.   [...]

Was der Mann also in erster Linie in der Frau sowohl als Geliebter wie als Mutter liebt und haßt, ist das feste Bild seines animalischen Schicksals, ist das für seine Existenz notwendige Leben, das diese Existenz aber zur Endlichkeit und zum Tod verurteilt. Vom Tag seiner Geburt an beginnt der Mensch zu sterben: das ist die Wahrheit, die seine Mutter verkörpert. Pflanzt er sich fort, so behauptet er die Art gegen sich selbst: das lernt er in den Armen der Gattin. In Rausch und Lust, noch ehe er gezeugt hat, vergißt er sein einzigartiges Ich. Obwohl er versucht, Mutter und Geliebte auseinanderzuhalten, findet er in der einen wie in der anderen ein und dieselbe Evidenz: die seiner Fleischlichkeit. Einerseits möchte er sie erfüllen, denn er verehrt seine Mutter und begehrt seine Geliebte, doch zugleich lehnt er sich in Ekel und Angst gegen sie auf.   [...]

———

[...] Heute nimmt der Kampf eine andere Gestalt an. Statt den Mann mit sich einsperren zu wollen, versucht die Frau, ihrem Gefängnis zu entfliehen. Sie will den Mann nicht mehr ins Reich der Immanenz hinabziehen, sondern selbst im Licht der Transzendenz auftauchen. Jetzt ist es die Haltung des Mannes, die einen neuen Konflikt heraufbeschwört, denn er mag die Frau nur ungern »entlassen«. Es gefällt ihm, das souveräne Subjekt, der absolut Überlegene, der Wesentliche zu bleiben. Er weigert sich, seine Gefährtin konkret als Gleiche zu betrachten, und sie erwidert sein Mißtrauen mit einer aggressiven Haltung. Es handelt sich nicht mehr um einen Krieg zwischen Individuen, die in ihre je eigene Sphäre eingeschlossen sind, sondern um eine fordernde Kaste, die zum Angriff übergeht und von der privilegierten Kaste in Schach gehalten wird. Es sind zwei Transzendenzen, die hier aufeinanderstoßen. Statt sich gegenseitig anzuerkennen, will jede Freiheit die andere beherrschen.

Dieser Unterschied in der Haltung macht sich auf der sexuellen wie auf der geistigen Ebene bemerkbar. Die »weibliche« Frau versucht, indem sie sich zur passiven Beute macht, auch den Mann auf seine fleischliche Passivität zu reduzieren. Sie bemüht sich, ihn in die Falle zu locken, ihn durch das Begehren, das sie als fügsam sich darbietendes Ding hervorruft, zu fesseln. Die »emanzipierte« Frau dagegen will aktiv sein, sie will zugreifen, sie verweigert die Passivität, die der Mann ihr aufzuzwingen sucht. Desgleichen sprechen Élise und ihr weibliches Gefolge den männlichen Aktivitäten ihren Wert ab. Sie stellen das Fleisch über den Geist, die Kontingenz über die Freiheit, ihre routinierte Klugheit über den schöpferischen Mut. Die »moderne« Frau dagegen akzeptiert die männlichen Werte. Es reizt sie, wie ein Mann zu denken, zu handeln, zu arbeiten und wie er schöpferisch tätig zu sein. Statt die Männer herabzusetzen, behauptet sie, es ihnen gleichzutun.

In dem Maße, in dem dieser Anspruch sich in konkreten Verhaltensweisen äußert, ist er legitim und die Anmaßung der Männer verwerflich. Aber zur Entschuldigung der letzteren muß man sagen, daß die Frauen das Spiel gern durcheinanderbringen. Eine Mable Dodge Luhan wollte D. H. Lawrence durch die Reize ihrer Weiblichkeit unterwerfen, um ihn dann geistig zu beherrschen. Viele Frauen suchen sich auf sexuellem Gebiet eine männliche Unterstützung zu sichern, um dann durch ihre Erfolge zu beweisen, daß sie einem Mann gleichwertig sind. Sie spielen ein doppeltes Spiel, indem sie gleichzeitig traditionelle Rücksichtnahme und neue Anerkennung verlangen, indem sie auf ihre alte Magie und auf ihre jungen Rechte setzen. Man versteht, daß der Mann verärgert in die Defensive geht. Aber auch er spielt falsch, wenn er verlangt, daß die Frau fair bleiben soll, während er ihr durch sein Mißtrauen, durch seine Feindseligkeit unerläßliche Trümpfe verweigert. In Wahrheit kann der Kampf zwischen ihnen keine klare Gestalt annehmen, da das Wesen der Frau selbst undurchsichtig ist. Sie tritt dem Mann nicht als ein Subjekt gegenüber, sondern als ein paradoxerweise mit Subjektivität begabtes Objekt. Sie begreift sich gleichzeitig als s i c h s e l b s t und als a n d e r e s – ein Widerspruch, der verheerende Folgen hat. Wenn sie ihre Stärke und ihre Schwäche als Waffen benutzt, ist dies kein vorbedachtes Kalkül: spontan sucht sie ihr Heil auf dem ihr auferlegten Weg der Passivität, erhebt aber gleichzeitig aktiven Anspruch auf ihre Souveränität. Zweifellos verstößt dieses Vorgehen gegen die Regeln des »gerechten Krieges«, aber es wird ihr durch die ihr zugewiesene zwiespältige Situation diktiert. Wenn der Mann sie als eine Freiheit behandelt, empört er sich, daß sie für ihn eine Falle bleibt. Und wenn er ihr insofern schmeichelt, als sie seine Beute ist und sie als solche beglückt, ärgert er sich über ihren Anspruch auf Autonomie. Was immer er tut, er fühlt sich ausgespielt, und sie fühlt sich verletzt.

Der Streit wird andauern, solange Mann und Frau sich nicht als Gleiche anerkennen, das heißt, solange die Weiblichkeit als solche bestehen bleibt. Wer von beiden aber ist mehr darauf bedacht, die Weiblichkeit zu bewahren? Die Frau, die sich von ihr befreit, will auf die Vorteile der Weiblichkeit trotzdem nicht verzichten. Und der Mann verlangt, daß sie dann auch deren Grenzen übernimmt. »Es ist leichter, ein Geschlecht anzuklagen, als das andere zu entschuldigen«, schreibt Montaigne. Das Austeilen von Lob und Tadel führt zu nichts. Wenn dieser Teufelskreis so schwer zu durchbrechen ist, liegt das in Wirklichkeit daran, daß jedes der beiden Geschlechter zugleich Opfer seiner selbst und Opfer des anderen ist. Zwischen zwei Gegnern, die sich in ihrer reinen Freiheit gegenübertreten, kann eine Einigung leicht hergestellt werden, zumal ihr Kampf niemandem nützt. Aber die Schwierigkeit der ganzen Angelegenheit rührt daher, daß beide Lager sich im heimlichen Einvernehmen mit dem jeweiligen Feind befinden. Die Frau verfolgt einen Traum der Selbstaufgabe und der Mann einen Traum der Entfremdung. Die Unauthentizität zahlt sich nicht aus: jeder verübelt dem anderen das Unglück, das er sich zugezogen hat, indem er der Versuchung des bequemsten Weges nachgab. Was einer am anderen haßt, ist das offensichtliche Scheitern der eigenen Unaufrichtigkeit und der eigenen Feigheit. [...]

D: Simone de Beauvoir: Das andere Geschlecht. Sitte und Sexus der Frau. Aus dem Franz. von Uli Aumüller und Grete Osterwald. Neuausg. Reinbek bei Hamburg, Rowohlt, 2000. S. 86–91. (Erstes Buch: Fakten und Mythen / Zweiter Teil: Geschichte / [Kap.] I.) – S. 190–195. (Erstes Buch: Fakten und Mythen / Dritter Teil: Mythos / [Kap.] I.) – S. 216–222. (Ebd.) – S. 882–885. (Schluß.) – © 1951 Rowohlt Verlag GmbH, Reinbek bei Hamburg; © (Neuübersetzung) 1992 Rowohlt Taschenbuch Verlag GmbH, Reinbek bei Hamburg.

Kontroverse Heterosexualität:
Luce Irigaray und Judith Butler

Mit Luce Irigaray und Judith Butler sind Antipoden inner-halb des Spektrums aktueller feministischer Theorie be-nannt. Die Tatsache, daß es zu einer klaren Frontstellung der Positionen im Rahmen der theoretischen Bestimmung des Geschlechterverhältnisses kommt, verdankt sich in er-ster Linie dem Umstand, daß für beide Autorinnen die Ge-schlechterdifferenzthematik einen eigenständig und aus-schließlich zu bearbeitenden Gegenstandsbereich abgibt. Stellten noch bei Beauvoir die gesellschaftlichen Manifesta-tionen der Geschlechtsdichotomie nur eines, wenngleich auch privilegiertes Studienobjekt einer politisch engagierten Philosophin dar, so haben sich die feministisch orientierten Theoretikerinnen der sogenannten zweiten Generation die Aufarbeitung traditioneller und die Ausarbeitung emanzi-pativer Konzeptionen des Geschlechterverhältnisses zum durchgängig leitenden Ziel ihrer theoretischen Bemühun-gen gemacht. Darüber hinaus bringt es nicht zuletzt die philosophische Nachbarschaft mit sich, daß die grundle-genden Differenzen in den Ansätzen sich deutlich und konturiert herausarbeiten. Beide Autorinnen, Butler wie Irigaray, beziehen sich in ihren Analysen, wenngleich mit unterschiedlichen Präferenzen, auf poststrukturalistische Autoren und wissen sich in ihren Texten dem methodi-schen Vorgehen der Dekonstruktion verpflichtet. Orien-tiert sich Butler in ihren Arbeiten vorrangig an Foucaults Begriff des Diskurses, so bildet bei Irigaray die feministisch motivierte Dekonstruktion der psychoanalytischen Theorie Freuds in ihrer Fortschreibung durch Jacques Lacan den Ausgangspunkt.

Vor diesem Hintergrund lassen sich die Positionen in ih-ren Umrissen folgendermaßen skizzieren und voneinander abheben: Ist die Geschlechterdifferenz als das Produkt eines hegemonial-heterosexuellen Diskurses entlarvt, so kann die theoretische wie im weiteren praktische Alternative nur in einer subversiven Pluralisierung von Geschlechtsrollen bestehen, deren tatsächliche Anzahl und spielerische Ausgestaltungsmöglichkeiten prinzipiell offen sind – so Butler. Dagegen Irigaray: Die Tatsache, daß die Geschlechterdifferenz sich bislang unter den deformierenden Bedingungen eines hegemonial-patriarchalen Diskurses realisiert hat, macht es nötig, sie als eine tatsächliche Differenz unbeschadet männlicher Vorherrschaft theoretisch und praktisch zu etablieren.

Der Kontrast, in welchem die Ansätze zueinander stehen, resultiert aus der je unterschiedlichen Stellung, die beide Autorinnen zum Verhältnis von Natur und Kultur beziehen. Erscheint bei Butler die Naturwüchsigkeit der Zweigeschlechtlichkeit als vollständig von Diskursen erzeugt und somit durchweg als eine gesellschaftliche Konstruktion, hält demgegenüber Irigaray an einem unhintergehbaren Geschlechtsdimorphismus fest. Aus dieser prinzipiellen Differenz resultieren die divergenten Bestimmungen des Diskurses und die einander widersprechenden theoretischen Strategien. Für Butler errichtet sich die Hegemonialität des heterosexuellen Diskurses auf dem Ausschluß der Vielfalt polymorpher sexueller Identitäten; für Irigaray hingegen liegt die Hegemonie des heterosexuellen Diskurses in seinem patriarchalen Zuschnitt begründet, der die Realisierung einer tatsächlichen Hetero-Sexualität bislang durch die Verwerfung des Weiblichen verhindert hat.

Entsprechend haben die Annäherungen an das »Außen«, das Ausgeschlossene, oder das »Verworfene« des Diskurses verschiedene Ziele vor Augen: sind bei Butler damit männliche und weibliche Homosexuelle gemeint, so sind es bei Irigaray die Frauen. In der Einschätzung der »Macht des Diskurses« scheint jedoch bei beiden Autorinnen Übereinstimmung dahingehend zu herrschen, daß theoretische Bemühungen ebensowenig ein emanzipatorisches »Überfliegen« des Diskurses leisten, wie vermeintlich alternative Lebensformen in praxi einen radikalen Ausstieg realisieren können. Beide Autorinnen kennzeichnen die Möglichkeiten, die einem kritischen theoretischen Gestus und einer möglicherweise subversiven Praxis offenstehen, mit Begriffen wie »Wiederholung« und »Verschiebung«, »Mimesis« und »Parodie«. Diese so bezeichneten Operationen und Aktionen implizieren einerseits den Verzicht auf das Allmachtsphantasma einer totalisierenden Überschreitung des Diskurses, auf der anderen Seite liegt in diesen Spielarten der kreativen Verfremdung der faktischen Gegebenheiten des Diskurses jedoch positiv die Möglichkeit begründet, die zur »Natur« geronnenen geschlechtstypischen Festschreibungen in ihrem kontingenten Charakter allererst als solche sichtbar und bewußt werden zu lassen.

Friederike Kuster

Literaturhinweise

Butler, Judith: Körper von Gewicht. Berlin 1995.
– Imitation und die Aufsässigkeit der Geschlechtsidentität. In: Grenzen lesbischer Identitäten. Hrsg. von S. Hark. Berlin 1996. S. 15–37.
– [u. a.]: Der Streit um Differenz. Frankfurt a. M. 1993.
Irigaray, Luce: Speculum – Spiegel des anderen Geschlechts. Frankfurt a. M. 1980.
– Das Geschlecht, das nicht eins ist. Berlin 1979.
– Die Zeit der Differenz. Frankfurt a. M. / New York 1991.

Burke, Carolyn [u. a.] (Hrsg.): Engaging with Irigaray. New York 1994.
Duden, Barbara: Die Frau ohne Unterleib: Zu Judith Butlers Entkörperung. Ein Zeitdokument. In: Feministische Studien (1993). H. 2. S. 24–33.
Gross, Elizabeth: Philosophy, Subjectivity and the Body: Kristeva and Irigaray. In: Feminist Challenges – Social and Political Theo-

ry. Hrsg. von C. Pateman und E. G. Sydney [u. a.] 1986 S. 125–144.

Kuster, Friederike: Ortschaften. Luce Irigarays Ethik der sexuellen Differenz. In: Phänomenologische Forschungen N. F. (1996). H. 1. S. 44–66.

Lorey, Isabell: Immer Ärger mit dem Subjekt. Theoretische und politische Konsequenzen eines juridischen Machtmodells: Judith Butler. Tübingen 1996.

Maihofer, Andrea: Geschlecht als Existenzweise. Frankfurt a. M. 1995. Bes. S. 69–108. [Zu Judith Butler.]

Nagl-Docekal, Herta: Rezension von Judith Butler, Das Unbehagen der Geschlechter. In: L'Homme, Zeitschrift für feministische Geschichtswissenschaft 4 (1993). H. 1. S. 141–147.

Schor, Naomi: Dieser Essentialismus, der keiner ist – Irigaray begreifen. In: Dekonstruktiver Feminismus, Literaturwissenschaft in Amerika. Hrsg. von B. Vinken. Frankfurt a. M. 1992. S. 219–246.

Whitford, Margret: Luce Irigaray – Philosophy in the Feminine. London / New York 1991.

A. Luce Irigaray

Luce Irigaray verknüpft in ihren Arbeiten Psychoanalyse und Philosophie. Im gleichen Zuge wie die psychoanalytische Theorie aus einer philosophischen Perspektive gelesen wird, wird die Philosophie selbst mittels psychoanalytischer Parameter gedeutet: beide Theorietraditionen werden dabei aus einer feministischen Motivation heraus gegeneinander ausgespielt. Die Philosophie erweist sich im psychoanalytischen Verstande als das Resultat der Sublimationspraxis konkreter, von Wünschen und Begehrungskräften geleiteter Individuen, an der Psychoanalyse selbst wiederum kann mit den Mitteln der philosophischen Dekonstruktion ihr »phallogozentrischer« Charakter abgelesen werden.

Aus dieser theoretischen Interferenz ergibt sich der Ausgangspunkt der Analysen Irigarays: die abendländische Theorietradition ist in allen ihren Spielarten und Verästelungen als die Geschichte des sich spiegelnden männlichen Geistes zu begreifen. Auf dem Prüfstand stehen aus dieser Perspektive folglich weniger die Konsistenz und der Wahrheitsgehalt einzelner Theoreme, vielmehr muß die Theoriebildung als ganze als das Medium eines umfassenden Selbstverständigungsprozesses verstanden werden, den das abendländisch-männliche Subjekt mittels der Reflexion auf sich und seinesgleichen, auf sein Verhältnis zur Welt und zum Göttlichen in Gang hält. Nach Irigaray waren diese Möglichkeiten identitätsstiftender und identitätsverbürgender Selbstverständigung historisch ausschließlich Männern vorbehalten; ein Umstand, der aus dem exklusiven Zugang zu den verobjektivierenden Möglichkeiten von Sprache und Schrift eine ungebrochen vom männlichen Imaginären durchherrschte symbolische Ordnung hat entstehen lassen. Dies bedeutet anders gewendet aber, daß durch die historisch nahezu durchgängige Beschneidung weiblicher Artikulationsmöglichkeiten Frauen vom Zugang zu einem dem männlichen vergleichbaren, nämlich gleichermaßen autonomen und verobjektivierten Raum weiblicher Selbstverständigung abgeschnitten geblieben sind.

Von dieser Bestandsaufnahme aus macht Irigaray sich vorrangig die Ausarbeitung eines Konzeptes des »Weiblichen« zur Aufgabe. Dieses Projekt, mit welchem zugleich der Anspruch eines der Form nach weiblichen Philosophierens erhoben wird, reagiert mit seiner methodischen Komplexität auf die spezifischen Schwierigkeiten, denen der Rekurs auf »das Weibliche« im Rahmen eines hegemonialen männlichen Diskurses ausgesetzt ist. Können einerseits die im Rahmen der Tradition hervorgebrachten Paradigmen von Weiblichkeit nicht einfach in Anschlag gebracht werden, läuft auf der anderen Seite der gleichermaßen naive Ausgriff auf eine »eigentliche« Weiblichkeit jenseits des Diskurses ebenso leer. Diese dem theoretischen Feminismus inhärente Aporie unterläuft Irigaray dadurch, daß sie nicht Geschlechterdifferenztheoreme als solche, sondern vielmehr das Geschlechtsspezifische der herkömmlicherweise als objektiv, d. h. geschlechtsneutral betrachteten Theorie und im weiteren von Sprache und Kultur insgesamt zum Gegenstand der kritischen Betrachtung macht. Allerdings erweist sich dabei das Männliche aufgrund seiner durchgängig dominanten Stellung in allen Modi symbolischer Repräsentation als prägnanter zu erfassen, als dies für das in diesen Spiegelungsprozessen konstitutiv nicht oder nur verzerrt repräsentierte Weibliche gelten kann. Das Unternehmen, mittels de- wie rekonstruktiver Analysen an der Eröffnung eines Repräsentationsraumes zu arbeiten, in dessen Rahmen sich eine bislang nicht realisierte weibliche Identität mittels der eigenständigen Entfaltung imaginärer und symbolischer Potenzen erstmalig ausbilden könnte, trägt somit notwendig im wörtlichen Sinne utopische Züge.

An diese Vorüberlegungen und Vorarbeiten schließt der nachstehende Text aus der *Ethik der sexuellen Differenz* an. Der Form nach eine Nachschrift des ersten Vortrags einer Reihe von Vorlesungen, deren Hauptthema das Verhältnis zwischen dem männlichen und dem weiblichen Geschlecht bildet, bietet der Text einen thesenhaften Aufriß der von Irigaray anvisierten Gesamtproblematik. Hinter der *Ethik der sexuellen Differenz* steht das Anliegen, die bislang noch nicht verwirklichte Fruchtbarkeit der sexuellen Differenz denkend auf den Weg zu bringen. Dabei erhebt Irigaray Anspruch darauf, die Geschlechterdifferenz im Rahmen der philosophischen Fundamentalproblematik von Raum und Zeit neu zu konzipieren, wie andererseits vom Entwurf der Geschlechterdifferenz her eine neuartige »transzendentale Ästhetik« zu gewinnen. Zwischen zwei eigenständigen Polen, dem Ort des Mannes und dem der Frau, entfaltet sich der Zwischenraum des heterosexuellen Begehrens, innerhalb dessen Begegnung einerseits und Rückkehr zu sich selbst andererseits möglich wird. Die Begegnung der Geschlechter in der Form einer wechselseitigen Umhüllung, oder anders: in der Form der liebenden Anerkennung, erweist sich nur unter der Bedingung als möglich, daß jedem Geschlecht ein eigenständiger Ort der »Selbstumhüllung« zuerkannt wird. In diesem Zusammenhang stellt Irigaray erneut ihre Grundfrage nach dem Ort der Frau. Denn ohne selbst einen Ort zu haben, diente die Frau bislang als umschließende Mutter und Geliebte zur Konstitution der Selbstliebe des Mannes und konnte sich anders als dinghaftes Objekt der Begierde oder als Reproduzentin der Gattung nicht repräsentiert sehen. Im Unterschied zu früheren Texten steht jedoch in der *Ethik der sexuellen Differenz* eher als die Frau allein das zweigeschlechtliche Paar im Vordergrund, genauer: die sexuelle Differenz, die »ihre Chance nie gehabt hat« (S. 469 unten). Innerhalb der Gesellschaft auf Zwecke der Reproduktion und der Ökonomie reduziert und im Gegenzug dazu in der vermeintlichen Irrationalität des Eros zur gesellschaftsbedrohenden Macht stilisiert, krankt das Verhältnis von Mann und Frau am Mangel ethisch reflektierter Lebens- und Ausdrucksformen.

Dieser Hintergrund legt es nahe, in den Begriffen und Bildern von Philosophie, Theologie und Kunst diejenigen ursprünglichen Erfahrungen aufzuspüren, die theoretisch der Dimension zurückgewonnen werden müssen, in der sie gemäß der abendländischen Kulturtradition nie angesiedelt waren: der Dimension der Geschlechtlichkeit. Neu oder erstmalig zu denken wären in diesem Zusammenhang für Irigaray Phänomene wie das anfängliche Staunen der Philosophie, die Figur des Engels und das sogenannte »Muköse«.

Staunen, auch Bewunderung oder Verzauberung, hervorgerufen durch den geschlechtlich unvertretbar und unerfahrbar Anderen wäre die Leidenschaft, die der Erfahrung sexueller Verschiedenheit entspräche. Im weiteren ist es die Gestalt des Engels, welche im christlichen Kontext die Bewegung der Vermittlung zwischen Körper und Geist symbolisiert. Diese Vermittlung müßte im geschlechtlichen Individuum selbst, in den konkreten Begegnungen des liebenden Paares und allgemein im Verhältnis zwischen den Geschlechtern stattfinden, um nicht länger die abendländische Spaltung des Geistigen vom Körperlichen zu wiederholen, mittels derer die Frau in den Bereich der Natur, des »Fleisches« und der reproduktiven Sexualität verwiesen wurde, während der Mann sich allein die Sphäre des Geistes und der Transzendenz vorbehielt. Die Einführung des Begriffs des Mukösen, wörtlich des »Schleims« bzw. der »Schleimhäute«, versinnbildlicht schließlich in diesem Zusammenhang Irigarays Bestreben, Konzeptualisierungen von Erfahrungsformen fließender Übergängigkeit und Schwellenförmigkeit an das Erleben von Leiblichkeit und Sexualität zurückzubinden. Ebenso wie der Rekurs auf die Schleimhäute muß auch Irigarays provokante Einführung der Figur der weiblichen (Scham)Lippen in das Sprachspiel der Theorie als der Versuch gelesen werden, dem in einer männlich-phallischen Kultur perhorreszierten »Nichts« des weiblichen Geschlechts einen positiven Sinn zurückzuerstatten. Mit ihren metaphernreichen und mitunter poetisch anmutenden Beschreibungen des weiblichen Geschlechts versucht Irigaray die Umrisse eines imaginären Raumes zu skizzieren, innerhalb dessen Frauen eigengesetzliche Ausdrucksformen ihrer Existenz unabhängig von männlichen Parametern entwickeln könnten.

Friederike Kuster

LUCE IRIGARAY

Die sexuelle Differenz

[1991]

Die sexuelle Differenz stellt eine der Fragen oder die Frage dar, die in unserer Epoche zu denken ist. Jede Epoche hat – Heidegger zufolge – eine Sache zu »bedenken«. Nur eine. Die sexuelle Differenz ist wahrscheinlich diejenige unserer Zeit. Diejenige, die uns, wäre sie gedacht, die »Rettung« bringen würde?

Aber ob ich mich der Philosophie, der Wissenschaft oder der Religion zuwende, diese Frage wird ständig verdeckt, immer beharrlicher im verborgenen gehalten. Wie eine Problematik, die die vielfältigen Formen der Zerstörung der Welt aufhalten und einem Nihilismus Einhalt gebieten könnte, der seine Bestätigung lediglich in der Umkehrung schon existierender Werte und deren monotoner Vervielfachung erfährt: Konsumgesellschaft, Zirkularität des Diskurses, mehr oder weniger bösartige Krankheiten unserer Epoche, Untauglichkeit der Worte, Ende der Philosophie, religiöse Verzweiflung oder Rückfall in die Religiosität, wissenschaftlicher oder technischer Imperialismus ohne Berücksichtigung des lebendigen Subjekts usw.

Die sexuelle Differenz würde den Horizont einer noch unbekannten Fruchtbarkeit eröffnen. Unbekannt zumindest im Okzident, denn es wäre eine Fruchtbarkeit, die sich nicht auf die Reproduktion der Körper und des Fleisches reduziert. Fruchtbarkeit von Geburt an und Erneuerung für die Liebenden, aber auch Entstehen einer neuen Epoche des Denkens, der Kunst, der Poesie, der Sprache … Erschaffen einer neuen *poietik*.

Alles widersetzt sich und verhindert, daß dieses Neue, dieses Ereignis offenbar, sichtbar wird. In der Theorie wie in der Praxis. Innerhalb der Theorie gibt sich die Philosophie, die mit der Ontologie brechen möchte, als Literatur und Rhetorik. Oder fällt sie dabei in die Ontologie zurück, da sie dieselbe Grundlage und denselben Rahmen wie die »erste Philosophie« benutzt? Darum bemüht, diese aufzulösen, aber ohne etwas ins Spiel zu bringen, was zu anderen Grundlagen, zu anderen Werken führt?

In der Politik ist es zu Öffnungen gegenüber der Welt der Frauen gekommen; aber diese Öffnungen bleiben partiell, lokal; sie kommen durch Zugeständnisse von seiten der bestehenden Mächte zustande, nicht durch Setzen neuer Werte. Sie werden von den Frauen selbst, die meist nicht über einen kritischen Anspruch hinauskommen, zu wenig gedacht und bekräftigt. Kommt es dadurch zu der weltweiten Rückläufigkeit der Positionen, die sie in ihren Kämpfen erreicht haben? Weil sie ihnen keine anderen Fundamente gegeben haben als die, auf denen die Welt der Männer errichtet ist? Die psychoanalytische Theorie und Praxis, Schauplätze der Sexualität als solcher, sind alles andere als revolutioniert worden, und die sexuelle Praxis ist heute – von Ausnahmen abgesehen – in zwei parallele Welten aufgeteilt: die Welt der Männer, die Welt der Frauen. Die einer nichttraditionellen, fruchtbaren Begegnung zwischen den Geschlechtern existiert praktisch nicht. Und ein Bedürfnis danach spricht sich nicht öffentlich aus, es sei denn in einem bestimmten Schweigen oder in gewissen Polemiken.

Damit das Werk der sexuellen Differenz Wirklichkeit werden kann, ist in der Tat eine Umwälzung des Denkens und der Ethik notwendig. Alles in der Beziehung zwischen Subjekt und Diskurs, Subjekt und Welt, Subjekt und Kosmischem, zwischen Mikro- und Makrokosmos muß neu gedeutet werden. Alles, und als erstes das Faktum, daß das Subjekt sich immer männlich bestimmt hat, auch wenn es vorgab, universell oder neutral zu sein: der Mensch. Dennoch ist der Mensch – zumindest im Französischen – sprachlich kein Neutrum, sondern geschlechtlich bestimmt.

Der Mann ist das Subjekt des Diskurses gewesen: des theoretischen, des moralischen, des politischen Diskurses. Und das Geschlecht Gottes, des Hüters jeden Subjekts und jeden Diskurses, ist im Okzident immer männlich-väterlich. Den Frauen bleiben die sogenannten niederen Künste: Kochen, Stricken, Sticken, Nähen; ausnahmsweise die Poesie, die Malerei, die Musik. Wie groß die Bedeutung dieser Künste auch sein mag, sie sind heutzutage nicht bestimmend. Jedenfalls nicht direkt.

Sicher, wir erleben eine gewisse Umwertung von Werten: das Manuelle wird aufgewertet, auch die Kunst. Aber das Verhältnis dieser Künste zur sexuellen Differenz wird nie wirklich gedacht und richtig eingeordnet. Allenfalls werden sie mit dem Klassenkampf in Zusammenhang gebracht.

Damit diese Differenz gedacht und gelebt werden kann, muß die ganze Problematik von Raum und Zeit neu betrachtet werden.

Am Anfang war der Raum und die Erschaffung des Raums. So heißt es in den Theogonien. Die Götter, Gott erschafft – zuerst – den Raum. Und die Zeit ist da, gewissermaßen im Dienst des Raums. Am ersten Tag, in den ersten Tagen, erschaffen die Götter, erschafft Gott durch die Trennung der Elemente eine Welt. Dann wird diese Welt bevölkert und zwischen den Bewohnern ein Rhythmus geschaffen. Gott wäre die Zeit selbst, die sich in seinem Akt in Raum, in Orte verausgabt oder entäußert.

Die Philosophie wird die Arbeit der Götter, des Gottes weiterführen. Die Zeit wird zur inneren Anschauung des Subjekts selbst, der Raum seine äußere Anschauung (diese Problematik wird von Kant in der *Kritik der reinen Vernunft* entwickelt). Das Subjekt, Herr der Zeit, wird zur Achse der Gestaltung der Welt, mit ihrem Jenseits im Jetzt und in der Ewigkeit: Gott. Er bewirkt den Übergang zwischen Zeit und Raum.

Verkehrt sich das in der sexuellen Differenz? In ihr wird das Weibliche als Raum erlebt, allerdings häufig mit den

Konnotationen von Abgrund und Nacht (während Gott
der Licht-Raum ist?), das Männliche als Zeit.

Ein Epochenwechsel erfordert eine Veränderung der Per-
zeption und Konzeption des Raum-Zeit-Gefüges,
des Bewohnens der Orte und der Umschließun-
gen der Identität. Seine Voraussetzung und Folge sind
eine Evolution und Transformation der Formen, der Beziehungen Materie-Form und des Dazwischen: Trilo-
gie der Konstitution des Ortes. Jede Epoche schreibt eine
Grenze ein in diese trinitarische Konfiguration: Materie,
Form, Zwischenraum oder: Potenz, Akt, Zwi-
schenraum-Dazwischen.

Das Begehren besetzt oder bezeichnet den Ort des
Zwischenraums. Ihm eine unveränderliche Definition
geben bedeutet, es als Begehren aufzuheben. Begehren erfordert eine Anziehung: die Veränderung des Zwischenraums, die Verschiebung des Subjekts oder Objekts in ihrem Verhältnis von Nähe und Distanz.

Der Wandlung einer Epoche entspricht eine Veränderung
der Ökonomie des Begehrens. Eine andere Epoche bedeutet eine veränderte Beziehung zwischen:

– Mensch und Gott (Göttern),
– Mensch und Mensch,
– Mensch und Welt,
– Mann und Frau.

Unsere Zeit wird häufig als eine Zeit angesehen, in der
sich die Problematik des Begehrens entfaltet. Doch während die Theorie des Begehrens oft von den Beobachtungen
eines bestimmten Spannungsmoments, eines bestimmten
geschichtlichen Zeitpunktes ausgeht, müßte das Begehren
vielmehr als eine Dynamik betrachtet werden, deren Ab-
läufe sich modifizieren und die sich für die Vergangenheit,
manchmal auch für die Gegenwart beschreiben, aber niemals in definitiver Form für die Zukunft programmieren

läßt. Unsere Zeit hätte nicht die ganze dynamische Reserve realisiert, die das Begehren beinhaltet, wenn es auf die Ökonomie des Z w i s c h e n r a u m s bezogen wird, wenn es in den Attraktionen, Spannungen, Akten zwischen F o r m und M a t e r i e angesiedelt wird, aber auch in dem nach jeder Schöpfung oder nach jedem Werk verbleibenden R e s t , z w i s c h e n dem schon Identifizierten und dem noch zu Identifizierenden usw.

Um sich eine solche Ökonomie des Begehrens vorzustellen, muß man das, was Freud mit S u b l i m i e r u n g meint, neu interpretieren. Und man muß dabei festhalten, daß er nicht von Sublimierung der G e n i t a l i t ä t spricht (außer in der Reproduktion? Aber wenn sie eine gelungene Sublimierung wäre, würde Freud die Erziehung der Kinder durch die Eltern nicht so pessimistisch einschätzen) und beim W e i b l i c h e n auch nicht von S u b l i m i e r u n g der P a r t i a l t r i e b e , sondern vielmehr von deren Unterdrückung (kleine Mädchen lernen schneller und schneller richtig sprechen als kleine Jungen, sie haben bessere Beziehungen zur sozialen Umwelt usw., Qualitäten und Fähigkeiten, die verschwinden werden, ohne Spuren schöpferischer Tätigkeiten zu hinterlassen, die daraus Antrieb gewonnen hätten. Außer in dem Werden zur Frau – zum Objekt der Anziehung? – Vgl. L. Irigaray, *Speculum, Spiegel des anderen Geschlechts*, Frankfurt am Main 1980, S. 13–165).

In dieser möglichen Nicht-Sublimierung von und durch sich selbst strebt die Frau immer h i n z u , ohne Rückkehr zu sich selbst als Ort der Ausarbeitung eines Positivs. In Begriffen der heutigen Physik könnte man sagen, daß sie immer auf der Seite des Elektrons bleibt, mit allem, was das für sie, den Mann und ihr Zusammentreffen impliziert. Wenn es nicht zwei Begehren gibt, kommt es zu einer Aufteilung des Plus- und Minus-Pols zwischen den Geschlechtern statt zur Herstellung eines Chiasmus oder einer doppelten Schleife, die es jedem von beiden gestatten würde, sich zum anderen hinzubewegen und zu sich zurückzuziehen.

Ohne dieses Plus und Minus in beiden, dem einen und dem anderen, geht die Anziehung immer von demselben aus, während der andere weiterhin in Bewegung bleibt, aber ohne »eigenen« Ort. Es fehlt der doppelte Pol von Anziehung und Beharrung, der die Desintegration oder die Zurückstoßung, die Anziehung und Aufspaltung verhindern und statt dessen eine Trennung ermöglichen würde, die die Begegnung, die Begegnungen skandiert und die Rede, das Versprechen, die Allianz zuläßt.

Um sich zu entfernen, muß man da nehmen können? Oder reden? Das läuft in gewisser Weise auf das gleiche hinaus. Bedarf es, um zu nehmen, eines unbeweglichen Ortes, eines festen Behältnisses? Braucht es eine Seele? Oder einen Geist? Die Trauer um nichts ist das Allerschwierigste. Die Trauer um mich im anderen ist nahezu unmöglich. Ich suche mich als das, was assimiliert worden ist. Ich müßte mich rekonstituieren – ausgehend von einer De-Assimilation … Neu erstehen aus Spuren in einer Kultur, in Werken, die von dem anderen geschaffen sind. Auf der Suche nach dem, was in diesen Werken ist – was nicht in ihnen ist, nach den Bedingungen ihrer Möglichkeit, die nicht in ihnen enthalten sind.

Die Frau müßte sich unter anderem über die bereits in die Geschichte eingelassenen Bilder von ihr und über die Produktionsbedingungen des Werkes des Mannes wiederfinden; sie kann nicht von ihren eigenen Werken, ihrer eigenen Genealogie ausgehen.

Wenn die Frau traditionellerweise und als Mutter den O r t für den Mann repräsentiert, so bedeutet diese Lokalisierung, diese Eingrenzung, daß sie D i n g wird, mit möglichen Abwandlungen von einer Geschichtsepoche zur anderen. Sie findet sich eingefaßt als Ding. Aber das Mütterlich-Weibliche dient auch als U m s c h l i e ß u n g, äußere Form, Hülle, von dem aus der Mann seine Dinge begrenzt. Das V e r h ä l t n i s   z w i s c h e n   d e m   U m s c h l i e ß e n d e n und den Dingen bildet eine der Aporien oder die Aporie des aristotelischen Denkens und der aus ihm abgeleiteten philosophischen Systeme.

In unseren Terminologien, die aus der Ökonomie dieses Denkens hervorgegangen, aber von einem Psychologismus durchdrungen sind, der seine Wurzeln nicht kennt, wird man zum Beispiel von einer kastrierenden Frau-Mutter sprechen. Das bedeutet, daß sie, da ihr Status als Umschließung und als Ding uninterpretiert bleibt, nie von dem Werk oder dem Akt des Mannes ablösbar ist, vor allem solange er sie definiert und seine Identität ausgehend von ihr oder korrelativ zu dieser Bestimmung von ihr setzt. Solange sie lebt, zersetzt sie seine Arbeit, da sie sich sowohl von dem Ding als auch von der Umhüllung, die es umschließt, unterscheidet; sie erzeugt unablässig Zwischenraum, Spiel, Bewegtes, Nicht-Begrenztes, das seine Perspektive, seine Welt und seine Grenzen durcheinanderbringt. Aber statt ihr ein subjektives Leben zu lassen, statt es ihr zu überlassen, in einer inter-subjektiven Dynamik zuweilen auch sein Ort und sein Gegenstand zu sein, bleibt der Mann in einer Herr-Knecht-Dialektik befangen. Gegebenenfalls als Knecht eines Gottes, dem er die Eigenschaften eines absoluten Herrn verleiht. Insgeheim als Knecht der Macht des Mütterlich-Weiblichen, das er herabzusetzen oder auszulöschen sucht.

Das Mütterlich-Weibliche bleibt der Ort, der von »seinem« Ort getrennt, »seines« Ortes beraubt ist. Sie ist oder wird unablässig der Ort für den anderen, der sich von ihm nicht trennen kann. Ohne es zu wissen oder zu wollen, wird sie daher bedrohlich gerade durch das, was ihr fehlt: ein »eigener« Ort. Sie müßte sich wieder mit sich selbst umschließen, und dies zweifach: als Frau und als Mutter. Das aber setzt die Veränderung der gesamten Raum-Zeit-Ökonomie voraus.

Einstweilen spielt sich dieses ethische Problem im Bereich der Nacktheit und der Perversität ab: Die

Frau wäre nackt, weil ihr der Ort fehlt, an dem sie sich situieren, an dem sie situiert sein könnte. Durch Kleider, Schminke, Schmuck versucht sie, sich eine Umhüllung zu geben. Über die Umhüllung, die sie selbst ist, verfügt sie nicht und muß sich daher künstliche schaffen.

Zu sagen, die Oralität sei die für sie spezifische Phase (vgl. Freud), sagt etwas über sie aus, verbannt sie aber immer noch aus ihrem archaischsten, sie konstituierenden Ort. Daß die Oralität für sie eine privilegierte Skandierung ist, steht außer Zweifel: morphologisch ist sie zweifach Mund, zweifach Lippen. Aber sie kann diese Morphologie nur manifestieren oder umsetzen, wenn sie ihr Verhältnis zur Räumlichkeit und zum Fötalen bewahrt. Es sind Dimensionen, die sie braucht, um sich einen Raum zu schaffen (und übrigens auch, um einen Ort zur Aufnahme des anderen herzustellen), und die ihr in unserer Tradition vorenthalten werden: sie begründen die Sehnsucht des Mannes und all das, was er in Gedenken an diese erste und letzte Bleibe erbaut. Dunkles Gedenken ... Vielleicht werden Jahrhunderte vergehen müssen bis der Mann in der Lage sein wird, den Sinn seines Werks, seiner Werke zu deuten: das endlose Konstruieren von Substituten seines vorgeburtlichen Aufenthalts. Von den tiefsten Gründen der Erde bis zu den höchsten Höhen des Himmels? Er nimmt dadurch dem Weiblichen, wieder und wieder, das Gewebe oder die Textur der Räumlichkeit. Im Austausch – der keiner ist ... – zahlt er ihr ein Haus, schließt sie sogar in ihm ein: als Ausgleich für den grenzenlosen Raum, in den er sie unwissentlich versetzt hat, zwingt er ihr eine Grenze auf. Er umgibt sie mit Mauern, während er sich und seine Dinge mit ihrem Fleisch umhüllt. Diese Umhüllungen sind verschiedener Natur: unsichtbar lebendig, aber in ihren Begrenzungen kaum wahrnehmbar die einen, die anderen sichtbar begrenzend, schützend, aber in Gefahr zu tödlichen Gefängnismauern zu werden, wenn sie ohne offene Schwelle bleiben.

Es drängt sich daher auf, die ganze Problematik der Ausarbeitung des Orts zu überprüfen, sowohl um zu einer anderen Epoche der Differenz überzugehen (jeder Epoche des Denkens entspricht eine Zeit des Nachdenkens über die Differenz), als auch um eine Ethik der Leidenschaften zu entwerfen. Die Beziehungen zwischen Form, Materie, Zwischenraum und Begrenzung müssen verändert werden. Denn letztere ist nie in einer Weise gesetzt worden, daß sie die Beziehung zwischen zwei liebenden Subjekten verschiedenen Geschlechts zugelassen hätte.

Es gab den umschließenden Körper und den umschlossenen Körper. Wobei der letztere derjenige ist, der durch Transport der beweglichere ist (die Schwangerschaft erscheint nicht so sehr als ein »Transport«). Derjenige, der das Begehren gibt oder zuläßt, gewährt dem anderen den Transport. Und umschließt ihn, wird ihm einverleibend. Es ist im übrigen eine Gefahr, wenn kein dritter Term existiert. Nicht nur als Begrenzung. Dieser dritte Term kann seinen Ort im Umschließenden haben, als Beziehung des Umschließenden zu seinen eigenen Grenzen: als Beziehung zum Göttlichen, zum Tod, zum Gesellschaftlichen, zum Kosmischen. Wenn kein Drittes in dem Umschließenden und für das Umschließende existiert, wird er oder sie zur Allmacht.

Einen der beiden Pole der sexuellen Differenz, die Frauen, auf diese Weise eines Dritten berauben heißt auch, sie in eine für die Männer gefährliche Allmachtsposition zu versetzen. Vor allem durch die Beseitigung eines Raums, der in zweifachem Sinn Zwischenraum ist. Im Sinne eines Eingangs-Ausgangs in die und aus der Umhüllung für beide (und auf derselben Seite, wenn es nicht zur Perforation der Umhüllung oder zu ihrer Assimilierung an den Kreislauf der Verdauung kommen soll). Und im Sinne einer Möglichkeit zu sowohl Bewegungsfreiheit als auch friedlicher Immobilität ohne Gefahr der Einschließung für beide.

*

Um zur Konstitution einer Ethik der sexuellen Differenz zu gelangen, muß man auf jeden Fall auf jene Leidenschaft zurückkommen, die nach Descartes die erste ist: die Verwunderung. Auf jene Leidenschaft, die kein Gegenteil und keinen Gegensatz hat, und die immer ein erstes Mal ist. So sind der Mann und die Frau, die Frau und der Mann, immer ein erstes Mal in ihrer Begegnung: sie sind einander nicht substituierbar. Ich werde niemals an der Stelle eines Mannes sein, niemals wird ein Mann an meiner Stelle sein. Welche Identifikationen es auch geben mag, niemals wird der eine genau die Stelle des anderen einnehmen – sie sind nicht aufeinander reduzierbar.

> »Wenn ein Objekt uns beim ersten Entgegentreten überrascht und wir urteilen, daß es neu ist und sehr verschieden von allem, was wir vorher kannten, oder von dem, was wir vermuteten, das es sein sollte, bewirkt das, daß wir uns über es wundern und erstaunt sind. Da das jedoch auftreten muß, bevor wir überhaupt erkennen, ob dieses Objekt uns angenehm ist oder nicht, ergibt sich für mich, daß die Verwunderung die erste aller Leidenschaften ist. So hat sie auch kein Gegenteil, denn, wenn das Objekt, das sich uns darbietet, nichts in sich besitzt, was uns überrascht, sind wir darüber keineswegs erregt und betrachten es ohne Leidenschaft.«[1]

Was der andere ist, wer er ist, ich weiß es nie. Aber der andere, der für mich für immer unergründbar ist, ist der andere, der sich geschlechtlich von mir unterscheidet. Das Staunen, das Verzaubertsein, die Verwunderung angesichts des Unerkennbaren müßten an ihren Ort zurückkehren: den der sexuellen Differenz. Die Leidenschaften sind unterdrückt, erstickt, reduziert oder Gott vorbehalten worden. Manchmal wird dem Kunstobjekt eine Dimension

---

1 Descartes, *Die Leidenschaften der Seele*, übersetzt und herausgegeben von K. Hammacher, Hamburg 1984, Art. 53.

staunender Verwunderung eingeräumt. Aber niemals wird sie an dieser Stelle angesiedelt, noch hat sie dort Bestand: z w i s c h e n M a n n u n d F r a u. Da kommt es zu Attraktion, Begierde, Besitznahme, Konsumtion, Abscheu usw. Aber nicht zu dieser Verwunderung, die das, was sie anschaut, immer ein erstes Mal anschaut und die den anderen nie als ihr Objekt begreift. Für die dies Objekt ungreifbar bleibt, nicht zu besitzen, irreduzibel – subjektiv, noch frei?

Das hat es zwischen den Geschlechtern nie gegeben. Die Verwunderung, die die einander nicht substituierbaren Geschlechter im Status ihrer Differenz bewahrt. Die zwischen ihnen einen Raum von Freiheit und Anziehung erhält, die Möglichkeit von Trennung und Vereinigung.

Was sich zum Zeitpunkt einer ersten Begegnung ereignet – noch vor jeder Bindung –, würde als Zeugnis der Differenz fortbestehen. Es gäbe niemals ein Ü b e r s c h r e i t e n d e s Z w i s c h e n r a u m s. Niemals eine vollständige Besitznahme. Sie ist eine Täuschung. Keines der Geschlechter kann das andere vollständig besitzen. Es bleibt immer ein R e s t.

Dieser Rest wurde bisher G o t t vorbehalten oder anvertraut. Zuweilen verkörpert sich ein Teil davon im K i n d. Oder er wurde unter dem Geschlecht des N e u t r u m s gedacht. Denn dieses Neutrum ist (wie auf andere Weise das Kind und Gott?) die Möglichkeit einer Begegnung, aber es schiebt sie auf, verschiebt sie auf später, sogar wenn es sich um einen nachträglichen Effekt handelt. Es hält immer eine Distanz aufrecht, die nicht überschritten wird. Eine Art N i e m a n d s l a n d, voller Respekt oder auch tödlich: das Bündnis wird nicht geschlossen, das Fest nicht gefeiert. Vereitelung der unmittelbaren Begegnung oder Aufschub in eine Zukunft, die niemals kommen wird.

Sicher, das Neutrum könnte einen alchimistischen Ort der Sublimierung der »Genitalität« bezeichnen, eine Möglichkeit der Generierung, der Kreation der Geschlechter und zwischen den Geschlechtern. Aber dazu müßte es offen sein für das Ereignis der Differenz, es müßte als Erwartung, als diesseitige Erwartung gedacht werden, nicht als etwas Jenseitiges, vor allem nicht in seiner Ethik. Das es gibt stützt meistens eine Gegenwart, aber es verschiebt das Fest. Es gibt sie nicht und es wird sie nicht geben: die Zeit höchster Verwunderung in der Hochzeit, der Ekstase, die unmittelbare Gegenwart bleibt. Das es gibt bleibt eine Gegenwart, die eventuell einen Gott herbeizwingen kann, die aber kein Fundament für die Verwirklichung der sexuellen Fruchtbarkeit bildet. Nur bestimmte orientalische Traditionen sprechen von der energetischen, ästhetischen, religiösen Fruchtbarkeit des Geschlechtsaktes. Die beiden Geschlechter geben einander den Samen des Lebens und der Ewigkeit, die immer weitergehende Erneuerung des einen und des anderen, des einen durch das andere.

Was unsere Geschichte angeht, so muß man sie Stück für Stück befragen, will man verstehen, warum diese sexuelle Differenz ihre Chance nie gehabt hat. Weder empirisch noch transzendental. Warum ihr ihre Ethik, ihre Ästhetik, ihre Logik, ihre Religion gefehlt hat, die mikro- und makrokosmische Verwirklichung ihres Erscheinens oder ihrer Bestimmung.

Sicher geht es dabei um die Trennung von Körper und Seele, von Sexualität und Geistigem, um das Fehlen eines Übergangs zwischen dem Innen und Außen, dem Außen und Innen, und um dessen Aufteilung zwischen den Geschlechtern im Geschlechtsakt. Alles ist so konstruiert, daß diese Realitäten getrennt, sogar gegensätzlich bleiben. Daß sie sich nicht verbinden, nicht vermischen, nicht vereinigen. Ihre Vereinigung wird immer in ein künftiges Leben verschoben oder sie wird abgewertet, als unwürdig empfunden und erachtet im Vergleich zu den Hochzeiten zwischen dem Geist und Gott in einem Transzendenten, das seine Brücken zum Sinnlichen abgebrochen hätte.

Aus der Nichterfüllung des Geschlechtsaktes sind viele Folgebilder und -erscheinungen hervorgegangen. Um nur die schönsten zu nennen, deren Bezug zu Raum und Zeit noch zu entfalten wäre, so sind da die E n g e l. Jene Boten, die nie an einem Ort, nie bewegungslos bleiben. Zwischen Gott, der der vollkommen unbewegte Akt wäre, dem Mann, der in den Horizont seiner Arbeitswelt eingebunden-eingeschlossen, und der Frau, deren Aufgabe die Bewahrung der Natur und der Zeugung wäre, zwischen ihnen zirkulieren die E n g e l. Vermittler dessen, was noch aussteht, was noch kommen wird, was sich ankündigt. Sie öffnen unablässig die Geschlossenheit des Universums, der Universen, der Identitäten, der Handlungsabläufe, der Geschichte.

Der Engel ist derjenige, der unaufhörlich die U m - s c h l i e ß u n g(e n) d u r c h q u e r t, von einer Seite zur anderen wechselt, jeden Ablauf, jede Entscheidung abändert, jede Wiederholung verhindert. Er zerstört das Monströse, das, was der Möglichkeit einer neuen Epoche im Wege steht; er kommt, um zu sagen, daß eine neue Geburt, ein neuer Morgen bevorsteht.

Er ist nicht ohne Beziehung zum Geschlechtlichen. Da ist natürlich Gabriel, der Engel der Verkündigung. Aber auch andere Engel kündigen die Erfüllung der Hochzeit an, alle Engel der *Apokalypse* und viele Engel des *Alten Testaments*. So als sei der Engel die Figuration eines noch niemals verkörperten Sexuellen. Einer leichten, göttlichen Geste (oder Tat) des noch nicht bewegten, noch nicht erblühten Fleisches. Immer gefallen oder in Erwartung der Parusie. Schicksal der noch zwischen hier und anderswo zerrissenen Liebe. Ergebnis der Liebe, die die Ursünde stiftet, die sündig ist seit jenem ersten Garten, dem verlorenen irdischen Paradies? Und dieses Schicksal des Fleisches wird noch dazu Gott angelastet! (Vgl. »Epître aux derniers chrétiens«, in: L. Irigaray, *Amante marine*, Paris 1980.)

Die Engel, diese sehr geschwinden Boten, die dank dieser Geschwindigkeit alle Abschließungen überschreiten, zeigen

den Weg zwischen der Umschließung Gottes und der der
Welt, des Mikro- oder Makrokosmos an. Sie verkünden,
daß dieser Weg dem Körper des Menschen offen ist, vor allem dem der Frau. Es ist eine andere Verkörperung, eine
andere Parusie des Körpers, die sie darstellen und verkünden. Die Engel sind weder auf Philosophie noch Theologie,
noch Moral reduzierbar, sie erscheinen vielmehr als Boten
einer Ethik, die die Kunst – Skulptur, Malerei oder Musik –
evoziert, ohne daß sich etwas anderes von ihr aussagen ließe als die Geste, die sie repräsentiert.

Als Boten sprechen sie, aber die Geste scheint ihre »Natur« zu sein. Die Bewegung, die Haltung, das Hin und Her
zwischen beidem. Sie versetzen die Lähmung oder die *apa-
theia* des Körpers, der Seele, der Welt in Bewegung, in Erregung (?); sie musikalisieren oder harmonisieren die Ängste oder Verkrampfungen.

Eine der vielen Fragen, die sich in bezug auf sie stellen,
lautet: Können sie sich gemeinsam an ein und demselben
Ort aufhalten? Die traditionelle Antwort ist nein. Diese
Frage, ähnlich und verschieden von der der Ko-lokation der
Körper, berührt sich mit dem Problem der sexuellen Ethik.
Das Muköse wird zweifellos auf seiten des Engels versinnbildlicht; die Trägheit des seiner Beziehung zum Mukösen
und zu seiner Geste beraubten Körpers findet ihre Versinn-
bildlichung im gefallenen Körper oder im Kadaver.

Eine Ethik der Sexualität oder des Fleisches erforderte,
daß Engel und Körper zusammenfinden könnten. Eine
Welt, die aufzubauen oder wieder aufzubauen ist … Vom
Kleinsten zum Größten, vom Intimsten zum Politischsten,
eine Genese der Liebe zwischen den Geschlechtern steht
noch aus. Eine Welt ist zu schaffen oder wieder zu erschaffen, damit der Mann und die Frau erneut oder endlich zusammen wohnen, sich begegnen und zuweilen am selben
Ort verweilen können.

*

Das Band, das Männliches und Weibliches erstmals oder wieder vereinigt, muß horizontal und vertikal, irdisch und himmlisch sein. Wie – unter anderen – Heidegger schreibt, muß es das Bündnis zwischen Göttern und Sterblichen verwirklichen. Denn die sexuelle Beziehung ist ein Fest, eine Feier und keine maskierte oder polemische Herr-Knecht-Beziehung. Auch kein Zusammentreffen im Schatten oder in der Bahn eines Gott-Vaters, der das Gesetz allein in einem Namen macht, der das unveränderliche Sprachrohr eines einzigen Geschlechts ist.

Sicher, die extremste Progression und Regression trägt den Namen Gott. Ich kann nicht zum Absoluten streben oder ins Unendliche zurückgehen, wenn nicht die Existenz eines Gottes verbürgt ist. So hat es uns die Tradition gelehrt und ihre Imperative sind noch nicht überwunden, ihre Zerstörung führt zu Pathologien und Zuständen von Verlassenheit, die schrecklich genug sind. Ausgenommen bei exzeptionellen Liebespaaren, aber auch da … Das Unglück ist manchmal gerade dann unvermeidlich, wenn der Horizont des Göttlichen, der Götter, wenn das Offene zu einem Jenseits fehlt, aber auch, wenn es keine G r e n z e gibt, in die der andere eindringen oder nicht eindringen kann.

Wie soll man diese Grenze eines Orts, des Orts markieren, wenn nicht durch die sexuelle Differenz? Aber damit diese eine Ethik haben kann, ist es notwendig, einen Ort zu konstituieren, der es jedem Geschlecht, jedem Körper, jedem Fleisch erlaubt, in ihm zu wohnen. Das setzt Erinnerung der Vergangenheit, Erwartung der Zukunft voraus. Die Erinnerung sichert die Brücke zur Gegenwart und durchkreuzt die Spiegelsymmetrie, die den Unterschied der Identität auslöscht.

Es bedarf der Zeit, des Raums und der Zeit. Und vielleicht durchleben wir eine Epoche, in der d i e Z e i t d e n R a u m n e u e n t f a l t e n m ü ß t e. Anbruch einer neuen Zeit? Umgestaltung der Immanenz und Transzendenz, vor allem durch jene als solche niemals befragte S c h w e l l e: das weibliche Geschlecht. Schwelle des Zugangs zum Mukösen. Jenseits der klassischen Gegensätze von Liebe und Haß, absolut Flüssigem und Eis – immer h a l b o f f e n e Schwelle. Schwelle, bestehend aus L i p p e n, die keine dichotomischen Gegensätze sind. Eine gegen die andere gefaltet, aber ohne Möglichkeit einer Naht, zumindest keiner realen. Keine Absorption der Welt in und durch sie hindurch, es sei denn, sie werden fälschlicherweise auf einen Konsumtionsapparat reduziert. Sie empfangen, gestalten den Empfang, aber weder assimilieren noch verschlingen sie. Eine Art Pforte der Wollust? Ohne Zweck, es sei denn den, einen O r t zu bezeichnen: den Ort der Zweckfreiheit selbst, zumindest normalerweise. Streng genommen dienen sie weder der Empfängnis noch der Lust. Geheimnis der weiblichen Identität? Ihres Versammeltseins in sich. Dieses so eigentümlichen Sprechens im Schweigen? ... Schwelle und Aufnahme des Austauschs. Stets versiegeltes Geheimnis der Weisheit? Des Glaubens und des Vertrauens in jeder Wahrheit?

(Lippen, die sich übrigens kreuzen wie die Balken des Kreuzes, dem Prototyp der Kreuzung z w i s c h e n. Die Lippen des Mundes und die des Geschlechts haben nicht die gleiche Ausrichtung. Sie sind gewissermaßen entgegengesetzt zu der erwarteten Richtung angeordnet: die »unten« sind vertikal.)

In dieser Annäherung, in der die Ränder des Körpers sich in einer Umarmung vereinigen, die über alle Grenzen hinausgeht und die dennoch dank der Fruchtbarkeit des Porösen nicht die Gefahr des Abgrunds in sich birgt, in diesem äußersten, immer auch zukünftigen Punkt des Empfindens entdeckt sich jeder in dem, was nicht sagbar ist, was aber die Geschmeidigkeit eines lebendigen Bodens, auch der Sprache, ausmacht.

Dazu bedarf es eines »Gottes« oder einer so aufmerksamen Liebe, daß sie göttlich ist. Was es niemals gegeben hat?

Weil die Liebe ihr Transzendieren immer aus dem Hier und Jetzt heraus verlegt, ausgenommen in gewissen Gotteserfahrungen. Und weil das Begehren sich nicht genügend auf die Durchlässigkeit des Körpers richtet. Es läßt das Kommunizieren durch das Innerste des Mukösen hindurch aus dem Geschehen heraus. Ein Austausch, in dem das, was kommuniziert wird, so subtil ist, daß es großer Beharrlichkeit bedarf, um es nicht im Vergessen, im Aussetzen, in der Beschädigung, in Krankheit und Tod verlorengehen zu lassen.

Dieses Einssein wird oft an das Kind, als Symbol der Allianz, delegiert. Aber es gibt vor dem Kind andere Zeichen der Allianz – das, worin die Liebenden einander das Leben oder den Tod geben? Die Regeneration oder die Degeneration. Beides ist möglich. Die Intensität des Begehrens und die Filiation beider haben daran teil.

Aber wenn das Göttliche da ist als Geheimnis dessen, was diese Kopula, dieses ist und sein in der sexuellen Differenz beseelt, kann dann die Kraft des Begehrens die Wechselfälle des genealogischen Schicksals übersteigen? Wie kommt sie damit zurecht? Auf welches Vermögen setzt sie? Denn sie bleibt ja verkörpert. Zwischen dem gedanklichen Ideal der vollkommenen Fluidität eines nicht geborenen, der eigenen Geburt nicht verpflichteten Körpers und dem genetischen Determinismus, wie soll man dazwischen das Maß einer Liebe finden, die uns aus der Conditio der Sterblichkeit in die der Unsterblichkeit übergehen läßt? Bestimmte Gestalten Mensch gewordener Götter, des Mensch gewordenen Gottes und die zweimal Geborener deuten der Liebe einen Weg.

Bleibt etwas von der Verwirklichung der sexuellen Differenz darin noch unausgesprochen oder ist nicht übermittelt worden? Noch wartend in dem Schweigen, das über einer Geschichte liegt, die das Weibliche darstellen würde? Eine Energie, eine Morphologie, ein Wachsen und Erblühen, die für das Weibliche noch in Erscheinung treten müssen? Öffnung zu einer noch und immer offenen Zukunft? Die Welt bleibt ratlos angesichts dieser eigentümlichen Ankunft.

D: Luce Irigaray: Die sexuelle Differenz. In: L. I.: Ethik der sexuellen Differenz. Aus dem Franz. von Xenia Rajewsky. Frankfurt a. M.: Suhrkamp, 1991. (edition suhrkamp. 1362. – N. F. 362.) S. 11–28. – © 1991 Suhrkamp Verlag, Frankfurt a. M.

B. Judith Butler

Judith Butlers radikale These lautet: Männer und Frauen sind gesellschaftliche Konstruktionen. Butlers Buch *Gender Trouble* (dt.: *Das Unbehagen der Geschlechter*), in welchem sie ihre Position ausführlich entfaltet, entfachte heftige Reaktionen und kontroverse Diskussionen. Die entscheidenden Grundlinien ihrer Argumentation sind im ersten Kapitel des Buches zu finden und lassen sich zur Orientierung in drei Punkten umreißen.

1. Der praktische wie der theoretische Feminismus machen sich einer unreflektierten Essentialisierung schuldig, da sie unhinterfragt das politische Großsubjekt »die Frauen« voraussetzen. Der Feminismus verhält sich naiv zur von Butler als »Zwangsheterosexualität« bezeichneten Geschlechtsdichotomie. Mit dem Begriff der »Zwangsheterosexualität« ist 2. die Tatsache bezeichnet, daß es sich bei den Kategorien »Männer« und »Frauen« um Resultate einer mit sozialem Zwang verbundenen Praxis handelt. Wenn wir aber Heterosexualität als eine umfassende gesellschaftliche Konstruktion erkennen, so hat dies 3. Konsequenzen für die Art, wie wir Natur denken und für die Weise, wie der Begriff der Person verstanden wird.

Zunächst zu Punkt 1: Die politische Zielsetzung des Feminismus, nach einer angemessenen Repräsentation des Großsubjektes »die Frauen« im politischen Raum zu streben, verfällt der Kritik Butlers. Diese Bemühungen können in nichts anderes als in eine unfreiwillige Kollaboration mit den Mechanismen gesellschaftlicher Macht einmünden, weil sie die eigentliche Ebene, auf welcher die Macht ihre Funktionen ausübt, verfehlen. Sofern sich der politische Feminismus des liberalen Rechtsdiskurses bedient und dabei mit Begriffen und Konzepten wie »Unterdrückung« und »Emanzipation« operiert, arbeitet er der Stabilisierung und Perpetuierung des heterosexuellen Zwangssystems in die Hände, da dessen spezifische Strategien durch das Sprachspiel des Liberalismus gerade verschleiert werden. Ist diese Falle aber erkannt, »dann ist vielleicht eine neue Form feministischer Politik zu wünschen, die den Verdinglichungen von Geschlechtsidentität und Identität entgegentritt: eine Politik, die die veränderlichen Konstruktionen von Identität als methodische und normative Voraussetzung begreift, wenn nicht gar als politisches Ziel anstrebt.«[1]

Punkt 2: Butlers Rede von »Zwangsheterosexualität« kann nach zwei Seiten hin verstanden werden; zunächst in dem Sinn, daß Abweichungen von der heterosexuellen Norm faktisch gesellschaftliche Sanktionen nach sich ziehen, andererseits, und das steht mit der Tatsache gesellschaftlichen Zwangs, wie er sich in den Formen von Marginalisierung, Tabuisierung und Diskriminierung manifestiert, in unmittelbarem Zusammenhang, daß die Annahme einer eindeutigen Geschlechtsidentität von Mann und Frau eine erzwungene, sozusagen eine herbeigezwungene Norm ist. Der Umstand, daß wir wie selbstverständlich davon ausgehen, daß es Männer und Frauen »gibt«, ohne in den Blick zu bekommen, daß es sich hierbei um die Ergebnisse einer gesellschaftlichen Disziplinierungspraxis handelt, erweist sich als ein Reflex auf die durch diese Normierung bewirkte »Verdinglichung« von Geschlechtlichkeit.

Für die herrschende heterosexuelle Geschlechterordnung sind drei Bezugsgrößen von Relevanz: Geschlecht (*sex*), Geschlechtsidentität (*gender*) und Begehren (*desire*). Im Rahmen des herkömmlichen und etablierten Verständnisses von Heterosexualität bedeutet ein Mann zu sein (*gender*), einen männlichen Körper zu haben (*sex*) und eine Frau zu begehren (*desire*). Das Entsprechende gilt für die Konzeption des Frauseins. Geschlechtskörper und gegenge-

---

1 Judith Butler, *Das Unbehagen der Geschlechter*, aus dem Amerik. von Kathrina Menke, Frankfurt a. M. 1991, S. 21.

schlechtliches Begehren werden dabei gemeinhin als die Realisation von naturwüchsigen, mehr oder weniger durch die Biologie determinierten Vorgaben verstanden. Die nach diesem Verständnis den biologischen Grundlagen aufgesetzte Geschlechtsidentität kommt in zahlreichen kulturell vermittelten Spielarten zum Ausdruck und kann sich dabei eines immensen Repertoires gesellschaftlich bereitgestellter Bebilderungsmöglichkeiten und Ausgestaltungsformen bedienen, angefangen bei Bekleidungs- und Verhaltensregeln über Berufswahl und Lebensentwürfe hin zur Vorstellung glückhafter Existenz.

Butler kehrt nun die Betrachtungsrichtung um: Es ist nicht länger eine innere sexuelle Kernidentität, die sich in äußeren Akten bekundet, sondern es ist im Gegenteil die stete Wiederholung sozial präformierter Akte, die als geschlechtstypische qualifiziert sind, wodurch der Anschein einer festen sexuellen Identität erzeugt wird. In der Nachfolge Foucaults, seine Einsichten auf das Phänomen der Heterosexualität anwendend, kündigt Butler dem klassischen Modell der Repräsentation oder auch der Expressivität zugunsten eines Modells der Performanz die Gefolgschaft auf. Identität, Substanzhaftigkeit und Dauer sind nicht länger die ihren Darstellungen und Äußerungen zugrundeliegenden Substrate, sondern in ihnen manifestiert sich allein ein Schein von Substantialität, der aus den wiederholten, gleichermaßen regulierenden wie regulierten Akten der Alltagspraxis entspringt.

Die Radikalität Butlers liegt in dem Punkt, wo sie die bereits in gegenwärtigen soziologischen Ansätzen entwickelte These vom »doing gender«[2] dahingehend auf die Spitze treibt, als sie die spannungsreiche Differenz von *sex* und *gender,* von natürlichem und sozialem Geschlecht, in letzterem zum Verschwinden bringt: »doing sex by doing gen-

---

2 Siehe Annette Treibel, *Einführung in soziologische Theorien der Gegenwart.* Opladen 1993, S. 131–152. [Kap. VII: Geschlecht als soziale Konstruktion: Ethnomethodologie und Feminismus.]

der«, so ließe sich Butlers Position zusammenfassen. Auch
noch im Fall des natürlichen Geschlechtskörpers, so ihre
These, hat man es mit einer gesellschaftlichen Konstruktion
zu tun.

Hier gilt es aber genau zu unterscheiden, um Butlers
Pointe nicht zu verfehlen. Butler meint nicht nur, daß die
Naturseite der menschlichen Existenz gesellschaftlicher
Formierung und Normierung unterliegt, und sie behauptet
im weiteren mehr als die Tatsache, daß auf theoretischer
Ebene nicht aussagbar ist, was der menschliche Körper jenseits der Ordnung der Sprache sein könnte. Sie zielt über
diese erkenntnistheoretische Ebene hinaus in einer nicht
immer völlig klaren Weise auf eine ontologische Dimension
in ihrem Versuch, auch noch die tatsächliche Materialität
des Geschlechtskörpers als im diskursiven Prozeß hervorgebracht zu denken.

Ebenso wie sich unter diesem theoretischen Zugriff der
Bezugspunkt »Natur« in Hinblick auf das Verständnis von
Geschlecht und Geschlechtsidentität zunehmend entzieht,
so zerfällt korrelativ dazu auf der anderen Seite, und das
wäre abschließend zu Punkt 3 festzuhalten, die Konzeption
personaler Identität. Sowohl in der Außen- wie in der In-
nenwahrnehmung als ein Individuum mit einer kohärenten
und kontinuierlichen Identität zu existieren, macht für Butler den traditionellen Begriff der Person aus. Diese für eine
Person unverzichtbare Kohärenz und die kontinuierliche
Stabilisierung dieser Kohärenz in der Dauer der Zeit wird
maßgeblich durch die Produktion der Geschlechtsidentität
gewährleistet; anders gesagt, eine Person zu sein, heißt in
einem System der Zwangsheterosexualität, entweder ein
Mann oder eine Frau zu sein. Als Beleg für diese These
können nach Butler die aus tiefreichender Irritation her-
rührende gesellschaftliche Stigmatisierung weiblicher und
männlicher Homosexueller als Un-Personen und die u. U.
daraus resultierenden individuellen Identitätskonflikte der
Betroffenen gewertet werden.

Butler hat nicht zuletzt wegen ihrer mitunter mißverständlichen Terminologie heftigen Einspruch provoziert. Die in diesem Zusammenhang mehrfach kritisierte Kennzeichnung der Geschlechtsidentität als reiner »Fiktion« oder »Phantasmagorie« steht jedoch genau besehen im Widerspruch zu ihren eigenen Behauptungen bezüglich des Status der Geschlechtsidentität als einer unter massivem gesellschaftlichen Sanktionsdruck stehenden lebensweltlichen Praxis. Auf anderer Ebene war die vermeintliche politische Impotenz dieses Ansatzes, dessen praktische Möglichkeiten sich in öffentlichen Inszenierungen von Travestie erschöpfen, der Kritik ausgesetzt. Unter philosophischer Rücksicht schließlich liegt der neuralgische Punkt der Kontroverse um Butler in der von ihr vertretenen radikal-konstruktivistischen Konzeption des Natur-Kultur-Verhältnisses. Bei aller diesbezüglichen Strittigkeit gilt es aber auf jeden Fall festzuhalten, daß Butler den gegen alle Formen von Naturalismus und Biologismus gerichteten Gedanken, daß Männer und Frauen »gemacht« werden, bis zu seiner letzten Konsequenz vorangetrieben hat.

Friederike Kuster

Das Unbehagen der Geschlechter
[1991]

1. Die »Frauen« als Subjekt des Feminismus

Die feministische Theorie ist zum größten Teil davon ausgegangen, daß eine vorgegebene Identität existiert, die
durch die Kategorie »Frau(en)« bezeichnet wird. Diese
Identität soll nicht nur die feministischen Interessen und
Zielsetzungen in der Welt des Diskurses anleiten, sondern
auch das Subjekt bilden, dessen politische Repräsentation
angestrebt wird. Freilich sind die Begriffe Politik und
Repräsentation umstritten. Einerseits dient »Repräsentation« als operativer Term in einem politischen Prozeß,
der versucht, die gesellschaftliche Sichtbarkeit und Legitimität auf die Frauen als politische Subjekte auszudehnen.
Andererseits bezeichnet »Repräsentation« die normative
Funktion der Sprache, die das, was hinsichtlich der Kategorie »Frauen« als wahr gilt, offenbaren oder verzerren soll.
So sah sich die feministische Theorie vor die Notwendigkeit gestellt, eine Sprache zu entwerfen, die die Frauen voll
oder adäquat repräsentiert, um deren politische Sichtbarkeit zu fördern. Diese Forderung war offenbar um so wichtiger, als das Leben von Frauen unter den gegenwärtigen
kulturellen Bedingungen entweder nur verzerrt oder gar
nicht repräsentiert wurde.

In letzter Zeit ist diese verbreitete Vorstellung des Verhältnisses zwischen feministischer Theorie und Politik im
feministischen Diskurs selbst auf Widerspruch gestoßen:
Das Subjekt »Frau(en)« wird nicht länger in festen oder
unvergänglichen Begriffen beschrieben. Es gibt nämlich
nicht nur eine Menge Material, das gewissermaßen die Le-

bensfähigkeit des »Subjekts« als höchsten Kandidaten der Repräsentation oder gar der Befreiung in Frage stellt. Im Grunde herrscht auch kaum Übereinstimmung darüber, was denn die Kategorie »Frau(en)« konstituiert oder konstituieren sollte. Die Bereiche der politischen und sprachlichen »Repräsentation« legen nämlich vorab die Kriterien fest, nach denen die Subjekte selbst gebildet werden, so daß nur das repräsentiert werden kann, was als Subjekt gelten kann. Oder anders formuliert: Bevor die Repräsentation erweitert werden kann, muß man erst die Bedingungen erfüllen, die notwendig sind, um überhaupt Subjekt zu sein.

Michel Foucault hat darauf hingewiesen, daß die juridischen Machtregime die Subjekte, die sie schließlich repräsentieren, zuerst auch p r o d u z i e r e n. Die juridischen Machtbegriffe scheinen das politische Leben in rein negativer Form zu regulieren, beispielsweise durch Beschränkung, Verbot, Regulierung, Kontrolle, ja sogar durch den »Schutz« der Individuen, die über das kontingente, widerrufbare Wahlverfahren mit dieser politischen Struktur verbunden sind. Doch gerade weil die Subjekte diesen Strukturen unterworfen sind, die sie regulieren, werden sie auch in Übereinstimmung mit den Anforderungen dieser Strukturen gebildet, definiert und reproduziert. Wenn diese Analyse richtig ist, ist jene Rechtsformation von Sprache und Politik, die die Frauen als »Subjekt« des Feminismus repräsentiert, selbst eine Diskursformation und der Effekt einer gegebenen Variante der Repräsentationspolitik. Das feministische Subjekt erweist sich als genau durch dasjenige politische System diskursiv konstituiert, das seine Emanzipation ermöglichen soll. Dies wird dann zum politischen Problem, wenn gezeigt werden kann, daß dieses System die geschlechtlich bestimmten Subjekte (*gendered subjects*) entlang einer differentiellen Herrschaftsachse hervorbringt oder von vornherein als männlich definierte Subjekte produziert. In beiden Fällen ist der unkritische Appell an ein solches System zum Zwecke der »Frauen«emanzipation offensichtlich widersprüchlich und unsinnig.

Für die Politik, besonders für die feministische, steht die Frage des »Subjekts« im Mittelpunkt, weil die Rechtssubjekte stets durch bestimmte Ausschlußverfahren hervorgebracht werden, die nicht mehr zum Vorschein kommen, sobald die Rechtsstruktur der Politik etabliert ist. Anders formuliert: Die politische Konstruktion des Subjekts ist mit bestimmten Legitimations- und Ausschlußzielen verbunden; diese politischen Verfahrensweisen werden aber durch eine Analyse, die sie auf Rechtsstrukturen zurückführt, wirksam verdeckt und gleichsam naturalisiert, d. h. als »natürlich« hingestellt. Unweigerlich »produziert« die Rechtsgewalt, was sie (nur) zu repräsentieren vorgibt. Demnach muß es der Politik um die Doppelfunktion der Macht gehen, nämlich um die juristische und die produktive. Das Gesetz produziert und verschleiert (dann) die Vorstellung von einem »Subjekt vor dem Gesetz«, um diese Diskursformation als naturalisierte Grundvoraussetzung, die die eigene regulierende Hegemonie des Gesetzes rechtfertigt, zu beschwören. Es genügt also nicht zu untersuchen, wie Frauen in Sprache und Politik vollständiger repräsentiert werden können. Die feministische Kritik muß auch begreifen, wie die Kategorie »Frau(en)«, das Subjekt des Feminismus, gerade durch jene Machtstrukturen hervorgebracht und eingeschränkt wird, mittels derer das Ziel der Emanzipation erreicht werden soll.

Allerdings verweist das Problem der Frauen als Subjekt des Feminismus auf die Möglichkeit, daß es gar kein Subjekt gibt, das »vor« dem Gesetz steht und nur auf die Repräsentation in oder durch das Gesetz wartet. Möglicherweise wird dieses Subjekt, ebenso wie die Beschwörung eines zeitlichen »vor« dem Gesetz selbst als fiktive Grundlage für seinen eigenen Legitimationsanspruch geschaffen. Die verbreitete Annahme, daß das »Subjekt vor dem Gesetz« eine ontologische Integrität besitze, kann als zeitgenössische Spur der Hypothese vom »Naturzustand« verstanden werden – jener fundierenden/fundamentalistischen Legende, die für die Rechtsstrukturen des klassischen Liberalismus konstitutiv war. Die performative Beschwörung eines ungeschichtlichen »vor« wird zur Begründungsprämisse, die eine vorgesellschaftliche Ontologie der Personen sichert, die ihrerseits die Legitimität des Gesellschaftsvertrags begründen, indem sie frei einwilligen, regiert zu werden.

Abgesehen von diesen fundierenden/fundamentalistischen Fiktionen, die den Begriff des Subjekts stützen, gibt es ein politisches Problem, auf das der Feminismus stößt, sobald er annimmt, daß der Begriff »Frau(en)« eine gemeinsame Identität bezeichnet. Weit davon entfernt, als stabiler Signifikant zu fungieren, der zwingend die Zustimmung jener erheischt, die er zu beschreiben und zu repräsentieren vorgibt, ist dieser Terminus, sogar im Plural, zu einem problematischen Begriff, einem Kampfschauplatz und einer Quelle der Sorge geworden. Wie der Titel *Am I that Name?* von Denise Riley nahelegt, kommt diese Frage gerade angesichts der Möglichkeit auf, daß dieser Name vielfältige Bedeutungen besitzt. Eine Frau zu »sein«, ist sicherlich nicht alles, was man ist. Diese Bestimmung kann nicht erschöpfend sein, und zwar nicht, weil eine ihrer geschlechtlichen Bestimmtheit vorangehende Person (*pregendered person*) das spezifische Beiwerk ihrer Geschlechtsidentität übersteigt, sondern weil die Geschlechtsidentität in den verschiedenen geschichtlichen Kontexten nicht immer übereinstimmend und einheitlich gebildet worden ist und sich mit den rassischen, ethnischen, sexuellen, regionalen und klassenspezifischen Modalitäten diskursiv konstituierter Identitäten überschneidet. Folglich läßt sich die »Geschlechtsidentität« nicht aus den politischen und kulturellen Vernetzungen herauslösen, in denen sie ständig hervorgebracht und aufrechterhalten wird.

Die politische Annahme, daß der Feminismus eine universale Grundlage haben müsse, die in einer quer durch die Kulturen existierenden Identität zu finden sei, geht häufig mit der Vorstellung einher, daß die Unterdrückung der Frauen eine einzigartige Form besitzt, die in der universalen oder hegemonialen Struktur des Patriarchats bzw. der männlichen Herrschaft auszumachen sei. Allerdings ist die Vorstellung von einem universalen Patriarchat in den letzten Jahren auf breite Kritik gestoßen, weil sie unfähig ist, den spezifischen Vorgehensweisen der Geschlechter-Unterdrückung (*gender oppression*) in den konkreten kulturellen Zusammenhängen Rechnung zu tragen. Werden diese vielfältigen Kontexte in der Theorie in Betracht gezogen, so stets, um »Beispiele« oder »Anschauungsmaterial« für ein universelles Prinzip zu finden, das von Anfang an vorausgesetzt war. Diese Form feministischer Theoriebildung ist nicht nur der Kritik anheimgefallen, weil sie die nichtwestlichen Kulturen kolonisiert und als Träger westlicher Vorstellungen von Unterdrückung dienstbar macht. Darüber hinaus versucht sie, gleichsam eine sogenannte »Dritte Welt«, ja einen »Orient« zu konstruieren, indem sie unterschwellig die Geschlechter-Unterdrückung als symptomatisch für eine wesentlich nicht-westliche Barbarei erklärt. Zweifellos verleiht der Feminismus dem Patriarchat einen universalen Status, um den Anschein des eigenen Anspruchs, repräsentativ zu sein, zu stützen. Doch hat diese Dringlichkeit bisweilen zu dem Kurzschluß geführt, daß die Herrschaftsstruktur eine kategoriale oder fiktive Universalität aufweist, die die unterworfene Erfahrung, die den Frauen gemeinsam ist, produzieren soll.

Wenngleich die These vom universalen Patriarchat nicht mehr dieselbe Glaubwürdigkeit wie einst genießt, war es weitaus schwieriger, die Vorstellung von einer allgemein verbreiteten Konzeption der »Frau(en)« – das Korollarium jener Grundthese – zu verschieben. Zwar haben zahlreiche Debatten über die verschiedensten Fragen stattgefunden: Gibt es eine Gemeinsamkeit unter den »Frauen«, die ihrer

Unterwerfung vorangeht, oder verdankt sich das Band zwischen den »Frauen« einzig und allein ihrer Unterdrückung? Läßt sich die Besonderheit der Frauenkulturen unabhängig von ihrer Unterordnung unter die hegemonialen maskulinen Kulturen denken? Oder bestimmen sich die Besonderheit und Einheitlichkeit der Kulturen und Sprachpraktiken von Frauen immer gegen und damit zugleich in der Terminologie eines übergeordneten Kulturgebildes? Gibt es ein Gebiet des spezifisch Weiblichen, das sowohl vom Männlichen als solchen unterschieden ist als auch in seiner Differenz durch eine unmarkierte und damit hypothetische Universalität der Kategorie »Frau(en)« erkennbar ist? Bei all diesen Fragen stellt aber die Binarität männlich/weiblich nicht nur den ausschließlichen Rahmen dar, in dem die Besonderheit des Weiblichen erkennbar ist, sondern zudem ist diese »Besonderheit« erneut aus allen Zusammenhängen herausgelöst und analytisch wie politisch von jener Konstruktion der Klasse, Rasse, Ethnie oder anderen Achsen der Machtbeziehungen getrennt, welche »Identität« konstituieren und zugleich den einfachen Identitätsbegriff im Singular zu einer Fehlbenennung machen.

Meine These ist, daß die unterstellte Universalität und Integrität des feministischen Subjekts gerade von den Einschränkungen des Repräsentationsdiskurses unterminiert wird, in dem dieses Subjekt funktioniert. Tatsächlich ruft das verfrühte Bestehen auf einem festen Subjekt des Feminismus – »Frau(en)« verstanden als bruchlose Kategorie – unweigerlich zahlreiche Ablehnungen hervor. Diese ausgeschlossenen Positionen enthüllen die zwanghaften und regulierenden Folgen einer solchen Konstruktion, selbst wenn sie zu emanzipatorischen Zwecken ausgearbeitet wurden. Tatsächlich verweist der Bruch zwischen dem Feminismus und der paradoxen Opposition von Frauen gegen ihn – die der Feminismus doch zu repräsentieren beansprucht – auf die notwendigen Grenzen einer Identitätspolitik. Die Unterstellung, daß der Feminismus für ein Subjekt, das er selbst konstruiert, eine breitere Repräsentation erreichen kann, hat ironischerweise die Konsequenz, daß die feministischen Zielsetzungen zu scheitern drohen, weil sie sich weigern, der konstitutiven Macht ihrer eigenen Repräsentationsansprüche Rechnung zu tragen. Diese Schwierigkeit verringert sich auch nicht, wenn nur zu »strategischen« Zwecken an die Kategorie »Frau(en)« appelliert wird. Denn Strategien haben stets Bedeutungen, die über die angestrebten Ziele hinausgehen. In diesem Fall können wir die Ausschließung selbst als eine solche unbeabsichtigte, aber folgerichtige Bedeutung betrachten. Indem der Feminismus dem Anspruch der Repräsentationspolitik nachkommt, ein festes Subjekt zu artikulieren, sieht er sich selbst der Anklage einer groben Fehlrepräsentation ausgesetzt.

Offensichtlich kann die politische Aufgabe nicht darin bestehen, die Repräsentationspolitik abzulehnen – als wäre das überhaupt möglich. Denn die Rechtsstrukturen von Sprache und Politik bilden das zeitgenössische Feld der Macht, das heißt: Es gibt keine Position außerhalb dieses Gebiets, sondern nur die kritische Genealogie seiner Legitimationspraktiken. Daher ist der Ausgangspunkt dieser Kritik, nach den Worten von Marx, die g e s c h i c h t l i c h e G e g e n w a r t. Und ihre Aufgabe lautet: innerhalb dieses konstituierten, vorgegebenen Rahmens eine Kritik jener Identitätskategorien zu entfalten, die von den zeitgenössischen Rechtsstrukturen erzeugt, naturalisiert und verdinglicht werden.

Möglicherweise eröffnet sich gerade zum gegenwärtigen Zeitpunkt der Kulturpolitik – in einer Epoche, die von einigen »postfeministisch« genannt wird – die Möglichkeit, aus feministischer Perspektive über den Zwang nachzudenken, ein Subjekt des Feminismus zu konstruieren. In der feministischen politischen Praxis müssen anscheinend die ontologischen Konstruktionen der Identität grundlegend überdacht werden, um eine Repräsentationspolitik zu for-

mulieren, die den Feminismus auf neuen Boden stellen und
neu beleben könnte. Darüber hinaus ist es möglicherweise
an der Zeit, eine radikale Kritik zu entfalten, die die feministische Theorie von dem Zwang befreit, einen einzigen, unvergänglichen Grund zu konstruieren, der unweigerlich
von jenen Identitäts- oder Anti-Identitätspositionen angefochten wird, die er zwangsläufig ausschließt. Es stellt sich
die Frage, ob die Ausschließungsverfahren, die die feministische Theorie auf dem Begriff der »Frau« als Subjekt
gründen, nicht paradoxerweise die feministische Zielsetzung unterlaufen, den Anspruch auf »Repräsentation« zu
erweitern.

Aber möglicherweise ist das Problem noch gravierender:
Stellt nicht die Konstruktion der Kategorie »Frau(en)« als
kohärentes festes Subjekt eine unvermeidliche Regulierung
und Verdinglichung der Geschlechterbeziehungen (*gender
relations*) dar? Und widerspricht eine solche Verdinglichung nicht gerade den feministischen Zielsetzungen? In
welchem Maße gewinnt die Kategorie »Frau(en)« ihre Stabilität und Kohärenz nur im Rahmen der heterosexuellen
Matrix?[1] Wenn sich herausstellt, daß die Grundprämisse feministischer Politik nicht mehr in einem stabilen Begriff
der Geschlechtsidentität liegt, dann ist vielleicht eine neue
Form feministischer Politik zu wünschen, die den Verdinglichungen von Geschlechtsidentität und Identität entgegentritt: eine Politik, die die veränderlichen Konstruktionen

---

1 Der Begriff heterosexuelle Matrix steht in diesem Text für das Raster
der kulturellen Intelligibilität, durch das die Körper, Geschlechtsidentitäten
und Begehren naturalisiert werden. Ich stütze mich auf Monique Wittigs
Begriff des »heterosexuellen Vertrags«, und weniger stark auf Adrienne
Richs Begriff der »Zwangsheterosexualität«. Es geht darum, ein hegemonia-
les diskursives/epistemisches Modell der Geschlechter-Intelligibilität zu
charakterisieren, das folgendes unterstellt: Damit die Körper eine Einheit
bilden und sinnvoll sind, muß es ein festes Geschlecht geben, das durch eine
feste Geschlechtsidentität zum Ausdruck gebracht wird, die durch die
zwanghafte Praxis der Heterosexualität gegensätzlich und hierarchisch definiert ist.

von Identität als methodische und normative Voraussetzung begreift, wenn nicht gar als politisches Ziel anstrebt.

Die politischen Verfahrensweisen nachzuzeichnen, die das produzieren und verschleiern, was als Rechtssubjekt des Feminismus bezeichnet werden kann, ist genau die Aufgabe einer feministischen Genealogie der Kategorie »Frau(en)«. Möglicherweise zeigt sich bei diesem Versuch, die »Frauen« als Subjekt des Feminismus zu hinterfragen, daß die unproblematische Beschwörung dieser Kategorie die Möglichkeit einer feministischen Repräsentationspolitik geradezu verhindert. Welchen Sinn hat es, die Repräsentation zu erweitern, wenn die Subjekte selbst durch die Ausschließung jener konstruiert werden, die den unausgesprochenen normativen Anforderungen des Subjekts nicht zu entsprechen vermögen? Welche Herrschaftsverhältnisse und Ausschließungen unterstützt man ungewollt, wenn allein die Repräsentation im Brennpunkt der Politik steht? Die Identität des feministischen Subjekts darf nicht die Grundlage feministischer Politik bilden, solange die Formation des Subjekts in einem Machtfeld verortet ist, das regelmäßig durch die Setzung dieser Grundlage verschleiert wird. Vielleicht stellt sich paradoxerweise heraus, daß die Repräsentation als Ziel des Feminismus nur dann sinnvoll ist, wenn das Subjekt »Frau(en)« nirgendwo vorausgesetzt wird.

2. Die Zwangsordnung
Geschlecht/Geschlechtsidentität/Begehren

Obwohl man oft die unproblematische Einheit der »Frauen« beschwört, um gleichsam eine Solidargemeinschaft der Identität zu konstruieren, führt die Unterscheidung zwischen anatomischem »Geschlecht« (*sex*) und Geschlechtsidentität (*gender*) eine Spaltung in das feministische Subjekt ein. Ursprünglich erfunden, um die Formel »Biologie ist

Schicksal« anzufechten, soll diese Unterscheidung das Argument stützen, daß die Geschlechtsidentität eine kulturelle Konstruktion ist, unabhängig davon, welche biologische Bestimmtheit dem Geschlecht weiterhin hartnäckig anhaften mag. Die Geschlechtsidentität ist also weder das kausale Resultat des Geschlechts, noch so starr wie scheinbar dieses. Die Unterscheidung Geschlecht/Geschlechtsidentität erlaubt vielmehr, die Geschlechtsidentität als vielfältige Interpretation des Geschlechts zu denken, und sie ficht bereits potentiell die Einheit des Subjekts an.

Wenn der Begriff »Geschlechtsidentität« die kulturellen Bedeutungen bezeichnet, die der sexuell bestimmte Körper (*sexed body*) annimmt, dann kann man von keiner Geschlechtsidentität behaupten, daß sie aus dem biologischen Geschlecht folgt. Treiben wir die Unterscheidung anatomisches Geschlecht/Geschlechtsidentität bis an ihre logische Grenze, so deutet sie vielmehr auf eine grundlegende Diskontinuität zwischen den sexuell bestimmten Körpern und den kulturell bedingten Geschlechtsidentitäten hin. Setzen wir für einen Augenblick die Stabilität der sexuellen Binarität (*binary sex*) voraus, so folgt daraus weder, daß das Konstrukt »Männer« ausschließlich dem männlichen Körper zukommt, noch daß die Kategorie »Frauen« nur weibliche Körper meint. Ferner: Selbst wenn die anatomischen Geschlechter (*sexes*) in ihrer Morphologie und biologischen Konstitution unproblematisch als binär erscheinen (was noch die Frage sein wird), gibt es keinen Grund für die Annahme, daß es ebenfalls bei zwei Geschlechtsidentitäten bleiben muß. Die Annahme einer Binarität der Geschlechtsidentitäten wird implizit darüber hinaus von dem Glauben an ein mimetisches Verhältnis zwischen Geschlechtsidentität und Geschlecht geprägt, wobei jene dieses widerspiegelt oder anderweitig von ihm eingeschränkt wird. Wenn wir jedoch den kulturell bedingten Status der Geschlechtsidentität als radikal unabhängig vom anatomischen Geschlecht denken, wird die Geschlechtsidentität selbst zu einem frei-

schwebenden Artefakt. Die Begriffe M a n n und m ä n n -
l i c h können dann ebenso einfach einen männlichen und
einen weiblichen Körper bezeichnen wie umgekehrt die
Kategorien F r a u und w e i b l i c h.

Diese radikale Spaltung des geschlechtlich bestimmten
Subjekts (*gendered subject*) wirft freilich eine Reihe von
Fragen auf: Können wir noch von einem »gegebenen« Geschlecht oder von einer »gegebenen« Geschlechtsidentität
sprechen, ohne wenigstens zu untersuchen, w i e, d. h.
durch welche Mittel, das Geschlecht und/oder die Geschlechtsidentität gegeben sind? Und was bedeutet der Begriff »Geschlecht« (*sex*) überhaupt? Handelt es sich um
eine natürliche, anatomische, durch Hormone oder Chro-
mosomen bedingte Tatsache? Wie muß eine feministische
Kritik jene wissenschaftlichen Diskurse beurteilen, die solche »Tatsachen« für uns nachweisen sollen? Hat das Geschlecht eine Geschichte? Oder hat jedes Geschlecht eine
andere Geschichte (bzw. andere Geschichten)? Gibt es eine
Geschichte, wie diese Dualität der Geschlechter (*duality of
sex*) errichtet wurde, eine Genealogie, die die binären Op-
tionen möglicherweise als veränderbare Konstruktion offenbart? Werden die angeblich natürlichen Sachverhalte des
Geschlechts nicht in Wirklichkeit diskursiv produziert,
nämlich durch verschiedene wissenschaftliche Diskurse, die
im Dienste anderer politischer und gesellschaftlicher Interessen stehen? Wenn man den unveränderlichen Charakter
des Geschlechts bestreitet, erweist sich dieses Konstrukt
namens »Geschlecht« vielleicht als ebenso kulturell hervorgebracht wie die Geschlechtsidentität. Ja, möglicherweise
ist das Geschlecht (*sex*) immer schon Geschlechtsidentität
(*gender*) gewesen, so daß sich herausstellt, daß die Unterscheidung zwischen Geschlecht und Geschlechtsidentität
letztlich gar keine Unterscheidung ist.

Wenn also das »Geschlecht« (*sex*) selbst eine kulturell ge-
nerierte Geschlechter-Kategorie (*gendered category*) ist,
wäre es sinnlos, die Geschlechtsidentität (*gender*) als kultu-

relle Interpretation des Geschlechts zu bestimmen. Die Geschlechtsidentität darf nicht nur als kulturelle Zuschreibung
von Bedeutung an ein vorgegebenes anatomisches Geschlecht gedacht werden (das wäre eine juristische Konzeption). Vielmehr muß dieser Begriff auch jenen Produktions-
apparat bezeichnen, durch den die Geschlechter (*sexes*)
selbst gestiftet werden. Demnach gehört die Geschlechtsidentität (*gender*) nicht zur Kultur wie das Geschlecht (*sex*)
zur Natur. Die Geschlechtsidentität umfaßt auch jene dis-
kursiven/kulturellen Mittel, durch die eine »geschlechtliche
Natur« oder ein »natürliches Geschlecht« als »vordiskur-
siv«, d. h. als der Kultur vorgelagert oder als politisch neu-
trale Oberfläche, auf der sich die Kultur einschreibt, hergestellt und etabliert wird. [...] [Es] ist klar, daß ein Weg, die
innere Stabilität und den binären Rahmen für den Begriff
des »Geschlechts« zu sichern, darin bestehen muß, die
Dualität der Geschlechter (*sexes*) in ein vordiskursives Feld
abzuschieben. Diese Produktion des Geschlechts a l s vor-
diskursive Gegebenheit muß umgekehrt als Effekt jenes
kulturellen Konstruktionsapparats verstanden werden, den
der Begriff »Geschlechtsidentität« (*gender*) bezeichnet. Wie
müssen wir dann die »Geschlechtsidentität« reformulieren,
damit sie auch jene Machtverhältnisse umfaßt, die den Effekt eines vordiskursiven Geschlechts (*sex*) hervorbringen
und dabei diesen Vorgang der diskursiven Produktion
selbst verschleiern? [...]

5. Identität, anatomisches Geschlecht und die Metaphysik der Substanz

Was kann dann mit dem Begriff »Identität« gemeint sein?
Und worauf beruht die Annahme, daß Identitäten selbst-
identisch sind, d. h., in der Zeit als selbe, einheitlich und innerlich kohärent fortbestehen? Noch wichtiger ist die Frage, wie diese Voraussetzungen die Diskurse über die ge-

schlechtlich bestimmte Identität (*gender identity*) prägen.
Es wäre falsch zu denken, daß die Diskussion des Begriffs
»Identität« der Debatte über die »geschlechtlich bestimmte
Identität« vorangehen müßte, und zwar aus dem einfachen
Grund, weil die »Personen« erst intelligibel werden, wenn
sie in Übereinstimmung mit wiedererkennbaren Mustern
der Geschlechter-Intelligibilität (*gender intelligibility*) geschlechtlich bestimmt sind. Die soziologischen Diskussionen waren traditionell bemüht, den Begriff der Person als
eine Tätigkeit zu verstehen, die gegenüber den verschiedenen Rollen und Funktionen, durch die sie gesellschaftliche
Sichtbarkeit und Bedeutung erlangt, einen ontologischen
Vorrang beansprucht. Innerhalb des philosophischen Diskurses wurde der Begriff der Person analytisch ausgearbeitet, wobei man davon ausging, daß jeder gesellschaftliche
Kontext, »in« dem sich die Person befindet, nur äußerlich
mit der definitorischen Persönlichkeitsstruktur verbunden
sei, gleichgültig ob diese als Bewußtsein, Sprechfähigkeit
oder moralische Urteilskraft definiert wird. Obgleich die
hier gemeinte Literatur nicht näher analysiert werden soll,
steht eine Prämisse dieser Untersuchungen im Brennpunkt
der kritischen Hinterfragung und Umkehrung. Während
nämlich die Frage, was »personale Identität« konstituiert,
in den philosophischen Darstellungen fast immer auf das
Problem zentriert wird, durch welches innere Merkmal die
Kontinuität und Selbstidentität der Person in der Zeit gestiftet wird, soll die Frage hier lauten: In welchem Maße
werden die Identität, die innere Kohärenz des Subjekts
und sogar der selbstidentische Status der Person durch
die Regulierungsverfahren der Geschlechter-Aus-
bildung und Teilung konstituiert? Inwiefern stellt »Identität« eher ein normatives Ideal als ein deskriptives Merkmal
der Erfahrung dar? Und wie beherrschen die Regulierungsverfahren, die die Geschlechtsidentität bestimmen, auch die kulturell intelligiblen Identitätsbegriffe? Mit
anderen Worten: »Kohärenz« und »Kontinuität« der »Per-

son« sind keine logischen oder analytischen Merkmale der Persönlichkeit, sondern eher gesellschaftlich instituierte und aufrechterhaltene Normen der Intelligibilität. Da aber die »Identität« durch die stabilisierenden Konzepte »Geschlecht« (*sex*), »Geschlechtsidentität« (*gender*) und »Sexualität« abgesichert wird, sieht sich umgekehrt der Begriff der »Person« selbst in Frage gestellt, sobald in der Kultur »inkohärent« oder »diskontinuierlich« geschlechtlich bestimmte Wesen auftauchen, die Personen zu sein scheinen, ohne den gesellschaftlich hervorgebrachten Geschlechter-Normen (*gendered norms*) kultureller Intelligibilität zu entsprechen, durch die die Personen definiert sind.

»Intelligible« Geschlechtsidentitäten sind solche, die in bestimmtem Sinne Beziehungen der Kohärenz und Kontinuität zwischen dem anatomischen Geschlecht (*sex*), der Geschlechtsidentität (*gender*), der sexuellen Praxis und dem Begehren stiften und aufrechterhalten. Oder anders formuliert: Die Gespenster der Diskontinuität und Inkohärenz, die ihrerseits nur auf dem Hintergrund von existierenden Normen der Kohärenz und Kontinuität denkbar sind, werden ständig von jenen Gesetzen gebannt und zugleich produziert, die versuchen, ursächliche oder expressive Verbindungslinien zwischen dem biologischen Geschlecht, den kulturell konstituierten Geschlechtsidentitäten und dem »Ausdruck« oder »Effekt« beider in der Darstellung des sexuellen Begehrens in der Sexualpraxis zu errichten.

Die Vorstellung, daß es eine »Wahrheit« des Sexus geben könne, wie Foucault ironisch behauptet, wird gerade durch die Regulierungsverfahren erzeugt, die durch die Matrix kohärenter Normen der Geschlechtsidentität hindurch kohärente Identitäten hervorbringen. Die heterosexuelle Fixierung des Begehrens erfordert und instituiert die Produktion von diskreten, asymmetrischen Gegensätzen zwischen »weiblich« und »männlich«, die als expressive Attribute des biologischen »Männchen« (*male*) und »Weibchen« (*female*) verstanden werden. Die kulturelle Matrix, durch die die geschlechtlich bestimmte Identität (*gender identity*) intelligibel wird, schließt die »Existenz« bestimmter »Identitäten« aus, nämlich genau jene, in denen sich die Geschlechtsidentität (*gender*) nicht vom anatomischen Geschlecht (*sex*) herleitet und in denen die Praktiken des Begehrens weder aus dem Geschlecht noch aus der Geschlechtsidentität »folgen«. »Folgen« bezeichnet in diesem Kontext eine politische (notwendige) Konsequenz, instituiert durch jene kulturellen Gesetze, die die Form und Bedeutung der Sexualität hervorbringen und regulieren. Gerade weil umgekehrt bestimmte »geschlechtlich bestimmte Identitäten« (*gender identities*) nicht den Normen kultureller Intelligibilität entsprechen, erscheinen sie innerhalb des Gebiets der kulturellen Intelligibilität nur als Entwicklungsstörungen oder logische Unmöglichkeiten. Ihr Bestehen und ihre Verbreitung bieten allerdings die kritische Möglichkeit, die Schranken und regulierenden Zielsetzungen dieses Gebiets aufzuweisen und dadurch gerade innerhalb der Matrix der Intelligibilität rivalisierende, subversive Matrixen der Geschlechter-Unordnung (*gender disorder*) zu eröffnen. [...]

Sobald wir [...] die Priorität von »Mann« und »Frau« als bleibende, unvergängliche Substanzen aufkündigen, lassen sich die unvereinbaren Geschlechtsmerkmale nicht mehr als sekundäre und akzidentielle Charakteristika einer im Grunde intakten Geschlechter-Ontologie (*gender ontology*) unterordnen. Erweist sich die Vorstellung von der unvergänglichen Substanz als fiktive Konstruktion, die durch die zwanghafte Anordnung von Attributen in kohärenten Reihen erzeugt wird, so sieht sich die Geschlechtsidentität als Substanz bzw. die »Lebensfähigkeit« von M a n n und F r a u als Substantive durch das unvereinbare Spiel der Adjektive, die nicht mehr sequentiellen oder kausalen Intelligibilitätsmodellen entsprechen, in Frage gestellt.

Demnach wird das Phänomen einer unvergänglichen Substanz oder eines geschlechtlich bestimmten Selbst (*gendered self*), das der Psychiater Robert Stoller als »Geschlechter-Kora«[2] (*gender core*) bezeichnet[3], durch die Regulierung der Attribute erzeugt, die an kulturell etablierten Kohärenzlinien entlang angeordnet werden. Die Enthüllung dieser Scheinproduktion wird durch das entregelte Spiel der Attribute bedingt, die sich der Einpassung in den fertigen Rahmen von primären Substantiven und sekundären Adjektiven widersetzen. Man kann natürlich ebenfalls sagen, daß die unvereinbaren Adjektive rückwirkend eine Redefinition der substantiellen Identitäten, die sie angeblich modifizieren, bewirken und damit die substantivischen Kategorien der Geschlechtsidentität so erweitern, daß sie nun Möglichkeiten einschließen, die sie vorher ausgeschlossen hatten. Doch wenn diese Substanzen nichts anderes als die Kohärenzen sind, die in kontingenter Form durch die Regulierung der Attribute erzeugt werden, dann erweist sich die Ontologie der Substanzen selbst möglicherweise nicht nur als künstlicher Effekt, sondern im Grunde als überflüssig.

In diesem Sinne ist die Geschlechtsidentität (*gender*) weder ein Substantiv noch eine Sammlung freischwebender Attribute. Denn wie wir gesehen haben, wird der substantivische Effekt der Geschlechtsidentität durch die Regulierungsverfahren der Geschlechter-Kohärenz (*gender coherence*) performativ hervorgebracht und erzwungen. Innerhalb des überlieferten Diskurses der Metaphysik der Substanz erweist sich also die Geschlechtsidentität als performativ, d. h., sie selbst konstituiert die Identität, die sie angeblich ist. In diesem Sinne ist die Geschlechtsidentität ein Tun, wenn auch nicht das Tun eines Subjekts, von dem sich sagen ließe, daß es der Tat vorangeht. Die Forderung, die Kategorie der Geschlechtsidentität außerhalb der Metaphysik der Substanz neu zu überdenken, muß auch die

2 Gemeint ist: geschlechtliche Kernidentität (Anm. F. K.).
3 Der von Robert Stoller geprägte Terminus *core gender identity* wird im Deutschen üblicherweise mit dem Begriff »Kern-Geschlechtsidentität« wiedergegeben (Anm. F. K.).

Tragweite von Nietzsches These in Betracht ziehen, daß es
kein Seiendes hinter dem Tun gibt, daß die »Täter« also
bloß eine Fiktion, die Tat dagegen alles ist. Entsprechend
können wir in einem weitergehenden Schritt, den Nietzsche übrigens weder vorhergesehen hat noch geduldet hätte, sagen: Hinter den Äußerungen der Geschlechtsidentität
(*gender*) liegt keine geschlechtlich bestimmte Identität
(*gender identity*). Vielmehr wird diese Identität gerade performativ durch diese »Äußerungen« konstituiert, die angeblich ihr Resultat sind.   [...]

D: Judith Butler: Das Unbehagen der Geschlechter. Aus dem Amerik. von Kathrina Menke. Frankfurt a. M.: Suhrkamp, 1991.
(edition suhrkamp. 1722. – N. F. 722.) S. 15–49. (Erstes Kapitel:
Die Subjekte von Geschlecht/Geschlechtsidentität/Begehren.) –
© 1991 Suhrkamp Verlag, Frankfurt a. M.